일론 머스크는 스티브 잡스를 능가하는 인물로 성장했다. 머스크는 기존의 기술을 조합한 잡스보다 한 단계 더 나아가 완전히 새로운 기술 개발에 도전하고 있기 때문이다.

_〈비즈니스 인사이더Business Insider〉

8년 전 일론 머스크가 '테슬라 모터스 마스터 플랜의 비밀'을 발표했을 때 그 바탕에는 '자동차는 굴러가면 되는 게 아니라 갈망하는 것이 되어야 한다'는 신념이 깔려 있었다. 당시 자동차 업계의 많은 사람들은 그의 아이디어가 순진하기 짝이 없다며 코웃음을 쳤지만 이제 그런 사람은 아무도 없다.

_〈포춘fortune〉

실리콘밸리가 스티브 잡스의 뒤를 이어 기술 산업을 주도하는 강력한 리더를 찾고 있는 와중에 머스크는 가장 가능성 높은 후계자로 부상했다. 머스크는 확실히 시대를 상징하는 인물이다. 신생 기업의 창업자들과 평판 있는 중역들도 머스크를 매우 존경하는 인물로 꼽기도 한다.

_마이크로소프트 선임 소프트웨어 설계자 에드워드 정Edward Jung

2008년 팰컨Falcon 로켓 발사가 세 번 연속 실패한 후 머스크는 말했다. "절대 포기하지 않을 것이다. 절대로!" 그 말을 들은 대부분의 직원들은 지옥문까지 그를 따라갈 것 같았다. 이제까지 그렇게 인상적인 리더십은 한 번도 본 적이 없었다.
_스페이스 엑스 전 인재인수 부서장 돌리 싱Dolly Singh

일론은 '세상을 위해 내가 무엇을 해야 하지? 그런 의미에서 자동차 문제와 지구 온난화 문제를 해결하고 우주 식민지를 개척해야겠네.'라고 말합니다. 나는 그것이 매우 흥미로울 뿐 아니라 설득력 있는 목표라고 생각합니다.
_구글 최고 경영자 래리 페이지Larry Page

머스크의 유산은 그가 창출하는 부가 아니라 그가 세운 테슬라 모터스와 솔라시티가 지속가능한 미래로 나아가는 방향을 제시한다는 데 있다. 머스크는 사람들이 지속가능한 미래에 대해 설득 당하기보다, 매료될 수 있다는 것을 보여주었다.
_TED 기획자 크리스 앤더슨Chris Anderson

일론 머스크, 미래의 설계자

일론 머스크, 미래의 설계자

1판 1쇄 발행 2015. 5. 27.
1판 20쇄 발행 2023. 1. 2.

지은이 애슐리 반스
옮긴이 안기순

발행인 고세규
발행처 김영사
등록 1979년 5월 17일(제406-2003-036호)
주소 경기도 파주시 문발로 197(문발동) 우편번호 10881
전화 마케팅부 031)955-3100, 편집부 031)955-3200 | 팩스 031)955-3111

값은 뒤표지에 있습니다. ISBN 978-89-349-7101-6 13320

홈페이지 www.gimmyoung.com   블로그 blog.naver.com/gybook
인스타그램 instagram.com/gimmyoung   이메일 bestbook@gimmyoung.com

좋은 독자가 좋은 책을 만듭니다.
김영사는 독자 여러분의 의견에 항상 귀 기울이고 있습니다.

ELON MUSK

지구상에서 가장 먼저 미래에 도착한 남자, 일론 머스크가 제시하는 미래의 프레임

일론 머스크, 미래의 설계자

애슐리 반스 지음 | 안기순 옮김

김영사

차 례

ELON —

MUSK

제1장

일론 머스크가 꿈꾸는 세상

머스크는 하워드 휴스보다는 토머스 에디슨에 훨씬 가깝다. 그는 거대한 아이디어를 채택해 굉장한 제품을 만들 수 있는 능력을 갖춘 발명가이고, 명성이 자자한 사업가이자 기업가이다. 미국인은 머스크 덕택에 10년 안에 세계에서 가장 현대적인 고속도로, 즉 태양열로 가동되는 충전소 수천 군데가 있고 전기 자동차가 오가는 교통 체계를 갖춘 세상을 그릴 수 있다. 그때가 되면 스페이스 엑스는 사람들과 물건을 실은 로켓을 수십 군데의 주거지로 쏘아 올려 화성으로 이주할 준비를 진행할 것이다. 이러한 발전은 그 흐름을 제대로 간파하기는 어렵지만 머스크에게 충분히 시간을 준다면 반드시 일어날 현상으로 보인다. 전 아내인 저스틴은 이렇게 말했다. "일론은 스스로 원하는 일을 치열하게 실행합니다. 그것이 일론의 세계이고 우리는 그 세계 속에서 살아갑니다."

ELON MUSK

"**내가** 미쳤다고 생각하나요?"

실리콘밸리에 있는 고급 해산물 요리 전문점에 앉아 오랫동안 이야기를 나누던 끝에 일론 머스크가 불쑥 물었다.

나는 음식점에 먼저 도착해 으레 그렇듯 그가 약속 시간에 늦으리라 짐작하고 칵테일을 주문하고 기다렸다. 15분가량 지나자 값비싼 청바지에 격자무늬 셔츠를 받쳐 입고 가죽 신발을 신은 머스크가 다가왔다. 키는 185센티미터이지만 지인들은 그가 실제보다 훨씬 커

보인다고 말할 것이다. 머스크는 어깨가 꽤 넓고 살집이 있으며 체격이 건장했다. 그렇다보니 이러한 몸집을 십분 활용해 강한 이미지를 풍기며 들어섰으리라고 상상하기 쉽다. 하지만 머스크는 오히려 수줍어하는 듯이 보였다. 고개를 약간 숙인 채 테이블로 걸어와서는 간단하게 악수하면서 인사말을 건네고 자리에 앉았다. 몇 분이 지나서야 비로소 긴장을 풀고 한결 마음이 편안해진 것 같았다.

머스크는 협상이 필요하다면서 저녁 식사를 함께 하자고 제의했다. 18개월 전 내가 그에 대한 책을 쓰겠다고 알리자 머스크는 협조할 수 없다고 잘라 말했다. 나는 실망했지만 이내 기자 특유의 집요한 심리가 발동했다. 머스크의 도움을 받지 않고 책을 써야 한다면 그러면 될 터였다. 머스크가 세운 전기 자동차 회사인 테슬라 모터스Tesla Motors와 우주로켓 회사인 스페이스 엑스Space X에서 일했던 사람이 많으므로 그들을 취재하면 되고, 그의 친구도 꽤 많이 알고 있었기 때문이다.

몇 달 동안 꾸준히 200명 남짓한 사람을 인터뷰할 무렵 머스크에게서 연락이 왔다. 그는 나의 집으로 전화를 걸어서는 두 가지 제안 중 하나를 선택하라고 했다. 무엇을 선택하느냐에 따라 내 삶이 매우 곤란해질 수도, 자신의 도움을 받을 수도 있다고 덧붙였다. 그러면서 책을 출간하기 전에 원고를 읽고 자신이 주를 달 수 있다면 집필 과정을 기꺼이 돕겠다고 했다. 원고 내용에 쓸데없이 참견하지 않겠지만 내용이 사실과 다르면 바로잡고 싶다고 토를 달았다.

나는 머스크가 어떤 의도로 그렇게 요청하는지 이해할 수 있었다. 자기 삶을 다루는 이야기에 통제권을 갖고 싶은 것이다. 게다가 과학자다운 사고방식으로 똘똘 뭉친 사람이라 사실적 오류를 발견하면 정신적으로 괴로워한다. 인쇄된 종이에 오류가 하나라도 있으면 영원히 고통을 느낄 그였다. 그가 왜 그러는지 충분히 이해할 수 있었지만 원고를 보여줄 수는 없었다. 여기에는 직업상 이유도 있고 실용적 이유도 있었다. 머스크에게는 나름대로 진실이 있지만 그렇다고 세상 사람들이 생각하는 진실과 늘 일치하는 것은 아니다. 게다가 그는 간단한 질문에도 장황하게 대답하는 경향이 있고, 주석을 45쪽이나 달겠다는 생각은 지나쳐도 한참 지나치다 싶었다. 어쨌거나 우리는 함께 저녁 식사를 하면서 이 문제를 의논해보기로 했다.

먼저 홍보 전문가에 대한 이야기부터 풀어놓기 시작했다. 머스크는 외부에 알려진 대로 신속하게 홍보 담당 직원들을 갈아치웠고 당시 테슬라는 커뮤니케이션 담당자를 새로 맞아들여야 했다. "세계 최고의 홍보 전문가는 누구인가요?" 머스크가 특유의 말투로 물었다. 그리고 나서 우리는 하워드 휴스Howard Hughes, 테슬라 공장 등 공통의 주제에 대해 이야기를 나누었다. 웨이터가 주문을 받으러 오자 머스크는 저탄수화물 메뉴가 무엇이냐고 묻더니 검은 오징어 먹물에 적셔 튀긴 바닷가재 요리를 주문했다. 협상을 시작하지도 않았는데 머스크는 이미 다른 화제로 넘어갔다. 두려움 때문에 밤잠을 잘 수 없다고 운을 떼면서 구글의 공동 설립자이자 CEO인 래리 페이지Larry Page가 인류를 파괴하는 능력을 갖춘 인공지능 로봇을 만들까봐 무섭다고 했다. "정말 걱정이에요." 자신과 친한 페이지가 근본적으로 선의를 지녔고 하이드로 변신할 지킬 박사가 아니라고 생각하면서도 그는 상당히 불안해했다. 사실 그것이 문제라고도 했다. 성품이 착한 페이지는 기계가 언제나 사람이 지시하는 대로만 움직이리라 추측하기 때문이다. 그러면서 머스크는 "나는 낙천주의자가 아니에요. 페이지가 어쩌다가 사악한 로봇을 만들어낼 가능성도 배제할 수 없어요."라고 말했다. 주문한 음식이 나오자 그는 몇 번에 나누어 순식간에 말끔히 먹어치웠다. 머스크가 계속 유쾌하게 이야기를 술술 꺼내기를 간절히 바랐으므로 내 접시에서 스테이크 한 덩어리를 크게 잘라 건네주었다. 내 의도는 확실히 효과가 있었다. 최소한 90초 동안은 말이다. 커다란 고깃덩어리는 이내 사라졌다.

머스크가 암울한 인공지능 이야기에서 벗어나 드디어 책에 대한 이야기를 꺼내기까지는 시간이 꽤 흘렀다. 그는 자신에 대해 책을 쓰고 싶어 하는 이유가 무엇인지 알아내려고 넌지시 내 의중을 떠보기 시작했다. 나는 이때다 싶어서 과감하게 끼어들어 책에 대해 의논할 수 있는 기회를 잡았다. 교감신경을 흥분시키는 아드레날린이 분비되고 칵테일과 섞여 상승작용을 일으킨 덕택에 그의 삶을 깊이 연구할 수 있게 허락해주어야 하는 이유, 그 대가로 책의 내용을 통제하겠다는 조건을 달지 말아야 하는 이유 등을 45분 동안 조목조목 설명했다. 우리의 대화는 주석을 많이 달 수 없는 근본적 한계, 무엇이든 스스로 통제해야 직성이 풀리는 그의 성향, 기자로서 내게 남은 자존심 등을 거론하는 데까지 흘러갔다. 얼마 동안 잠자코 듣고만 있던 머스크는 내 말을 자르더니 놀랍게도 "알겠습니다."라고 대답했다. 머스크는 단호한 의지를 최고의 가치로 생각하므로 계속 거절당하더라도 뜻을 굽히지 않는 사람을 존중한다. 그때까지 그에 대한 책을 쓰고 싶다며 도와달라고 요청한 기자가 많았지만 단박에 거절당하고 나서도 집요하게 매달리며 귀찮게 굴었던 사람은 나뿐이었다. 머스크는 그런 나의 태도가 마음에 들었던 것 같다.

우리 사이에 유쾌한 대화가 오가기 시작하면서 머스크는 저탄수화물 식단을 포기했다. 웨이터가 사막을 형상화한 거대한 노란색 솜사탕 디저트를 내오자 그는 설탕을 걷어내더니 정신없이 먹어치웠다. 협상이 타결되었다. 머스크는 자기 회사의 중역과 친구, 가족을 만날 수 있는 권한을 내게 주었다. 책을 집필하는 동안 매달 한 번씩 만나 저녁 식사를 함께 하기로 했다. 머스크가 자기가 속한 세계의 내면을 기자에게 공개하는 것은 처음이었다. 만난 지 두 시간 30분쯤 지나서 머스크는 두 손으로 테이블을 짚고 몸을 일으키다가 잠시 멈추더니 내 눈을 들여다보며 황당한 질문을 불쑥 던졌다. "내가 제정신이 아니라고 생각하십니까?" 그 순간 나는 당황해서 잠시 할 말을 잊었고 그사이에 뇌세포는 이 질문이 수수께끼인지, 어떻게 하면 기발하게 대답할 수 있을지 궁리하느라 바삐 움직였다. 나중에 머스크와 많은 시간을 함께 보내고 나서야 비로소 그때 그 질문은 내가 아니라 자신에게 던진 것이었다는 사실을 깨달았다. 머스크는 내가 믿을 만한 사람인지 마지막으로 다시 떠보고 나름대로 판단을 내리려는 듯 내 눈을 빤히 들여다보았다. 잠시 후 우리는 악수를 나누고 헤어졌고 머스크는 테슬라의 빨간색 모델 S를 몰고 떠났다.

일론 머스크를 연구하고 싶다면 로스앤젤레스의 교외 지역으로 LAX 국제공항에서 몇 킬로미터 떨어진 캘리포니아 주 호손Hawthorne에 자리 잡은 스페이스 엑스 본사에서 출발해야 한다. 머스크의 사무실로 이어지는 복도를 지나면 벽에 나란히 걸려 있는 거대한 화성 포스터 두 장이 눈에 띈다. 왼쪽 포스터는 현재의 화성으로 차갑고 황량하며 거대하고 붉다. 오른쪽 포스터의 화성은 거대한 목초지로 사면이 바다로 둘러싸여 있다. 화성은 온도가 상승해 사람이 살기에 적합한 곳으로 바뀌고 있다. 머스크는 사람이 화성에 살 수 있도록 노력하고 또 그렇게 만들 작정이다. 그는 인류를 우주에 거주할 수 있게 만드는 것이 삶의 목표라고 공공연하게 선언한다. "나는 인류의 미래가 밝다고 생각하면서 숨을 거두고 싶습니다." 머스크는 이렇게 운을 뗐다. "지속 가능한 에너지를 얻을 수 있고, 최악의 상황과 의식상실에 대처해 다른 행성에서 자급자족할 수 있는 방향으로 인류가 진화한다면 말입니다." 머스크는 잠시 멈추었다가 말을 이었다. "그러면 정말 행복할 것 같습니다."

때로는 머스크의 말과 행동이 일치하지 않아 보인다. 어떤 면에서는 상당히 그렇기 때문이다. 예를 들어 비서가 고명을 뿌린 아이스크림과 과자를 가져오자 머스크는 아랫입술에 아이스크림과 과자 가루를 묻힌 채 인류를 구하는 문제에 대해 열변을 토했다.

실현하기 불가능해 보이는 문제에 태평하게 접근하는 태도 때문에 머스크는 실리콘밸리에서 신 같은 존재로 여겨진다. 래리 페이지 같은 동료 CEO들은 그에게 존경심을 품고 신참 사업가들이 과거에 스티브 잡스를 모방하려 애썼던 것처럼 '일론처럼 되려고' 노력한다. 하지만 실리콘밸리는 일종의 왜곡된 형태의 현실 안에서 움직이므로 함께 꿈꾸는 공상의 세계 밖에서 머스크는 훨씬 편향된 인물로 여겨지곤 한다. 현실에서 머스크는 거짓 희망을 선전하며 로켓·전기 자동차·태양 전지판 등에 집착하는 사람이다. 스티브 잡스Steve Jobs와 비교하지 마라. 머스크는 공상 과학 소설 분야의 P. T. 바넘P. T. Barnum, 세계 역사상 가장 위대한 흥행사로 기업형 서커스 사업을 벌여 엄청난 재산을 모음으로, 두려움과 자기혐오를 극복하라고 다른 사람을 부추기면서 엄청난 부를 거머쥐고 있다. 테슬라 자동차를 한 대 사라. 그리고 당신이 지구에 벌여놓은 난장판은 잠시 잊어라.

실리콘밸리에서 오랫동안 활동해온 내가 생각하는 머스크는 좋은 의도를 지닌 몽상가였고, 테크노 유토피아 클럽 기술 발전이 유토피아를 가져온다고 믿는 사람들의 일원이었다. 이 집단은 고도로 논리적인 세계관이 모두에게 해답을 제시한다고 생각하는 기술 절대론자와 아인 랜드Ayn Rand,《아틀라스》라는 작품을 쓴 소련 출신의 미국 여성 소설가이자 철학자의 헌신적 추종자를 섞어놓은 듯하다. 그들은 방해받지 않는다면 인류가 고민하는 문제를 모조리 바로잡을 것이다. 언젠가 빠른 시일 안에 우리가 두뇌를 컴퓨터에 다운로드하고 편안하게 휴식을 취하면 컴퓨터의 알고리즘이 문제를 모조리 처리할 수 있을 것이다. 테크노 유토피안이 품은 많은 야망은 사람들에게 영감을 불어넣고, 그들이 벌이는 활동은 유용하다. 하지만 그들이 기술 운운할 때 으레 사용하는 상투적 언어와 별 알맹이 없이 몇 시간이고 떠벌리는 능력은 이제 참신함을 잃었다. 인간은 결함을 지닌 존재이고 인간성은 시기적절하게 해결해야 하는 성가신 부담거리라는 그들의 잠재된 신념에 이르면 더욱 황당하다. 예전에 실리콘밸리에서 열리는 행사에서 들었던 머스크의 허세 어린 말투는 종종 테크노 유토피안의 각본을 그대로 옮긴 것만 같았다. 게다가 그가 세상을 구원하겠다며 세운 기업들이 자기 임무를 썩 훌륭하게 수행하는 것 같지 않아서 무엇보다 거슬렸다.

하지만 2012년 초 나를 비롯한 냉소주의자들은 머스크가 실질적으로 달성한 업적을 인정해야 했다. 한때 사면초가에 몰렸던 그의 기업들이 전례 없는 일을 성공시키고 있었다. 스페이스 엑스는 국제 우주정거장으로 공급물 캡슐을 날려 보냈다가 지구로 무사히 돌아오게 했다. 테슬라 모터스는 멋진 외관에 전기로만 동력을 지원받는 승용차인 모델 S를 만들어 자동차 산업계에 일대 바람을 일으켰고 디트로이트미국 미시간 주의 자동차 공업 도시에 충격을 안겼다. 이 두

가지 업적을 달성함으로써 머스크는 비즈니스 분야의 거물 중에서도 단연 두각을 나타냈다. 서로 다른 산업에서 이에 버금가는 업적을 달성한 인물로는 애플에서 신제품을 출시한 해에 픽사Pixar에서 영화를 만들어 크게 성공한 스티브 잡스가 유일하다.

하지만 머스크의 활동은 현재진행형이다. 그는 급속히 발전하면서 주식 상장 준비를 갖춘 솔라시티SolarCity의 회장이자 최대 주주이고, 수십 년 동안 경기가 급격히 떨어진 우주·자동차·에너지 산업에서 최대 발전을 이루었다.

내가 머스크가 어떤 인물인지 직접 알아보고 〈블룸버그 비즈니스위크Bloomberg Businessweek〉에 그를 다룬 표지 기사를 싣기로 결정한 것은 2012년이었다. 당시 머스크의 일정은 충직한 비서인 메리 베스 브라운Mary Beth Brown이 전담했다. 메리는 뒷날 내가 이름을 붙인 머스크 랜드Musk Land로 나를 초대했다. 머스크 랜드에 처음 발을 디딘 사람은 누구나 눈앞에 펼쳐지는 광경에 고개를 갸우뚱하기 마련이다. 우선 스페이스 엑스 본사가 자리한 호손 시의 원 로켓 로드One Rocket Road에 주차하라는 말을 듣는다. 호손은 보금자리가 될 만한 장점을 찾기 어려운 지역이다. 로스앤젤레스에 속한 황량한 곳으로, 네모반듯하게 건물을 지었던 구태의연한 건축 시대의 산물로 보이는 거대한 산업 단지 주위로 자그마한 주택, 상점, 음식점이 군데군데 모여 있었다. 일론 머스크가 과연 이러한 쓰레기 더미에 자신의 회사를 가둬놓았을까? 5만 1,000제곱미터 면적에 '몸, 영혼, 정신의 통합'을 상징하는 당당한 색조의 흰색 장방형 건물을 보면 그 대답을 알 것만 같다. 이것이 스페이스 엑스의 핵심 건물이었다.

정면으로 나 있는 스페이스 엑스의 현관문을 들어서자마자 머스크가 얼마나 웅장한 일을 해냈는지 분명히 깨달을 수 있었다. 기가 막히게도 머스크는 로스앤젤레스 한복판에 로켓 공장을 세웠다. 게다가 이 공장은 한 번에 로켓 한 대를 제작하지 않았다. 처음부터 로켓을 많이 만들기 시작했다. 공장은 거대한 협업 작업장이었다. 공장 뒤편의 엄청나게 커다란 공간에 금속 덩어리를 내려놓으면 2층 높이의 용접 기계로 옮겨진다. 한쪽에는 기술자들이 흰색 실험복을 입고 컴퓨터 메인 보드, 무선 장치, 기타 전자장치를 만든다. 밀폐된 특수 유리방에 들어가 로켓이 우주정거장으로 실어 나를 캡슐을 만드는 사람도 있다. 화려한 색상의 스카프를 머리에 두르고 몸에 문신을 새긴 남자들이 밴 헤일런의 음악을 크게 틀어놓고 로켓엔진 주위로 전선을 연결한다. 로켓의 완성된 동체가 트럭에 실리기 위해 줄지어 있다. 건물의 다른 쪽에서는 훨씬 더 많은 로켓이 흰색으로 단장할 순서를 기다린다. 여기서는 공장 전체를 한눈에 파악하기 어렵다. 로켓 동체 수백 개가 묘하게 생긴 여러 기계 주위를 윙윙 소리 내며 계속 움직이고 있다.

이곳은 머스크 랜드의 주요 작업장일 뿐이다. 스페이스 엑스는 보잉에서 747 비행기의 동체를 제작한 공장의 일부였던 건물 몇 개를 인수했다. 이 건물들 중 하나는 지붕이 곡선 모양이어서 비행기

행거를 연상케 한다. 이곳은 테슬라에서 연구·개발·디자인 센터로 사용하며, 모델 S 자동차와 후속 제품으로 SUV 자동차인 모델 X의 외관을 착상한 곳이기도 하다. 센터 바깥의 주차장에는 로스앤젤레스의 운전자들이 무료로 전기를 가득 충전할 수 있는 충전소가 서 있다. 드넓은 연못 한가운데에 테슬라 로고가 새겨진 희고 붉은색 방첨탑을 세워서 충전소는 눈에 쉽게 띄었다.

나는 디자인실에서 머스크를 처음 인터뷰하면서 그가 말하고 행동하는 방식을 가늠하기 시작했다. 머스크는 자신만만하지만 이러한 자신감을 내보이는 데 서툴 때도 있다. 처음에는 사람들 앞에 나서기를 쑥스러워하므로 자칫 어색한 사람으로 보이기도 한다. 남아프리카공화국의 억양이 남아 있지만 이제는 희미해져서 특유의 머뭇거리는 성격을 덮어주지 못한다. 많은 엔지니어나 물리학자와 마찬가지로 머스크는 정확한 표현을 찾아내려고 말을 멈추고, 그 과정에서 유용하거나 간단한 설명조차 하지 않은 채 난해하고 과학적인 토끼 굴을 자주 파고 들어간다. 그러면서 다른 사람이 계속 자기 논리를 따라오기를 기대한다. 실제로 머스크가 농담을 많이 던진다면 이것이 매력으로 작용할 수 있을 것이다. 하지만 어떤 대화를 하더라도 그에게는 목적의식과 압박감이 늘 붙어 다닌다. 그는 잡담을 하는 법이 없다. (머스크가 긴장을 풀고, 내가 그의 정신과 성격을 다른 방향에서 더욱 깊이 탐구할 수 있으려면 30시간 정도 인터뷰를 더 해야 할 것이다.)

세간의 이목을 끄는 대부분의 CEO는 주위에 참모를 두지만 머스크는 머스크 랜드를 주로 혼자 돌아다닌다. 그는 음식점에 슬그머니 들어가지 않고 당당하게 성큼성큼 걸어 들어간다. 머스크는 나와 이야기를 나누면서도 디자인실 주변을 걸으며 시제품의 부품과 차량을 조사했다. 그럴 때마다 직원들이 황급히 다가와 정보를 토해내면 머스크는 열심히 귀를 기울여 처리하고 만족하면 고개를 끄덕였다. 그러고 나서 다른 정보를 얻기 위해 다음 장소로 자리를 옮겼다. 테슬라의 수석 디자이너인 프란츠 본 홀츠하우젠Franz von Holzhausen 은 모델 S용으로 고려하고 있는 새 타이어 몇 개와 모델 X의 좌석 배치에 대해 머스크의 의견을 물었다. 두 사람은 의논하고 나서 고급 그래픽 컴퓨터 판매사의 중역들이 제품 설명을 하려고 기다리는 안쪽 회의실로 들어갔다. 상대 회사 중역들은 모델 S의 가상 외관을 수정해 그림자와 가로등이 자동차 몸체에 비칠 때 어떤 모습일지 상세하게 볼 수 있는 새로운 3D 처리 기술을 자랑했다. 그러한 전산 시스템을 갖추고 싶었던 테슬라 소속 엔지니어들은 머스크의 승인을 받아야 했다. 상대 회사가 아이디어를 팔려고 최선을 다하는 동안 드릴과 거대한 환풍기가 작동하는 소리가 말재간을 덮었다. 실제적으로 자신의 작업복인 값비싼 청바지에 검은색 셔츠를 입고 가죽 신발을 신은 머스크는 3D용 안경을 쓰고 그들의 설명을 들었지만 별로 감흥을 보이지 않았다. 그는 생각해보겠다고 말하고는 가장 크게 소리가 나는 곳으로 걸어갔다. 그곳은 디자인실 깊숙이 자리한 작업장으로 테슬라 소속 엔지니어들이 충전소 바깥에 세울 9미터짜리 장식용

탑을 만들기 위해 비계를 설치하고 있었다. 머스크가 말했다. "저것은 5등급 허리케인에도 끄떡없어 보이네요. 약간만 얇게 만들어봅시다." 드디어 나는 머스크와 함께 그의 자가용인 검은색 모델 S를 타고 스페이스 엑스의 핵심 건물로 돌아왔다. 오는 길에 머스크는 "똑똑한 사람들이 지나치게 인터넷 사업, 금융계, 법조계에 몰려 있다고 생각합니다."라고 말했다. "주변에서 혁신이 많이 일어나지 않는 까닭도 부분적으로는 그 때문이죠."

머스크 랜드는 내게 깨우침을 주는 새로운 경험이었다.

나는 2000년 실리콘밸리에 와서 샌프란시스코의 텐더로인Tenderloin 지역에 둥지를 틀었다. 이곳은 지역 주민들이 타지 사람에게 여기 살면 안 된다고 말릴 만한 곳이다. 굳이 애써 찾지 않더라도 주차된 자동차 사이에서 바지를 내리고 대변을 보거나, 버스 정류장 벽에 미친 듯이 머리를 들이박는 사람을 볼 수 있다. 스트립쇼를 하는 나이트클럽 근처의 허름한 술집에서는 여장 남자들이 호기심 강한 회사원을 때리고, 술 취한 사람들이 일요일처럼 게으름을 피우며 소파에 널브러져 꾀죄죄하게 뒹굴고 있다. 이곳은 불쾌하고 칼부림이 자주 발생하는 지역이고, 닷컴 관련 사업에 품은 꿈이 죽어가는 모습을 목격하기에 안성맞춤인 곳이 되었다.

샌프란시스코에는 탐욕에 뒤엉킨 오랜 역사가 있다. 골드러시의 혜택을 한 몸에 받았고, 비극적 지진이 덮쳤을 때조차 경제성장을 향한 샌프란시스코의 열망은 오랫동안 식을 줄 몰랐다. 사소한 변동에 속아서는 안 된다. 경기가 엎치락뒤치락하는 것은 이곳에 내재한 리듬이기도 하기 때문이다. 2000년 샌프란시스코는 벼락 경기 세례를 맞아 탐욕에 사로잡혔다. 모든 대중이 순식간에 부자가 될 수 있다는 환상과 인터넷 광기에 휩쓸렸다. 모두가 공유하는 망상에서 뿜어져 나오는 에너지의 파동이 크게 고동치며 끊임없이 만들어내는 떠들썩한 소음이 도시 전체에 울려 퍼졌다. 나는 지위를 막론하고 모든 사람들이 과잉 때문에 어떻게 망가져가는지 지켜보면서 샌프란시스코에서도 가장 타락한 지역의 중심부에 있었다.

이 시기에 비즈니스 세계를 휩쓸었던 광기를 추적한 이야기는 유명하다. 소비자가 사고 싶어 하는 제품을 만들지 않더라도 기업을 만들고 급속히 발전시킬 수 있었다. 그저 인터넷에 관련한 아이디어를 떠올리고 세상에 발표하기만 하면 투자가들이 모여들어 그 아이디어를 실험하라며 자금을 댔다. 이때 목표는 최단 시간에 가능한 한 많은 돈을 긁어모으는 것이었다. 최소한 무의식적으로는 언젠가 현실로 돌아가리라는 사실을 모두 알았기 때문이다.

실리콘밸리의 주민들은 케케묵은 작업 방식을 받아들였다. 20~50대 사람은 밤새 일하는 것이 당연하다는 기대를 받았고, 사무실은 임시 가정으로 바뀌었으며, 개인의 위생은 안중에 없었다. 가치

없는 것을 대단하게 포장하려면 많은 노력이 들어간다. 하지만 어느 새인가 압박감이 줄어들면서 방탕의 길이 여기저기 열렸다. 당시 뜨겁게 달아오른 기업과 막강한 언론은 더욱 호사스러운 파티를 열어 서로를 뛰어넘으려고 다투었다. 시대의 흐름에 부응하는 듯이 보이려고 애쓰는 보수 기업은 공연장에 정기적으로 자리를 사서 술과 음료를 무료로 제공하고, 댄서·곡예사·캐나다 록 밴드 베어네이키드 레이디스Barenaked Ladies를 초청했다. 그러면 젊은 과학기술 분야 전문가들이 찾아와 잭 앤 코크Jack and Coke를 공짜로 마시고 이동식 변기에 앉아 마약을 코로 흡입했다. 당시에는 탐욕과 사리사욕이 당연한 가치처럼 널리 퍼졌다. 좋은 시절은 시간 순서대로 꼼꼼하게 기록했지만 뒤이어 찾아온 불우한 시절은 묵살했다. 그도 그럴 것이 뒤에 남겨진 혼란보다는 비이성적 풍요를 회고하는 편이 훨씬 재미있기 때문이다.

인터넷 사업으로 신속하게 부를 축적할 수 있다는 환상이 깨지면서 샌프란시스코와 실리콘밸리는 깊은 수렁에 빠졌다. 끝이 없는 것처럼 계속되던 파티가 막을 내렸다. 출근하기 전에 사랑을 나누자며 ("이리 와봐요, 새침데기. 내가 커피보다 낫다니까!") 새벽 6시에 텐더로인 거리를 배회하던 매춘부들도 사라졌다. 베어네이키드 레이디스의 노래가 종적을 감추었고 무역 박람회에서는 닐 다이아몬드Neil Diamond를 추모하는 음악을 틀어놓고 무료 티셔츠와 한 보따리의 수치심을 안겼다.

사정이 이렇다보니 기술 산업계는 어쩌할 바를 몰랐다. 거품이 일어나는 동안 속았던 어리석은 벤처 투자가들은 더 이상 어리석어 보이고 싶지 않았으므로 새로운 벤처 사업에 자금을 대지 않았다. 이제 사업가의 거창한 아이디어는 하찮고 보잘것없는 생각으로 여겨졌다. 실리콘밸리가 집단으로 중독 치료소에 들어간 것만 같았다. 과장처럼 들리지만 실제로 그랬다. 수백만 명의 똑똑한 인재들은 자신들이 미래를 창조한다고 믿기 시작했다가 거품이 꺼지면서 안전하게 사업을 벌이는 것이 품위 있는 행동이라고 생각하게 되었다.

닷컴 거품의 부작용을 가리키는 증거는 이 시기에 등장한 아이디어와 기업에서 찾아볼 수 있었다. 구글Google은 2002년 무렵 나타나 상승세를 타기 시작했지만 예외였다. 구글이 나타나고 애플Apple이 2007년 아이폰을 출시하기까지 중간 시기는 따분한 기업들이 난립한 볼모시기였다. 그리고 막 출범한 페이스북Facebook과 트위터Twitter는 물리적 제품을 제조하면서 수만 명의 고용을 창출했던 휴렛팩커드Hewlett-Packard · 인텔Intel · 선 마이크로시스템스Sun Microsystems 같은 선배 기업과는 성격이 확연히 달랐다. 그 후 기업의 목표는 엄청난 위험을 무릅쓰면서 새로운 산업을 창출하고 장대한 아이디어를 생각해내는 것이 아니라, 소비자를 만족시키고 단순한 애플리케이션과 광고를 만들어내는 방향으로 옮겨갔다. 초기에 페이스북 엔지니어로 활동했던 제프 해머바커Jeff Hammerbacher는 언젠가 "내가 속한 세대의 최고 지성들은 어떻게 하면 소비자가 광고를 클릭할 수 있게 만들 수 있는지를 생각합니다. 한마디로 거지 같아요."라고 내게 말했다. 실리콘밸리는 할리우드와 끔찍하게 닮아갔고 소비자들은 가상의 삶으로 눈을 돌렸다.

이렇듯 혁신이 중단된 현상은 훨씬 커다란 문제가 일어나리라고 암시하는 신호일 수 있다고 주장한 사람들 가운데 조너던 휴브너Jonathan Huebner가 있었다. 그는 캘리포니아 주 차이나 레이크China Lake에 자리한 국방부 해군 항공 전투 센터에서 활동하는 물리학자로, '비버는 해결사Leave It to Beaver, 1957~1963년에 방영되었던 말썽꾸러기 악동의 무용담을 그린 미국의 시트콤' 판 죽음의 상인전쟁으로 이득을 보는 무기 제조 판매인이다. 중년에 몸이 마르고 대머리인 휴브너는 카키색 바지에 갈색 줄무늬 셔츠를 받쳐 입고 캔버스 천 소재의 카키색 재킷을 걸치는 옷차림을 즐겼다. 그는 1985년 이후 재료·에너지·소프트웨어 분야의 최신 기술에서 통찰을 얻어 무기 체계를 고안하고 있다. 닷컴의 거품이 꺼지면서 휴브너는 자기 책상을 거쳐가는 혁신 아이디어의 고루함에 화가 치밀어 올랐다. 그는 2005년 실리콘밸리를 고발하거나 최소한 불길한 경고를 할 요량으로 '전 세계적으로 혁신이 쇠퇴할 조짐을 보인다'라는 제목의 논문을 발표했다.

자신이 생각하는 혁신의 현주소를 나타내기 위해 휴브너는 나무를 은유로 사용했다. 인류는 나무에 기어올라 이미 몸통을 지나 주요 가지까지 도달해서 바퀴·전기·비행기·전화·트랜지스터 등 원대하고 엄청나게 중요한 아이디어의 대부분을 땄다. 과거의 발명을 개선했으므로 지금은 나무 꼭대기에 붙은 가지 끝에 대롱대롱 매달려 있는 셈이다. 휴브너는 논문에서 자신이 주장하는 핵심을 뒷받침하기 위해 삶을 바꾸는 발명의 속도가 늦춰지기 시작했다는 증거를 제시했다. 또한 근거를 대며 일인당 발명 수가 시간이 흐르면서 줄어든다는 점도 입증했다. 그는 인터뷰에서 "상위 100개 유형의 발명이 반복될 개연성은 더욱 작아지고 있습니다. 혁신은 유한한 자원입니다."라고 말했다.

휴브너는 세상이 자신의 생각을 이해하려면 5년 정도 걸릴 것이라 예측했고 이 예언은 정확하게 맞아떨어졌다. 2010년 무렵 페이팔PayPal의 공동 설립자이자 페이스북의 초기 투자가인 피터 티엘Peter Thiel은 기술 산업이 사람들을 실망시켰다는 주장을 지지하기 시작했다. '우리는 140자 한 트윗에 올릴 수 있는 글자 수보다는 하늘을 나는 자동차를 원한다.'는 피터 티엘이 세운 벤처 캐피털 기업 파운더스 펀드Founders Fund의 표어가 되었다. '미래에 발생할 일'이라는 제목의 글에서 피터 티엘과 지지자들은 트위터와 140자 메시지를 포함해 이와 비슷한 발명품이 어떻게 대중을 실망시켰는지 서술했다. 피터 티엘의 주장에 따르면 사람들이 세상을 변화시키는 기술의 능력에 대해 더 이상 낙관적으로 생각하지 않으므로 한때 미래를 찬양했던 공상 과학 소설은 이제 이상향이 아니었다.

나도 처음으로 머스크 랜드를 방문하기 전까지는 그렇게 생각했다. 머스크는 자신이 매달리고 있는 일을 추진하는 데 결코 망설이는

법이 없었지만 외부에서는 그가 세운 회사의 공장·연구 개발 센터·
기계 조립 작업장 등을 실제로 본 사람도 없고, 그가 어떤 일을 직접
하고 있는지 본 사람도 거의 없었기 때문이다. 머스크는 실리콘밸리
의 윤리에서 많은 것을 도입해 신속하게 행동하면서 관료주의적 위
계질서 없이 조직을 운영하고, 이를 통해 커다랗고 환상적인 기계를
개발하고 우리가 놓치고 있던 비약적 발명을 이룰 잠재력을 키웠다.

　원칙적으로 머스크는 닷컴이 불러일으킨 열병의 일부여야 했
다. 그는 1995년 대학을 졸업하자마자 원시적 형태의 구글 지도와
생활 정보 검색 서비스 애플리케이션인 옐프Yelp를 결합한 형태의
Zip2를 만들면서 닷컴 열풍에 뛰어들었다. 이 최초의 도전에서 그
는 크고 빠르게 성공했다. 뒤이어 1999년 Zip2를 컴팩Compaq에 3억
700만 달러에 매각하여 벌어들인 2,200만 달러를 신생 기업 페이
팔Payal에 전부 쏟아부었다. 그리고 2002년 이베이ebay가 페이팔을
15억 달러에 인수하면서 페이팔의 최대 주주로 큰 부자가 되었다.

　하지만 머스크는 동료들처럼 두려움에 떨며 실리콘밸리를 맴돌
지 않고 활동 무대를 로스앤젤레스로 옮겼다. 당시 사람들은 그에게
심호흡을 하고 적당한 때가 와서 큰 건을 터뜨릴 수 있을 때까지 기
다리라고 조언했다. 하지만 머스크는 그 논리를 거부하고 스페이스
엑스에 1억 달러, 테슬라에 7,000만 달러, 솔라시티에 1,000만 달러
를 투자했다. 실제로 돈을 분쇄하는 기계를 만들지 않는 한 그가 벌
어들인 엄청난 재산을 없애기에는 가장 빠른 방법이었다. 그는 벤처

사업에 단독으로 엄청난 위험을 무릅쓰는 인물이 되었다. 그리고 세상에서 가장 값비싼 장소인 로스앤젤레스와 실리콘밸리에서 어마어마하게 복잡한 제품을 생산하기 위한 투자를 늘렸다. 머스크가 세운 기업은 무에서 제품을 생산하고 항공 우주 산업·자동차 산업·태양에너지 산업에서 생각하는 관례를 재고하려고 노력한다.

머스크가 운영하는 스페이스 엑스는 록히드 마틴Lockheed Martin과 보잉Boeing을 포함해 미국 군수산업 복합체의 거대 기업들과 경쟁을 벌이며, 가장 유명하게는 러시아와 중국을 비롯한 국가와도 다투고 있다. 스페이스 엑스는 군수산업에서 저비용 공급 업체로 유명세를 떨치고 있다. 하지만 그 조건만으로는 성공하기에 충분하지 않다. 우주산업체를 경영하려면 자본주의의 근본을 해치는 정치, 상호 이익 추구, 보호무역주의 등의 혼란한 상황과 맞서야 한다. 스티브 잡스는 음반 업계에 거슬러 아이팟iPod과 아이튠즈iTunes를 출시하면서 이와 비슷한 세력과 충돌했다. 하지만 생계 수단으로 무기를 만들고 나라를 세우는 머스크의 적들과 비교한다면 음악 산업에 포진한 까다로운 신기술 반대자를 다루는 일쯤은 유쾌할 정도였다. 스페이스 엑스는 탑재물payload, 유료 하중으로 여객기의 승객, 우편, 수하물, 화물 등의 중량 합계을 우주로 운반했다가 정확하게 지구 발사대로 되돌아올 수 있는 재사용 가능 로켓을 시험하고 있다. 이 기술을 완성한다면 경쟁사 모두에게 엄청난 타격을 입히고, 로켓 산업의 핵심 기업 일부를 확실하게 밀어냄으로써 우주에 사람과 화물을 수송하는 분아에서 미국을 세계 선두 자리에 우뚝 서게 만들 수 있다. 이것이 위협으로 작용하면서 머스크 주위에는 적이 많아졌다. 머스크는 "내가 세상에서 사라진다 해도 개의치 않을 사람이 늘어나고 있습니다. 가족은 러시아인이 나를 암살할지 모른다며 두려워해요."라고 말했다.

머스크는 테슬라 모터스를 운영하면서 세계적으로 연료 분배 시스템을 구축하는 동시에 자동차의 생산 판매 방식을 개선하기 위해 노력하고 있다. 머스크의 표현에 따르면 '차선의 타협안'인 하이브리드 대신 테슬라는 사람들이 갈망하고 기술의 한계를 뛰어넘는 순수한 전기 자동차를 생산하려고 애쓴다. 테슬라는 자사가 생산하는 자동차를 딜러를 통해 판매하지 않고 애플처럼 웹이나 고급 쇼핑센터에 자리한 전문 매장에서 판매한다. 또한 전기 자동차는 엔진오일을 교환하지 않아도 되고, 자동차를 유지하기 위한 전통적인 기타 정비 절차가 필요하지 않으므로 차량 유지 서비스를 제공해 큰 수익을 거두리라고는 기대하지 않는다. 가격을 놓고 고객과 승강이하고, 터무니없이 비싼 유지비에서 이익을 얻는 자동차 딜러에게는 테슬라가 채택하는 직접 판매 모델은 상당한 위협이다. 최근 미국·유럽과 아시아의 주요 고속도로에 테슬라의 충전소가 설치되어 20분가량이면 수백 킬로미터를 달릴 수 있을 만큼의 전기를 충전할 수 있다. 고속 충전소는 태양광으로 작동되고 테슬라 자동차 운전자에게 연료를 무료로 제공한다. 미국의 사회 기반 시설이 크게 쇠퇴하는 와중에도 머스크는 초현대적 수송 시스템을 마련해 이 분야에서 세계 다른 나라를 제압할 수 있는 기반을 마련하고 있다. 머스크의 비전과 최근의 행보를 보면 헨리 포드Henry Ford와 존 D. 록펠러John D. Rockefeller에서 최상의 모습을 뽑아 결합한 것 같다.

머스크는 솔라시티를 운영하면서 소비자와 기업체에 태양 전지판을 설치하고 융자를 제공해주는 최대 업체에 자금을 지원하고 있다. 또한 사촌인 린던 라이브Lyndon Rive와 피터 라이브Peter Rive에게 경영을 맡기고 자신은 회장 자리에 있으면서 솔라시티에 아이디어를 제공하는 방향으로 경영을 돕는다. 솔라시티는 수십 개의 기존 에너지 기업보다 제품 가격을 낮춤으로써 자력으로 거대 에너지 기업이 되었다. 친환경 기술 회사들이 무서운 속도로 파산하는 시기에도 머스크는 세계에서 가장 성공적인 친환경 기술 기업 두 곳을 세웠다. 공장과 수만 명의 근로자로 이루어진 제국인 머스크 사Musk Co.는 머스크를 100억 달러의 자산을 소유한 세계 최대 부자의 반열로 밀어 올렸다.

머스크 랜드 방문을 계기로 나는 머스크가 이 모든 사업에서 성공을 거둘 수 있었던 몇 가지 비결을 분명하게 깨달을 수 있었다. '인류를 화성에 보내겠다'는 계획을 정신 나간 짓이라고 생각하는 사람도 있겠지만 머스크에게는 자기 회사를 움직이는 특별한 구호였다. 자신이 추진하는 일 모두를 아우르는 포괄적 목표이기 때문이다. 세 회사의 직원들은 불가능해 보이는 목표를 달성하기 위해 자신들이 날마다 노력하고 있다는 사실을 잘 알고 있다. 머스크는 비현실적으로 보이는 목표를 설정하고, 귀에 못이 박히도록 직원들에게 되뇌고, 뼛속까지 그 일에 매진한다. 그러기에 머스크를 좋아하는 직원도 있지만 싫어하는 직원도 있다. 하지만 싫어하는 직원조차도 머스크의 추진력과 사명을 존중해 묘하게도 그에게 충성한다. 실리콘밸리에서 활동하는 많은 사업가에게 부족하지만 머스크가 발달시키고 있는 것은 유의미한 세계관이다. 누구도 생각해낼 수 없었던 원대한 꿈을 추구하는 머스크는 부를 좇아가는 CEO가 아니라 승리의 여신을 지키기 위해 군대를 지휘하는 장군에 가깝다. 페이스북의 CEO 마크 주커버그Mark Zuckerberg가 사람들이 아기 사진을 공유할 수 있도록 도와주고 싶어 한다면, 머스크는 인류가 자초하거나 우발적으로 멸망하지 않도록 구원의 손길을 내밀고 싶어 한다.

그러기 위해 머스크가 영위하는 생활은 상상을 초월한다. 그의 일상은 벨 에어Bel Air에 있는 저택에서 시작한다. 월요일에는 하루 종일 스페이스 엑스에서 일한다. 화요일에는 스페이스 엑스에서 업무를 시작했다가 전용 비행기에 올라타 실리콘밸리로 향한다. 그렇게 이틀 동안 팰로 앨토Palo Alto에 있는 사무실과 프리몬트Fremont에 있는 공장을 오가며 일한다. 캘리포니아 북부에는 집이 없으므로 고급 로즈우드Rosewood 호텔이나 친구 집에서 묵는다. 친구 집에 묵는 일정을 잡으려면 비서가 '한 사람 묵을 방이 있나요?'라는 내용으로 머스크의 친구들에게 이메일을 보낸다. 머스크는 친구 집에서 대부분 손님방에 머물지만 비디오게임을 하면서 긴장을 풀다가 그대로 소파에 쓰러져 자는 것으로도 유명하다. 목요일에는 로스앤젤레스와 스페이스 엑스로 돌아간다. 머스크는 쌍둥이와 세쌍둥이인 어린 아들 다섯 명의 양육권을 전 아내인 저스틴Justine과 공동으로 갖고 있으므로 일주일 중 나흘 동안 아이들을 데리고 있는다. 그는 일정을 통제할 수 없는 지경에 이르지 않기 위해 자신이 소화해야 하는 비행시간을 매주 표로 작성한다. 이렇게 바쁜 일정을 어떻게 소화할 수 있는지 묻자 머스크는 "아마도 어릴 때 고생을 많이 한 덕분인 것 같아요."라고 대답했다.

내가 머스크 랜드를 방문했을 때 머스크는 오리건 주에 있는 크레이터 호Crater Lake 국립공원으로 캠핑 여행을 떠나기 전에 급히 인터뷰에 응했다. 그는 금요일 저녁 8시 즈음 아들과 유모들을 전용 비행기에 태우고 떠났고, 비행장에서 운전자를 만나 친구들이 기다리고 있는 캠핑장에 도착했다. 칠흑같이 새까만 밤에 도착해서는 친구들의 도움을 받아 짐을 풀었다. 그곳에서 주말 동안 아들들과 함께 하이킹을 하면서 휴식을 취하고 일요일 오후에 아들들을 데리고 로스앤젤레스로 다시 날아왔다. 그날 저녁 혼자 뉴욕에 가서 잠을 자고, 월요일에 아침 토크쇼에 출연한 후 회의에 참석하고, 이메일을 확인하고 답장을 쓰고 하루를 마무리했다. 화요일 아침에는 다시 로스앤젤레스로 날아와 스페이스 엑스에서 일하고, 그날 오후에는 산호세San Jose로 날아가 테슬라 모터스 공장을 찾았다. 그날 밤에는 워싱턴 DC로 날아가 오바마 대통령을 만났다. 수요일 밤에 다시 로스앤젤레스로 돌아와 스페이스 엑스에서 이틀 동안 일했다. 그리고 구글 회장인 에릭 슈밋Eric Schmidt이 옐로스톤에서 개최하는 주말 회의에 참석했다. 당시 머스크는 두 번째 아내인 여배우 탈룰라 라일리Talulah Riley와 막 헤어지고 일과 사생활의 균형을 찾기 위해 궁리하고 있었다. "사업과 아이들에게 시간을 배분하는 것은 별 문제가 없어요. 하지만 데이트를 하는 데 좀 더 시간을 내고 싶습니다. 여자 친구를 사귀고 싶거든요. 일주일에 5~10시간 정도를 생각하고 있습니다만, 여자들은 일주일에 몇 시간이나 애인을 만나고 싶어 하나요? 열 시간? 그것이 최소 수준인가요? 잘 모르겠어요."

머스크는 긴장을 풀 시간을 내지 못하지만 어쩌다 시간이 나면 그의 삶만큼이나 역동적으로 축제를 즐긴다. 서른 번째 생일날에는 영국에 있는 성을 빌려 20여 명을 초대했다. 새벽 2시부터 6시까지 술래가 숨고 나머지 사람들이 찾아다니는 숨바꼭질 놀이를 했다. 파리에서도 파티를 열었다. 머스크를 포함해 그의 동생과 사촌들은 한밤중에 일어나 새벽 6시까지 자전거로 파리 시내를 관통하자고 의기투합했다. 그래서 낮 동안 내내 잠을 자고 저녁에 오리엔탈 익스프레스에 몸을 실었다. 기차에서도 일행은 한잠도 자지 않았다. 아방가르드 공연 그룹인 루슨트 도시에 익스피어리언스Lucent Dossier Experience가 호화스러운 기차에서 손님들의 손금을 봐주고 곡예를 선보였던 것이다. 다음 날 기차가 베네치아에 도착하자 머스크 일행은 저녁 식사를 하고 대운하가 내려다보이는 호텔 객실의 테라스에서 아침 9시까지 놀았다. 머스크는 변장 파티도 좋아해서 한번은 기사 복장을 하고 나타나 '스타워즈'의 다스베이더로 변장한 난쟁이와 양산을 사용해 결투를 벌였다.

최근 몇 차례 생일 파티에서 머스크는 미국에서 가장 성다운 모습을 가진 뉴욕 시 태리타운Tarrytown에 있는 성으로 50명을 초대했다. 파티의 주제는 공상 과학 소설을 사랑하는 사람들의 꿈인 일본의 스팀펑크steampunk, 역사적 배경에 공상 과학이나 판타지 요소를 적용하고 전자 제품 대신 증기로 작동하는 기계가 등장하는 장르로, 여성용 코르셋·가죽·기계 숭배가 등장했다. 여기서 머스크는 사무라이로 변장했다.

축제를 벌이는 동안 도시 중심부에 있는 자그마한 극장에서 영국 빅토리아 여왕 시대의 극작가 길버트와 작곡가 설리반이 일본을 배경으로 제작한 오페라 '미카도Mikado, 과거 일본 천황에 대한 호칭'를 공연하기도 했다. 머스크가 일주일에 열 시간을 할애하는 데이트 계획에 실패하고 나서 재혼한 라일리는 "미국인들은 오페라 내용을 이해하지도 못했을 걸요."라고 말했다. 하지만 그들도 뒤이어 벌어진 파티는 확실히 즐겼다. 다시 성으로 돌아왔을 때 머스크는 눈가리개를 하고 양손에 풍선을 쥐고, 다리 사이에 풍선을 낀 상태로 한쪽 벽에 밀쳐졌다. 그리고 누군가가 그를 향해 칼을 던졌다. 그 사람은 다시 일을 하기 위해 자리를 떠났다. 나중에 머스크는 이렇게 말했다. "그 놀이를 시작하기 전에 만난 적이 있는 사람이지만 그날따라 일진이 좋지 않을 수도 있겠다는 걱정이 들었습니다. 그랬다면 생식샘

둘은 아니더라도 하나쯤은 찔릴 수 있었겠죠." 구경꾼들은 망연자실하면서 머스크가 위험해질까봐 두려움에 떨었다. 머스크의 친구인 빌 리Bill Lee는 "기이한 일이었어요."라고 회고하면서 "하지만 일론은 상황에 작용하는 과학의 힘을 믿습니다."라고 말했다. 또 세계 최고 스모 선수 한 사람이 동료 몇 명과 함께 파티에 나타났다. 성에 링이 설치되고 머스크와 챔피언의 대결이 펼쳐졌다. 당시 일에 대해 머스크는 이렇게 회상했다. "그 선수는 159킬로그램이었고 절대 물렁살이 아니었어요. 나는 아드레날린이 솟구쳐서 그를 어떻게든 들어 올렸죠. 그는 내게 첫 판을 져주고는 다음 판을 이겼습니다. 그때 뒤틀린 등이 아직까지도 펴지지 않은 것 같아요."

아내 라일리는 머스크를 위해 파티를 일종의 예술로 승화시켰다. 그녀가 머스크를 처음 만난 것은 그가 창업한 회사들이 무너져 내리던 2008년이었다. 전 재산을 잃고 언론의 조롱을 받는 머스크를 지켜보았던 라일리는, 그에게 이때 겪은 고통이 그대로 남았을 뿐 아니라 갓난 아들의 갑작스러운 죽음과 남아프리카공화국에서 가혹한 어린 시절을 보냈던 충격이 합쳐져 머스크의 영혼을 괴롭히고 있다는 사실을 알고 있었다. 그래서 과거에 겪은 고통을 치유받지 못하더라도 최소한 머스크가 일과 과거에서 벗어나 에너지를 얻을 수 있도록 최선을 다한다. 라일리는 "남편이 예전에 해보지 못한 재미있는 일을 생각해내려고 애쓰고 있습니다. 그의 비참했던 어린 시절을 보상해주려고 노력하는 중이에요."라고 말했다.

라일리의 노력이 가상하지만 그 노력이 효과적이었는지는 모르겠다. 스모 파티가 끝나고 얼마 지나지 않아 머스크는 일을 하기 위해 펠로 앨토에 있는 테슬라 본사로 돌아갔다. 그날은 토요일이었고 주차장에는 자동차가 가득했다. 사무실에는 수백 명의 젊은 직원들이 바쁘게 일하고 있었다. 컴퓨터로 자동차 부품을 설계하고 책상에서 전자 장비로 실험을 진행하기도 했다. 머스크의 왁자지껄한 웃음소리가 수시로 터져 나와 한 층 전체에 퍼졌다. 머스크가 회의실로 들어오자 나는 토요일에 일하러 나온 사람이 이렇게 많다는 것이 정말 인상적이라고 말했다. 하지만 머스크는 당시 상황을 나와 다른 관점에서 보면서, 주말에 일하러 나오는 사람이 최근에 계속 줄어들고 있다고 불평했다. "회사 분위기가 정말 해이해지고 있어요. 그렇지 않아도 직원들에게 이메일을 보내려던 참이었어요. 정말 나태해졌다니까요."

이러한 발언은 우리가 다른 몽상가들에게서 받는 인상과도 일치한다. 하워드 휴스나 스티브 잡스도 비슷한 태도로 직원들을 꾸짖었으리라고 쉽게 상상할 수 있었다. 무언가 특히 커다란 것을 만드는 작업에는 미묘한 감정이 따르기 마련이다. 회사를 운영해온 20년 동안 머스크에게는 그를 숭배하는 사람도, 증오하는 사람도 생겨났다. 내가 책을 쓰는 동안 머스크에 대한 생각과 그의 사업 운영 방식에 대해 불쾌한 의견을 들려주겠다는 사람이 줄을 섰다.

나는 머스크와 저녁 식사를 함께 하고 정기적으로 머스크 랜드를 드나들면서 그에 대한 새로운 진실에 눈을 떴다. 그는 하워드 휴스나 스티브 잡스가 만들어낸 제품보다 훨씬 웅장한 규모의 제품을 만드는 일에 착수했다. 국가가 포기한 듯 보이던 항공 우주 산업과 자동차 산업을 선택해서 이를 새롭고 환상적인 사업으로 개조했다. 이렇게 사업을 전환할 수 있었던 것은 머스크에게 소프트웨어를 제작하고 이를 기계에 적용하는 능력이 있었기 때문이다. 머스크는 모든 사람이 불가능하다고 생각한 방식으로 비트와 원자를 결합했고 그렇게 나온 결과는 눈부셨다. 물론 머스크는 아이폰처럼 소비자의 인기를 끌고 페이스북처럼 10만 명이 넘는 사람에게 손을 뻗을 수 있는 제품을 만들어야 한다. 어쨌거나 현재 그는 부자들이 갖고 노는 장난감을 여전히 만들고 있다. 싹을 틔우기 시작한 머스크의 제국은 폭발하는 로켓일 수도, 다량 리콜되는 테슬라일 수도 있다. 다른 한편으로 그가 경영하는 회사는 그를 가장 요란하게 비난하는 사람들이 생각한 것보다 훨씬 많은 성과를 거두었다. 또한 회사 체질이 한층 약화된 시기에도 다가올 미래에 대한 약속이 있으므로 낙천적 태도를 유지할 수 있었다. "일론은 실리콘밸리가 어떻게 해야 변모할 수 있을지, 어떻게 해야 재빨리 기업을 공개하고 제품의 품질 개선에서 눈을 돌려 좀 더 적절하게 행동할 수 있을지를 보여주는 눈부신 사례입니다." 저명한 소프트웨어 전문가이자 발명가인 에드워드 정 Edward Jung은 이렇게 말했다. "물론 그렇게 행동하는 것이 중요하지만 충분하지는 않습니다. 현실적으로 장기간에 걸쳐 일을 어떻게 처리하고, 기술을 어디서 더욱 융합할 수 있을지를 설명하는 모델을 다양하게 살펴보아야 합니다." 에드워드 정이 말한 융합, 다시 말해 소프트웨어·전자 기술·첨단 소재·전산력을 조화롭게 통합하는 능력은 머스크가 타고난 재능이다. 좀 더 면밀하게 관찰해보면 머스크는 자신의 기술로 공상 과학 소설이 펼치는 꿈을 실현하고 눈부신 기계가 생산되는 시대를 향해 길을 닦고 있는 것 같다.

그러한 관점에서 머스크는 하워드 휴스보다는 토머스 에디슨Thomas Edison에 훨씬 가깝다. 그는 거대한 아이디어를 채택해 굉장한 제품을 만들 수 있는 능력을 갖춘 발명가이고, 명성이 자자한 사업가이자 기업가이다. 불가능에 가깝던 시기에 미국 공장에 직원 수천 명을 고용해 금속 제품을 생산했다. 남아프리카공화국에서 태어난 그는 미국에서 가장 혁신적인 기업가이자 기이한 사상가인 동시에 실리콘밸리를 더욱 야심찬 장소로 바꿀 가능성이 가장 큰 인물로 비쳐지고 있다. 미국인은 머스크 덕택에 10년 안에 세계에서 가장 현대적인 고속도로, 즉 태양광으로 가동되는 충전소 수천 군데가 있고 전기 자동차가 오가는 교통 체계를 갖춘 세상을 그릴 수 있다. 그때가 되면 스페이스 엑스는 사람들과 물건을 실은 로켓을 수십 군데의 주거지로 쏘아 올려 화성으로 이주할 준비를 진행할 것이다. 이러한 발전은 그 흐름을 제대로 간파하기 어렵지만 머스크에게 충분히 시간을 준다면 반드시 일어날 현상으로 보인다. 전 아내인 저스틴은 이렇게 말했다. "일론은 스스로 원하는 일을 치열하게 실행합니다. 그것이 일론의 세계이고 우리는 그 세계 속에서 살아갑니다."

ELON—

MUSK

제2장

꿈의 땅으로

머스크는 10대 때 분리하기 힘들 정도로 머릿속에 공상과 현실이 혼재했고, 우주에서 맞이할 인류의 운명을 보호하는 것이 자신의 의무라고 생각했다. 그 의무를 수행하기 위해 더욱 깨끗한 에너지 기술을 개발하거나 우주선을 만들어 인류의 활동 무대를 넓혀야 한다면 그렇게 할 수 있는 방법을 찾을 터였다.

인류를 구해야 한다는 머스크의 인식은 성장하면서 꾸준히 단단해졌지만 그는 남아프리카공화국의 당면한 문제에 관심을 기울이기보다는 처음부터 인류 전체를 구제하는 문제에 골몰했다. 그는 가장 일반적 관점으로 미국을 바라보면서 기회의 나라이자 자신의 꿈을 실현할 가능성이 가장 큰 무대라고 생각했다. '집단적 깨달음'을 추구해야 한다고 진지하게 주장하던 서툴고 외로운 남아프리카공화국의 사내아이가 결국 미국에서 모험심에 불타는 기업가로 변신한 여정을 더듬어보자.

일론 머스크가 대중 앞에 나선 것은 1984년이었다.
남아프리카공화국의 업계 출판물인 〈PC와 사무 기술PC and Office
Technology〉에 머스크가 설계한 비디오게임의 소스 코드가 실린 것이
계기였다. 공상 과학 소설에서 영감을 얻어 만든 가상공간 게임인 블
래스타Blastar를 가동하려면 167줄의 명령어가 있어야 했다. 당시에
는 초기 컴퓨터 사용자가 기계를 돌리기 위해 명령어를 직접 입력해
야 했다. 비록 머스크가 개발한 게임이 컴퓨터 과학의 경이로운 성과

로 빛을 발하지 못했지만 일반적인 열두 살 아이가 세상을 향해 보이는 반응의 수준은 확실히 넘어섰다.

해당 잡지는 머스크에게 500달러를 주고 기사를 발표하면서 그의 특징을 엿볼 수 있는 단서를 제공했다. 잡지 69쪽에 실린 블래스타를 보면 어린 머스크는 공상 과학 저자로 유명해지고 싶었고 머릿속에는 원대한 정복을 향한 꿈이 가득했다. 기사는 게임에 대해 간단하게 설명했다. "이 게임에서는 치명적인 수소폭탄과 스테이터스 빔 머신Status Beam Machines을 탑재한 외계 우주 화물선을 파괴해야 한다. 스프라이트sprite, 화면에서 반복 이용되는 도형의 무늬를 등록하고, 그 무늬에 다른 그림을 겹쳐 합성시키는 기능으로 고속 표시가 가능하고 연속되는 그림을 매끄럽게 움직일 수 있음와 애니메이션을 적절하게 활용한 게임이다." (이 글에서는 인터넷조차 '스테이터스 빔 머신'이 무엇인지 모른다.)

어린 시절에는 흔히 우주와 선악의 싸움을 상상한다. 하지만 이런 공상을 진지하게 발전시켰다는 것은 놀라운 일이다. 어린 일론 머스크가 그랬다. 머스크는 10대 때 분리하기 힘들 정도로 머릿속에 공상과 현실이 혼재했고, 우주에서 맞이할 인류의 운명을 보호하는 것이 자신의 의무라고 생각했다. 그 의무를 수행하기 위해 더욱 깨끗한 에너지 기술을 개발하거나 우주선을 만들어 인류의 활동 무대를 넓혀야 한다면 그렇게 할 수 있는 방법을 찾을 터였다. 그는 이렇게 말했다. "아마도 어렸을 때 만화책을 지나치게 많이 읽었나봅니다.

만화책 속 등장인물은 언제나 지구를 구하려고 애씁니다. 인간이라면 누구나 세상을 더욱 살기 좋은 장소로 만들기 위해 노력해야 합니다. 그 반대의 경우는 말이 안 되니까요."

열네 살 무렵 머스크는 자기 존재에 대해 극도로 위기의식을 느꼈다. 재능이 탁월한 10대 대부분이 그렇듯 그는 이 문제를 해결하려고 종교 서적과 철학 서적에 관심을 쏟기 시작했다. 그리고 몇 가지 이념을 검토하고는 다시 출발점으로 돌아와, 가장 크게 영향을 받은 책인 더글러스 애덤스Douglas Adams의《은하수를 여행하는 히치하이커를 위한 안내서The Hitchhiker's Guide to the Galaxy》에서 찾은 공상 과학의 지혜를 자신의 이념으로 받아들였다.

그는 이렇게 말했다. "저자는 어떤 질문을 던져야 하는지 생각해내는 것이 가장 어려운 일이라고 지적합니다. 일단 질문을 결정하고 나면 대답하기는 상대적으로 쉽습니다. 나는 어떤 질문을 해야 하는지 더욱 잘 이해하려면 인간 의식의 범위와 규모를 늘려야 한다는 결론에 이르렀습니다." 10대의 머스크는 극단적으로 논리적인 결론을 내렸다. "이치에 맞는 유일한 목표는 인류가 집단적으로 깨달음을 얻도록 노력하는 것입니다." 머스크가 추구하는 목적의 기반이 무엇인지 쉽게 이해할 수 있다.

1971년에 태어난 그는 남아프리카공화국 요하네스버그에서 자동차로 한 시간 거리에 있는 북동부 대도시 프리토리아Pretoria에서 성장했다. 머스크의 가정처럼 부유한 백인에게 당시 남아프리카공화국의 생활 방식에는 타락한 매력이 있었다. 부유한 남아프리카공화국 사람들은 흑인 가정부의 시중을 받으면서 안락하고 나태한 삶을 누렸다. 하녀가 자녀를 돌보고 뒤뜰에서 아프리카인 댄서들이 밤 늦게까지 벌이는 공연을 즐기면서 양고기 꼬치를 구워 먹었다. 자연환경은 어느 곳에 비길 데 없이 아름다웠고 활력에 넘쳤다. 그들은 서구에서 생활할 때보다 시간에 쫓기지 않았으므로 마음이 훨씬 느긋했다. 남아프리카공화국에서 그들이 즐겨 사용하는 '지금 당장' 하겠다는 말은 5분에서 다섯 시간 사이에 하겠다는 뜻이었다. 아프리카 대륙이 품은 다듬어지지 않고 거친 에너지에는 전반적으로 자유라는 인식이 함께 들어 있었다.

하지만 사교적이고 느긋한 생활의 이면에는 아파르트헤이트aparcheid, 남아프리카공화국의 인종차별 정책의 망령이 도사리고 있었다. 남아프리카공화국은 자주 긴장과 폭력으로 들끓었다. 다른 흑인 종족끼리 그랬듯 백인과 흑인이 충돌했다. 머스크의 어린 시절은 아파르트헤이트 시대에 발생한 피비린내 나고 혐오스러운 사건들로 얼룩졌다. 머스크가 네 번째 생일을 맞이하기 며칠 전 소웨토 항쟁Soweto uprising이 벌어지는 바람에 흑인 학생 수백 명이 백인 정부의 법에 저항하다가 목숨을 잃었다. 인종차별 정책 때문에 남아프리카공화국은 여러 해 동안 다른 국가들의 제재 조치를 받아야 했다. 어린 시절에 해외를 여행하는 호사를 누렸던 머스크도 남아프리카공화국을 바라보는 외부인의 시선을 느꼈을 것이다. 이 시기에 분위기를 눈치챘던 남아프리카공화국 백인 아이들은 수치심을 느꼈고 자국의 질서가 옳지 않다는 사실을 깨달았다.

인류를 구해야 한다는 머스크의 인식은 성장하면서 꾸준히 단단해졌지만 그는 남아프리카공화국의 당면한 문제에 관심을 기울이기보다는 처음부터 인류 전체를 구제하는 문제에 골몰했다. 그는 가장 일반적 관점으로 미국을 바라보면서 기회의 나라이자 자신의 꿈을 실현할 가능성이 가장 큰 무대라고 생각했다. '집단적 깨달음'을 추구해야 한다고 진지하게 주장하던 서툴고 외로운 남아프리카공화국의 사내아이가 결국 미국에서 모험심에 불타는 기업가로 변신한 여정을 더듬어보자.

20대에 마침내 미국에 발을 디딘 머스크의 행보는 결국 조상의 뿌리를 찾아 돌아온 것이었다. 가계도를 보면 어머니 가계에 할데만Haldeman이라는 스위스 독일계 성을 지닌 조상이 있었다. 그들은 독립 전쟁 동안 유럽을 떠나 뉴욕에 도착한 후 중서부의 대평원 특히 일리노이와 미네소타에 정착했다. 머스크의 외숙부이자 비공식적 가문 역사가인 스콧 할데만Scott Haldeman은 "우리 가문 사람들은 독립 전쟁 당시 양측에서 싸우기도 했고 농사를 지으며 살기도 했습니다."라고 말했다.

머스크는 어린 시절 내내 성이 특이하다는 이유로 또래 아이들에게 놀림을 받았다. 머스크에게 이름을 물려준 외증조할아버지 존 일론 할데만은 1872년❶에 태어나 일리노이 주에서 성장하고 미네소타 주로 건너갔다. 그곳에서 다섯 살 아래인 알메다 제인 노먼과 결혼했고, 부부는 1902년 미네소타 주 중부의 피쿼트Pequot 마을에 있는 오두막집에 정착해서 머스크의 외할아버지인 조슈아 노먼 할데만Joshua Norman Haldeman을 낳았다. 조슈아 노먼 할데만은 특이하고 괴팍한 사람으로 성장해 나중에 머스크의 본보기가 되었다.[1]

전해 내려오는 이야기에 따르면 머스크의 외할아버지 조슈아는 몸이 탄탄하고 자립적인 아이였다. 1907년 가족이 서스캐처원 주의 대평원으로 이주했고 조슈아는 일곱 살 때 아버지가 세상을 떠나는 바람에 집안 살림을 도와야 했다. 그는 광활한 평야로 나가 야생마를 탔고 복싱과 레슬링을 했다. 농부들을 위해 말을 길들이는 일을 하다가 자주 다쳤으며 캐나다 최초로 로데오 축제를 조직했다. 가족사

1　아들이 태어나고 2년 후 존 일론에게 당뇨병 증상이 나타나기 시작했다. 상태가 심각해서 서른두 살의 나이에 6개월 정도밖에 살 수 없다는 사망 선고를 받았다. 과거에 환자를 간호해본 적이 있던 아내 알메다는 남편의 생명을 연장시킬 수 있는 비약이나 치료법을 찾기 위해 발 벗고 나섰다. 가문에 전해 내려오는 이야기에 따르면 알메다는 척추 교정술이 효과적인 치료법이라는 결론을 내렸다. 존 일론은 그 덕택인지 당뇨병을 진단받고 난 후 5년 동안 더 살았다. 가족의 생명을 연장하기 위해 사용한 척추 교정술은 그 후 할데만 가문의 전통으로 자리 잡아 부를 안겨주었다. 알메다는 미니애폴리스에 있는 척추 교정 학교에서 1905년 박사 학위를 받았고 캐나다에서 최초로 개업한 척추 교정의가 되었다.

진에서 조슈아는 장식이 달린 가죽 바지를 입고 밧줄 돌리는 기술을 한껏 뽐내고 있다. 그는 10대 때 아이오와 주에 있는 팔머 척추 교정 학교에 다니기 위해 집을 떠났다가 서스캐처원으로 돌아와 농부가 되었다.

1930년대에 불황이 닥치자 조슈아는 재정 위기에 빠졌다. 농 기구를 사기 위해 받은 은행 대출의 이자를 더 이상 갚을 수 없어서 5,000에이커에 이르는 땅을 몰수당했다. 아버지가 다녔던 같은 학교 에서 척추 교정으로 학위를 받고 세계 일류 척추 통증 전문가로 성 장한 조슈아의 아들 스콧 할데만은 "그때부터 아버지는 은행을 믿지 않았고 돈에 집착하지도 않았다."라고 설명했다.

1934년 무렵 조슈아는 농장을 잃고 나서 수십 년 후 손자가 캐 나다에서 똑같이 따라하게 될 유목민의 삶을 살았다. 키가 192센티 미터인 그는 공사 현장 인부와 로데오 선수로 활동하다가 척추 교정 의로 정착했다.[2]

1948년까지 머스크의 외할아버지 조슈아는 캐나다 무용 교실 교사인 위니프레드 조세핀 플레처와 결혼하고 척추 교정 의원을 크 게 키웠다. 이미 슬하에 1남 1녀를 두었던 부부는 그해 쌍둥이 딸 케

---

2 또한 조슈아는 정치에 입문해 서스캐처원에서 정당을 시작하고, 소식지를 출간하고, 보수적이고 반사회적 신념을 지지했다. 이후에는 국회의원과 사회신용당 의장 선거 에 출마했다가 낙선했다.

이Kaye와 머스크의 어머니인 메이Maye를 낳았다. 조슈아 가족은 3층에 방이 스무 개인 집에서 살았고 그곳에 댄스 스튜디오가 있어서 조세핀은 계속 학생을 가르쳤다. 항상 새로운 일을 추구한 조슈아는 비행술을 배우기 시작해서 자가용 비행기를 샀다. 자녀들을 단발비행기에 태우고 북미를 두루 여행한다는 소문이 퍼지면서 부부는 사람들 사이에 좋지 않은 평판을 얻기도 했다. 조슈아는 비행기를 타고 정치와 척추 교정 모임에 자주 모습을 드러냈고 나중에 아내와 함께 《하늘을 나는 할데만 가족 : 변변치 못한 자가용 비행사를 위로하며The Flying Haldemans : Pity the Poor Private Pilot》를 썼다.

세상을 모두 손아귀에 넣은 것처럼 보였던 조슈아는 1950년 모든 것을 놓아버리기로 결심했다. 의사이자 정치인으로 활동했던 그는 개인의 삶을 침해하는 정부를 오랫동안 비판하면서 캐나다의 관료 체제가 지나치게 개인을 간섭한다고 생각했다. 자신의 집에서 욕하거나, 담배를 피우거나, 콜라를 마시거나, 정제된 밀가루를 사용하지 못하도록 금지시키는 동시에 캐나다의 윤리성이 쇠퇴하기 시작했다고 주장했다. 또한 모험을 향해 식을 줄 모르는 열정을 불태워서 몇 개월에 걸쳐 집을 팔고 무용 교실과 척추 교정 의원을 정리한 후 가족을 거느리고 예전에 한 번도 가본 적이 없는 남아프리카공화국으로 이주하기로 결심했다. 스콧 할데만은 아버지를 도와 가족의 자가용 비행기인 벨랑카 크뤼사이어Bellanca Cruisair(1948)를 분해해 나무 상자에 넣어서 아프리카로 향하는 배에 실었다고 했다. 아프리카에 도착하자 가족은 비행기를 다시 조립해 전국을 샅샅이 뒤지며 살 집을 찾다가 결국 프리토리아에 둥지를 틀었고 조슈아는 그곳에 척추교정 의원을 열었다.

할데만 가족의 모험 정신은 한계가 없는 것 같았다. 1952년 조슈아 부부는 비행기를 타고 아프리카를 통과해 스코틀랜드와 노르웨이까지 2만 2,000마일에 이르는 일주 여행을 했다. 조세핀은 안내자 역할을 맡았고 면허가 없었지만 직접 비행기를 몰기도 했다. 결국 부부는 1954년에 3만 마일을 비행해 오스트레일리아를 다녀오는 쾌거를 거두었다. 신문은 부부의 여행을 보도하면서 자가용 비행사로는 유일하게 단발비행기로 아프리카에서 오스트레일리아를 비행했다고 적었다.[3]

하늘을 날지 않을 때면 할데만 가족은 거창한 탐험에 나서서 덤불을 헤치며 아프리카 남부에 있는 버려진 도시로 추정되는 '칼라하리 사막의 잃어버린 도시'를 찾아다녔다. 당시에 다섯 명의 자녀가 아프리카 덤불숲 한가운데 서서 찍은 가족사진이 지금껏 남아 있다.

3　이 여행에서 조슈아 부부는 아프리카 해안을 이륙해 아라비아반도를 가로질러 이란·인도·말레이시아를 통과하고 티모르 해협을 거쳐 오스트레일리아에 착륙했다. 여행에 필요한 비자와 서류를 준비하는 데만 꼬박 1년이 걸렸고, 여행하는 동안 배탈과 불규칙한 일정으로 끊임없이 고통을 겪었다. 스콧 할데만은 이렇게 회상했다. "아버지가 티모르 해를 건너다가 기절하는 바람에 오스트레일리아에 도착할 때까지 조종간을 잡아야 했습니다. 아버지는 비행기가 착륙하기 직전에 정신을 차렸어요. 기절한 원인은 과로였습니다."

사진에서 자녀들은 커다란 금속 냄비 주위에 옹기종기 모여 모닥불을 쬐고 있다. 접이식 의자에 다리를 꼬고 앉아 책을 읽는 아이들의 모습이 편안해 보인다. 뒤에는 루비처럼 빨간 벨랑카 비행기가 버티고 있고 텐트와 자동차가 있다. 고요한 장면이라 사진에서는 이러한 여행에 얼마나 큰 위험이 도사리고 있는지 알기는 어렵다. 한번은 가족이 타고 가던 트럭이 나무 그루터기를 들이받는 바람에 범퍼가 냉각장치 있는 곳까지 밀리도록 찌그러졌다. 통신수단이 없고 인적이 끊긴 곳에 갇혔으므로 조슈아는 사흘 동안 트럭을 고쳐야 했고 그동안 가족은 음식을 구하러 사방을 돌아다녔다. 어떨 때는 하이에나와 표범이 밤에 무리 지어 나타나 모닥불 주위를 빙빙 돌아다녔고 아침에 눈을 뜬 가족은 식탁에서 1미터도 채 안 되는 거리에 서 있는 사자를 발견하기도 했다. 조슈아는 주위를 둘러보고 가장 먼저 눈에 띄는 램프를 움켜쥐고 휘휘 흔들면서 사자에게 저리 가라고 소리쳤다. 그러자 사자는 신기하게도 물러났다.[4]

조슈아 부부는 자유방임주의로 자녀를 양육했고 이러한 방식은 머스크 세대까지 이어졌다. 그들은 아이들이 적절하게 행동하는 법을 직감적으로 알아가리라 믿었으므로 결코 벌을 주는 법이 없었다.

---

4 조슈아 부부는 기량이 뛰어난 명사수여서 전국 사격 시험에서 우승했다. 1950년대 중반 두 사람은 자신들의 포드 스테이션 왜건을 몰고 케이프타운에서 알제Algiers까지 8,000마일을 달리는 자동차경주에서 프로들을 제치고 공동 1위를 차지했다.

부모가 엄청난 비행을 하러 떠나고 나면 아이들은 집에 남아 있었다. 아들인 스콧 할데만은 자신이 럭비 팀 주장이고 반장이었는데도 아버지가 학교를 단 한 번도 찾아온 적이 없다고 회상했다. "아버지에게는 그 모든 것이 당연했습니다. 그래서인지 우리는 어느새 무엇이든 할 수 있다고 생각하게 되었어요. 그냥 하겠다고 결심하고 행동으로 옮기면 되죠. 그런 면에서 아버지가 살아 계셨다면 일론을 무척 자랑스러워하셨을 겁니다."

머스크의 외할아버지 조슈아는 1974년 72세를 일기로 사망했다. 기둥 두 개에 묶여 있는 선을 보지 못한 채 비행기를 타고 착륙 연습을 하다가 선이 바퀴에 말려 들어가 비행기가 뒤집히는 바람에 목이 부러졌다. 당시 일론 머스크는 아장아장 걸어 다니는 나이였지만 할아버지의 탐험 이야기를 많이 듣고, 덤불숲을 헤치고 다녔던 여행을 기록한 슬라이드를 무수히 보면서 자랐다.

일론은 이렇게 회상했다. "할머니는 여행하다가 어떻게 몇 번이나 죽을 고비를 넘겼는지 말씀해주셨어요. 도구도 전혀 갖추지 않고 그야말로 맨몸으로 비행기를 몰았답니다. 무선 통신기도 없었고 항공지도 대신 도로 지도만 딸랑 들었는데 그나마도 정확하지 않다고 해요. 할아버지에게는 그만큼 탐험과 모험을 향한 욕망이 컸던 거죠."

머스크는 위험을 무릅쓰는 자신의 유별난 성향이 틀림없이 외할아버지에게서 왔으리라고 생각한다. 슬라이드를 보고 나서 몇 년 후에 일론은 빨간 벨랑카 비행기를 찾아서 사들이려고 했지만 소재를 파악할 수 없었다.

일론의 어머니인 메이 머스크Maye Musk는 부모를 우러러보며 성장했다. 어렸을 때는 따분한 괴짜로 취급받았다. 수학과 과학을 좋아했고 학업 성적이 뛰어났다. 하지만 열다섯 살 때부터 사람들은 메이의 다른 특징을 눈여겨보기 시작했다. 외모가 뛰어났던 것이다. 엷은 금발 머리에 키가 컸고 몸매가 말랐으므로 어디에서든 눈에 띄었다. 가족의 친구가 운영하는 모델 학교에서 수업을 듣고 주말마다 패션쇼에 출연하고, 잡지 사진을 찍고, 이따금씩 상원 의원이나 대사의 자택에서 열리는 행사에 참여하다가 마침내 미스 남아프리카공화국을 뽑는 미인 대회에서 최종 후보까지 올랐다. (메이는 〈뉴욕〉과 〈엘르〉 같은 잡지의 표지와 비욘세의 뮤직 비디오에 출연하면서 60대까지 계속 모델로 활동했다.)

메이와 일론 머스크의 아버지 에롤 머스크Errol Musk는 같은 동네에서 자랐다. 두 사람은 1948년생 메이가 열한 살 되던 해에 처음 만났다. 에롤은 또래에게 멋진 아이로 통했지만 오랫동안 메이에게 마음이 꽂혀 있었다. 메이는 "그는 내 다리와 치아 때문에 내게 푹 빠졌어요."라고 말했다. 두 사람은 대학 시절에 이따금씩 데이트를 했고, 메이에 따르면 에롤은 약 7년 동안 지치지 않고 메이에게 청혼해 결국 허락을 받아냈다. "그는 결코 청혼을 멈추지 않았습니다."

두 사람의 결혼은 처음부터 복잡했다. 메이는 신혼여행에서 임신했고, 결혼식을 치른 지 9개월 2일 만인 1971년 6월 28일 일론을 낳았다. 부부는 신혼 생활을 제대로 즐길 수 없었을 수도 있지만 어쨌든 프리토리아에 오붓하게 신혼살림을 차렸다. 에롤은 기계 전기 엔지니어로 일하면서 사무실 건물, 소매점 복합건물, 주택단지, 공군 기지 등 대형 프로젝트를 맡았다. 메이는 다이어트 전문가로 일하기 시작했다. 일론이 태어나고 1년 조금 넘자 남동생인 킴벌Kimbal이 태어났고 곧 여동생 토스카Tosca가 세상에 나왔다.

일론은 누가 보아도 호기심 많고 에너지가 넘치는 꼬마였다. 무엇이든 쉽게 이해했으므로 많은 엄마가 그렇듯 메이는 아들이 총명하고 조숙하다고 생각했다. "다른 아이들보다 상황을 빨리 이해하는 것 같았습니다." 하지만 일론은 당혹스럽게도 가끔씩 무아지경에 빠졌다. 눈빛만 보아도 정신을 다른 곳에 팔고 있다는 것을 알 수 있었고 그때는 옆에서 말을 걸어도 듣지 못했다. 이러한 일이 자주 발생하다보니 부모와 의사들은 일론에게 청각 장애가 있을지 모른다고 의심했다. 메이는 "아이가 이따금씩 소리를 듣지 못했어요."라고 말했다. 의사들은 여러 방법으로 일론의 청력을 검사하고 나서 어린이의 청력을 개선하는 방법으로 쓰이는 아데노이드 절제술을 실시하자고 조언했다. 하지만 메이는 "그러고도 바뀐 것이 없었습니다."라고 말했다. 일론의 상태는 청각 기능보다는 얽히고설킨 정신 활동과 훨씬 관계가 많았던 것이다. "아들은 자기 뇌로 들어가 다른 세계를 봅니다. 요즘도 그래요. 하지만 지금은 아들이 새 로켓을 설계한다는 것을 알고 있으므로 그냥 조용히 내버려두죠."

이렇게 꿈결을 헤매는 듯한 일론의 상태에 다른 아이들도 제대로 적응할 수 없었다. 옆에서 손뼉을 치며 껑충껑충 뛰거나 소리를 질러도 머스크는 눈도 꿈쩍하지 않았다. 주위에서 무슨 일이 일어나든 전혀 신경 쓰지 않고 골똘히 생각에 잠겨 있으므로 사람들은 그가 무례하거나 정말 이상하다고 생각했다. 어머니 메이는 "일론이 다른 아이들과 조금 다르다고는 생각했지만 그래도 따분한 괴짜 정도로 이해했어요. 또래 아이들에게는 인기가 없었습니다."라고 회상했다.

하지만 이렇게 생각에 잠기는 것이 일론 머스크에게는 놀라운 순간이었다. 이미 대여섯 살 때 세상을 차단하고 온 정신을 집중해서 한 가지 일에 몰두하는 법을 찾았다. 이러한 능력은 부분적으로는 그의 정신이 매우 시각적 방식으로 작용하는 데서 비롯된다. 머스크는 오늘날 컴퓨터 소프트웨어로 그리는 시공 상세도 같은 형상을 마음의 눈으로 명쾌하고 자세하게 볼 수 있었다. 머스크는 이렇게 설명했다. "눈으로 들어오는 형상을 두뇌의 일부가 처리해 내면의 사고 과정으로 넘겨주는 것 같아요. 지금은 신경을 써야 하는 문제가 워낙 많기 때문에 예전만큼 몰두하지 못하지만 아이 때는 그런 과정을 자주 경험했어요. 눈으로 들어오는 형상을 처리하는 데 사용되는 뇌의 일부가 내면의 사고에 익숙해졌던 거죠."

컴퓨터는 수행하기 매우 힘든 기능을 두 가지 형태의 칩으로 분배한다. 그래픽 칩은 텔레비전 프로그램이나 비디오게임이 만들어내는 형상을 처리하고 전산용 칩은 다용도 임무와 수학적 조작을 처리한다. 시간이 흐를수록 머스크는 자신의 뇌가 그래픽 칩과 같다고 생각했다. 그만큼 바깥세상에서 본 사물을 마음속으로 복제하고 이것이 다른 대상과 상호작용하면 어떻게 바뀌거나 작용할지 상상할 수 있었다. 머스크는 이렇게 덧붙였다. "나는 형상과 숫자의 상호 연관성과 알고리즘상의 관계를 뇌로 처리할 수 있습니다. 가속도·운동량·운동에너지 등이 대상에 어떻게 영향을 미칠지 머릿속에 선명하게 떠오릅니다."

어린 시절 일론이 보인 가장 두드러진 특징은 강한 독서열이었다. 그는 어렸을 때부터 책을 손에 쥐고 살았다. 동생 킴벌은 "형은 하루에 보통 열 시간씩 책을 읽었어요. 주말이면 하루에 두 권도 읽었죠."라고 말했다. 가족이 한창 쇼핑하는 사이에 일론이 슬그머니 사라진 일은 수없이 많았다. 어머니나 남동생이 그를 찾느라 가장 가까운 서점에 가면 일론은 서점 구석의 바닥에 앉아 정신없이 책을 읽고 있었다.

나이가 들면서 일론은 오후 2시에 수업을 마치고 곧장 서점으로 가서 부모가 직장에서 귀가하는 오후 6시까지 책을 읽곤 했다. 먼저 소설책을 훑고 만화책을 보고는 논픽션 책으로 넘어갔다. 일론은

"이따금씩 서점에서 쫓겨나기도 했지만 대개는 계속 있을 수 있었어요."라고 회상했다. 좋아하는 작품으로는 《은하수를 여행하는 히치하이커를 위한 안내서》와 더불어 《반지의 제왕The Lord of the Rings》, 아이작 아시모프Isaac Asimov의 《파운데이션Foundation》 시리즈, 로버트 하인라인Robert Heinlein의 《달은 무자비한 밤의 여왕The Moon Is a Harsh Mistress》 등을 꼽았다. "그러다가 학교 도서관과 마을 도서관에 있는 책을 모조리 읽어버렸죠. 아마 초등학교 3~4학년이었을 겁니다. 책을 더 주문해달라고 사서에게 열심히 졸랐습니다. 그때부터 브리태니커 백과사전을 읽기 시작했어요. 정말 유익했죠. 우리는 자신이 무엇을 모르는지 모르잖아요? 하지만 백과사전에는 자신이 모르는 것이 낱낱이 실려 있습니다."

물론 친구를 사귀는 데는 전혀 유용하지 않았지만 일론은 백과사전 두 질을 섭렵했다. 머릿속에 사진을 찍듯 정확한 기억력의 소유자였으므로 백과사전 덕택에 만물박사가 되었다. 저녁 식사 자리에서 토스카가 지구에서 달까지의 거리가 얼마인지 궁금하다고 말하자 일론은 지구 중심에서 달까지 가장 먼 거리와 가장 가까운 거리를 정확하게 숫자로 말했다. 어머니 메이는 이렇게 회상했다. "가족에게 궁금한 점이 생기면 토스카는 언제나 '그냥 우리 집 천재에게 물어봐요.'라고 말했습니다. 무엇이든 일론에게 물으면 답을 알 수 있었으니까요. 아들은 책에서 읽었던 내용을 그대로 기억했거든요." 가뜩이나 동작이 굼떴던 일론은 책벌레라는 평판을 굳혔다. 어머니는 일론이 운동에 그다지 소질이 없었다고 밝혔다.

어머니는 어느 날 일론이 남매와 사촌들과 함께 밤에 집 밖에서 놀았을 때의 이야기를 들려주었다. 한 아이가 어두워지면 무섭다고 찡찡거리자 일론은 "어둠은 단지 빛이 없는 상태일 뿐이야."라고 가르쳤지만 무서움을 타는 아이를 안심시키지 못했다.

어린 시절 일론은 다른 사람의 실수를 끊임없이 지적해서 바로잡고 싶어 했고, 눈에 거슬리는 행동을 해서 아이들이 가까이하지 않았으므로 외로움이 커졌다. 그는 진심으로, 사람들에게 각자의 생각에 담긴 결점을 알려주면 기뻐하리라고 생각했다. 어머니 메이는 이렇게 말했다. "아이들은 아들의 그런 반응을 좋아하지 않아서 같이 놀고 싶지 않다고 말했어요. 어머니인 나는 정말 마음이 아팠습니다. 아들이 친구를 사귀고 싶어 한다고 생각했거든요. 킴벌과 토스카는 집에 친구들을 데려왔지만 일론은 그러지 않았어요. 물론 아들도 친구들과 놀고 싶었겠지만 알다시피 같이 놀기 편한 아이는 아니었거든요." 어머니가 일론을 놀이에 끼워주라고 밀어붙이자 킴벌과 토스카도 다른 아이들과 같은 반응을 보였다. "하지만 엄마, 일론은 재미가 없어." 하지만 나이가 들면서 일론은 남매와 이종사촌들에게 강하고 깊은 애정을 보였다. 학교에서는 또래와 어울리지 않고 혼자 지냈지만 가족과 있을 때는 쾌활했고 나중에는 연장자이면서 주로 일을 선동하는 역할을 맡았다.

머스크 가족의 생활은 한참 동안 꽤나 원만했다. 아버지의 엔지니어링 사업이 성공한 덕택에 프리토리아에서 가장 큰 집에 살았다. 일론이 여덟 살 무렵 찍은 사진을 보면 프리토리아에서 유명한 보라색 자카란다 나무를 배경으로 건강한 세 금발 머리 아이들이 벽돌 현관에 나란히 앉아 있다. 뺨이 크고 동그스름한 일론은 활짝 미소를 짓고 있다.

그러나 이 사진을 찍고 얼마 지나지 않아 머스크의 가정은 무너졌다. 그해에 부모가 별거를 시작하고 곧 이혼했기 때문이다. 어머니는 아이들을 데리고 남아프리카공화국 동해안의 항구도시인 더반Durban에 있는 별장으로 거처를 옮겼다. 2년 동안 이곳에서 생활하고 나서 일론은 아버지와 함께 살고 싶다는 뜻을 밝혔다. 당시의 결정에 대해 일론 머스크가 말했다. "아버지가 슬프고 외로워 보였습니다. 어머니에게는 세 아이가 있지만 아버지 곁에는 아무도 없었거든요. 불공평하다고 생각했어요." 머스크 가족 중에는 친할머니인 코라Cora가 일론을 크게 압박했기 때문이라고 주장하는 사람도 있고, 일론이 자신의 논리적 성품을 따랐기 때문이라고 말하는 사람도 있었다. 어머니인 메이가 말했다. "내가 아들을 위해 꾸린 행복한 가정을 어째서 떠나려 하는지 이해할 수가 없었습니다. 하지만 일론은 자기 생각이 확고한 아이였어요."

일론의 전 부인이자 다섯 아들의 어머니인 저스틴 머스크Justine Musk는 일론이 가정을 이끄는 우두머리 수컷의 역할을 중요하게 생각해서, 자신이 내리는 결정의 감정적 측면은 그다지 고려하지 않는다고 주장했다. 저스틴은 머스크 집안이 맹목적으로 부모를 사랑하는 것과는 거리가 멀어서 대체로 냉정했다고 전하면서 "일론이 부모님 가운데 어느 한 사람과 특별히 사이가 가까웠다고는 생각하지 않아요."라고 덧붙였다. 나중에 킴벌도 아버지와 함께 살기로 결정했지만 아들이라면 으레 아버지와 함께 살고 싶어 한다고만 말했다.

아버지가 화제로 떠오를 때마다 일론 머스크의 가족은 하나같이 입을 굳게 닫았다. 아버지가 가까이하기에 유쾌한 사람이 아니라는 데 모두 동의하면서도 그 이유는 자세히 설명하지 않았다. 그럼에도 일론은 나중에 아버지가 재혼하면서 생긴 이복 여동생 두 명을 무던히 감싸주는 편이었다. 일론 남매는 이복 여동생들을 곤란하게 만들지 않으려고 아버지를 공개적으로 비판하지 않겠다고 결정한 것 같았다.

일론의 아버지에 대해 세상에 기본적으로 알려진 사실은 이렇다. 에롤 머스크의 가문은 남아프리카공화국에 깊이 뿌리내리고 있어서 200여 년 전으로 거슬러 올라가 프리토리아 지역에서 발행된 첫 전화번호부에 이름이 실려 있었다고 했다. 에롤의 아버지인 월터 헨리 제임스 머스크는 군대 중사였다. 일론은 친할아버지에 대해 "말씀하시는 것을 들어본 기억이 거의 없습니다. 그저 위스키를 들이켜고 성격이 괴팍해서 자주 심술을 내고 크로스워드 퍼즐을 매우 잘 맞혔어요."라고 설명했다.

친할머니 코라 아멜리아 머스크는 영국 태생으로 지식 계급 가문에서 태어났으며 세간의 주목과 손주들을 동시에 포용했다. 킴벌은 이렇게 말했다. "친할머니는 성격이 매우 지배적이고 적극적이었습니다. 손주들에게 정말 큰 영향을 주었죠." 일론은 친할머니와 특히 가깝게 지냈다고 말했다. "부모님이 이혼하고 나서 친할머니께서 나를 많이 보살펴주었어요. 할머니는 학교가 끝나면 우리를 데리러 왔고 스크래블 게임을 하며 함께 놀아주셨습니다."

아버지 집에서 지내는 생활은 겉보기에는 근사했다. 아버지에게는 책과 돈이 있었으므로 일론은 독서에 심취할 수 있었고 컴퓨터를 포함해 자신이 원했던 물건을 살 수 있었다. 게다가 아버지와 자주 해외여행을 다녔다. 킴벌은 이렇게 회상했다. "눈이 휘둥그레지도록 즐거웠어요. 재미있는 추억이 정말 많아요." 또한 형제는 아버지의 지성에 감동했고 실용적인 가르침을 받았다. 일론은 "아버지는 재능 있는 엔지니어였습니다. 모든 물리적 사물이 작동하는 방식을 알고 있었죠."라고 말했다. 형제는 아버지가 일하는 현장에 가서 벽돌을 쌓고, 배관 공사를 하고, 창문을 끼워 맞추고, 전선을 설치하는 방법을 배워야 했다. 그때 일에 대해 일론은 "재미있던 시절이 있었습니다."라고 회상했다.

킴벌은 아버지의 성격이 "존재감을 극단적으로 과시하고 매우 격렬했다."고 묘사했다. 아버지는 두 아들을 앉혀놓고 서너 시간 동안 입도 벙긋 못하게 하면서 강의를 하곤 했다. 아들을 엄하게 다루는 것을 즐기는 듯했고 아이들이 흔히 하는 오락을 하면서 좋아했다.

일론은 아버지에게 미국에 가서 살자고 이따금씩 조르다가 나중에는 적극적으로 의지를 밝혔다. 하지만 아버지는 아들이 잘못 생각하고 있다고 가르치려 했다. 그래서 '미국인인 체하는 것'이 무엇인지 깨닫게 해주겠다면서 가정부를 해고하고 일론에게 집안일을 도맡기기도 했다.

일론과 킴벌은 당시 상황을 정확히 이야기해줄 수 없다고 버텼지만 끔찍하고 깊은 상처를 받은 것이 분명했다. 두 사람은 일종의 심리적 고문을 견뎌야 했다고 말했다. 킴벌은 이렇게 말했다. "아버지의 성격은 장난이 아니에요. 형과 나도 그 성격을 물려받은 것이 확실합니다. 우리가 감정적으로 매우 힘들게 성장한 것은 사실이지만 어쨌거나 그것이 오늘의 우리를 만들었죠."

전남편 이야기가 나오자 메이는 신경을 곤두세웠다. "아무도 그와 잘 지낼 수 없어요. 그는 누구에게도 상냥한 법이 없어요. 끔찍해서 말하고 싶지도 않습니다. 아시잖아요? 설명할 수는 없어요. 아이들과 손주들 생각도 해야 하니까요."

내가 일론에 대해 말해달라고 부탁하자 일론의 아버지는 거기에 대한 대답을 이메일로 보내왔다. "나와 함께 생활했을 때 일론은 매우 독립적이고 집중력이 있는 아이였습니다. 남아프리카공화국 사람들이 알기도 전에 컴퓨터 과학을 좋아하기 시작했고, 열두 살 되던 해에는 이미 컴퓨터 과학 능력을 널리 인정받았습니다. 일론과 동생 킴벌이 소년기와 청년기에 했던 활동은 정말 많고 다양해서 어느 하나만 꼭 짚어 말하기가 어렵습니다. 두 아들은 여섯 살 때부터 정기적으로 나와 여러 대륙을 돌아다니며 세계를 폭넓게 여행했어요. 일론을 포함한 우리 아이들을 모든 면에서 세상 아버지가 원하는 본보기였고 지금도 그렇습니다. 나는 일론이 이룩한 성과가 매우 자랑스럽습니다."

아버지 에롤이 내게 보낸 메일을 참조로 받아본 일론은 과거 사건에 대한 아버지의 견해에는 신빙성이 없다면서 내게 아버지와 연락하지 말라고 일침을 가했다. "아버지는 괴팍해요. 완전히 제정신이 아닙니다." 좀 더 자세히 이야기해달라고 부탁하자 머스크는 슬쩍 돌려 말했다. "어린 시절이 원만하지 않았다고 말하는 것이 정확하겠네요. 한마디로 비참했어요. 아버지는 삶을 비참하게 만드는 재주가 있죠. 확실히 그렇습니다. 아무리 좋은 상황이라도 순식간에 망쳐놓고 말아요. 유쾌한 사람은 아니죠. 잘 모르겠네요. …… 제기랄……. 어떻게 하면 그런 사람이 될 수 있는지 모르겠어요. 더 이상 이야기하면 정말 골치 아플 겁니다." 일론 부부는 자녀들이 절대 친할 아버지를 만나지 않게 하겠다고 맹세한다.

열 살 무렵 일론은 요하네스버그에 있는 샌드턴 시티 몰에서 처음 컴퓨터를 보았다. "대부분 음향 기기를 판매하는 전자 제품 매장이었어요. 그런데 한쪽 구석에 컴퓨터 몇 대를 진열해놓기 시작했습니다." 첫눈에 경이감이 온몸을 휘감았다. 이 기계만 있으면 조작자의 명령을 실행하는 프로그램을 만들 수 있었다. "컴퓨터를 손에 넣어야만 했어요. 그래서 컴퓨터를 사달라고 아버지에게 귀찮게 졸랐죠." 그렇게 해서 1980년에 시판되어 가정용 컴퓨터로 인기를 끌었던 커먼도르Commondore VIC-20을 가질 수 있었다. 컴퓨터의 기억용량은 5킬로바이트였고 베이식 프로그래밍 언어를 연습하는 문제집이 부록으로 따라왔다. "문제집을 모두 소화하려면 원래 6개월가량 걸립니다. 하지만 나는 엄청난 집착으로 한숨도 자지 않고 꼬박 매달린 끝에 사흘 만에 끝장을 봤습니다. 컴퓨터는 내가 그때까지 보아온 어떤 물건보다도 엄청나고 멋졌어요." 머스크의 아버지는 엔지니어였지만 신기술을 배척하고 기계를 깔보는 경향이 있었다. 일론은 이렇게 회상했다. "아버지는 컴퓨터는 고작해야 게임을 하는 기계여서 진정한 공학 기술을 구현할 수 없다고 말했어요. 나는 개의치 않았죠."

독서를 좋아하고 컴퓨터에 빠져 살면서도 일론은 남동생인 킴벌과 이종사촌인 러스 라이브Russ Rive, 린던 라이브, 피터 라이브를 꼬드겨 자주 모험을 시도했다. 일론 무리는 이웃을 일일이 찾아다니면서 부활절 달걀을 팔았다. 장식을 그다지 잘하지 못했는데도 부유한 이웃에게 원가의 몇 배로 가격을 매겨 팔았다.

또한 일론은 무리를 진두지휘해서 폭약과 로켓을 직접 만들기도 했다. 남아프리카공화국에서는 취미 애호가에게 인기 있는 에스테스Estes 사의 모형 로켓 세트를 판매하지 않았으므로 일론은 화합물을 직접 만들어 금속 통 안에 넣었다. "폭발하게 만들 수 있는 물질은 정말 많습니다. 초석·유황·숯은 화약에 들어가는 기본 재료이고, 강한 알칼리와 강한 산을 결합하면 엄청난 에너지가 생겨납니다. 염소를 브레이크 오일로 잘게 부수면 정말 가관이죠. 내게 손재주가 있는 것이 정말 행운이에요." 폭발물을 다루지 않을 때는 킴벌과 함께 옷을 겹겹이 껴입고 안경을 쓰고는 서로에게 공기총을 쏘았다. 또한 킴벌이 오토바이를 타다가 날아가는 바람에 가시철조망 울타리를 들이받는 사고가 나서 중단했지만, 일론 형제는 순전히 재미를 위해 비포장도로에서 오토바이 경주를 했다.

세월이 흐르면서 일론 무리는 진지하게 창업을 생각했다. 한번은 비디오게임방을 차리려고 시도했다. 부모에게는 비밀에 부치고 게임방을 차릴 장소를 물색한 후 임대계약을 맺고 허가를 취득하는 절차를 알아보기 시작했다. 결국 18세 이상 성인이 법적 서류에 서명해야 했는데 사촌들의 아버지와 일론의 아버지도 거부하는 바람에 창업 계획은 무산되었다. 20년이 걸리기는 했지만 일론과 사촌들은 나중에 함께 사업을 시작했다.

일론 무리가 시도한 일 중 가장 호기로운 모험은 프리토리아와 요하네스버그를 왕래한 것이었다. 1980년대 남아프리카공화국에는 끔찍한 폭력이 난무하고 있었다. 그래서 당시 프리토리아와 요하네스버그를 오가는 56킬로미터 기차 여행은 상당히 위험한 일이었다. 킴벌은 당시의 기차 여행이 자신과 형에게 중요한 인생 체험이 되었다고 회상했다. "남아프리카공화국은 평화로운 나라가 아니었어요. 그래서 영향을 받았죠. 우리는 거친 장면을 많이 보았고, 이는 성장하면서 얻은 변칙적 교훈의 일부였어요. 미친 짓을 연이어 경험하면서 위험을 바라보는 방식이 달라졌죠. 그런 경험을 하고 나면 직업을 구하는 것이 어렵다고 생각하지 않아요. 그렇게 생각하는 자체가 충분히 흥미진진하지 않으니까요."

일론 무리에 속한 사내아이들은 13~16세로 요하네스버그에서 이런저런 파티를 쫓아다니고 엉뚱한 짓을 시도했다. 한번은 사내아이 모두 던전스 앤 드래곤스Dungeons & Dragons 토너먼트에도 나갔다. 당시 일에 대해 머스크는 "우리가 최고의 괴짜 명수로 실력을 발휘했죠."라고 말했다. 이 롤플레잉 게임은 한 사람이 나서서 장면을 상상하고 묘사해서 시합을 치를 분위기를 잡는다. "너는 방에 들어가는 거야. 구석에 서랍장이 놓여 있지. 그러면 어떻게 할래? …… 서랍장을 열겠지. 그랬더니 덫이 철커덕 풀리면서 마귀 수십 마리가 쏟아져 나오는 거야." 몬스터와 다른 캐릭터의 힘을 자세하게 묘사해놓은 텍스트를 암기하던 일론은 던전 마스터Dungeon Master 역할을 능숙하게 해냈다. "일론이 이끈 덕택에 우리는 각자 맡은 역할을 잘 수행해 토너먼트에서 우승했습니다."라고 피터 라이브는 말했다. "게임에서 이기려면 놀라운 상상력이 필요합니다. 일론은 사람들의 마음을 사로잡고 감동을 이끌어냈어요."

하지만 학교에서 또래의 눈에 비친 일론의 매력은 훨씬 떨어졌다. 일론은 중학교와 고등학교 시절 두 학교를 옮겨 다녔다. 8학년과 9학년은 브라이언스턴 고등학교에서 보냈다. 어느 날 오후 일론과 킴벌이 콘크리트 계단 꼭대기에 앉아 무언가를 먹고 있을 때 한 사내아이가 일론을 괴롭히기로 마음먹었다. "그 깡패 녀석은 특별한 이유 없이 내 뒤를 밟았죠. 나는 사실 그 녀석을 피해 다녔어요. 그런데 그날 아침 조회 시간에 우연히 마주치는 바람에 녀석이 이때다 싶어 나에게 덤벼들었죠." 사내아이는 뒤로 슬금슬금 걸어와 일론의 머리를 발로 냅다 차고는 그를 계단 밑으로 떠밀었다. 일론은 계단을 떼굴떼굴 굴러 떨어졌고 사내아이들 한 무리가 덤벼들어 그의 옆구리를 발로 차고 우두머리는 일론의 머리를 땅바닥에 후려쳤다. 머스크는 당시 상황을 이렇게 회상했다. "그놈들은 못 말리는 정신병자였어요. 나는 정신을 잃고 말았습니다." 공포에 떨며 폭력 장면을 지켜보았던 킴벌은 형이 죽을까봐 무서웠다. 황급히 내려가보니 일론의 얼굴은 퉁퉁 붓고 피범벅이 되어 있었다. "형은 권투경기를 막 끝낸 사람처럼 보였어요." 킴벌이 말했다. 일론은 "그 일이 일어난 것은 학교로 돌아가기 약 일주일 전이었어요."라고 회상했다. (2013년 기자회견을 하는 자리에서 일론은 당시 폭행 사건 때문에 코 성형수술을 받았다고 털어놓았다.)

머스크는 3~4년 동안 깡패들의 손아귀에서 가혹하게 괴롭힘을 당했다. 깡패들은 머스크가 친구로 생각하는 아이를 집요하게 패서 머스크와 더 이상 놀지 않겠다는 맹세를 받아냈다. "놈들은 거기서 그치지 않았어요. 그놈들 눈에 띄지 않게 숨어 있었는데 내 친구를 협박해서 나를 유인해내고는 공격했죠. 정말 몸서리쳐지게 아팠어요." 이 이야기를 하는 동안 머스크의 두 눈에 눈물이 글썽였고 목소리는 떨렸다. "무슨 이유에서인지 놈들은 내가 먹잇감이라 생각하고 사냥하듯 나를 쫓아다녔어요. 그래서 어린 시절이 견디기 힘들었죠. 여러 해 동안 안심할 틈이 없었어요. 학교에서는 나를 패려고 호시탐탐 기회를 노리는 깡패들에게 쫓겼고 집에 와서도 끔찍하기는 매한가지였어요. 그러한 상태가 끝도 없이 계속되었습니다."

고등학교 시절의 후반부를 보낸 프리토리아 남자 고등학교에서는 머스크도 몸이 부쩍 성장하고 일반적으로 학생들의 태도가 양호했으므로 학교생활이 좀 더 견딜 만했다. 프리토리아 남자 고등학교는 공립 고등학교로 분류되지만 기능으로 따지면 지난 100년 동안 사립학교에 가까웠다. 재학생을 옥스퍼드 대학교나 케임브리지 대학교에 진학할 수 있도록 준비시켰다.

같은 반이었던 학생들은 머스크가 호감이 가고 조용하면서 별로 눈에 띄지 않았다고 기억했다. 몇몇 수업을 같이 들어서 일론의 뒤에 앉았던 디온 프린슬루는 "당시 매우 총명하다는 평을 받았던 아이들이 네댓 명 있었어요. 하지만 일론은 그 틈에 끼지 못했습니다."라고 말했다. 일부 졸업생들도 같은 이야기를 했다. 그리고 머스크가 스포츠에 별로 흥미가 없었으므로 운동을 매우 중요하게 생각하는 학교 문화에서 소외되었다고 말했다. "솔직히 일론에게는 백만장자가 될 것 같은 징후가 전혀 없었습니다." 머스크의 학급 친구였던 기디언 포리가 말했다. "일론은 학교에서 리더를 맡은 적이 한 번도 없었어요. 나중에 사회에서 그의 활약을 보고 뜻밖이라고 생각했습니다."

학교에 각별한 친구가 전혀 없었지만 머스크의 별난 흥미는 친구들에게 인상적으로 기억되었다. 테드 우드는 머스크가 학교에 로켓 모형을 가져와서 쉬는 시간에 쏘아 올렸던 일을 기억했다. 머스크의 열망을 엿볼 수 있는 사례는 이뿐만이 아니었다. 과학 토론 수업 시간에 태양열 발전을 해야 한다고 주장하면서 화석연료를 사용하는 현 추세를 맹렬하게 비난해 눈길을 끌었다. 당시 태양열 발전은 지구의 천연자원을 캐는 데 열심인 미국 같은 나라에서 운운하기에는 위험천만한 주제였기 때문이다. 우드는 "일론은 특정 상황에 대해서는 언제나 확고한 신념을 유지했어요."라고 덧붙였다. 여러 해 동안 일론과 연락하며 지내온 테런스 베니Terence Beney는 머스크가 고등학교 재학 시절에 이미 다른 행성에 식민지를 건설하는 꿈을 꾸기 시작했다고 주장했다.

이외에도 일론의 미래를 짐작할 수 있는 단서는 더 있었다. 일론과 킴벌이 쉬는 시간에 교실 바깥에서 이야기를 하고 있을 때 우드가 대화에 끼어들었다. "금융 업계에 지점 은행 제도가 필요한지, 서류 없는 은행이 존재할 수 있는지에 대해 이야기하고 있었다고 말하더군요. 그 말에 내가 '음, 좋은 생각이네.'라며 어쭙잖게 반응했던 기억이 납니다."[5]

학교 성적이 뛰어난 학생은 아니었지만 머스크는 성적과 관심분야를 기준으로 실험적 컴퓨터 프로그램에 선발되었다. 여러 학교에서 학생을 선발해 베이식BASIC, 코볼COBOL, 파스칼Pascal 등의 프로그래밍 언어를 가르치는 프로그램이었다. 공상 과학 소설과 판타지를 좋아한 머스크는 기술을 열심히 배워 용과 초자연적 존재가 나오는 소설을 쓰기도 했다. "나는 《반지의 제왕》 같은 작품을 쓰고 싶었습니다."

어머니의 관점에서 아들의 고등학교 시절을 지켜보았던 메이는 머스크가 학업에서 탁월한 성적을 거둔 여러 건의 사례를 들려주었다. 아들이 만든 비디오게임을 보고 훨씬 나이가 많고 노련한 기술자들이 깊은 인상을 받았다고 했다. 나이에 비해 수학 시험에서 우수한 성적을 거두었고 기억력이 놀랄 만큼 훌륭했다고 했다. 다만 다른 아이들에게 등수가 밀렸던 유일한 까닭은 학교에서 요구하는 학업에 흥미가 없었기 때문이라고 덧붙였다.

머스크는 이렇게 말했다. "학교에 다니면서 '내가 원하는 일을 하려면 대체 학교를 몇 학년까지 다녀야 하지?'라고 생각했습니다.

---

5 머스크는 이런 대화를 나누었다는 사실을 기억하지 못했다. "그들의 회상에 상상이 가미되었을 수 있습니다. 그럴 수 있어요. 고등학교 시절 막바지 2년 동안 비밀 대화를 많이 했지만 은행업보다는 일반적인 기술에 더욱 관심이 많았습니다."

아프리칸스Afrikaans, 남아프리카공화국의 네덜란드어 같은 필수과목은 대체 왜 배워야 하는지 납득할 수 없었어요. 우스꽝스러웠죠. 그냥 낙제하지 않을 정도의 점수를 받은 것으로 만족했습니다. 물리학과 컴퓨터 같은 과목은 최고점을 받았어요. 점수를 잘 받을 이유가 있잖아요. 굳이 A를 받을 필요가 없다면 별로 노력하지 않고 그 시간에 비디오게임을 하고, 소프트웨어를 만들고, 책을 읽는 게 낫죠. 초등학교 4학년과 5학년 때 몇 과목에서 낙제를 했던 기억이 납니다. 그때 어머니의 남자 친구가 낙제하면 유급한다고 말해주었어요. 다음 학년으로 올라가려면 쓸데없는 과목에서도 낙제하면 안 된다는 사실을 그때 처음 알았습니다. 그래서 다음부터는 반에서 최고점을 받았어요."

머스크는 열일곱 살 때 남아프리카공화국을 떠나 캐나다로 갔다. 당시 상황에 대해서는 언론에 꽤 자주 다루어졌고 그가 캐나다로 향한 이유에 대해서는 크게 두 가지 설이 있다. 한 가지 설은 한시라도 빨리 미국에 가고 싶어서 자신이 캐나다 혈통이라는 사실을 이용하기 위해 캐나다를 경유지로 사용했다는 것이다. 둘째는 머스크가 비중을 두고 말하는 사회적 양심과 관계가 있다. 당시 남아프리카공화국은 군대를 징병제로 운영했다. 따라서 그곳에서 머스크는 어쩔 수 없이 아파르트헤이트 정권에 가담해야만 했다. 그는 징병을 피하고 싶었다고 했다.

하지만 머스크가 원대한 모험의 길을 떠나기 다섯 달 전에 프리토리아 대학교에 다녔다는 사실은 거의 알려지지 않았다. 그곳에서 물리학과 공학을 전공했지만 대학 시절을 캐나다 입국에 필요한 서류가 완성될 때까지 대기하는 정도로 생각해서 학업에 열중하지 않았고 이내 자퇴했다. 그때는 머스크의 삶에서 별로 중요하지 않은 시기이기도 하고, 군 복무를 피하면서 학업을 게을리했다는 사실이 알려진다면 그가 외부에 즐겨 말하는 음울하고 모험심 강한 젊은 시절 이야기가 빛을 잃을 수 있으므로 프리토리아 대학교에 다녔던 사실을 구태여 밝히지 않았을 가능성도 있다.

하지만 머스크가 오랫동안 진심으로 미국에 가고 싶어 했던 것만은 확실하다. 그는 일찍이 컴퓨터와 기술에 관심이 있어 실리콘밸리에 강하게 끌렸고, 해외여행을 하면서 미국이 자기 꿈을 이룰 수 있는 나라라는 생각을 굳혔다. 게다가 당시의 남아프리카공화국은 사업가 정신을 가진 사람에게 기회가 많지 않았다. 킴벌은 이렇게 주장했다. "남아프리카공화국은 일론 같은 사람에게는 교도소와 같았습니다."

어머니가 캐나다 시민권을 자녀에게 줄 수 있도록 법이 바뀌면서 마침내 머스크에게 남아프리카공화국을 벗어날 기회가 생겼다. 그는 지체하지 않고 개정된 법에 맞추어 서류를 완비하는 방법을 궁리하기 시작했다. 결국 1년가량 걸려 캐나다 정부의 승인을 받고 캐나다 여권을 획득할 수 있었다. 어머니 메이는 "그때 일론은 '드디어 캐나다에 갈 수 있게 되었어요.'라고 말했어요."라고 회상했다. 당시는 인터넷이 없던 시절이었으므로 머스크는 비행기 표를 구할 때까지 괴롭게 3주를 기다려야 했고, 비행기 표가 도착하자 조금도 주저하지 않고 영원히 집을 떠났다.

ELON—

MUSK

제3장

인류의 미래를 바꿀 수 있는 일

머스크의 명쾌하고 간결한 글은 논리성이 뛰어나 핵심을 정확하게 한 가지씩 짚고 넘어간다. 그러면서도 이해하기 어려운 물리학 개념을 실질적인 사업 계획으로 풀어내는 능력이 탁월하다. 당시에도 과학적 발전을 영리 목적의 사업에 연결하는 데 비상한 재주를 보여주었다.

머스크가 전기 자동차·태양 에너지·로켓을 향한 자신의 열정이 어디서 비롯되었는지 집요하게 설명하는 것은 바깥에서 보기에 불안한 모습으로 비춰질 수 있다. 자기 삶을 억지로 만들어내려는 것 같기도 하다. 하지만 머스크 입장에서는 무언가를 우연히 생각해내어 실행하는 것과 목적을 세우고 추진하는 것은 엄연히 다르다. 그는 자신이 실리콘밸리에서 활동하는 지극히 평범한 사업가들과 다르다는 사실을 세상이 알아주기를 오랫동안 바라왔다. 그는 트렌드를 알아채는 데 급급하지도, 부자가 되고 싶다는 생각에 집착하지도 않았다. 머릿속에서 늘 종합 계획을 세우고 이를 추진한다.

ELON
MUSK

머스크는 기대에 부풀어 캐나다로 떠났지만 미리 계획을
치밀하게 세우지 않았다. 몬트리올에 종조부가 살고 있었으므로 일
단 도착하면 모든 일이 순조롭게 풀리기를 바라면서 비행기에 올랐
다. 머스크는 1988년 6월 캐나다에 도착해 전화번호부를 뒤져 종조
부의 번호를 찾으려고 했다. 하지만 그 일이 허사로 돌아가자 수신자
부담 통화로 어머니에게 전화를 걸었고 실망스러운 소식을 전해 들
었다. 어머니는 머스크가 남아프리카공화국을 떠나기 전에 숙부에

게 편지를 보냈고 아들이 캐나다로 가고 있는 동안 답장을 받았다고 했다. 종조부는 이미 미네소타로 떠난 후였으므로 머스크가 캐나다에서 머물 곳이 사라졌다. 할 수 없이 그는 가방을 들고 유스호스텔을 찾았다.

몬트리올에서 며칠을 보낸 머스크는 장기 계획을 세워야 했다. 캐나다 전역에 흩어져 살고 있는 어머니의 친척들에게 연락하기 시작했다. 우선 100달러를 내면 전국 어디에서든 타고 내릴 수 있는 버스표를 사서 할아버지의 예전 고향인 서스캐처원으로 향했다. 버스로 3,060킬로미터를 달려 인구가 1만 5,000명인 스위프트커런트Swift Current에 도착했다. 미리 연락하지 않은 채 버스 정류장에서 불쑥 전화하고는 자동차를 얻어 타고 6촌 집으로 갔다.

그 후 머스크는 캐나다 전역을 돌며 별의별 일을 하면서 1년을 보냈다. 자그마한 왈덱Waldeck 마을에 사는 사촌의 농장에서 채소를 재배하고 곡식을 부삽으로 옮겼다. 그곳에서 방금 만난 가족과 낯선 이웃 사람들과 케이크를 나누어 먹으며 열여덟 번째 생일을 맞았다. 그 후 밴쿠버에 가서 동력 사슬톱으로 통나무를 잘랐다. 하지만 무엇보다도 인력시장에서 구한 일이 여태껏 해본 일 중 가장 힘들었다. 그는 일당을 가장 많이 받을 수 있는 일자리를 부탁하고 시급 18달러짜리 제재소의 보일러 청소 일을 맡았다. 머스크가 말했다. "위험 물질을 차단하는 옷을 입고 몸이 겨우 들어갈 만큼 비좁은 터널을 가까스로 지나가야 했어요. 그러고 나서 여전히 뜨거운 김이 올라오는 모래와 찐득한 덩어리, 기타 잔여물이 있는 통로를 지나면서 삽으로 떠내야 했죠. 비상구도 없었습니다. 반대편에 있는 사람이 다시 삽으로 떠서 외바퀴 손수레에 담았어요. 그곳은 너무 뜨거워서 30분 이상 있으면 목숨이 위험했습니다." 주초에 서른 명이 일하기 시작했는데 사흘째 되는 날 다섯 명이 떠났다. 주말에는 머스크를 포함해 세 명만 남았다.

머스크가 캐나다를 돌며 일하는 동안 그의 어머니와 남매도 캐나다로 올 방법을 찾았다.[6]

결국 킴벌과 일론은 캐나다에서 만났고 성격이 쾌활하고 고집이 센 두 사람은 즉시 의기투합했다. 일론은 1989년 온타리오 주 킹스턴 Kingston에 있는 퀸스 대학교에 등록했다. (그는 워털루 대학교보다 예쁜 여학생이 많다는 이유만으로 퀸스 대학교를 선택했다.)[2] 대학 공부 말고도 일론은 킴벌과 함께 신문을 읽으며 자신들이 만나고 싶은 흥미로운 사람들을 골랐다. 그러고는 생면부지의 사람들에게 돌아가며 전화를 걸어 점심 식사를 함께 하자고 요청했다. 명단에는 야구팀 토론토 블루 제이스Toronto Blue Jays의 마케팅 담당자, 〈글로

---

6 캐나다가 살 만한 곳인지 알아보려고 어머니가 캐나다에 가자 열네 살짜리 토스카는 이때가 기회다 싶어서 남아프리카공화국에 있는 집을 팔려고 내놓았다. 어머니인 메이가 말했다. "딸아이가 내 차도 팔았고 가구도 팔려고 내놓는 참이었어요. 내가 돌아와서 그 이유를 물었죠. 그랬더니 '우물쭈물할 필요 없어요. 여기서 벗어나요.'라고 대답하더군요."

브 앤 메일Globe and Mail)의 비즈니스 기사 기고가, 노바 스코티아Nova Scotia 은행의 고위 임원 등이 들어 있었다.

은행 임원인 피터 니콜슨Peter Nicholson은 청년들의 전화를 받았던 일을 기억했다. "나는 느닷없이 걸려오는 전화를 무조건 피하는 편은 아니에요. 그 정도로 진취적인 청년이라면 기꺼이 점심 식사를 함께 할 마음이 있었습니다." 머스크 형제는 니콜슨과 점심 약속을 잡는 데 6개월이 걸렸고 세 시간 동안 기차를 타고 가서 정각에 약속 장소에 나타났다.

머스크 형제를 처음 만났을 때 니콜슨도 많은 사람이 형제에게 느끼는 인상을 받았다. 일론과 킴벌은 자신을 제대로 소개했고 예의를 갖춰 행동했다. 하지만 카리스마적이고 매력이 넘치는 킴벌과 나란히 서자 일론의 괴짜 같고 어색한 모습이 확실하게 드러났다. 니콜슨은 이렇게 회상했다. "형제와 대화하면서 점점 깊은 인상을 받았고 거기에 매료되었습니다. 결단력이 대단한 젊은이들이었어요." 결국 니콜슨은 일론에게 여름 인턴 자리를 제의하고 든든한 조언자가 되어주었다.

처음 만나고 얼마 지나지 않아 일론은 피터 니콜슨의 딸 크리스티 니콜슨Christie Nicholson을 자신의 생일 파티에 초대했다. 크리스티는 집에서 만든 레몬 커드를 들고 토론토에 있는 메이의 아파트에 도착해 그곳에서 일론과 열다섯 명의 낯선 사람들을 만났다. 전에 크리스티를 만난 적은 없었지만 일론은 그녀에게 곧장 다가가 소파로 안내했다. 크리스티는 당시 상황을 이렇게 설명했다. "일론은 자기소개를 하자마자 대뜸 '나는 전기 자동차에 대한 아이디어가 많습니다.'라고 말했어요. 그리고 내 쪽으로 시선을 돌리더니 '당신도 전기 자동차에 대해 생각해본 적이 있나요?'라고 묻더군요." 지금은 과학 서적의 저자로 활동하는 크리스티는 일론과 대화하고 나서 그가 잘생기고 붙임성 있는 엄청난 괴짜라는 인상을 받았다. "어쨌거나 그날 소파에서 그런 생각에 사로잡혔습니다. 그는 세상 사람들과 뚜렷하게 달랐어요. 일론은 그런 방향에서 내 마음을 사로잡았습니다."

크리스티의 각진 이목구비와 금발은 일론이 좋아하는 여성의 유형이었고 캐나다에 있는 동안 두 사람은 서로 연락하며 지냈다. 데이트를 한 것은 아니지만 크리스티는 전화로 오랫동안 이야기할 수 있을 만큼 머스크가 흥미로운 사람이라고 생각했다. "어느 날 밤 일론이 내게 말하더군요. '내가 음식을 먹지 않고 일을 더 할 수 있는 방법이 있다면 그렇게 하고 싶어요. 식탁에 앉아 음식을 먹지 않아도 영양분을 섭취할 수 있는 방법이 있었으면 좋겠어요.' 일에 대한 어마어마한 집념이었어요. 그전에는 들어보지 못했던 정말 특이한 말이었습니다."

머스크는 캐나다에서 지내는 동안 퀸스 대학교의 동료 학생인 저스틴 윌슨Justine Wilson과 긴밀한 관계를 맺기 시작했다. 기다란 갈색 머리에 다리가 늘씬한 저스틴은 로맨틱한 분위기와 성적 매력을 발산했다. 그녀는 연상의 남자와 사랑에 빠졌다가 대학에 진학하면서 헤어지고, 다음에는 가죽 재킷을 입은 제임스 딘처럼 야성미 넘치는 남자를 사귀리라 마음먹고 있었다. 하지만 운명이 그렇듯 말투가 점잖고 말쑥한 머스크는 캠퍼스에서 저스틴을 보자마자 데이트를 신청하겠다고 결심했다. "저스틴은 정말 멋져 보였습니다. 게다가 똑똑하고 지성이 번뜩였죠. 태권도 유단자인 데다가 보헤미안 기질까지 있었고 학교에서 인기가 많았어요."

일론은 저스틴에게 다가갈 계획을 세우고 그녀가 지내는 기숙사 밖에서 우연히 마주친 척 하면서 예전에 파티에서 본 적이 있다며 말을 걸었다. 학교에 다니기 시작한 지 일주일밖에 되지 않은 저스틴은 아이스크림 데이트를 하자는 일론의 제안을 받아들였다. 하지만 정작 일론이 데리러 갔을 때는 기숙사 문에 쪽지만 남겨놓고 바람을 맞혔다. "시험공부 때문에 약속을 지킬 수 없다며 미안하다고 쪽지에 적혀 있었어요." 일론은 저스틴의 친한 친구를 찾아가 그녀가 주로 공부하는 장소와 좋아하는 아이스크림 종류를 알아냈다. 그리고 저스틴이 일론의 눈에 띄지 않으려고 학생회관에 숨어 스페인어를 공부할 때 슬그머니 나타나서 녹아내리는 초콜릿 칩 아이스크림콘을 내밀었다.

저스틴은 작가와 열렬하게 연애하는 순간을 꿈꾸고 있었다. "나는 실비아 플라스와 테드 휴즈 같은 사랑을 하고 싶었어요." 하지만 작가 대신 저돌적이고 야심이 넘치는 괴짜가 따라다니기 시작했다. 두 사람은 이상심리학 수업을 같이 들었고 시험을 보고 나서 점수를 비교했다. 저스틴은 97점, 일론은 98점을 받았다. "일론은 교수를 찾아가 자기 의견을 피력하고는 결국 100점을 맞았어요. 우리 둘이 늘 경쟁하고 있다는 느낌을 떨칠 수 없었습니다."

일론에게는 낭만적인 모습도 있었다. 송이마다 쪽지를 매달아 장미꽃 열두 송이를 보내기도 했고, 직접 로맨틱한 글을 잔뜩 적은 책을 선물하기도 했다. 저스틴은 "일론에게는 상대방을 매료시키는 능력이 있어요."라고 말했다.

대학교에 다니는 동안 두 사람은 이따금씩 만났고 일론은 관계를 지속시키려고 무던히 애썼다. 메이는 당시에 아들이 힘들어했다고 말했다. 일론은 다른 여학생 두 명을 쫓아다니기도 했지만 결국은 저스틴에게 돌아왔다. 저스틴이 냉정하게 굴 때마다 평소 모습대로 박력을 발휘했다. 저스틴이 말했다. "일론은 매우 집요하게 전화를 했어요. 한번 전화를 하면 내가 받을 때까지 절대 끊지 않아요. 거절을 대답으로 받아들이지 않는 사람이에요. 그러니 절대 바람을 맞힐 수가 없죠. 나는 그가 터미네이터라고 생각합니다. 무언가에 시선이 꽂히면 '저것을 반드시 손에 넣을 거야.'라고 말하니까요. 그렇게 일론은 조금씩 나를 차지했어요."

머스크는 대학 생활이 체질에 잘 맞았다. 그는 더 이상 만물박사처럼 굴지 않았고 자신의 지적 능력을 존중해주는 사람이 주변에 있다는 사실을 깨달았다. 대학생들은 에너지이든 우주이든 당시에 무엇에 미쳐 있든 일론의 독단적인 의견을 웃어넘기거나 비웃는 빈도가 고등학생보다 낮았다. 머스크는 자신의 야망을 조롱하는 사람보다 호응해주는 사람이 많다는 사실을 깨닫고 이러한 환경을 토양으로 꿈을 키워갔다.

캐나다인이지만 스위스 제네바에서 성장한 나베이드 패룩Navaid Farooq은 1990년 가을 머스크가 있는 신입생 기숙사에 들어왔다. 두 사람은 캐나다 학생 한 명과 해외 출신 학생 한 명을 짝지어 한방을 쓰게 하는 국제 생활관에 배정되었다. 머스크는 서류상으로는 캐나다인이었지만 주변 환경에 대해 아는 것이 거의 없었으므로 어떤 면에서는 학교의 기숙사 체계를 거스른 셈이었다. 머스크가 말했다. "내 방 친구는 홍콩에서 왔는데 정말 좋은 아이였어요. 매일 교회에 가듯 꼬박꼬박 수업에 출석했죠. 내게는 도움이 되었어요. 나는 되도록 수업에 출석하지 않았으니까요."

머스크는 현금을 마련하기 위해 기숙사에서 컴퓨터와 컴퓨터 부품을 판매했다. "나는 학생들의 요청에 맞춰 컴퓨터를 만들 수 있었어요. 그래서 이것저것 사양을 붙인 게임용 기계나 단순한 워드프로세서를 시중보다 싼 가격으로 학생들에게 공급할 수 있었죠. 또한 컴퓨터가 부팅이 제대로 되지 않거나 바이러스가 침입하면 고쳐주었어요. 어떤 문제든 대부분 고칠 수 있었습니다."

패룩과 머스크는 해외에서 생활한 경험이 있고 전략 보드게임에 관심이 있다는 공통점 때문에 금세 친해졌다. 패룩은 이렇게 말했다. "일론은 쉽게 친구를 사귀지 못하지만 일단 사귄 친구에게는 매우 충실해요." 비디오게임인 '문명Civilization'이 출시되어 기숙사생들이 자신의 제국을 건설하느라 몇 시간이고 게임에 정신을 팔자 패룩의 여자 친구는 소외되기 일쑤였다. 패룩이 말했다. "일론은 몇 시간이고 쉬지 않고 게임에 몰두했어요. 하지만 우리는 마음속으로 늘 생각할 수 있고 그것이 사회적으로 괴상한 행동이라고 느끼지 않았어요."

머스크는 고등학교 시절보다 대학교에서 더욱 학구열을 불태웠다. 경영학을 공부했고, 연설 대회에 나갔으며, 오늘날 자신의 특징으로 알려진 강력하고 경쟁심 강한 행동을 보이기 시작했다. 머스크와 패룩 그리고 일부 학생은 경제학 시험을 치르고 나서 기숙사로 돌아와 노트를 들여다보며 문제를 확인하고 시험 점수를 서로 비교했다. 그러면 머스크가 수업 내용을 가장 정확하게 파악하고 있다는 사실이 분명하게 드러났다. "상당히 성적이 좋은 학생들이 모인 집단이었어요. 그런데도 일론은 월등히 두각을 나타냈습니다."라고 패룩은 말했다. 두 사람의 오랜 관계에서도 머스크의 강렬한 성격은 그대로 발휘되었다. "일론은 어떤 일에 마음이 꽂히면 남과 다른 수준으로 관심을 쏟기 시작합니다. 그것이 바로 일론이 다른 사람들과 구별되는 점이죠."

1992년 퀸스 대학교에 2년 동안 다녔던 머스크는 장학금을 받고 펜실베이니아 대학교로 전학했다. 아이비리그 소속 대학교에 다니는 것이 미래로 향하는 문을 좀 더 쉽게 열 수 있는 기회라고 생각했던 그는 와튼 스쿨에서 경제학뿐만 아니라 물리학을 추가로 전공했다. 저스틴은 퀸스 대학교에 그대로 다니면서 작가가 되려는 꿈을 추구했다. 일론과는 연인 관계를 유지해서 이따금씩 일론을 찾아가기도 하고, 둘이서 주말에 뉴욕에 가서 데이트를 즐기기도 했다.

머스크는 퀸스 대학교에 다닐 때보다 펜실베이니아 대학교에서 훨씬 탁월한 성적을 거두었고 물리학을 전공하는 학생들과 어울리면서 마음의 안정을 찾기 시작했다. 메이는 이렇게 회상했다. "펜실베이니아 대학교에서 아들은 자기처럼 생각하는 사람들을 만났어요. 그곳에도 괴짜들이 있었죠. 아들은 그곳에 있는 괴짜들과 어울리는 것을 좋아했습니다. 한번은 내가 그들과 함께 점심을 먹는데 밥상머리에서 물리학 이야기를 하더군요. 물리학 공식을 들먹이면서 크게 웃곤 했어요. 아들이 그렇게 행복해하는 모습을 보니 참 좋았던 기억이 납니다."

하지만 머스크는 그 범위를 벗어나서는 친구를 많이 사귀지 못했다. 오죽하면 그가 펜실베이니아 대학교에 다녔다는 사실을 기억하는 학생을 찾아보기 힘들 정도이다. 하지만 학교에서 아데오 레시 Adeo Ressi와 친해졌다. 나중에 레시는 실리콘밸리에서 자력으로 기업가가 되었고 오늘날까지 둘째가라면 섭섭할 정도로 일론과 친하게 지내고 있다. 그는 키가 180센티미터가 훌쩍 넘고 비쩍 말랐으며 특이한 분위기를 풍긴다. 학구적이고 좀 더 과묵한 머스크의 모습에 예술적이고 다채로운 모습이 덧붙여진 사람이라고 보면 된다.

두 젊은이는 전학을 온 덕분에 지저분한 신입생 기숙사에 배정되었다. 기숙사의 축 늘어진 분위기가 마음에 들지 않았던 레시는 캠퍼스 밖에서 커다란 집을 빌려 함께 살자고 머스크를 꼬드겼다. 결국 두 사람은 임대인을 찾지 못해 계속 비어 있던 방 열 개짜리 남학생 클럽 하우스에 상대적으로 싸게 세를 들었다. 두 사람은 주중에는 공부하고 주말이면 특히 레시가 집을 클럽 하우스로 만들었다. 쓰레기봉투로 창문을 가려 집 안을 칠흑처럼 깜깜하게 만들고 벽을 밝은 색 페인트로 꾸몄다. 레시가 말했다. "본격적인 무면허 주류 밀매점이었던 셈이죠. 하루에 500명씩 모여들었어요. 5달러를 내고 들어오면 맥주든 젤로샷이든 양껏 마실 수 있었습니다."

금요일 밤이면 레시의 스피커에서 강렬한 음악 소리가 터져 나와 집 주위 땅이 흔들거렸다. 한번은 일론의 어머니가 파티에 왔다가 레시가 열광한 나머지 물건으로 벽을 두드리고 어두운 색 페인트로 벽을 칠하는 장면을 보기도 했다. 결국 그녀는 현관문에 서서 코트를 정리하면서 입장료를 받았고 가위를 들고 신발 상자에 쌓인 현금을 지켰다.

다음으로 세 든 집은 방이 열네 개였고 머스크는 레시와 다른 한 명과 함께 살았다. 그들은 낡고 둥근 통을 세우고 그 위에 합판을 엎어 테이블을 만들고, 아이디어를 짜내 임시방편으로 여러 가구를 만들어 썼다. 하루는 머스크가 집에 들어와보니 레시가 못을 박아 머스크의 책상을 벽에 붙이고 여러 가지 형광색으로 칠해놓았다. 그걸 본 머스크는 자기 책상을 뜯어내고 검은색으로 다시 덧칠하고 나서 공부하기 시작했다. 이때 레시는 "'이봐, 친구. 그것은 파티 하우스를 위한 설치미술이야."라고 말했다. 당시 일을 말하면 아마도 머스크는 "그것은 원래 책상이었어요."라고 덤덤하게 대꾸했을 것이다.

머스크는 이따금씩 보드카와 다이어트 콜라를 섞어 마시지만 술을 많이 마시지도, 알코올을 좋아하지도 않는다. 머스크가 말했다. "파티가 열리는 동안 누군가는 정신이 말짱해야 하지 않겠어요? 내 힘으로 대학 학비와 생활비를 충당했고 하룻밤이면 한 달 치 월세를 벌 수 있었습니다. 레시는 집에서 흥미진진한 일을 맡았고 나는 파티를 운영했지요." 레시는 "일론은 예의범절에 엄격한 괴짜였어요. 결코 술에 취하는 적이 없었고 아무 짓도 하지 않았어요. 그야말로 정말 가만히 있었어요."라고 말했다. 다만 머스크가 며칠이고 비디오 게임에 파묻혀 있을 때만큼은 레시가 끼어들어 머스크의 행동을 중단시켜야 했다.

머스크는 펜실베이니아 대학교를 다니던 시절에 태양열 발전과 에너지를 동력으로 이용하는 새로운 방법을 발견하는 데 더욱 관심을 기울였다. 1994년 12월 수업에서 사업 계획을 짜오라는 과제를 받은 그는 '태양열 발전의 중요성'이라는 제목으로 논문을 썼다. 글은 머스크의 약간 뒤틀린 유머로 시작되었다. 첫 장에는 "'태양은 내일 떠오를 것이다. ……' – 고아 소녀 애니Little Orphan Annie, 해럴드 그레이 원작의 만화 주인공가 재생에너지에 관해서"라고 썼다. 그는 논문에서 재료가 발달하고 대형 태양열 발전소가 건설되면서 태양열 발전 기술이 부상하리라 예언했다. 머스크는 내용을 더욱 깊이 파고들어 태양 전지의 작동 원리와 전지의 효율을 높일 수 있는 다양한 화합물을 설명했다. 그리고 '미래의 발전소'를 그리는 내용으로 논문을 마무리했다. 미래의 발전소는 사방 너비가 4킬로미터인 공간에 배열된 여러 거대한 태양 전지판에서 얻은 태양에너지를 극초단파 광선으로 변환해 지름이 7킬로미터에 이르는 지상용 수신 안테나로 전송하는 방법으로 전력을 공급한다. 교수는 "매우 흥미롭고 조리 있게 쓴 논문"이라는 의견을 달아 98점을 주었다.

두 번째 논문은 연구 문서와 책을 검색하고, 이를 스캐닝하고, 광학적으로 문자를 인식해서 모든 정보를 단일 데이터베이스에 입력하는 과정에 대해 썼다. 오늘날 사용되는 구글 북스Google Books와 구글 스칼라Google Scholar의 기능을 섞어놓은 내용이었다. 세 번째 논문도 머스크가 좋아하는 주제인 슈퍼 축전기ultracapacitor, 전력을 충전했다가 짧은 시간에 높은 출력으로 바꾸어 뿜어내는 에너지 장치를 다루었다. 머스크는 44쪽짜리 논문에서 자신이 미래에 추구할 자동차·비행기·로켓에 적합한 새로운 에너지 저장 장치에 대한 아이디어를 펼쳐놓으면서 희망에 부풀었다.

실리콘밸리에 있는 한 연구실에서 발표한 연구 결과를 토대로 머스크는 이렇게 썼다. "최종 연구 결과는 배터리와 연료전지가 개발된 이후 전기에너지를 상당량 저장할 수 있는 새로운 수단을 최초로 제시한다. 더욱이 슈퍼 축전기가 축전기의 기본 물성을 계속 유지하고 있으므로 같은 무게의 배터리보다 100배 이상 빠른 속도로 에너지를 전달하고 충전할 수 있다." 머스크는 이 논문으로 97점을 받았고 "탁월한 재정 계획"과 더불어 "매우 철저한 분석"이 돋보인다는 칭찬을 들었다.

교수의 평가는 정확했다. 머스크의 명쾌하고 간결한 글은 논리성이 뛰어나 핵심을 정확하게 한 가지씩 짚고 넘어간다. 그러면서도 이해하기 어려운 물리학 개념을 실질적인 사업 계획으로 풀어내는 능력이 탁월하다. 당시에도 과학적 발전을 영리 목적의 사업에 연결하는 데 비상한 재주를 보여주었다.

머스크는 졸업 후의 진로에 대해 진지하게 생각하기 시작하면서 비디오게임 사업에 뛰어드는 것은 어떨지 잠깐 고민했다. 어릴 때부터 줄곧 비디오게임에 빠져 살았고 해당 분야에서 인턴 경험도 쌓았기 때문이다. 하지만 자신의 야심을 채울 수 있을 만큼 원대한 사업이 아니라고 판단했다. "컴퓨터 게임을 정말 좋아하지만 설사 컴퓨터 게임 사업으로 성공한다 하더라도 세계에 얼마나 영향을 미칠 수 있겠어요?"라고 설명했다. "그다지 큰 영향을 미치지 못할 겁니다. 원래 비디오게임을 속속들이 좋아하지만 경력으로 삼을 수는 없었어요.”

나와 인터뷰를 하는 동안 머스크는 당시 이미 자기 머릿속에는 정말 중대한 아이디어가 있었다는 사실을 사람들이 알고 있었다고 다시 한 번 강조했다. 그는 퀸스 대학교와 펜실베이니아 대학교에 다니는 동안 꿈을 꾸었고 대개는 같은 결론을 내려서, 미래에 중대한 변화가 일어나고 자신이 크게 영향을 미칠 수 있는 분야는 인터넷·재생에너지·우주라고 생각했다. 그러면서 이 세 가지 분야의 계획을 모두 추진하겠다고 다짐했다. 머스크가 말했다. “나는 이 아이디어를 전 여자 친구들과 전 아내에게도 말했어요. 아마도 정말 미친 소리로 들렸을 겁니다.”

머스크가 전기 자동차·태양에너지·로켓을 향한 자신의 열정이 어디서 비롯되었는지 집요하게 설명하는 것은 바깥에서 보기에 불안한 모습으로 비춰질 수 있다. 자기 삶을 억지로 만들어내려는 것 같기도 하다. 하지만 머스크 입장에서는 무언가를 우연히 생각해내어 실행하는 것과 목적을 세우고 추진하는 것은 엄연히 다르다. 그는 자신이 실리콘밸리에서 활동하는 지극히 평범한 사업가들과 다르다는 사실을 세상이 알아주기를 오랫동안 바라왔다. 그는 트렌드를 알아채는 데 급급하지도, 부자가 되고 싶다는 생각에 집착하지도 않았다. 머릿속에서 늘 종합 계획을 세우고 이를 추진한다. “나는 대학교 재학 시절에 이미 미래의 계획을 생각하고 있었습니다. 사실이 발생하고 나서 나중에 지어낸 이야기가 아닙니다. 나는 뒷북을 치거나 일시적 유행을 좇는 사람이나 기회주의자처럼 보이기 싫습니다. 나는 투자가가 아닙니다. 스스로 미래에 중요하고 유용하다고 생각하는 기술을 실현시키고 싶어요."

ELON —

MUSK

제4장

Zip2, 모험의 시작

1996년 초 Zip2는 엄청난 변화를 겪었다. 벤처 투자 회사인 무어 데이비도우 벤처스는 인터넷용 옐로 페이지를 만들려는 남아프리카공화국 젊은이 두 명을 만났고 그들의 발전 가능성을 예측했다. 머스크는 발표 기술이 미숙했지만 회사를 잘 선전했고 투자가들은 그가 뿜어내는 에너지에 깊은 인상을 받았다. 무어 데이비도우 벤처스는 Zip2에 300만 달러를 투자했다.

닷컴의 물결을 타려고 노력한 머스크는 실력도 뛰어났고 운도 따랐다. 훌륭한 아이디어를 떠올렸고 그것을 진짜 서비스로 바꾸며 닷컴 열풍에서 재산을 거머쥐었다. 그러나 그 과정은 고통스러웠다. 머스크는 리더가 되기를 열망했지만 주위 사람들은 그가 CEO로서 제대로 일할 수 있을지 걱정했다. 머스크에 관한 그들의 생각은 전부 틀렸다. 그는 스스로 훨씬 극적인 결과를 거둘 수 있다는 사실을 입증하기 위한 작업에 힘차게 착수했다.

ELON MUSK

1994년 여름 머스크와 남동생 킴벌은 진정한 미국인이라면 해야 할 통과 의례를 시작했다. 미국을 횡단하는 장거리 자동차 여행을 떠났던 것이다.

킴벌은 칼리지 프로 페인터스College Pro Painters의 프랜차이즈 권리를 사들여 독립적으로 잘 운영해 자그마한 사업으로 키웠다. 그다음 프랜차이즈에서 자기 몫만큼 팔아 머스크가 1970년대 생산된 낡은 중고 BMW 320i를 사는 데 돈을 보탰다. 형제는 캘리포니아가 한창 열기로 달아오르는 8월에 샌프란시스코를 출발해 여행을 시작했다. 가장 먼저 남쪽으로 자동차를 몰아 모하비Mojave 사막에 있는 도시인 니들스Needles로 내려갔다. 그곳에서 에어컨이 없어 실내 온도가 섭씨 49도까지 올라가는 차 안에서 땀범벅이 되는 스릴을 경험했다. 또한 햄버거 패스트푸드점인 칼스 주니어Carl's Jr.에 들러 몇 시간 동안 머물며 땀을 식히고 기운 차리는 요령을 터득했다.

두 젊은이는 여행하면서 20대의 전형적인 모습으로 흥겹게 놀고 사업 운영에 대한 꿈도 마음껏 꾸었다. 당시에는 야후Yahoo 같은 포털 사이트와 넷스케이프Netscape의 브라우저 등이 부상하면서 일반 대중이 웹에 접근하기 시작했다. 일론과 킴벌은 인터넷의 발달을 주시하면서 웹상에서 무언가를 함께 할 수 있는 회사를 시작하고 싶다고 생각했다. 캘리포니아를 출발해 콜로라도, 와이오밍, 사우스다코타, 일리노이를 거치고 나서 동쪽으로 향했다가 머스크가 그해 가을 학교로 돌아갈 때까지 교대로 운전하며 아이디어를 내고 이야기를 나누었다. 여행하는 동안 떠오른 가장 좋은 아이디어는 의사들을 대상으로 온라인 네트워크를 형성하는 것이었다. 전자 의료 기록만큼 야심찬 계획은 아니었지만 의사들이 정보를 나누고 협력하는 시스템에 가까웠다. 킴벌이 말했다. "의료 산업 시스템이 자칫 혼란스러울 수 있다고 생각했습니다. 그래서 사업 계획을 세우고 나중에 판매와 마케팅 분야를 살펴보았어요. 하지만 설득력이 없어서 별 흥미를 느끼지 못했죠."

머스크는 실리콘밸리에서 그해 초여름을 보냈다. 낮에 인턴으로 일했던 피너클 연구소Pinnacle Research Institute는 로스 가토스Los Gatos에 본사가 있고 과학자 팀을 보유한 시끌벅적한 신생 기업으로, 슈퍼 축전기를 전기 자동차와 하이브리드 자동차에 혁신적인 연료원으로 사용할 수 있는 방법을 모색하고 있었다. 하지만 연구 방향이 적어도 개념상으로는 이상한 영역으로 틀어졌다. 머스크는 '스타워즈'나 미래를 그린 영화에 나오는 휴대용 레이저 무기를 만드는 데 슈퍼 축전기를 사용할 수 있는 가능성에 대해 자세히 설명했다. 레이저 총은 엄청난 에너지를 발사하고, 총을 쏘는 사람은 탄창을 갈아 끼우고 다시 발사하는 것과 같은 방식으로 레이저 총 아랫부분에 있는 슈퍼 축전기를 교체하면 될 터였다. 게다가 슈퍼 축전기는 미사일에 동력을 공급하는 용도로도 가능성이 엿보였다. 미사일 발사에 따라 기계적 응력을 받는 상황에서 배터리보다 탄성이 뛰어나므로 오랜 시간 동안 더욱 안정되게 전하를 유지할 수 있었다.

머스크가 피너클 연구소에서 몰입해 진행한 작업은 펜실베이니아 대학교에서 시도한 사업 계획 실험과 자신의 기업가적 공상의 기반이 되었다.

저녁 시간에는 팰로 앨토에 있는 신생 기업인 로켓 사이언스 게임스Rocket Science Games로 갔다. 그곳의 목표는 카트리지 없이 작동하고 CD를 장착해 정보 저장량을 늘릴 수 있는 최첨단의 비디오게임을 개발하는 것이었다. CD를 사용하면 이론상으로는 게임에 할

리우드 방식의 스토리텔링을 도입하고 제품의 품질을 높일 수 있었으므로 엔지니어와 영화 관련 종사자를 포함한 촉망받는 인재들이 개발 작업에 투입되었다. 애플에서 멀티미디어 소프트웨어인 퀵타임QuickTime을 개발한 인재뿐만 아니라 나중에 애플 사에서 아이팟과 아이폰을 개발하는 데 크게 기여한 토니 파델Tony Fadell도 이곳에서 일했다. 또한 인더스트리얼 라이트 앤 매직Industrial Light & Magic에서 '스타워즈'의 오리지널 음향을 맡았던 사람들과 루카스아트 엔터테인먼트LucasArts Entertainment에서 게임을 개발한 사람들도 있었다.

머스크는 로켓 사이언스 게임스에서 일하는 동안 재능과 문화의 관점을 동시에 충족할 수 있는 실리콘밸리의 장점을 실감했다. 그곳 사람들은 하루 24시간 일했고 머스크가 다른 직장에서 근무를 마치고 오후 5시쯤 출근해도 전혀 이상하다고 생각하지 않았다. 오스트레일리아인 엔지니어 피터 배럿Peter Barrett은 이렇게 말했다. "우리가 일론을 채용한 이유는 정말 하찮고 낮은 수준의 코드를 작성하기 위해서였습니다. 하지만 그는 그 사실을 알고도 조금도 동요하지 않았어요. 얼마 지나자 아무도 일론에게 지시를 내리지 않았고 그는 자기 마음 내키는 것을 만들기 시작했습니다."

머스크는 조이스틱과 마우스가 다양한 컴퓨터와 게임과 통신하도록 만드는 드라이버를 작성하라는 지시를 받았다. 프린터나 카메라를 집에 있는 컴퓨터에 연결해 사용하려면 드라이버를 설치해야 하는데, 이는 정말 따분한 작업이었다. 프로그래밍을 독학한 머스크는 자신의 코딩 실력이 상당히 뛰어나다고 자부하며 좀 더 야심찬 작업을 스스로에게 부여했다. 머스크가 설명했다. "나는 기본적으로 멀티태스킹을 가능하게 해주는 방법을 알아내려고 했습니다. CD에서 비디오를 읽으면서 동시에 게임을 돌리는 것처럼 말이죠. 당시에는 한 번에 한 작업만 할 수 있었어요. 멀티태스킹을 하려면 복잡한 어셈블리 프로그램이 있어야 했습니다." 머스크는 컴퓨터의 주요 마이크로프로세서에 명령을 직접 전달하고 기계를 작동시키는 가장 기본적 기능을 조작했다. 애플이 퀵타임을 개발할 때 주임 엔지니어로 일한 브루스 리크Bruce Leak는 머스크가 일하는 장면을 눈여겨보았다가 밤새 일하는 다른 직원들을 이끄는 능력에 감탄했다. 리크가 말했다. "일론은 무한한 에너지를 지녔습니다. 당시 젊은이들은 하드웨어가 무엇인지, 어떻게 작동하는지 전혀 몰랐어요. 하지만 그는 컴퓨터 해커로 활동한 경험이 있었고, 무슨 문제이든 해결 방법을 찾아내려고 겁 없이 달려들었어요."

머스크는 자신이 찾고 있던 기회와 야심을 채울 수 있는 장소를 실리콘밸리에서 발견했다. 그래서 2년 연속 여름마다 그곳으로 돌아가 일했고, 복수 전공으로 펜실베이니아 대학교를 졸업한 후 서부에 정착했다. 처음에는 스탠퍼드 대학교 박사과정에 몸담으면서 재료과학과 물리학을 전공하고 피나클 연구소에서 수행한 슈퍼 축전기에 대한 작업을 발전시킬 생각이었다. 하지만 인터넷에 매료된 나머지 입학한 지 이틀 만에 스탠퍼드 대학교를 자퇴했다. 또한 실리콘밸리로 이주해 함께 웹 세계를 정복하자고 동생인 킴벌을 설득했다.

머스크가 인터넷 사업의 성장 가능성을 가장 먼저 감지한 것은 인턴 시절이었다. 옐로 페이지Yellow Pages 소속의 한 세일즈맨이 머스크가 일하는 신생 기업을 찾아와 커다랗고 두꺼운 옐로 페이지의 업종별 상호 목록을 보완하는 용도로 온라인 목록을 만들자는 아이디어를 팔려고 했다. 하지만 그는 제대로 주장을 펼치지도 못하고 실제로 인터넷이 무엇인지, 어떻게 해야 사업성을 끌어낼 수 있는지조차 파악하지 못했다. 그의 설득력 없는 이야기를 듣고 있다가 생각에 잠긴 머스크는 킴벌에게 가서 사업체가 처음으로 온라인에 진출할 수 있게 도와주는 일을 시작하면 어떻겠냐고 제의했다.

킴벌은 "형은 '이 사람들은 대체 자기가 무슨 말을 하는지도 몰라. 그러니 이것이 우리가 할 수 있는 일이 아닐까?'라고 이야기를 꺼냈어요."라고 회상했다. 이때가 1995년이었다. 형제는 나중에 Zip2라고 회사 이름을 바꿀 글로벌 링크 인포메이션 네트워크Global Link Information Network를 세우려던 참이었다. (Zip2의 설립과 머스크의 학교 기록을 둘러싼 논쟁에 대한 설명은 부록 1을 참고.) Zip2의 설립 정신은 순박했다. 1995년 당시 작은 기업들은 인터넷의 영향력을 이해하지 못했다. 어떻게 인터넷에 진입할 수 있는지도 몰랐고, 웹사이트를 만들면 자신들이 벌이는 사업에 도움이 된다는 것도 몰랐고, 옐로 페이지 같은 목록을 온라인으로 작성하면 가치 있다는 사실조차 알지 못했다.

머스크 형제는 웹을 서핑하는 대중에게 사업체의 존재를 알릴 수 있는 시대가 왔다는 사실을 음식점·옷 가게·미용실 주인들에게 납득시키겠다는 목표를 세웠다. Zip2는 인터넷으로 검색할 수 있는 사업체의 목록을 만들고 여기에 지도를 결합할 계획을 세웠다. 머스크는 이 개념을 설명하기 위해 피자를 자주 예로 들면서, 가장 가까운 피자 가게가 어디에 있고 또 그곳에 어떻게 가야 하는지 알 권리가 누구에게나 있다고 강조했다. 옐프Yelp, 미국 지역 생활 정보 검색 전문 앱가 구글 맵스와 결합했듯 지금 들으면 당연한 말 같지만 당시에는 이러한 서비스가 가능하다는 꿈조차 꾸지 못했다.

머스크 형제는 팰로 앨토의 셔먼 애비뉴 430번지에서 Zip2를 창업했다. 우선 스튜디오 크기인 56제곱미터의 사무실을 빌리고 꼭 필요한 가구 몇 점을 들여놓았다. 사무실이 들어선 3층짜리 건물은 승강기가 없고 변기가 자주 막히는 한심한 곳이었다. 창업 초기에 일했던 직원은 "일하기에 정말 끔찍한 장소였어요."라고 말했다. 머스크는 신속하게 인터넷에 접속하기 위해 바로 아래층에서 인터넷 서비스 프로바이더 시스템을 운영한 레이 지루아드Ray Girouard와 타협했다. 지루아드에 따르면 머스크는 Zip2 사무실 문 근처에 구멍을 뚫고 이더넷Ethernet, 가장 대표적인 버스 구조 방식의 근거리 통신망 선을 계단을 거쳐 지루아드의 사무실로 연결했다. "그들이 요금을 몇 번 늦게 내기는 했지만 요금을 둘러싸고 다툼은 전혀 없었습니다."라고 지루아드는 전했다.

머스크는 서비스 공급을 위한 초기 코딩을 혼자 담당했고 형보다 붙임성이 있는 킴벌은 사업체를 직접 방문해 세일즈하는 방법을 모색했다. 머스크는 베이 에어리어Bay Area에 있는 사업체의 이름과 주소를 포함한 데이터베이스에 접근할 수 있는 허가증을 싸게 획득했다. 그리고 초기 GPS 내비게이션 유형의 장치에 사용할 수 있는 디지털 지도와 위치 명령을 만드는 데 수억 달러를 투자한 나브텍Navteq을 접촉해 능수능란하게 협상을 성사시켰다. "그들에게 연락했더니 기술을 무상으로 제공해주었어요."라고 킴벌은 말했다. 머스크는 두 데이터베이스를 통합해 기본적인 시스템을 만들고 이를 가동시켰다. 시간이 지나면서 Zip2 소속 엔지니어들은 초기 데이터를 확장해 주요 대도시의 외곽 지역까지 포함하도록 더 많은 지도를 넣었고, 가정용 컴퓨터에서 보기 좋고 원활하게 작동하게 하는 동시에 자세한 위치 설명을 보완했다.

아버지인 에롤 머스크는 두 아들이 창업 초기를 헤쳐나갈 수 있도록 2만 8,000달러를 지원했다. 하지만 형제가 사무실을 빌리고 소프트웨어의 사용 허가를 받고 장비를 사느라 갖고 있는 돈은 금방 바닥났다. 형제는 Zip2를 창업하고 석 달 동안 사무실에서 살았다. 자그마한 옷장에 옷을 쌓아두고 근처에 있는 YMCA에서 샤워를 했다. 킴벌이 말했다. "어떨 때는 잭 인 더 박스Jack In The Box에서 하루 네 끼를 먹었어요. 그곳은 밤새 문을 열었기 때문에 우리의 작업 일정과 맞았거든요. 한번은 스무디를 주문했는데 그 속에 이물질이 들어 있었어요. 그냥 이물질을 꺼내고 계속 마셨죠. 그때 이후로는 그곳에서 음식을 먹을 수 없었지만 지금도 메뉴는 정확하게 기억합니다." 그러다가 형제는 방 두 개짜리 아파트를 얻었다. 가구를 살 돈도 없었고 그럴 마음도 없었으므로 바닥에 달랑 매트리스만 깔고 지냈다. 머스크는 숙식을 제공해주는 대가로 한 젊은 한국인 엔지니어를 Zip2의 인턴으로 뽑을 수 있었다. 킴벌이 말했다. "이 불쌍한 젊은 이는 큰 회사에 일자리를 얻었다고 생각했어요. 어쨌거나 그 사람은 우리와 함께 살기 시작했고 자신이 대체 어떤 세상에 발을 들여놓은 것인지 감조차 잡지 못했죠." 어느 날 인턴이 출근하려고 머스크 형제의 낡은 BMW 320i를 모는 도중에 바퀴 하나가 떨어져나갔다. 덕분에 페이지 밀 로드Page Mill Road와 엘 카미노 리얼El Camino Real 교차로에서 사고가 났고, 그 바람에 도로에 움푹 팬 흔적이 몇 년 동안 남아 있기도 했다.

　Zip2는 정보화 시대를 겨냥해 앞으로 호경기를 맞을지 모르지만 출발이 순조로우려면 옛날 방식대로 사업체를 직접 방문해 판매하는 방법을 써야 했다. 머스크 형제는 웹으로 어떤 이익을 얻을 수 있는지 설명하고 미지의 제품을 사도록 사업체를 설득해야 했다. 1995년 말 머스크 형제는 처음으로 직원을 뽑고 다양한 부류의 사람들로 세일즈 팀을 꾸몄다. 제대로 사는 길을 찾으려는 자유로운 영혼의 스무 살 젊은이 제프 헤일만Jeff Heilman이 Zip2가 채용한 첫 직원이었다. 그는 아버지와 함께 밤늦게까지 텔레비전을 보다가 광고가 방영될 때 화면 아래에 뜬 웹 주소를 보았다. 헤일만이 말했다. "닷컴 운운하는 광고였어요. 소파에 앉아 아버지에게 저 말이 무슨 뜻이냐고 물었던 기억이 납니다. 아버지도 모르겠다고 했어요. 그때 직접 가서 대체 인터넷이 무엇인지 알아보아야겠다는 생각이 들었습니다." 헤일만이 인터넷에 대해 설명해줄 수 있는 사람을 찾아가 대화하느라 2주를 보냈을 때 〈산호세 머큐리 뉴스San Jose Mercury News〉 신문에 Zip2의 가로세로 5센티미터짜리 구인 광고를 보았다. "인터넷 세일즈에 관심 있는 분은 연락하세요!" 헤일만이 지원했고 다른 세일즈맨도 추가로 채용되어 그와 함께 수수료를 받고 일했다.

머스크는 종일 사무실에만 박혀 있는 것 같았다. 잠도 책상 옆에 있는 빈백 의자beanbag, 커다란 부대 같은 천 안에 작은 플라스틱 조각을 채워 의자처럼 사용하는 물건에서 잤다. 헤일만이 말했다. "나는 날마다 아침 7시 30분이나 8시에 출근했어요. 그때마다 머스크는 빈백 의자에서 잠을 자고 있었죠. 아마 샤워는 주말에만 하지 않았을까요? 잘 모르겠어요." 당시 머스크는 Zip2 직원들에게 사무실에 출근하면 자신을 발로 차서 깨우라고 부탁했다. 그렇게 잠을 깨고 나면 다시 일에 몰두했다.

머스크가 코딩 작업에 빠져 있는 동안 킴벌은 열광적인 세일즈 리더가 되었다. 헤일만이 말했다. "킴벌은 영원한 낙천주의자였어요. 직원들의 사기를 크게 북돋아주었죠. 그런 사람은 처음 봤어요." 킴벌은 팰로 앨토의 번화가인 유니버시티 애비뉴와 고급 스탠퍼드 쇼핑몰에 헤일만을 파견해 검색 결과에서 해당 업체 이름이 상단에 오를 수 있도록 Zip2에 가입하라고 소매 업체를 설득했다. 물론 어떤 업체도 가입하려 하지 않는 것이 큰 문제였다. 헤일만은 계속 고객을 찾아다녔지만 빈손으로 돌아오기 일쑤였다. 헤일만에게 인터넷으로 광고하는 것이 가장 어리석은 짓이라고 말해주는 사람은 그래도 양반이었다. 대개 상점 주인들은 귀찮게 하지 말고 나가라고 면박을 주었다. 점심시간이 되면 머스크 형제는 현금을 보관해둔 시가 상자에서 점심 값을 꺼내 헤일만을 데리고 나가 점심을 먹으면서 판매 실적에 대한 우울한 보고를 들었다.

역시 초기 직원이었던 크레이그 무어 Craig Mohr 는 부동산 중개업을 그만두고 Zip2가 제공하는 서비스를 판매하기 시작했다. 우선 광고비를 많이 쓰는 자동차 대리점에 제품을 팔기로 결정했다. 그들에게 Zip2의 웹사이트인 www.totalinfo.com에 대해 설명하고www.totalinfo.com /toyotaofsiliconvalley처럼 리스팅하려는 수요가 많다고 강조했다. 무어가 고객에게 작동 과정을 보여주려고 하면 당시에 흔히 그랬듯 서비스가 작동하지 않을 때도 있었고 매우 천천히 로딩되기도 했다. 그래서 무어는 Zip2의 잠재력을 상상해보라고 권했다. 무어가 말했다. "어느 날 내가 900달러짜리 개인 수표를 받아들고 사무실로 돌아왔어요. 사무실에 걸어 들어오면서 내가 이 돈으로 무엇을 하면 좋겠느냐고 물었죠. 일론은 키보드를 두드리다 말고 모니터에서 시선을 떼고는 '아니, 그것은 이제 자네 돈이야.'라고 말했어요."

머스크가 Zip2 소프트웨어를 꾸준히 향상시켰으므로 직원들의 사기는 떨어지지 않았다. 서비스는 개념 증명이 필요한 단계에서 벗어나 사용하거나 입증할 수 있는 실질적 제품이 되었다. 머스크 형제는 마케팅 수완을 발휘하는 한 방법으로 자신들이 개발한 웹 서비스에 인상적인 물리적 본체를 부여해 중요성을 부각시키려고 노력했다. 머스크는 일반 PC를 바퀴 달린 커다란 틀에 넣었다가 잠재 투자가가 방문하면 이 거대한 기계를 밀고 나와 마치 Zip2가 미니 슈퍼컴퓨터 속에서 작동하는 것처럼 보이게 했다. 킴벌이 말했다. "투자가들은 그 장면을 인상 깊게 생각했습니다." 헤일만에 따르면 투자가들은 머스크가 회사에 맹목적으로 헌신하는 태도를 높이 샀다. "당시에도 여드름이 돋은 대학생이었던 일론은 작업을 완성해야 하고, 자신이 하지 않으면 기회를 놓친다고 생각해 추진력을 발휘했습니다."라고 헤일만은 말했다. "나는 벤처 투자가들도 그 점을 인식했다고 생각합니다. 머스크는 이 플랫폼을 세우는 데 자신의 존재 이유를 걸었습니다." 실제로 머스크는 한 벤처 투자가에게 이렇게 말했다. "나는 사무라이 정신으로 무장했습니다. 실패하느니 차라리 할복을 하고 말겠습니다."

Zip2 창업 초기에 머스크는 자신의 극적인 충동을 조율해주는 믿을 만한 친구를 얻었다. 30대 중반의 캐나다인 사업가 그레그 쿠리Greg Kouri는 토론토에서 머스크 형제를 만나 Zip2의 구상에 함께 참여했다. 어느 날 아침 머스크 형제는 쿠리의 집에 찾아가 사업을 시작하기 위해 캘리포니아로 떠날 생각이라고 말했다. 붉은색 목욕 가운을 걸치고 있던 쿠리는 집 안으로 들어가 6,000달러를 가지고 나왔다. 1996년 초 쿠리는 캘리포니아로 이주해 공동 설립자 지위로 Zip2에 합류했다.

과거에 부동산을 많이 거래해봤고 실제로 사업을 운영한 경험이 있으며 사람들의 마음을 읽는 재주를 갖춘 쿠리는 Zip2에서 성인 감독자 역할을 맡았다. 그에게는 머스크를 진정시키는 비결이 있었고 나중에는 멘토에 가까운 사람이 되었다. "정말 똑똑한 사람은 누구나 자신의 생각을 쫓아오거나 자신만큼 머리 회전이 빠르지 않다는 사실을 이해하지 못합니다." 나중에 Zip2의 최고 경영자로 취임한 벤처 투자가 데릭 프라우디안Derek Proudian은 이렇게 말했다. "쿠리는 일론의 신뢰를 사고, 일론의 편에서 전후 맥락을 고려해 상황을 파악하는 몇 안 되는 사람 중 하나입니다." 또한 쿠리는 사무실 한가운데서 머스크와 킴벌이 주먹 싸움을 벌일 때 중재하기도 했다. "나는 다른 사람과 싸우지 않지만 일론이나 나나 자기 생각을 타협하는 재주가 없습니다."라고 킴벌은 말했다. 한 사업 결정을 둘러싸고 고약하게 싸우다가 주먹의 피부가 벗겨지는 바람에 쿠리가 싸움을 중단시켰고 머스크는 병원에 가서 파상풍 주사를 맞아야 했다. (머스크의 회사에 큰돈을 투자한 쿠리는 2012년 심장마비를 일으켜 51세를 일기로 사망했다. 머스크는 그의 장례식에 참석했고 킴벌은 "우리는 그에게 큰 빚을 졌다."라고 애도했다.)

1996년 초 Zip2는 엄청난 변화를 겪었다. 벤처 투자 회사인 무어 데이비도우 벤처스Mohr Davidow Ventures는 인터넷용 옐로 페이지를 만들려는 남아프리카공화국 젊은이 두 명을 만났고 그들의 발전 가능성을 예측했다. 머스크는 발표 기술이 미숙했지만 회사를 잘 선전했고 투자가들은 그가 뿜어내는 에너지에 깊은 인상을 받았다. 무어 데이비도우 벤처스는 Zip2에 300만 달러를 투자했다.[7]

이제 사업 자금을 손에 넣은 Zip2는 공식적으로 글로벌 링크Global Link에서 Zip2로 회사 이름을 바꾸고, 팰로 앨토의 케임브리지 애비뉴 390번지에 있는 좀 더 큰 사무실로 이사하는 한편 재능 있는 엔지니어를 채용하기 시작했다. 또한 사업 전략도 바꿨다. 당시 Zip2는 웹상에서 최고의 방향 지시 시스템을 이미 구축했다. Zip2는 이 기술을 발전시켜 베이 에어리어에 국한한 서비스 범위를 전국으로 확대했다. 하지만 중점 사업으로는 완전히 새로운 사업을 제시했다. 직접 방문해 서비스를 판매하는 대신 신문사에 판매할 수 있는

---

7 당시 머스크 형제는 적극적인 사업가는 아니었다. "두 사람의 사업 계획서를 읽었던 기억으로는 1만 달러를 투자하면 회사 지분의 25퍼센트를 주겠다고 했어요."라고 벤처 투자가인 스티브 저벳슨Steve Jurvetson은 말했다. "그들이 요구하는 금액이 정말 작았어요! 무어 데이비도우가 300만 달러를 투자했다는 소식을 들었을 때 나는 그들이 사업 계획서를 실제로 읽어보았는지 의아했습니다. 어쨌거나 머스크 형제는 벤처 자금을 거둘 수 있었죠."

소프트웨어 패키지를 만들고자 했다. 그러면 신문사는 해당 소프트웨어를 사용해 부동산·자동차 대리점·항목별 광고를 포함한 디렉토리를 만들 수 있었다. 신문사는 인터넷이 자사 사업에 영향을 미치는 방식을 이해하기까지 시간이 걸렸다. 그런데 Zip2의 소프트웨어를 사용하면 신문사가 처음부터 자체 기술을 개발할 필요 없이 온라인에 신속하게 진입할 수 있는 기회였다. Zip2의 입장에서는 더 큰 먹이를 쫓을 수 있었고 리스팅의 전국적 네트워크 일부를 손에 넣을 수 있었다.

사업 모델과 회사 성격에 생긴 변화는 머스크의 삶에 중대한 기회로 작용했다. 벤처 투자가들은 머스크에게 최고 기술 경영자 자리를 맡으라고 요청했고 회사의 CEO로 리치 소킨Rich Sorkin을 영입했다. 오디오 장비 제조사인 크리에이티브 랩스Creative Labs에서 활동한 소킨은 사업 개발 그룹을 운영하면서 인터넷 신생 기업에 투자하는 계획을 여러 차례 주도했다. Zip2의 투자가들은 소킨이 경험이 있고 웹에 안목을 갖췄다고 생각했다. 머스크는 이 계획에 동의했지만 Zip2의 통제권을 포기한 것을 후회했다. Zip2에서 엔지니어링 부사장을 지낸 짐 앰브라스Jim Ambras는 이렇게 말했다. "내가 함께 일하는 동안 머스크가 가장 후회했던 점은 무어 데이비도우와 거래를 했다는 것입니다. 일론은 어떤 운영 책임도 맡지 못했어요. 그는 CEO가 되고 싶었습니다."

휴렛팩커드 랩스Hewlett-Packard Labs와 실리콘 그래픽스Silicon

Graphics Inc.에서 활동한 앰브라스는 Zip2가 처음으로 투자를 유치해 자금을 손에 넣으면서 영입한 고급 인력의 대표 사례였다. 할리우드에서 인기를 얻는 고급 컴퓨터 제조사인 실리콘 그래픽스는 당시에 전성기를 누리는 기업이었고 실리콘밸리의 일류 괴짜들을 보유하고 있었다. 앰브라스는 인터넷으로 부자가 되게 해주겠다고 약속하면서 실리콘 그래픽스에 근무하는 똑똑한 엔지니어들을 Zip2로 끌어왔다. 앰브라스가 말했다. "실리콘 그래픽스는 우리가 자사의 최고 인재를 쏙쏙 빼내가고 있다는 내용의 항의서를 우리 변호사에게 보냈습니다. 일론은 기가 막히게 잘된 일이라고 생각했어요."

머스크가 독학으로 터득한 코딩 실력은 뛰어났지만 새로 채용한 직원들의 실력만큼 세련되지 않았다. 직원들은 Zip2의 코드를 한 번 보고는 소프트웨어 대부분을 다시 쓰기 시작했다. 머스크는 신입사원들이 몰고 온 변화에 신경을 곤두세웠지만 컴퓨터 과학자들은 머스크가 사용한 코딩 라인 수의 일부만 사용했다. 직원들에게는 소프트웨어 프로젝트를 변경하고 개량할 수 있도록 코드를 여러 덩어리로 나누는 비결이 있었다. 하지만 머스크의 작업에서는 코드 작성법을 독학한 사람들에게서 전형적으로 볼 수 있는 헤어볼hairball, 즉 불가사의한 이유로 복잡하게 뒤엉킬 수 있는 커다란 일체형 코드 덩어리가 나타났다.

또한 엔지니어들은 현실적인 기한과 더욱 세련된 작업 체계를 도입했다. 이는 과도한 기한을 설정하고 그 목표를 달성하도록 엔지니어들을 며칠 동안 쉬지 않고 계속 작업하게 만드는 머스크식 접근 방법에서 벗어난 반가운 변화였다. 앰브라스가 말했다. "어떤 작업을 완성하는 데 시간이 얼마나 걸리느냐고 일론에게 물으면 그의 사전에는 한 시간이 넘는다는 대답 자체가 없었어요. 우리는 일론이 한 시간이라고 말하면 실제로 1~2일 걸린다고 해석했습니다. 일론이 혹시라도 하루 걸린다고 말한다면 그것은 1~2주일을 뜻하는 것이겠죠."

Zip2를 창업하고 그 성장 과정을 지켜보면서 머스크는 자신감을 얻었다. 머스크의 고등학교 친구인 테런스 베니Terence Beney는 캘리포니아에 와서 머스크를 만나고는 그의 성격이 바뀌었다는 사실을 금세 알아챘다. 그는 근처 아파트에 세 들어 사는 어머니를 괴롭히는 고약한 집주인을 만났을 때 머스크가 취하는 태도를 지켜보고 이렇게 말했다. "'사람을 괴롭히려거든 어머니 말고 나를 괴롭히시죠.'라고 말하더군요. 일론이 골치 아픈 상황을 바로잡으려고 발 벗고 나서는 장면을 보고 깜짝 놀랐어요. 가장 최근에 보았던 일론은 이따금씩 분통을 터뜨리고 말과 행동이 어색한 괴짜 아이였는데 말입니다. 어떻게 반응하는지 보려고 사람들이 한 번씩 찔러보고 괴롭히는 아이였어요. 그런데 이제는 자신만만한 데다가 주변 상황을 장악하고 있었어요."

또한 머스크는 다른 사람을 향한 자신의 비판 수위를 조절하기 위해 의식적으로 노력하기 시작했다. "일론은 '나는 당신이 어떤 사람인지 알아. 당신이 무슨 생각을 하고 있는지 알고 있다고.'라고 말하는 종류의 사람이 아니에요. 일론에게는 그런 차원의 사고방식이 존재하지 않아요. 남에게 분명해 보이는 사실이라도 그에게는 그 정도로 분명하지 않았죠. 일론은 스무 살 남짓한 젊은이는 연장자의 계획을 비난하거나 잘못을 낱낱이 지적해서는 안 된다는 사실을 배워야 했어요. 자신의 특정 행동 방식을 고치는 방법을 배워야 했습니다. 그런데도 그가 세상에서 성공할 수 있었던 원동력은 전략과 지력이었다고 생각합니다."

특이한 성격이 성공과 잘 맞아떨어졌다. 여전히 머스크는 작업 요구와 직설적인 비판으로 젊은 엔지니어들을 무섭게 몰아치는 경향이 있었다. "한번은 신제품인 새 자동차 사이트에 대해 토론하는 회의에 참석했죠." Zip2에서 크리에이티브 디렉터로 일한 도리스 다운스Doris Downes는 이렇게 회상했다. "우리가 일어나지 않기를 바랐던 기술 변화에 대해 누군가가 불평을 했습니다. 일론이 그 사람 쪽으로 몸을 돌리더니 '당신이 무엇이라고 생각하든 난 상관 안 합니다.'라고 말하더니 회의실을 나가버렸어요. 일론의 사전에는 '안 된다'라는 단어가 없고 자기 주위에 있는 사람도 모두 그런 태도를 보이기를 기대하죠." 머스크는 고위 중역들에게도 주기적으로 분통을 터뜨렸다. 세일즈맨인 무어가 말했다. "회의실에서 나오는 사람들의 얼굴에서 넌더리 난다는 표정을 읽을 수 있어요. 늘 점잖기만 해서는 일론을 감당할 수 없어요. 일론은 투지와 자신감이 넘치는 사람이거든요."

머스크는 투자가들이 Zip2에 도입한 변화를 수용하려고 애쓰는 한편, 거액의 자금을 유치한 데 따르는 비금전적 혜택의 일부를 누렸다. 자본가들은 머스크 형제가 비자 문제를 해결하도록 도와주었고 자동차 구입 비용으로 각각 3만 달러를 주었다. 머스크와 킴벌은 다 망가진 BMW를 낡은 세단으로 바꾸고 스프레이용 페인트로 물방울 무늬를 그려 넣었다. 킴벌은 BMW 3시리즈를 장만했고 머스크는 재규어 E 타입을 샀다. 킴벌이 말했다. "자동차가 계속 고장 나서 트럭에 실려 사무실에 도착하곤 했어요. 하지만 형은 생각하는 규모가 언제나 컸죠."[8]

어느 주말에는 팀워크를 다지는 뜻에서 머스크와 앰브라스를 비롯해 직원과 친구 몇 명이 산타 크루즈 산맥에 있는 사라토가 갭 트레일Saratoga Gap trail을 통과하는 자전거 여행을 떠났다. 사람들은 대부분 자전거 타기 훈련을 받았고 고생스러운 일정과 여름의 열기

---

8 또한 머스크는 자신의 새 사무실을 어머니인 메이와 아내인 저스틴에게 자랑했다. 메이는 이따금씩 회의에 참석했는데, 한번은 Zip2 지도에 '역방향' 버튼을 추가하는 아이디어를 냈다. 사람들이 여행의 방향을 바꾸게 해주는 이 기능은 결국 모든 지도 제공 서비스에서 인기를 끄는 사양이 되었다.

에 익숙해 있었다. 그들은 맹렬하게 빠른 속도로 정상을 향해 페달을 밟았다. 한 시간 후에 머스크의 사촌인 러스 라이브가 정상에 도달해서 토하기 시작했다. 다른 사람들이 연이어 도착했다. 15분쯤 지나자 머스크의 모습이 보이기 시작했다. 그는 얼굴이 흙빛이 되었고 땀을 비 오듯 흘리면서 결국 정상까지 올라갔다. 앰브라스가 말했다. "나는 그때 자전거 여행에 대해 지금도 생각합니다. 일론은 그 여행을 할 만한 체력 조건을 전혀 갖추지 못했어요. 다른 사람 같으면 그만두거나 자전거에서 내려 걸었을 거예요. 그가 고통스러워서 얼굴이 잔뜩 일그러진 채 마지막 30미터를 오르는 모습을 지켜보면서 '그래, 저것이 바로 일론의 모습이야. 절대 포기하지 않고 죽기 살기로 덤벼들지.'라고 생각했습니다."

머스크는 사무실에서도 늘 에너지가 넘쳤다. 벤처 투자가와 다른 투자가들의 방문을 앞두고 그는 직원들에게 모두 전화 수화기를 붙들고 활기 넘치고 바쁜 분위기를 연출하라고 지시했다. 또한 비디오게임 팀을 결성해 1인칭 슈팅 게임인 퀘이크Quake 시합에 출전시켰다. 머스크가 말했다. "우리는 제1회 전국 토너먼트에 출전했습니다. 우리 회사는 2등을 했어요. 1등을 할 수도 있었는데 대표 선수가 그래픽 카드를 너무 세게 밀어 넣는 바람에 기계가 고장 났어요. 어쨌거나 상금으로 몇 천 달러를 받았습니다."

소킨의 지휘 아래 Zip2는 신문사와 계약을 체결하는 쾌거를 이루었다. 〈뉴욕 타임스〉, 〈나이트 리더Knight Ridder〉, 〈허스트 코프Hearst

Corp.), 기타 미디어 관련 기업이 서비스를 신청했다. 일부 기업은 Zip2에 추가 자금으로 5,000만 달러를 제공했다. 항목별 안내광고 서비스를 온라인으로 무상 제공하는 크레이그스리스트Craigslist 같은 사이트가 나타나면서 신문사들은 대책을 세워야 할 필요성을 느끼고 있었다. 앰브라스가 말했다. "신문사들은 인터넷 때문에 곤경에 빠졌다는 사실을 알고 있었으므로 이를 계기로 많은 출판사와 서비스 제공 계약을 맺자고 결정했습니다. 신문사들은 부동산·자동차·오락 분야의 항목별 안내광고와 목록을 원했고, 이 모든 온라인 서비스를 제공하는 플랫폼으로 우리 회사를 사용할 수 있었습니다." Zip2는 '우리는 언론에 힘을 실어줍니다'라는 슬로건으로 상표권을 등록했고 현금이 유입되면서 빠르게 성장했다. 곧 회사가 직원들로 붐벼서 책상을 여성용 화장실 바로 앞에 놓는 지경까지 이르렀다. 1997년에는 마운틴 뷰Mountain View 지역의 카스트로 스트리트Castro Street 444번지에 있는 화려하고 넓은 장소로 이사했다.

머스크는 Zip2가 신문사의 뒤치다꺼리를 해주고 있다는 사실에 심기가 불편했다. 그는 Zip2가 흥미진진한 서비스를 고객에게 직접 제공할 수 있다고 믿었다. 그래서 자사를 소비자 수신지로 바꾸겠다는 희망을 품고 시티닷컴city.com이라는 도메인 이름을 사들이자고 촉구했다. 하지만 소킨과 이사회는 미디어 기업에서 들어오는 돈에 구미가 당겼으므로 보수적 입장을 고수하며 소비자용으로 방향을 바꾸는 것에 우려를 나타냈다.

1998년 4월 Zip2는 거래 가치가 3억 달러에 이르는 대형 거래를 성사시켜 주요 경쟁사인 시티서치CitySearch와 합병한다고 발표했다. 새로 세워질 회사는 '시티서치'라는 회사 이름을 유지하고 소킨이 지휘할 예정이었다. 신문 기사에 따르면 두 회사가 같은 비중으로 합병하는 것으로 보였다. 시티서치는 전국 도시의 생활 정보를 담은 광범위한 디렉토리를 이미 구축해놓았다. 또한 막강한 세일즈 팀과 마케팅 팀을 보유해 Zip2의 유능한 엔지니어들과 만나면 시너지 효과를 발휘할 것 같았다. 합병은 언론에 이미 발표되었고 돌이킬 수 없는 결정 같았다.

발표 이후에 여러 의견이 터져 나왔다. 합병이 결정되면 일반적으로 각자 자사의 회계장부를 검토하면서 역할이 겹치는 것을 막기 위해 어떤 직원을 해고해야 할지 결정하기 마련이다. 이러한 과정에서 시티서치가 자본가에게 얼마나 정직했는지를 둘러싼 몇 가지 의문이 제기되었다. 그리고 새로 생기는 회사에서 자신의 지위가 낮아지거나 없어진다는 사실을 감지한 Zip2의 일부 중역들은 초조해졌다. 소킨은 합병을 밀어붙이자고 주장했지만 Zip2 내부에서는 합병을 포기해야 한다는 목소리가 나왔다. 초반부터 거래에 찬성한 소킨은 합병을 거부하는 움직임에 반대했다.

1998년 5월, 두 회사는 합병을 취소했고 언론은 이를 맹렬하게 비난하면서 엄청난 소음을 일으켰다. 머스크는 Zip2 이사진에게 소킨을 내보내고 자신을 CEO로 복귀시켜달라고 요청했다. 하지만 이

사진은 머스크의 요구를 거절했다. 머스크는 이사회 의장 자리까지 잃었고 소킨의 자리는 무어 데이비도우 소속 벤처 투자가인 데릭 프라우디안으로 대체되었다. 일련의 사건을 거치면서 머스크의 행동이 몹시 거칠었다고 생각한 소킨은 나중에 이사회의 반응과 머스크의 갈등을 지켜보면서 이사진도 자신과 같이 느꼈다는 증거라고 지적했다. 프라우디안이 말했다. "반발과 비난이 쏟아졌습니다. 일론은 CEO가 되고 싶었죠. 하지만 나는 '당신이 처음 세운 회사입니다. 그러니 사업자를 찾아 돈을 법시다. 그러면 제2, 제3, 제4의 회사를 세울 수 있습니다.'라고 설득했어요."

Zip2는 합병 거래가 무산되고 궁지에 몰렸다는 사실을 깨달았다. 자본이 잠식당하고 있었다. 머스크는 여전히 소비자가 중심인 서비스를 제공하고 싶어 했지만 프라우디안은 자본이 지나치게 많이 들어갈까봐 겁을 냈다. 마이크로소프트가 같은 시장에 뛰어들었고, 지도 서비스를 제공하고 부동산과 자동차 분야에 대한 아이디어로 무장한 신생 기업이 크게 늘어났다. Zip2 소속 엔지니어들은 사기가 떨어졌고 경쟁에서 추월당할까봐 걱정했다. 1999년 2월 PC 제작사인 컴팩Compaq 컴퓨터가 뜻밖에도 Zip2의 매입 금액으로 현금 3억 700만 달러를 내겠다고 제의했다. "정말 횡재였어요." 당시 Zip2에서 중역으로 활동한 에드 호Ed Ho가 말했다. Zip2 이사회는 제안을 받아들였고 회사는 팰로 앨토에 있는 한 음식점을 빌려 성대한 파티를 열었다.

무어 데이비도우는 원래 투자금의 20배에 이르는 돈을 벌었고 머스크와 킴벌은 각각 2,200만 달러와 1,500만 달러를 받고 떠났다.

머스크는 컴팩 근처에 머무를 생각이 전혀 없었다. 프라우디안이 말했다. "회사가 매각되리라는 사실이 분명해지기 무섭게 일론은 다음 프로젝트에 매달렸습니다." 그때부터 머스크는 죽 자신이 세운 회사의 지배권을 유지하고 CEO로 남아 있기 위해 투쟁했다. 킴벌이 말했다. "우리는 회사를 경영하기가 벅찼고 그 사람들은 경영에 대해 틀림없이 제대로 알고 있으리라 생각했습니다. 하지만 그렇지 않았어요. 일단 자리를 차지하고 나면 비전이 온데간데없이 사라졌습니다. 그들이 투자자니까 우리는 그들과 사이좋게 지냈지만 그 순간부터 비전은 사라지고 말더군요."

몇 년이 지나 Zip2를 둘러싸고 벌어졌던 상황을 되짚어본 머스크는 자신이 직원들과 힘을 모아 일부 상황에 좀 더 잘 대처할 수도 있었다는 사실을 깨달았다. 머스크가 말했다. "나는 과거에 한 번도 팀을 이끌어본 적이 없습니다. 운동에서 주장을 해본 적도 없고 누구하나 거느려본 경험이 없었어요. 그래서 팀 운영에 영향을 미치는 요소가 무엇인지 생각해야 했습니다. 가장 먼저 분명하게 떠오르는 가정은 다른 사람이 나처럼 행동하리라는 것이었어요. 하지만 그 가정은 옳지 않아요. 다른 사람이 나처럼 행동하고 싶다 하더라도 내 마음속에 있는 정보나 가정을 모두 알고 있지 않으니까요. 그래서 내가 특정 정보를 습득하고 내 복제 인간에게 그 정보의 반만 알려준다면 복제 인간이 나와 같은 결론을 내리리라고 기대할 수 없습니다. 그러니 아는 정보가 한정되어 있는 상태에서 '다른 사람에게 이 말이 어떻게 들릴까?'라고 자문해야 합니다."

아침에 출근한 Zip2 직원들은 머스크가 어떤 언질도 주지 않고 자신의 업무를 밤새 바꾸어놓았다는 사실을 발견하곤 했다. 게다가 머스크의 공격적인 태도는 득보다 실이 많았다. 머스크가 말했다. "맞습니다. Zip2에는 매우 유능한 소프트웨어 엔지니어들이 있었어요. 하지만 내 코딩 실력이 그들보다 훨씬 좋았습니다. 나는 그저 뛰어들어 그들이 작성해놓은 망할 놈의 코드를 고쳐놓았을 뿐이에요. 나는 엔지니어들이 일을 마칠 때까지 기다리는 데 진저리가 나서 직접 코드를 수정했어요. 그랬더니 성능이 다섯 배나 빨라졌죠. 하루는 엔지니어 하나가 칠판에 양자역학 방정식을 잘못 써놓았더라고요. 그래서 '어떻게 저런 식으로 쓸 수 있느냐?'라고 묻고는 고쳐주었어요. 그때 이후로 그 엔지니어는 나를 끔찍이 싫어했습니다. 그래서 깨달았죠. '내가 잘못을 바로잡았을지는 모르지만 그 사람을 비생산적으로 만들고 말았구나.'라고 말입니다. 상황을 제대로 다루는 방법이 아니었던 겁니다."

닷컴의 물결을 타려고 노력한 머스크는 실력도 뛰어났고 운도 따랐다. 훌륭한 아이디어를 떠올렸고 그것을 진짜 서비스로 바꾸며 닷컴 열풍에서 재산을 거머쥐었다. 그러나 그 과정은 고통스러웠다. 머스크는 리더가 되기를 열망했지만 주위 사람들은 그가 CEO로서 제대로 일할 수 있을지 걱정했다. 하지만 머스크에 관한 한 그들의 생각은 전부 틀렸다. 그는 스스로 훨씬 극적인 결과를 거둘 수 있다는 사실을 입증하기 위한 작업에 힘차게 착수했다.

ELON—

MUSK

제5장

실리콘밸리의 주역,
페이팔 마피아

머스크에게 쏟아지는 비난은 그가 거둔 실적과 대비해 평가해야 한다. 그는 소비자를 대상으로 한 웹을 시작하면서 사람들의 생각과 기술 트렌드를 읽는 데 타고난 능력을 보였다. 다른 사람들이 인터넷의 영향력을 제대로 파악하지 못할 때 이미 목표를 세우고 시장을 공략하기 시작했다. 기업 시장에 초점을 맞춘 사이트 · 지도 · 디렉토리 등 나중에 웹의 중심이 되는 초기 기술을 상상하고 실현했다. 소비자가 아마존닷컴과 이베이에서 편리하게 물건을 사게 되었듯, 머스크는 성숙한 인터넷 뱅킹을 향해 커다란 도약을 이루었다. 그는 표준 금융 도구를 온라인에 도입하고 여러 가지 신개념으로 은행 산업을 현대화했다. 인간 본질에 대한 깊은 통찰을 보여준 덕택에 그가 세운 기업은 마케팅 · 기술 · 금융 분야에서 탁월한 성과를 거둘 수 있었다. 그는 이미 최고 수준의 사업 수완을 발휘했고 언론과 투자가들을 탁월하게 움직였다.

ELON
MUSK

Zip2의 매각 사태를 겪으며 일론 머스크는 새로운 종류의
자신감을 얻었다. 좋아하는 비디오게임의 캐릭터처럼 레벨이 올라
간 것이다. 스스로 실리콘밸리에 해답을 제시했고 당시 모든 사람들
이 열망하던 닷컴 백만장자가 되었다. 그러므로 다음에 추진할 사업
은 급속도로 팽창한 야망을 충족할 수 있어야 했다. 머스크는 엄청나
게 많은 돈이 널려 있으면서도 비효율적이어서 인터넷을 이용해 문
제를 해결할 수 있는 산업 분야를 물색했다. 우선 노바 스코티아 은

행에서 보냈던 인턴 시절을 돌아보았다. 인턴으로 일하며 얻은 커다란 수확은 은행가들이 부유한 동시에 어리석다는 깨달음이었다. 그는 이 사실을 이용하면 대단한 기회를 잡을 수 있으리라는 예감이 들었다. 1990년대 초 노바 스코티아 은행의 전략 책임자 밑에서 일한 머스크는 자사가 운용하는 제3세계 부채의 포트폴리오를 검토하라는 지시를 받았다. 해당 은행은 수십 억 달러의 자금을 '개발도상국 부채'라는 우울한 이름으로 운용했다. 남아메리카와 기타 지역의 국가들은 여러 해 전부터 채무 불이행 상태에 빠져 있었으므로 은행은 일부 채무를 상각 처리해야 했다. 상사는 업무도 가르칠 겸해서 머스크에게 은행의 자산을 조사해 부채의 실질적 가치를 평가하라고 지시했다.

이 프로젝트를 수행하는 동안 머스크는 우연히 확실해 보이는 사업 기회를 발견했다. 미국은 브레디 채권Brady bonds으로 많은 개발도상국의 부채 부담을 덜어주려고 했다. 처음부터 미국 정부가 브라질과 아르헨티나 같은 국가의 부채를 지원해주려고 만든 채권이었다. 여기서 머스크는 중개 역할에 주목했다. "실제 채권은 1달러당 25센트에 거래되는 데 반해 정부는 1달러당 약 50센트를 지원해주었어요. 사상 최대의 사업 기회였는데 제대로 알고 있는 사람이 없는 것 같았습니다." 머스크는 흥분을 가라앉히려고 애쓰면서 자신이 포착한 상황을 조사해볼 요량으로 당시 해당 시장을 주도하던 골드만 삭스Goldman Sachs에 전화를 걸었다. 우선 브라질 부채를 1달러당

25센트에 살 수 있는지 물었다. "전화를 받은 사람이 매입 물량을 묻더군요. 나는 100억 달러라고 터무니없는 금액을 불렀죠." 가능하다는 확답을 듣고 머스크는 전화를 끊었다. "돈을 두 배로 불릴 수 있는 기회인데 그들이 제정신이 아니라고 생각했습니다. 게다가 채권은 미국 정부가 지급을 보장했거든요. 별로 머리를 굴리지 않아도 쉽게 알 수 있었던 사실이에요."

머스크는 여름에 시급 14달러를 받으며 인턴으로 일하다가 중역 전용 커피 기계를 사용했다는 이유로 야단을 맞기도 했지만, 자신의 능력이 빛을 발해 거금을 벌 수 있는 기회를 잡았다고 생각했다. 그래서 상사의 사무실로 뛰어 올라가 수십 억 달러를 쉽게 벌 수 있는 일생일대의 사업 기회가 생겼다고 열변을 토했다. 상사는 머스크가 작성한 보고서를 은행 CEO에게 즉시 전달했다. 하지만 CEO는 과거에 브라질과 아르헨티나의 부채 때문에 곤경에 빠진 적이 있었으므로 더 이상 엮이고 싶지 않다면서 제안을 물리쳤다. 머스크는 이렇게 회상했다. "내 보고서가 주장하는 요점은 그것이 아니라고 설득했습니다. 중요한 점은 미국 정부가 보증을 선다는 사실이었거든요. 남아메리카 사람들이 무슨 짓을 하든 무슨 상관이겠어요? 미국 재무부가 채무 불이행 상태에 빠지지 않는 한 잃을 것이 전혀 없었습니다. 그런데도 은행가들은 자기주장을 굽히지 않았고 나는 기가 막혔습니다. 나중에 사회생활을 하며 은행과 경쟁할 때 이따금씩 당시 기억을 되짚어보면 자신감이 생겼어요. 은행가는 다른 사람들이

하는 대로만 하거든요. 다른 사람들이 천 길 낭떠러지에서 뛰어내려도 똑같이 그렇게 할 사람들이죠. 방 한가운데에 엄청나게 큰 금덩어리가 있는데 아무도 집지 않으면 자기도 덩달아 거들떠보지 않을 겁니다."

그 후 머스크는 인터넷 은행을 설립하는 아이디어를 떠올렸고 1995년 피너클 연구소에서 인턴으로 일할 때 공개적으로 제안했다. 앞으로 금융계는 틀림없이 온라인 시스템을 구축하는 방향으로 나아간다고 주장했지만, 과학자들은 소비자가 신뢰할 정도로 웹사이트의 보안이 안정되려면 오랜 시간이 걸릴 것이라면서 머스크의 제안을 일축했다. 하지만 머스크는 금융 산업에서도 주요 업그레이드를 거치면 온라인 시스템을 구축할 수 있을뿐더러 상대적으로 투자를 적게 하고도 은행업에 커다란 영향을 미칠 수 있다는 신념을 굽히지 않았다. 머스크는 2003년 스탠퍼드 대학교에서 실시한 연설에서 자신의 신념을 밝혔다. "돈은 대역폭이 좁습니다. 돈으로 일을 처리하려고 기반 구조를 거창하게 향상시킬 필요가 없어요. 그저 데이터베이스에 들어갈 수 있으면 됩니다."

머스크가 세운 실질적 계획은 정말 대단했다. 피너클 소속 연구원들이 지적했듯 소비자는 온라인으로 책을 사는 것에 난색을 보였다. 모험 삼아 신용카드 번호를 입력할 수 있지만 자신의 은행 계좌 번호를 웹에 노출시키는 것에 기겁하는 사람이 많았다. 대중의 미지근한 반응에도 아랑곳하지 않고 머스크는 중개 서비스와 보험은 물론 저축예금 계좌와 당좌예금 계좌 등 온라인 금융 서비스를 포괄적으로 제공하는 기업을 세우고 싶었다. 기술적으로 이러한 서비스를 구축할 수 있지만 아무 기반도 없이 규제를 포함해 복잡한 문제를 극복하고 온라인 은행을 설립하는 행위는 낙천주의자들이 보기에도 난제였고, 냉정한 시각으로 상황을 판단하는 사람들이 생각하기에는 불가능했다. 이는 피자 가게를 찾아가는 방향을 알려주거나 매물로 나온 주택을 열거하는 수준의 서비스와는 차원이 달랐다. 사람들의 돈을 다루어야 하므로 요금 청구 내역대로 서비스가 작동하지 않는 순간 엄청난 파문이 일어날 것이었다.

어려운 상황에도 의연한 머스크는 Zip2를 매각하기도 전에 새 사업 계획을 추진하기 시작했다. 우선 앞으로 진행할 사업에 합류할 의향이 있는 사람을 파악하기 위해 Zip2에 근무하는 최고 엔지니어 몇 명과 이야기를 나누었다. 캐나다에 있는 은행에서 만난 적 있는 몇 사람에게도 운을 띄웠다. 1999년 1월 Zip2 이사회가 인수자를 물색하는 동안 머스크는 은행업 창업 계획을 구체화하기 시작했다. 다음 달 Zip2 이사회는 컴팩 컴퓨터와 인수 협정을 체결했다고 발표했다. 머스크는 그해 3월 회사 이름이 포르노 영화 제목 같은 금융 신생 기업 엑스닷컴x.com을 설립했다.

머스크가 캐나다인 배낭 여행자에서 스물일곱 살의 나이로 갑부가 되기까지 10년도 걸리지 않았다. 회사 매각 대금으로 2,200만 달러를 거머쥔 머스크는 세 사람이 함께 살았던 생활을 청산하고

167제곱미터짜리 아파트를 사서 수리했다. 또한 100만 달러짜리 맥라렌McLaren F1 스포츠카를 사고 소형 프로펠러 비행기를 구입해 조종술을 익혔다. 닷컴열풍을 타고 갑부로 부상하면서 뒤따라온 유명세도 즐겼다. 머스크는 자신이 산 스포츠카를 인도받는 장면을 찍으려는 CNN 촬영 팀에게 아침 7시 자신의 아파트를 공개했다. 그는 바퀴가 18개인 검은색 카 캐리어가 집 앞에 정차해 매끈하고 광택이 번쩍이는 은색 스포츠카를 내려놓는 광경을 팔짱을 끼고 입을 헤 벌린 채 지켜보았다. 머스크는 CNN 측에 이렇게 말했다. "이 세상에 맥라렌은 단 62대뿐인데 그중에 하나가 내 겁니다. 이 자동차가 눈앞에 있다니 믿을 수가 없어요. 우아! 정말 멋져요."

CNN은 머스크와 인터뷰하는 막간에 자동차 인도 장면을 끼워넣었다. 머스크는 크게 성공한 엔지니어의 상징처럼 보였다. 머리숱은 이미 적어지기 시작했고 바싹 자른 헤어스타일이 소년 같은 얼굴을 돋보이게 했다. 과하게 큰 갈색 스포츠 외투를 입고 호화로운 자동차 안에서 멋진 여자 친구 저스틴 옆에 앉아 휴대전화를 들여다보는 머스크의 표정은 넋이 나간 것만 같았다. 머스크는 부자들이 할 법한 황당한 말을 쏟아냈다. Zip2의 매각 결정에 대해서는 "현금은 현금이죠. 그냥 벤저민 프랭클린이 박힌 종이를 많이 받았을 뿐이에요."라고 말했다. 자기 삶에 일어난 엄청난 사건에 대해서는 "세상에서 가장 빠른 차가 여기 내 눈앞에 있지 않습니까?"라는 말로 대답을 대신하면서 엄청난 야망을 밝혔다. "바하마에 있는 섬 하나를 사서 개인 영지로 만들 수도 있었습니다. 하지만 나는 기업을 창업하고 발전시키는 일에 훨씬 관심이 많습니다." 자신감이 넘쳤던 머스크는 엑스닷컴 사무실까지 따라간 촬영 팀에게 듣기에도 민망한 말을 더 쏟아냈다. "나는 은행가의 틀에는 맞지 않아요.", "전화만 여러 통 하면 5,000만 달러의 자금은 쉽게 유치할 수 있습니다.", "나는 엑스닷컴이 수십 억 달러를 벌어줄 노다지가 될 것이라고 생각합니다."

플로리다에 있는 판매상에게 맥라렌을 산 머스크는 사실상 구입 문의를 했던 랄프 로렌Ralph Lauren보다 한발 앞서 맥라렌을 차지했다. 로렌처럼 대부호도 맥라렌 같은 고급 차는 평소에 아껴두었다가 특별한 행사가 있거나 기분 전환하려고 이따금씩 일요일에만 탄다. 하지만 머스크는 달랐다. 그는 맥라렌을 몰고 실리콘밸리 일대를 돌아다니고 엑스닷컴 사무실 옆의 거리에 주차했다. 친구들은 맥라렌 같은 예술 작품이 새똥 세례를 받거나 슈퍼마켓 주차장에 버젓이 서 있는 모습을 보고 기겁했다.

어느 날 머스크는 소프트웨어 전문 기업 오라클Oracle를 공동 설립한 억만장자로 역시 맥라렌을 가지고 있는 래리 엘리슨Larry Ellison에게 불쑥 이메일을 보내 재미 삼아 자동차경주를 하자고 제의했다. 빠른 물건을 좋아하는 억만장자 짐 클라크Jim Clark는 낌새를 채고는 친구에게 근처 페라리Ferrari 판매점에 가서 머스크의 자동차에 필적할 만한 자동차를 사야겠다고 말하기도 했다. 머스크는 그길로 거물들이 모인 클럽에 가입했다. 벤처 투자가이자 절친한 친구인 조지 재커리George Zachary는 "일론은 엄청나게 흥분해서는 래리와 주고받은 이메일을 내게 보여주었어요."라고 전했다. 다음 해 머스크는 투자가를 만나기 위해 샌드 힐 로드Sand Hill Road로 차를 몰고 가다가 조수석에 앉아 있는 친구에게 "잘 봐."라고 말했다. 그러고는 액셀러레이터를 힘껏 밟으며 차선을 바꾸어 자동차를 힘차게 회전시켰다가 둑에 갖다 박았다. 자동차는 프리스비플라스틱으로 만든 원반마냥 공중에서 빙그르 돌기 시작했다. 창문과 바퀴는 산산조각 나서 흩어졌고 차체는 찌그러졌다. 머스크는 친구 쪽으로 상체를 기울이면서 "자동차보험도 들지 않았더니 더 짜릿한걸!"이라고 말했다. 이내 두 사람은 지나가는 자동차를 얻어 타고 벤처 투자가의 사무실로 향했다.

이런 한량의 모습은 머스크의 일부에 불과했다. 그는 Zip2를 매각해 벌어들인 재산의 대부분을 엑스닷컴에 투자했다. 여기에는 실용적 이유도 있었다. 뜻밖에 벌어들인 소득을 두 달 안에 새로운 사업에 투자하면 세금을 감면받을 수 있기 때문이다. 하지만 위험을 무릅쓰는 성향이 강한 실리콘밸리의 기준으로도 새로 벌어들인 많은 재산을 온라인 은행업처럼 미래가 불확실한 사업에 투자하는 것은 충격 자체였다. 사람들은 이구동성으로 머스크가 세금을 낸 후 개인적 용도로 사용할 약 400만 달러를 제외한 나머지 약 1,200만 달러를 엑스닷컴에 투자했다고 말했다. 과거 Zip2의 중역이었다가 엑스닷컴을 공동 설립한 에드 호는 이렇게 설명했다. "이것이 일론과 일반 중생이 다른 점입니다. 일론은 개인적으로 거의 미친 정도의 위험을 흔쾌히 무릅쓰거든요. 그렇게 사업하면 제대로 결실을 맺든지 쪽박을 차겠죠."

머스크가 엑스닷컴에 거액을 투자하겠다고 결정한 것은 속사정을 알고 나면 훨씬 특이한 행보였다. 1999년 닷컴 사업에서 성공한 사람들은 자기 능력을 증명해 획득한 돈을 몰래 숨겨두고 신용을 발판으로 투자가를 설득해 다음 사업에 투자하게 했다. 머스크도 계속 외부 투자가의 투자에 의존해 사업을 벌였지만 그는 자신의 돈도 집어넣었다. 따라서 머스크가 텔레비전 프로그램에 출연해 자아도취에 빠진 여느 닷컴 괴짜처럼 말하더라도 행동만큼은 실리콘밸리 시절 초기에 인텔 같은 회사를 설립하고 그 미래에 전력 질주한 설립자들에 가까웠다.

Zip2가 깔끔하고 유용한 아이디어를 바탕으로 운영되었다면 엑스닷컴은 중대한 혁신을 일으킬 조짐을 보였다. 머스크는 은행업에서 활동하는 인물들을 뒤흔들어놓기를 바라면서, 재력과 견고한 지위를 동시에 구비한 산업에 난생처음으로 정면 도전할 작정이었다. 또한 매우 복잡한 은행업에 진출하면서 업계의 미묘한 분위기를 모른다는 사실에도 전혀 위축되지 않고 특유의 사업 방식을 연마하기 시작했다. 머스크는 은행가들이 금융 관련 업무를 잘못 수행하고 있으며 자신이 누구보다 은행업을 잘 경영할 수 있을 거라는 생각이 들었다. 이렇게 강인한 자아와 자신감으로 무장한 머스크를 보면서 영감을 받는 사람도 있었고, 거드름 피우고 제멋대로라고 생각하는 사람도 있었다. 엑스닷컴을 설립하면서 궁극적으로는 머스크의 창의성, 뒤를 돌아보지 않는 맹렬한 추진력, 대립을 일삼는 태도, 리더로서 사소한 결점 등이 드러났다. 또한 자신이 설립한 회사에서 쫓겨나 원대한 꿈을 이루지 못하고 발길을 돌리는 고통을 앞으로도 겪을 것이었다.

엑스닷컴을 출범하기 위해 머스크는 촉망 받는 인재를 불러 모았다. 에드 호는 실리콘 그래픽스와 Zip2에서 엔지니어로 일했으며 능력이 탁월해 동료들의 감탄을 샀다. 금융계에서 경험을 쌓은 두 명의 캐나다인 해리스 프릭커Harris Fricker와 크리스토퍼 페인Christopher Payne도 합류했다. 노바 스코티아 은행에서 인턴으로 일할 때 만난 프릭커와 머스크는 죽이 정말 잘 맞았다. 로즈 장학생Rhodes Scholar, 영국 옥스퍼드 대학교에 다니는 미국, 독일, 영연방 공화국 출신 학생에게 주는 로즈 장학금을 받는 학생이었던 프릭커는 엑스닷컴에 필요한 은행업 역학에 대한 지식을 공급했다. 페인은 캐나다 금융 업계 출신으로 프릭커의 친구였다. 이렇게 네 사람이 엑스닷컴을 공동 설립했고 머스크는 거액을 투자한 덕택에 최대 주주가 되었다. 실리콘밸리에서 출발한 많은 사업이 그렇듯 엑스닷컴은 처음에는 공동 설립자들이 아이디어를 모았던 집을 발판으로 팰로 앨토의 유니버시티 애비뉴 394번지에 있는 사무실로 터전을 옮겼다.

엑스닷컴의 공동 설립자들은 은행 산업이 시대에 뒤떨어졌다는 인식에 전적으로 동의했다. 인터넷이 이미 상륙한 마당에 지점을 직접 찾아가 은행 업무를 보는 것은 상당히 구식으로 보였다. 네 사람은 창업 아이디어에 열광했고 주장도 설득력이 있었다. 유일하게 그들을 가로막는 장벽은 현실이었다. 머스크가 은행업계에서 쌓은 경험은 미미했고 지식도 내부 작용을 파악하려고 관련 서적을 사서 읽은 정도였다. 공동 설립자들은 사업 계획을 세울수록 온라인 은행의 설립을 차단하는 규제의 장벽을 넘기 힘들다고 느꼈다. 에드 호는 "서너 달이 지나면서 양파가 껍질을 벗듯 문제가 드러나기 시작했습니다."라고 회상했다.[9]

창업 초기부터 설립자들의 성격이 충돌하는 사태도 벌어졌다. 당시 머스크는 실리콘밸리의 떠오르는 스타로 언론의 집중 세례를 받았다. 이 점이 프릭커와 잘 맞지 않았다. 캐나다 출신인 프릭커는 엑스닷컴을 발판 삼아 은행업계의 거물로 세상에 이름을 떨치고 싶었다. 여러 사람의 말을 들어보더라도 그는 직접, 그것도 좀 더 전통적 방식으로 엑스닷컴을 경영하고 싶었다. 그는 엑스닷컴이 사업을 추진하는 데 고전을 면하지 못하는 상황에서 머스크가 은행업 전체의 운영 방식을 재고해야 한다고 언론에 사변적 발언을 흘리는 것은 어리석다고 생각했다. 프릭커는 이렇게 말했다. "우리는 언론에 태

---

9 어느 시점에 이르자 설립자들은 은행을 인수해 시스템을 구축하면 문제를 가장 손쉽게 해결할 수 있다고 생각했다. 그런데 이 방법이 여의치 않자 뱅크 오브 아메리카에 근무하는 고위 회계 담당자를 영입해 대출을 제공하고 송금하고 계좌를 보호하는 복잡한 은행 업무에 대해 고통스러울 정도로 자세하게 배웠다.

양과 달과 별을 약속하며 사업을 시작했어요. 일론은 은행 산업에 정상적 사업 환경이 조성되어 있지 않으며 일반적 사고로 사업에 접근해서는 안 된다고 주장했습니다. '언덕 위에 있는 행복한 가스 공장이 골짜기로 가스를 내뿜고 있습니다.'라고 발언하기도 했어요." 프릭커만 제품을 과대 선전하고 대중을 농락한다고 머스크를 비난하는 것만은 아닐 것이다. 설사 그것이 머스크의 결점인지 훌륭한 사업가적 재능인지는 토론해볼 여지가 있더라도 말이다.

프릭커와 머스크의 언쟁은 단기간에 고약하게 끝나버렸다. 엑스닷컴이 출범하고 불과 5개월 만에 프릭커가 반란을 일으켰기 때문이다. 이에 대해 머스크는 이렇게 해명했다. "프릭커는 자기에게 CEO 자리를 주고 경영을 맡기지 않으면 회사에서 직원을 모두 빼내 새로 창업하겠다고 말했습니다. 나는 협박을 능숙하게 다루지 못합니다. 그래서 '그렇게 하시죠.'라고 받아쳤죠. 그랬더니 정말 그렇게 하더군요." 그렇게 에드 호와 주요 엔지니어 몇 명이 머스크의 만류를 뿌리치고 프릭커와 함께 회사를 떠났다. 결과적으로 머스크에게 남은 것은 허울뿐인 회사와 충직한 직원 몇 명이었다. 초창기 엑스닷컴 직원으로 당시 회사에 남았던 줄리 안켄브랜트Julie Ankenbrandt는 이렇게 회상했다. "모든 사태가 터지고 나서 일론과 함께 그의 사무실에 앉아 있었던 기억이 나네요. 엑스닷컴 같은 회사가 생겨나지 못하게 막는 법이 수도 없이 많았습니다. 하지만 일론은 조금도 개의치 않았어요. 그저 나를 보면서 사람들을 좀 더 채용해야겠다고 말했습니다."[10] 머스크는 엑스닷컴을 운영할 자금을 마련하려고 벤처 투자가들을 찾아가 이제 회사라고 할 만한 형태가 그다지 남지 않았다고 털어놓았다. 세콰이어 캐피탈Sequoia Capital 소속의 유명한 투자가 마이크 모리츠Mike Moritz는 그런 상황에서도 엑스닷컴에 자금을 지원했다. 머스크는 다시 한 번 실리콘밸리를 발판으로 인터넷 뱅킹의 미래에 대해 열광적으로 연설하면서 엔지니어를 끌어모았다. 머스크의 비전에 공감한 젊은 컴퓨터 과학자 스콧 앤더슨Scott Anderson은 프릭커와 직원들이 대거 회사를 떠난 직후 1999년 8월 1일 엑스닷컴에 합류했다. 앤더슨은 "뒤돌아보면 완전히 정신 나간 짓이었습니다. 웹사이트가 꼭 할리우드 영화 촬영장 같았어요. 벤처 투자가들의 심사를 가까스로 통과할 수 있었죠."라고 말했다.

시간이 지나면서 엑스닷컴은 엔지니어를 더 채용했고 비전은 현실성을 갖추어갔다. 은행 영업 허가를 취득했고, 뮤추얼 펀드를 운

---

10 프릭커는 CEO직을 간절히 맡고 싶었지만 그런 심정을 솔직히 말하지 않았다. 오히려 머스크가 사업을 제대로 수행하지 못하므로 그의 CEO직을 넘겨받으라고 다른 직원이 자기에게 촉구했다고 주장했다. 한때 절친한 친구였던 프릭커와 머스크는 서로 소원해졌다. 프릭커는 머스크에 대해 "일론은 윤리와 명예를 생각하는 나름의 기준이 있고 사업을 극도로 세차게 밀어붙입니다."라고 말했다. 반면에 머스크는 프릭커에 대해 "해리스에게 사업은 전쟁입니다. 그는 매우 똑똑하지만 마음 씀씀이가 좋다고 생각하지 않습니다. 무엇보다 사업을 스스로 주도하려는 욕망이 강렬했고 회사를 우스꽝스러운 방향으로 이끌고 싶어 했어요."라고 말했다. 프릭커는 캐나다 금융 서비스 회사인 GMP 컴퍼니의 CEO직을 맡아 성공적으로 업무를 수행했고 페인은 토론토에서 사모 펀드 회사를 설립했다.

용하는 인가를 받았으며, 영국계 은행 버클레이Barclays와 협력 관계를 맺었다. 그해 11월로 접어들자 엑스닷컴의 소형 소프트웨어 팀은 은행 계좌를 보호해주는 FDIC 보험과 투자가가 선택할 수 있는 세 종류의 뮤추얼 펀드를 갖춘 세계 최초의 온라인 은행을 설립했다. 머스크는 엔지니어들에게 서비스를 시험 가동해보라고 지시하면서 자기 주머니에서 10만 달러를 내주었다. 1999년 추수감사절 전날 밤 엑스닷컴은 대중에게 서비스를 가동할 준비를 갖추었다. 앤더슨은 "나는 새벽 2시까지 사무실에 있었습니다. 그러다가 추수감사절을 보내려고 집으로 갔어요. 몇 시간 지나자 사무실로 출근하라는 일론의 전화를 받고 몇몇 엔지니어들과 업무를 교대했습니다. 일론은 꼬박 48시간 동안 사무실을 떠나지 않으면서 서비스가 정상 가동하는지 확인했어요."

엑스닷컴은 머스크의 지시에 따라 몇 가지 혁신적인 뱅킹 개념을 시도했다. 서비스를 사용하겠다고 신청한 고객에게는 20달러짜리 현금카드를 주고, 다른 고객을 소개할 때마다 10달러짜리 현금카드를 주었다. 사소한 수수료와 과다 인출 수수료를 없앴으며 매우 현대적 개념을 도입해 이메일 주소를 사이트에 연결하기만 해도 다른 사람에게 송금할 수 있는 지명 결제 시스템을 구축했다. 여기에 담긴 개념은 중앙 컴퓨터를 사용해 지불을 결제하는 데 며칠씩 걸리는 굼뜬 은행 서비스에서 벗어나 마우스를 몇 번만 클릭하거나 이메일을 사용해 송금할 수 있는 신속한 은행 서비스를 창출하는 것이었다. 혁신적인 개념 덕분에 서비스를 가동한 지 두 달 만에 가입자는 20만 명을 넘어섰다.

곧 엑스닷컴에게 강력한 경쟁자가 나타났다. 똑똑한 두 젊은이 맥스 레브친Max Levchin과 피터 티엘은 신생 기업 콘피니티Confinity를 창업하고 고유의 결제 시스템을 개발하고 있었다. 엑스닷컴에게 사무실 공간을 임대한 두 사람은 포켓용 컴퓨터 팜 파일럿Palm Pilot의 사용자가 장비에 장착된 적외선 포트를 통해 돈을 교환할 수 있는 방법을 찾으려고 노력했다. 엑스닷컴과 콘피니티가 들어서 있는 작은 공간은 인터넷 금융 혁신의 열광적 진원지였다. 안켄브랜트는 "10대 청년들이 모여 정말 열심히 일했습니다. 그런데 냄새가 장난이 아니었어요. 먹다 남은 피자에서 퍼지는 냄새, 몸에서 나는 냄새, 땀이 뒤엉킨 냄새가 아직도 코에 아른거립니다."라고 회상했다.

엑스닷컴과 콘피니티에 형성된 우호 관계는 갑작스럽게 막을 내렸다. 콘피니티 설립자들은 근처에 다른 사무실을 얻어 나가서 페이팔이라는 이름으로 엑스닷컴처럼 웹과 이메일 기반 결제 서비스를 만드는 작업에 열중했다. 두 기업은 규모가 크고 속도가 빠른 쪽이 승리한다는 사실을 잘 알고 있었으므로 자사 서비스의 사양을 보완하고 사용자를 더욱 많이 확보하려고 열띤 경쟁을 벌였다. 수천만 달러가 광고비로 들어가고, 회사의 서비스를 부정을 저지를 수 있는 새로운 놀이터로 생각한 해커들과 싸우느라 수백만 달러가 추가로 투입되었다. 엑스닷컴에서 엔지니어로 일하다가 옐프의 CEO가 된

제러미 스토펠먼Jeremy Stoppelman은 "마치 스트립쇼를 하는 나이트클럽에 가서 돈을 뿌려대는 모양새였습니다. 돈이 쑥쑥 빠져나갔죠."라고 회상했다.

인터넷 결제 서비스를 둘러싸고 두 회사가 경쟁을 벌이는 동안 머스크는 신속한 사고와 근면성을 과시할 수 있는 기회를 잡았다. 그는 이베이 등의 경매 사이트에 페이팔이 구축해놓은 장점에 맞는 사업 계획을 계속 생각해냈다. 또한 엑스닷컴 직원의 경쟁심 강한 기질을 자극해 전술을 최대한 신속하게 실행했다. 안켄브랜트는 이렇게 증언했다. "일론에게 나긋한 점이라고는 찾아볼 수 없었습니다. 우리는 하루 20시간씩 일했고 일론은 23시간을 일했어요."

그러던 2000년 3월 엑스닷컴과 콘피니티는 더 이상 경쟁하느라 돈을 낭비하지 말고 협력하자고 합의했다. 콘피니티는 페이팔이라는 가장 인기 높은 상품을 갖고 있었지만 상금 형태로 새 고객에게 하루 10만 달러를 지출했으므로 현금이 바닥났다. 하지만 엑스닷컴은 여전히 많은 현금과 더욱 정교한 은행 상품을 갖고 있었다. 엑스닷컴이 합병에 주도적 역할을 맡으면서 머스크는 합병 기업인 엑스닷컴의 최대 주주가 되었다. 엑스닷컴이 합병에 성공하자 곧 도이체방크Deutsche Bank와 골드만 삭스 등 재정 후원자들은 1억 달러를 투자했고 고객의 수는 100만 명이 넘었다.[11]

두 회사는 각자의 기업 문화를 맞추려고 무던히 노력했다. 엑스닷컴 직원은 컴퓨터 모니터를 의자에 앉혀 전선으로 묶은 뒤 콘피니티 사무실까지 끌고 가서 새 동료와 나란히 앉아 일했다. 하지만 눈을 맞추며 일하는 친근한 분위기는 형성되지 않았다. 다른 사람들은 페이팔 브랜드를 선호했지만 머스크는 엑스닷컴 브랜드를 고집했다. 또 합병 기업 안에서는 기술 기반 구조의 설계를 둘러싸고 다툼이 일었다. 레브친이 이끄는 콘피니티 팀은 리눅스Linux 같은 오픈소스 소프트웨어소스 코드가 공개된 상태로 공급되는 소프트웨어를 선택해야 한다고 생각한 반면, 머스크는 높은 생산성을 유지할 수 있는 마이크로소프트의 데이터센터 소프트웨어를 지지했다. 이러한 다툼은 외부인의 눈에는 시시해 보일 수 있지만 엔지니어에게는 종교전쟁과 같았다. 개중에는 마이크로소프트를 구시대의 사악한 제국으로 여기고 리눅스를 현대적 소프트웨어로 생각하는 사람이 많았다. 합병하고 두 달 후 피터 티엘이 사임하고 레브친은 기술에 구멍이 뚫린 상태에서 사업에 손을 떼겠다고 위협했다. 머스크는 분열된 회사를 운영할 책임을 떠맡았다.

폭발적으로 증가하는 고객의 수요를 전산 시스템이 따라가지 못하자 엑스닷컴이 직면한 기술 문제는 더욱 악화되었다. 회사의 웹

---

11 엑스닷컴 투자가들은 주식 상장을 준비하려면 경험이 많은 인물이 회사를 이끌어야 한다고 생각했다. 그리고 머스크를 엑스닷컴의 CEO 자리에서 내쫓았다. 1999년 12월 엑스닷컴은 금융 소프트웨어 제조사인 인튜이트Intuit에서 CEO로 활동한 빌 해리스Bill Harris를 새 수장으로 영입했다. 하지만 합병이 끝나고 회사 전체가 해리스에게 등을 돌리자 이사회는 그를 해고하고 머스크를 CEO 자리에 복귀시켰다.

사이트가 일주일에 한 번꼴로 무너졌다. 대부분의 엔지니어는 새로운 시스템을 설계하라는 지시를 받았다. 이로써 주요 기술 담당자들의 정신이 분산되면서 엑스닷컴은 사기 행각에 취약한 상태가 되었다. 당시 상황에 대해 스토펠먼은 회사가 엄청난 손해를 보고 있었다고 기억했다. 엑스닷컴의 인기가 더욱 커지고 거래량이 폭발적으로 늘어나자 문제는 더욱 심각해졌다. 사기 행각이 기승을 부렸고 은행과 신용카드 회사에 내는 수수료도 늘어났다. 엎친 데 덮친 격으로 신생 기업의 추격이 드세졌다. 게다가 엑스닷컴에는 손실을 상쇄하고 운용 자금에서 수익을 거둘 만큼 응집력 있는 사업 모델이 없었다. 엑스닷컴의 최고 재무 책임자였고 지금은 세쿼이어에서 유명한 벤처 투자가로 활약하는 로로프 보타Roelof Botha는 당시 엑스닷컴이 직면한 문제에 대한 정확한 실상을 머스크가 이사회에 알리지 않았다고 생각했다. 갖가지 위기를 맞으면서 사내에는 머스크가 내리는 결정에 대해 의문을 품는 사람이 점차 늘어났다.

급기야 실리콘밸리의 길고도 유명한 쿠데타 역사상 가장 끔찍한 사건이 발생했다. 한밤중에 엑스닷컴의 직원들이 지금은 없어졌지만 팰로 앨토에 있는 술집 패니 앤 알렉산더에 모여 머스크를 회사에서 몰아낼 방법을 의논했던 것이다. 레브친과 공모자들은 피터 티엘을 CEO로 복귀시키자는 뜻을 이사회에 타진하기로 결정하고 머스크에 직접 맞서지 않고 비밀리에 계획을 추진했다.

머스크는 저스틴과 2000년 1월에 결혼했지만 너무 바빠서 신혼여행도 취소했다. 그래서 9개월 후인 2000년 9월 투자를 유치하러 출장 가는 길에 시드니를 경유해 올림픽 경기를 참관하면서 신혼여행을 즐기기로 계획을 세웠다. 머스크 부부가 오스트레일리아로 출발하는 비행기에 오르고 난 직후 일부 엑스닷컴 중역들이 불신임 서류를 이사회에 제출했다. 머스크에게 충성하는 직원들이 불길한 낌새를 챘을 때는 이미 시기적으로 늦었다. 안켄브랜트는 "그날 밤 10시 30분에 사무실에 갔더니 모두 나와 있더군요. 믿을 수가 없었습니다. 정신없이 연락을 취했지만 일론은 비행기 안에 있었어요." 라고 회상했다.

일론이 소식을 듣고 비행기에서 내렸을 때는 이미 피터 티엘에게 CEO 자리가 넘어간 후였다. 해임 소식을 전해 들은 머스크는 즉시 팰로 앨토로 돌아가는 비행기에 올라탔다. 저스틴은 당시 상황을 이렇게 설명했다. "한마디로 충격이었습니다. 하지만 일론이 사태를 순조롭게 잘 처리하리라고 생각했어요." 한동안 머스크는 반격했고 이사회에 결정을 다시 생각하라고 촉구했다. 하지만 이사회의 결정이 확고하자 태도를 누그러뜨렸다. "나는 모리츠를 비롯해 몇 사람과 이야기를 나누었습니다. 내가 CEO 자리에 앉고 싶은지 아닌지는 그리 대단한 문제가 아니었습니다. 다만 반드시 성사시켜야 하는 매우 중요한 과업들이 있는데 내가 CEO 자리에 있지 않으면 그 일을 과연 성사시킬 수 있을지 확신이 서지 않았어요. 하지만 맥스와 피터에게 의지가 있다는 것을 알고 나서 끝장은 아니라고 생각했죠."

초창기부터 머스크와 함께 일했던 엑스닷컴 직원들은 당시 벌어진 상황에 놀랐다. 스토펠먼은 이렇게 털어놓았다. "충격을 받았고 화가 났습니다. 내가 생각하는 일론은 일종의 록 스타였어요. 나는 이사회의 행태가 얼마나 허튼짓인지 목청껏 항의했습니다. 하지만 마음 밑바닥에서는 회사가 잘 돌아가고 있다는 사실을 알고 있었죠. 당시 엑스닷컴은 하늘로 치솟는 로켓이었으므로 그곳에서 내릴 생각은 없었어요." 당시 스물세 살이었던 스토펠먼은 회의실로 뛰어 들어가 피터 티엘과 레브친에게 거칠게 항의했다. "두 사람은 내가 화난 감정을 쏟아내도록 놔두었습니다. 당시 그들의 태도도 내가 회사에 남기로 결정한 이유가 되었습니다." 회사에 계속 적개심을 품은 직원도 있었다. Zip2와 엑스닷컴의 엔지니어 브랜던 스파이크스Branden Spikes는 "비겁하고 치졸한 짓이었습니다. 일론이 그 방에 있었다면 그 심정을 더욱 잘 이해해주었을 거예요."라고 말했다.

2001년 6월에 접어들자 회사에서 머스크의 영향력은 눈에 띄게 미약해졌다. 피터 티엘은 엑스닷컴과 페이팔의 브랜드 이미지를 쇄신하기 시작했다. 사소한 일이라도 응징하지 않고 넘기는 법이 없는 머스크도 당시 쓰라린 시련을 겪는 동안에는 엄청난 자제심을 발휘했다. 회사 고문 자리를 받아들이고 투자를 멈추지 않음으로써 페이팔의 최대 주주로 입지를 굳혔다. 보타는 이렇게 머스크를 두둔했다. "일론의 입장에 처하면 누구라도 앙심을 품으리라 예상하겠지만 일론은 그렇지 않았어요. 티엘을 지지했죠. 그는 정말 좋은 사람이에요."

다음 몇 달은 머스크의 미래에 중요한 시기였다. 닷컴 열풍이 신속하게 막을 내리는 중이었고 투자가들은 무슨 수를 쓰더라도 투자한 돈을 회수하고 싶어 했다. 이베이의 중역들이 페이팔에 접근해 인수 의사를 밝히기 시작했을 때 대부분의 사람들은 회사를 한시라도 빨리 넘기고 싶었을 것이다. 하지만 머스크와 모리츠는 인수 제안을 거절하고 돈을 더 요구하라고 이사회에 촉구했다. 당시 페이팔은 연간 매출액이 2억 4,000만 달러에 가까웠고 독립 회사로 성공해 주식을 상장할 가능성이 높았다. 이베이의 인수 제안에 꿋꿋하게 버텼던 머스크와 모리츠의 작전은 성공했다. 2002년 7월 이베이가 페이팔의 인수 가격으로 15억 달러를 제시했고 머스크와 이사회가 이를 수락했다. 당시 거래로 머스크는 약 2억 5,000만 달러, 세금을 빼고 1억 8,000만 달러를 손에 넣었다. 머스크가 마음에 품은 야심찬 꿈을 좇아가기에 충분한 돈이었다.

그동안 페이팔에서 일어난 사연 때문에 머스크는 만감이 교차했다. 협상의 여파로 그동안 리더로서 구축했던 명성에 금이 갔고 언론은 처음으로 심각하게 등을 돌렸다. 초창기 콘피니티 직원이었던 에릭 잭슨Eric Jackson은 2004년《페이팔 전쟁：이베이, 언론, 마피아, 지구를 상대로 싸우다The PayPal Wars：Battles with eBay, the Media, the Mafia, and the Rest of Planet Earth》를 발표하면서 페이팔의 떠들썩했던 여정을 서술했다. 책에서 잭슨은 머스크를 묘사하면서 늘 틀린 결정을 내리는 독선적이고 완고한 괴짜로, 피터 티엘과 레브친은 영웅의 면모를 갖춘 천재로 그렸다. 기술 산업계의 가십 사이트인 밸리웨그Valleywag도 머스크의 공격적 태도를 자주 과장하여 문제로 삼았다. 비난이 꼬리에 꼬리를 물며 커지면서 사람들은 머스크를 페이팔의 진정한 공동 설립자로 생각해야 하는지, 아니면 피터 티엘의 옷자락을 잡았다가 곁다리로 엄청난 돈을 벌어들였다고 생각해야 하는지 큰 목소리로 의문을 제기하기 시작했다. 책의 내용과 블로그에 올린 글을 읽고 분노한 머스크는 2007년 밸리웨그에 2,200자 길이의 이메일을 보내자신의 관점에서 사건의 진상을 설명했다.

문학적 재능을 발휘한 이메일을 보면 머스크의 경쟁심 강한 면모를 실감할 수 있다. 머스크는 잭슨을 "아첨하는 멍청이"로 부르면서 높은 지위에 올라갈 만한 통찰력이 없는 "기껏해야 인턴보다 한 단계 위"인 인물에 불과하다고 꼬집었다. "잭슨은 괜찮은 출판사를 섭외할 수 없어서 피터 티엘이 대준 돈으로 직접 출간했습니다. 잭슨은 티엘을 숭배했으므로 결과물은 보나마나입니다. 티엘이 맡은 배역은 영화 '브레이브하트Braveheart'에 출연한 멜 깁슨Mel Gibson 같고 내가 맡은 배역은 시시하거나 나쁜 종자입니다." 그리고 자신이 페이팔의 공동 설립자로서 자격이 충분한 이유 일곱 가지를 들었다. 페이팔의 최대 주주였고, 일류 인재를 많이 채용했으며, 크게 성공한 사업 아이디어를 많이 생각해냈고, 직원이 60명에서 수백 명으로 늘어난 기간에 CEO로 재임했다는 등의 이유였다.

내가 인터뷰한 과거 페이팔 직원 대부분은 머스크에 대한 전반적인 평가에 수긍했다. 그들은 콘피니티 세력이 머스크와 엑스닷컴을 누르고 축배를 들었다는 잭슨의 이야기는 공상에 가깝다고 진술했다. 보타는 "페이팔 직원 중에는 기억이 왜곡된 사람이 많아요."라고 설명했다.

하지만 일부 직원은 반대로 머스크가 브랜드 디자인, 기술 기반 구조, 사기 행각 등을 제대로 처리하지 못했다고 증언했다. 보타는 이렇게 주장했다. "내가 생각하기에 일론이 6개월 더 CEO 자리에 앉아 있었다면 회사가 망했을 거예요. 당시 일론이 저지른 실수로 사업이 한층 위험해졌거든요."(페이팔을 운영할 당시 머스크의 행동에 대한 자세한 내용은 부록 2를 참고.)

머스크가 페이팔의 '진정한' 공동 설립자로 생각되지 않았다는 주장은 돌이켜 생각하면 어리석은 것 같다. 피터 티엘과 레브친을 비롯한 페이팔 중역들은 이베이와 거래가 성사되고 난 후에도 여러 해 동안 그렇게 주장했다. 이러한 비판이 불거져 나오자 머스크는 격렬하게 반격했다. 그는 불안감을 드러내고 정색하면서 과거 기록을 살펴보면 여러 사건에 자신의 입김이 반영되었다고 주장했다. 페이팔의 커뮤니케이션 담당자였던 빈스 솔리토Vince Sollitto는 이렇게 설명했다. "일론은 부정확한 발언을 절대 용납하지 않습니다. 선례를 남기면 안 되니까요. 부정확한 말은 필사적으로 싸워 바로잡으려고 합니다. 그래서 일론은 모든 문제를 매우 감정적으로 받아들여 대부분 싸우자고 달려듭니다.”

이 시기에 머스크에게 쏟아진 더욱 맹렬한 비판의 주요 내용은 자질을 갖추기도 전에 크게 성공했다는 것이었다. 머스크가 똑똑한 티를 내면서 대립을 일삼고 자의식이 강했으므로 사내에는 깊은 균열이 계속 생겼다. 그가 거친 행동을 자제하려고 의식적으로 노력했지만 투자가와 노련한 중역들의 마음에 들기에는 부족했다. Zip2의 이사회와 페이팔의 이사회는 머스크가 아직 CEO 감이 아니라는 결론을 내렸다. 그가 자사 기술에 지나치게 욕심내고 이를 부풀려 강매하는 보따리장수 같다는 주장도 있었다. 머스크의 가치를 깎아내리는 사람들은 공적으로나 사적으로 이렇게 주장했다. 일부는 머스크의 성격과 행동을 두고 이보다 훨씬 심하게 말하면서 그가 비윤리적으로 사업을 수행하고 악랄하게 개인을 공격한다고 묘사했다. 이렇게 말한 사람들은 머스크가 소송을 걸거나 사업을 방해할 수 있다며 대부분 자신의 발언을 기록에 남기지 말아달라고 요청했다.

머스크에게 쏟아지는 비난은 그가 거둔 실적과 대비해 평가해야 한다. 그는 소비자를 대상으로 한 웹을 시작하면서 사람들의 생각과 기술 트렌드를 읽는 데 타고난 능력을 보였다. 다른 사람들이 인터넷의 영향력을 제대로 파악하지 못할 때 이미 목표를 세우고 시장을 공략하기 시작했다. 기업 시장에 초점을 맞춘 사이트·지도·디렉토리 등 나중에 웹의 중심이 되는 초기 기술을 상상하고 실현했다. 소비자가 아마존닷컴과 이베이에서 편리하게 물건을 사게 되었듯, 머스크는 성숙한 인터넷 뱅킹을 향해 커다란 도약을 이루었다. 그는 표준 금융 도구를 온라인에 도입하고 여러 가지 신개념으로 은행 산업을 현대화했다. 인간 본질에 대한 깊은 통찰을 보여준 덕택에 그가 세운 기업은 마케팅·기술·금융 분야에서 탁월한 성과를 거둘 수 있었다. 그는 이미 최고 수준의 사업 수완을 발휘했고 언론과 투자가들을 탁월하게 움직였다. 그렇다면 머스크가 기술을 과대 포장하고 사람들을 그릇된 방향으로 몰고 갔을까? 물론 그랬지만 극적인 결과를 창출한 것도 사실이다.

머스크의 지휘에 크게 힘입은 페이팔은 닷컴 열풍의 거품이 무너지는 와중에도 살아남아 9·11 테러 사건 이후 최초로 대형 주식 상장사가 되었다. 그리고 기타 기술 산업이 급격한 하향 곡선을 그리는 시기에도 천문학적 가격을 받고 이베이에 매각되었다. 경제가 몹시 혼란스러웠으므로 승자가 되기는커녕 살아남는 것도 불가능에 가까운 여건에서 거둔 쾌거였다.

또한 페이팔은 실리콘밸리의 역사에서 사업적 재능과 공학적 재능을 가장 훌륭하고 광범위하게 결합한 사례로 꼽힌다. 머스크와 피터 티엘에게는 젊고 탁월한 엔지니어를 알아보는 안목이 있었다. 유튜브YouTube, 팰런티어 테크놀로지Palantir Technologies, 옐프Yelp를 비롯해 여러 신생 기업을 세운 인재들이 한때 페이팔에서 일했다. 리드 호프먼Reid Hoffman, 피터 티엘, 보타 등은 기술 산업의 일급 투자가로 부상했다. 페이팔 직원은 온라인 사기 행각을 막는 기술을 개발하는 데 앞장서서 CIA와 FBI가 테러리스트를 추적하고 세계 최대 은행들이 범죄에 맞설 수 있는 소프트웨어의 근간을 형성했다. 이렇듯 엄청나게 똑똑한 직원들의 집단이 페이팔 마피아로 불리며 유명해졌다. 이들 대부분은 오늘날 실리콘밸리를 실질적으로 움직이며 머스크는 가장 유명하고 성공한 구성원의 하나이다.

나중에 펼쳐진 상황을 보더라도 Zip2와 페이팔에서 활동한 중역들의 조심스러운 실용주의보다는 머스크의 야생마 같은 비전이 계속 빛을 발했다. 머스크가 촉구한 대로 소비자를 겨냥했더라면 지금쯤 Zip2는 지도와 생활 정보 검색 서비스 분야에서 단연코 독보적인 존재가 되었을지 모른다. 페이팔과 마찬가지로 투자가들이 지나치게 일찍 기업을 매각했고, 독립적 기업으로 남자는 머스크의 요구에 귀를 기울이지 않았다는 주장은 여전히 논란이 되고 있다. 2014년 들어 페이팔은 사용자가 1억 5,300만 명에 이르렀고 자립형 기업으로 자산 가치만도 320억 달러에 이르렀다. 또한 스퀘어square, 스트라이프Stripe, 심플Simple 등 인터넷 결제와 인터넷 뱅킹에 관련한 신생 기업이 물밀듯 생겨나 애당초 엑스닷컴이 품었던 비전을 실현하기 위해 노력하고 있다.

엑스닷컴의 이사회가 좀 더 인내심을 발휘했더라면 아마도 머스크는 처음 계획한 대로 '모두를 지배하는 온라인 뱅킹 서비스'를 성공적으로 완성할 수 있었을 것이다. 과거를 되짚어보더라도 머스크가 세웠던 목표는 당시에는 터무니없게 들렸지만 시간이 충분히 주어지자 결국 그의 신념대로 이루어졌기 때문이다. 안켄브랜트는 이렇게 말했다. "일론은 언제나 다른 사람과 다른 방식으로 현실을 이해하고 일합니다. 그는 우리들과 그냥 달라요."

Zip2와 페이팔에서 풍파를 헤쳐나가는 동안에도 머스크의 사생활은 순탄했다. 그는 원거리에서 때로는 비행기를 이용해 주말을 함께 보내면서 몇 년 동안 저스틴에게 구애했다. 머스크가 숨이 막힐 듯 바쁘게 일하고 친구들과 함께 생활한 것이 두 사람의 관계가 진전되는 데 걸림돌로 작용했다. 하지만 Zip2를 매각하면서 머스크는 집을 장만하고 저스틴에게 좀 더 신경을 쓸 수 있었다. 여느 커플처럼 두 사람의 관계에도 기복이 있었지만 풋풋한 사랑의 열정은 유지되었다. 저스틴은 "우리는 많이 싸웠지만 싸우지 않을 때는 깊은 유대감을 느꼈습니다."라고 말했다. 두 사람은 저스틴이 전 남자 친구에게 걸려오는 전화를 계속 받는다는 이유로 며칠 동안 싸우다가 엑스닷컴 사무실 근처를 걷는 도중에 크게 승강이를 벌였다. 저스틴은 당시 상황을 이렇게 설명했다. "심각한 문제 같아 고민했지만 내가 견뎌낼 것이라면 차라리 결혼하는 편이 낫겠다고 생각했던 기억이 납니다. 그래서 일론에게 그냥 청혼하라고 말했죠." 그때 머스크는 흥분을 가라앉히고 잠시 뜸을 들이더니 저스틴에게 청혼했다. 며칠 후 예의 바른 머스크는 길을 가다가 비슷한 지점을 발견하고 무릎을

끓은 채 저스틴에게 반지를 건넸다.

저스틴은 머스크가 암울한 어린 시절을 보냈고 마음속에서 감정의 기복을 격렬하게 느낀다는 사실을 알고 있었다. 그래서 머스크의 과거와 성격 때문에 생길 수 있는 두려움도 낭만적 감수성으로 극복했고 그의 강점에 집중했다. 머스크는 알렉산더 대왕에 대해 우호적으로 자주 말했고 저스틴은 머스크를 자기 마음을 차지한 영웅이라고 생각했다. "일론은 책임지는 것을 겁내지 않았어요. 어떤 상황에서도 도망치지 않죠. 결혼해서 일찍 아이들을 낳아 키우고 싶어 했습니다." 게다가 머스크에게는 자신감과 열정이 넘쳤으므로 저스틴은 그와 결혼하면 행복하리라고 생각했다. "일론은 돈 때문에 움직이는 사람이 아니에요. 솔직히 돈은 어쩌다 생긴 거죠. 일론은 자신이 마음만 먹으면 돈을 벌 수 있다는 사실을 알고 있어요."

하지만 결혼식 피로연에서 저스틴은 영웅의 다른 면모를 보고 말았다. 머스크는 춤을 추다가 저스틴을 가까이 끌어당기며 "우리 관계에서는 내가 알파요."라고 말했던 것이다.**3** 두 달 후 저스틴은 앞으로 계속 자신을 붙어 다니면서 끊임없는 세력 다툼에 밀어 넣을 혼후婚後 계약서에 서명했다. 그리고 몇 년 후 〈마리 끌레르Marie Claire〉에 기고한 기사에 당시 상황을 이렇게 설명했다. "일론은 내 결점을 시도 때도 없이 말했어요. 그럴 때면 그에게 나는 당신의 직원이 아니라 아내라고 말했죠. 그랬더니 일론은 '당신이 내 직원이었다면 벌써 해고하고 말았을 거요.'라고 대꾸하더군요."

엑스닷컴에서 일어난 사건도 신혼부부에게는 걸림돌이었다. 쿠데타가 발생하는 바람에 신혼여행이 취소되었기 때문이다. 2000년 12월 말이 되어서야 머스크는 마음의 안정을 찾고 몇 년 만에 처음으로 휴가를 떠날 수 있었다. 2주 동안 여행하면서 브라질에서 며칠 보내고 나머지는 모잠비크 국경 근처에 있는 동물 보호구역에서 보내기로 계획을 세웠다. 그런데 아프리카에 체류하는 동안 말라리아 중에서도 가장 치사율이 높다는 열대열 말라리아에 걸렸다. 1월에 캘리포니아로 돌아오고 나서 발병해 며칠 동안 침대 신세를 지다가 병원을 찾았고, 의사의 지시로 구급차에 실려 레드우드Redwood 시에 있는 세콰이어 병원으로 급히 이송되었다.[12] 그곳 의사들이 오진해서 잘못 치료한 탓에 머스크는 죽음의 문턱까지 갔다. 머스크는 당시

---

12 머스크는 며칠 동안 앓고 나서 스탠퍼드 병원을 찾아가 얼마 전에 말라리아 감염 구역을 여행했다고 알렸다. 당시에 검사를 받았지만 기생충은 발견되지 않았다. 의사들은 허리 천자를 실시하고 바이러스성 수막염이라는 진단을 내렸다. 머스크는 "내가 아마도 그 병에 걸렸을 수도 있고 아무튼 치료를 받고 몸 상태가 좋아졌어요."라고 회상했다. 의사들은 머스크를 퇴원시키면서 일부 증상이 재발할 수 있다고 경고했다. "며칠이 지나자 몸이 아프기 시작해 증상이 점점 심해졌습니다. 나중에는 걸을 수가 없었어요. 처음 아팠을 때보다 건강이 훨씬 나빠졌습니다." 저스틴은 머스크를 택시에 태워 일반의에게 데려갔다. "탈수 상태가 워낙 심해 간호사가 내 활력 징후를 잴 수 없을 정도였습니다." 의사는 구급차를 불렀고 머스크는 양팔에 링거 주사를 꽂은 채 레드우드 시에 있는 세콰이어 병원으로 이송되었다. 이곳 의사들도 머스크의 질병을 오진했다. 말라리아의 유형을 잘못 판단했던 것이다. 의사들은 심장박동이 빨라지거나 장기가 손상 받는 것을 포함해 끔찍한 부작용이 생길 수 있다는 이유로 좀 더 공격적인 치료를 거부했다.

상황을 이렇게 회상했다. "그때 천만다행으로 다른 병원에서 말라리아 환자를 많이 진찰해본 의사가 그 병원을 방문 중이었어요." 그 의사는 검사실에서 머스크의 혈액검사 결과를 면밀하게 조사하고 항생제의 일종인 독시사이클린 최대 허용량을 즉시 주사하라는 처방을 내렸다. 그리고 하루만 늦게 병원에 왔더라도 약이 더 이상 듣지 않았을 것이라고 덧붙였다.

머스크는 중환자실에서 열흘 동안 질병과 싸웠다. 그때 일로 저스틴은 충격을 받았다. "일론은 몸이 탱크 같아요. 누구보다도 체력이 좋고 스트레스를 견디는 능력도 탁월합니다. 그런 그가 무기력하게 누워 있는 모습을 보면서 내가 다른 세상에 있는 것만 같았어요." 머스크가 건강을 회복하기까지는 6개월이 걸렸다. 체중이 20킬로그램이나 빠져서 옷이 하나도 맞지 않았다. 머스크는 이렇게 말했다. "정말 죽을 뻔했어요. 그래도 휴가에 대한 교훈은 확실하게 배웠죠. '휴가 가면 죽을 것이다.'"

ELON

MUSK

제6장

로켓에 미친 사람들

스페이스 엑스 엔지니어들은 5분 남짓 열광하는 동안에는 모든 과정이 순조롭게 진행된다고 생각했다. 팰 컨 1호에 탑재한 카메라를 통해 로켓이 순탄하게 우주로 향하면서 지구가 점점 작아지는 광경을 보았기 때문이다. 하지만 뮬러가 보았듯 꿈틀대던 로켓은 마구 흔들리다가 잠잠해지더니 부서지기 시작했다.

이번 실패로 스페이스 엑스의 엔지니어들은 다시 한 번 큰 충격에 휩싸였다. 일부는 거의 2년 동안 캘리포 니아와 하와이, 콰절린 섬을 오가며 생활했다. 그 후 스페이스 엑스가 발사를 다시 시도할 수 있었던 것은 머스크가 원래 목표로 잡았던 일정보다 4년 남짓 지났을 뿐 아니라 인터넷 사업으로 벌어들여 투자한 머 스크의 재산이 우려할 정도로 사라져가고 있을 때였다. 머스크는 우주 사업에서 끝장을 보겠다고 공개적 으로 맹세했다. 하지만 회사 안팎의 사람들은 대략 계산하더라도 앞으로 스페이스 엑스가 발사를 기껏해 야 한두 차례 더 시도해볼 수 있을 뿐이라고 추정했다.

ELON
MUSK

2001년 6월 서른 번째 생일을 맞은 일론 머스크는 감회가
남달랐다. 나이를 의식해서인지 아내에게 농담 반 진담 반으로 "이
제 나는 더 이상 천재 소년이 아니군."이라고 말했다. 그달 엑스닷컴
은 공식적으로 회사 이름을 페이팔로 바꿈으로써 머스크가 쫓겨나
고 다른 사람이 CEO 자리에 앉았다는 사실을 뼈아프게 상기시켰다.
머스크가 삶이 "유리 조각을 씹고 깊은 구렁텅이를 뚫어져라 들여다
보는 것"**4**과 같다고 묘사한 신생 기업은 이제 나이가 들었고 실리

콘밸리도 그랬다. 너 나 할 것 없이 기술 산업에 종사하고, 시도 때도 없이 투자 자금이며 주식 상장이며 거액 연봉 운운하는 무역 박람회야말로 머스크가 사는 세상 같았다. 오래 일한다고 으스대는 사람들의 이야기를 들으면 저스틴은 코웃음을 친다. 머스크는 실리콘밸리에서 일하는 사람조차 상상할 수 없을 정도로 일을 많이 하기 때문이다. "남편이 저녁 7~8시나 되어야 귀가한다고 불평하는 친구들이 있어요. 일론은 밤 11시에 집에 오는 데다 그 후에도 일을 했습니다. 지금의 자리에 오르려고 일론만큼 사생활을 희생한 사람도 없을 겁니다."

사람들은 이제 극심한 생존경쟁 속에서 엄청난 수지를 맞았던 생활을 벗어나고 싶어 하기 시작했다. 하지만 머스크는 항상 더욱 큰 무대를 쫓으며 살았으므로 팰로 앨토는 최종 목적지가 아니라 디딤돌에 가까웠다. 머스크 부부는 로스앤젤레스로 이사해 삶의 다음 장을 시작하기로 결정했다.

저스틴은 "일론은 로스앤젤레스 같은 지역에서 느끼는 흥분과 개성을 좋아해요. 사람들이 역동적으로 움직이는 곳에 있고 싶어 하죠."라고 귀띔했다. 머스크와 비슷한 성향을 가진 몇몇 친구도 로스앤젤레스로 무대를 옮겼다. 향후 2년 동안 그들은 격정에 휩싸인 시간을 보내게 될 터였다.

머스크를 짜릿하게 만들었던 것은 로스앤젤레스의 현란하고 웅장한 분위기만이 아니라 우주의 부름이었다. 페이팔에서 쫓겨난 머스크는 로켓선과 우주여행에 대해 어린 시절 품었던 환상을 다시 그리면서, 인터넷 서비스를 만드는 것보다 원대한 소명이 자신에게 있을지 모른다고 생각하기 시작했다. 회사의 성공을 자축하려고 주말에 라스베이거스에 모였던 페이팔의 중역과 친구들은 머스크의 태도와 생각이 바뀌었다는 것을 곧 알아챌 수 있었다. 초기 페이팔 투자가인 케빈 하르츠Kevin Hartz는 이렇게 말했다. "하드 록 카페에 있는 오두막에서 함께 시간을 보내고 있었습니다. 일론이 이베이에서 산 것처럼 보이는 곰팡내 나는 소비에트 로켓 매뉴얼을 읽고 있더군요. 그 책자를 열심히 공부하면서 우주여행과 세상을 바꾸는 일에 대해 대놓고 이야기했습니다."

당시 머스크가 로스앤젤레스를 거주지로 택한 데는 이유가 있었다. 우주에 접근하거나 최소한 우주산업에 접근하기 쉬웠기 때문이다. 캘리포니아 남부는 변화가 없고 온화한 기후 덕택에 1920년대 록히드 에어크래프트 컴퍼니Lockheed Aircraft Company가 할리우드에 둥지를 튼 이후로 항공 산업계에 인기가 높았다. 하워드 휴스를 비롯한 여러 인물과 공군·NASA·보잉 같은 조직이 로스앤젤레스와 근처 지역에서 제품을 만들거나 첨단 기술을 실험했다. 현재 로스앤젤레스는 여전히 항공 관련 산업과 군사 임무의 중심지로 남아 있다. 머스크는 우주탐사와 관련해 어떤 일을 하고 싶은지는 정확히 알지 못했지만 로스앤젤레스에 있기만 해도 세계를 선도하는 항공 전문가를 만날 수 있다는 사실을 깨달았다. 그러면 아이디어가 떠올랐을 때 항공 전문가의 도움을 받아 개선할 수 있고, 사업을 추진하기 위해 많은 인재를 끌어들이기에도 쉬울 터였다.

머스크가 가장 먼저 접촉한 항공 관련 집단은 마스 소사이어티Mars Society라는 비영리 단체로 열렬한 우주광들의 모임이었다. 화성 탐사와 정착을 목표로 열성적으로 연구 활동을 펼치던 마스 소사이어티가 2001년 중반 모금 행사를 계획했다. 모금액을 1인당 500달러로 책정하고 부유한 회원의 자택을 행사 장소로 삼아 관심을 보일 법한 사람들에게 초대장을 보냈다. 회장인 로버트 주브린Robert Zubrin은 초대한 적이 없는 일론 머스크라는 사람의 연락을 받고 깜짝 놀랐다. "일론이 5,000달러를 기부했습니다. 그 일을 계기로 모두가 일론을 주목하기 시작했어요." 조사를 해보고 나서 머스크가 부자라는 사실을 알아낸 주브린은 만찬을 시작하기 전에 함께 커피를 마시자고 제의했다. "우리가 진행 중인 프로젝트를 일론에게 설명하고 싶었습니다." 주브린은 그에게 마스 소사이어티가 화성과 비슷하게 억센 환경을 조성하려고 북극에 연구소를 세웠고, 트랜스라이프 미션Translife Mission을 설정해 우주선 캡슐에 생쥐를 실어 지구궤도를 돌게 하는 실험을 진행하고 있다는 사실을 알려주었다. 그러면서 "캡슐은 화성과 마찬가지로 중력을 지구의 3분의 1로 유지하고 생쥐들은 그곳에서 생활하고 번식할 것입니다."라고 덧붙였다.

만찬 시간이 되자 주브린은 영화감독이자 우주광인 제임스 캐머런James Cameron, 화성에 큰 관심이 있는 NASA의 행성 과학자 캐럴 스토커Carol Stoker가 자리한 VIP 테이블에 머스크를 앉혔다. 스토커는 이렇게 회상했다. "일론은 얼굴이 아이 같아서 내 눈에는 소년으로 보였습니다. 이때가 기회다 싶었던 캐머런은 일론에게 자신이 다음에 제작할 영화에 투자하라고 설득했고 주브린은 마스 소사이어티에 거액의 기부금을 받으려고 애쓰고 있었습니다." 돈을 내놓으라고 설득당하는 대가로 머스크는 이런저런 이야기를 귀동냥하고 앞으로 자신이 접촉할 사람을 탐색했다. 스토커의 남편은 NASA에 근무하는 항공 엔지니어로, 화성을 활공하며 물을 찾을 비행체를 연구하고 있었다. 머스크는 그 연구에 구미가 당겼다. 주브린은 이렇게 말했다. "우주를 향한 일론의 열정은 다른 백만장자보다 훨씬 뜨거웠습니다. 우주에 대해 많이 알지는 못했지만 과학 정신이 있었어요. 아울러 화성 탐사를 둘러싸고 어떤 계획이 추진되는지, 그 중요성은 무엇인지 정확하게 알고 싶어 했습니다." 머스크는 그 자리에서 마스 소사이어티에 가입하고 이사회에도 합류했다. 또한 사막에 연구기지를 건설하는 데 10만 달러를 기부했다.

친구들은 머스크가 대체 어떤 생각을 하고 있는지 종잡을 수 없었다. 당시 머스크는 말라리아를 앓고 나서 체중이 엄청나게 빠져 해골 같았다. 약간만 부추겨도 머스크는 자기 삶에서 오래가고 의미 있는 일을 하고 싶은 욕망을 자세히 설명하기 시작했다. 다음 사업은 태양열 발전이나 우주에 대한 것이어야 했다. 투자가이자 머스크의 절친한 친구인 조지 재커리는 점심 식사를 함께 하면서 머스크의 이야기를 들었다. "일론은 논리적으로 따지면 태양열 발전 사업을 하는 것이 수순인데 그 사업으로 돈을 벌 수 있는 방법이 떠오르지 않는다고 말했습니다. 그러더니 거기서 멈추지 않고 우주space에 대해 말하기 시작하더군요. 나는 일론이 부동산에서 거론하는 사무실 공간space을 얘기하는 줄 착각했어요." 실제로 머스크가 구상하기 시작한 화성 탐사의 규모는 마스 소사이어티를 넘어섰다. 생쥐를 지구의 궤도가 아닌 화성으로 보내고 싶었던 것이다. 대략적으로 계산해본 결과 탐사에 드는 예상 경비는 1,500만 달러였다. 재커리는 이렇게 전했다. "일론은 그것이 정신 나간 계획이라고 생각하는지 내게 물었습니다. 그래서 나는 생쥐들이 지구로 돌아올 수 있냐고 물었죠. 그럴 수 없다면 대부분의 사람들은 틀림없이 정신 나간 계획이라고 생각할 테니까요." 계획대로라면 생쥐들은 화성에 갔다가 지구로 돌아올 뿐 아니라 여행하는 몇 달 동안 번식할 수도 있었다. 머스크의 친구로 이베이에서 크게 재산을 일군 제프 스콜Jeff Skoll은 쥐를 꼬드겨 번식시키려면 치즈가 엄청나게 많이 필요할 것이라면서 그뤼예르 치즈의 일종인 커다랗고 동그란 레 브루예 치즈를 그에게 선물했다.

치즈 농담의 표적이 되는 것쯤은 머스크에게는 일도 아니었다. 우주에 대해 생각할수록 우주탐사가 자신에게 더욱 중요한 의미가 되는 것 같았다. 대중은 우주탐사를 향한 열망과 미래를 향한 희망을 잃어가고 있었다. 보통 사람들은 우주탐사가 시간과 노력을 낭비하는 일이라 생각하고 이를 비웃을지 모르지만 머스크는 행성을 오가는 여행에 대해 매우 진지하고 열성적으로 생각했다. 그는 대중에게 영감을 주어 과학과 정복에 대한 열정을 새롭게 불태우도록 하고 싶었다.

머스크는 NASA 웹사이트에 들어가보고 나서 자신의 경계를 더욱 확장하려는 인류의 의지가 상당히 사라졌다는 사실을 깨닫고 한층 조바심을 냈다. 화성 탐사에 대한 상세한 계획이 있으리라고 기대했지만 흔적도 찾을 수 없었다. 머스크는 언젠가 〈와이어드Wired〉와의 인터뷰에서 이렇게 말했다. "처음에는 내가 홈페이지를 잘못 찾았다고 생각했습니다. 어째서 탐사 계획도, 일정도 없을까? 정말 아무것도 없었습니다. 기가 막혔어요." 머스크는 미국의 정신이 탐험을 향한 인류의 욕망과 뒤얽혀 있다고 믿었다. NASA처럼 우주에서 대담한 계획을 추진하고 새 경계를 탐험하는 사명을 지닌 기관이 화성 탐사에 진지하게 관심을 기울이지 않는 것 같아 마음이 착잡했다. '명백한 사명Manifest Destiny, 미국의 영토 확장주의' 정신이 퇴색했거나 심지어 우울한 종말을 맞았는데 누구도 이 문제에 신경 쓰지 않는 것 같았다.

미국의 정신에 다시 활력을 불어넣고 모든 인류에게 희망을 안기려는 시도가 대개 그랬듯 머스크의 사업 여정은 호텔 회의실에서 시작했다. 그 무렵 머스크는 우주산업 분야에서 상당한 인맥을 구축했고, 그중에서도 최고의 인재를 골라 로스앤젤레스의 랙스 르네상스LAX Renaissance 호텔이나 팰로 앨토 시에 있는 쉐라톤Sheraton 호텔로 초청했다. 정식으로 논의할 사업 계획은 세우지 않았지만 생쥐를 화성에 보내는 아이디어를 발전시키거나 적어도 이에 견줄 만한 아이디어를 떠올리는 데 도움을 받고 싶었기 때문이다. 머스크는 인류를 위해 원대한 계획을 제시함으로써 세계의 주목을 끌어 화성과 인간의 잠재력에 대해 대중이 다시 관심을 기울이게 만들고 싶었다. 그는 회의에 참석한 과학자와 전문가들에게 약 2,000만 달러를 지원할 테니 기술적으로 실현 가능한 장관을 펼쳐 보일 계획을 세워달라고 요청했다. 뒤이어 마스 소사이어티의 이사직을 사임하고 '화성 이주 재단Life to Mars Foundation'을 세운다고 발표했다.

2001년 화성 이주 재단의 회의에 참석한 인재들의 면모는 화려했다. NASA 산하 제트 추진 연구소Jet Propulsion Laboratory, JPL에 근무하는 과학자들과 유명 인사인 제임스 캐머런이 모습을 드러냈다. 참석자 가운데에는 항공공학·전기공학·토목공학·응용물리학에서 학위를 취득해 눈부신 학문적 자질을 갖춘 마이클 그리핀Michael Griffin도 있었다. 그리핀은 CIA가 설립한 벤처기업 인큐텔In-Q-Tel과 NASA, JPL에서 일했고, 당시에는 위성 및 우주선 제조사인 오비탈 사이언스Orbital Sciences Corps에서 기술 담당 최고 책임자이자 우주 시스템 그룹의 총책임자로 활동하다가 사임하려는 참이었다. 실제로 화물을 우주에 보내는 일에 대해 누구 못지않게 박학했던 그리핀이 우주탐사 관련 문제에서 머스크를 돕는 지식 집단을 이끌었다. (4년 후인

2005년 그리핀은 NASA의 수장으로 취임했다.)

우주 전문가들은 우주에 관심을 갖고 기꺼이 자금을 대줄 부자가 나타났다는 사실에 흥분을 감추지 못했다. 그래서 우주에 설치류를 보내 그들이 생활하고 번식하는 장면을 관찰하는 데 따르는 이점과 성공할 확률에 대해 열성적으로 토론했다. 하지만 토론이 진행되면서 '마스 오아시스Mars Oasis'라는 다른 계획을 추진하자는 쪽으로 의견이 모아졌다. 이 계획에 따르면 머스크가 로켓을 사서 자동으로 작동하는 온실의 재료를 화성으로 쏘아 올린다. 당시에는 우주용 식물 생장실에 대한 연구를 진행하는 연구 집단도 있었다. 잠깐 문을 열 수 있도록 생장실의 구조를 변경해 화성의 전토 층이나 토양을 빨아들인 후에 식물을 키움으로써 화성에 최초로 산소를 공급하자는 아이디어였다. 새 계획은 대단히 훌륭할 뿐 아니라 실현 가능해 보였으므로 머스크도 매우 흡족해했다.

머스크는 식물이 자라는 모습을 지구에서 볼 수 있도록 생장실에 창을 만들어 지구에 비디오 영상을 보내는 방법을 찾고 싶었다. 전문가 집단은 온실 재료를 미국 전 지역의 학생들에게 나눠주고 동시에 식물을 키워서, 화성의 식물이 같은 기간 동안 지구의 식물보다 키가 두 배로 자랄 수 있는지 관찰하는 아이디어도 논의했다. 당시 회의에 참석한 우주산업 전문가 데이브 비어든Dave Bearden은 이렇게 강조했다. "그 개념은 과거에 한참 동안 여러 형태로 사람들의 입에 오르내렸어요. 화성에 생명체가 있을 것이고 우리도 생명체를 우주에 심어놓자는 생각이었죠. 그런 방법을 사용해 지구의 아이들에게 화성이 적대적 장소가 아니라는 사실을 일깨워주고 싶었습니다. 그렇게 되면 아이들이 '아마도 우리가 화성에 가야겠구나.'라고 생각하지 않을까요?"

머스크가 이 아이디어를 열정적으로 추진하고 싶어 하자 전문가 집단은 흥분으로 들썩였다. 하지만 우주에 새로운 사건이 다시 일어나리라는 희망에 냉소적으로 반응하는 사람도 많았다. 비어든은 이렇게 말했다. "일론은 자의식이 대단한 매우 똑똑하고 추진력이 남다른 사람입니다. 회의 시간에 누군가가 일론에게 〈타임〉이 선정하는 '올해의 인물'이 될 수 있겠다고 말하자 얼굴이 환하게 빛나더군요. 그는 자신이 세상을 바꿀 수 있다고 굳게 믿고 있습니다."

우주 전문가들은 무엇보다 머스크가 책정한 예산이 지나치게 적어 고민했다. 머스크는 모험을 시도하는 데 2,000~3,000만 달러를 쓸 계획이었지만 로켓을 발사하는 데만도 그 정도 비용이 든다는 사실은 전문가라면 누구나 알고 있었다. 비어든은 이렇게 회상했다. "나는 사업을 제대로 추진하려면 2억 달러가 필요하다고 생각했습니다. 하지만 전문가들은 현실적인 면을 섣부르게 일찍 부각시키면 아이디어가 사장될까봐 망설였어요." 게다가 중대한 공학상의 문제도 해결해야 했다. "생장실에 커다란 창을 내면 온도 문제가 심각해집니다. 식물의 생명을 유지시킬 만큼 생장실 내부 온도를 높게 유지할 수 없거든요." 화성의 토양을 생장실 안으로 들여오는 방법도 물리적으로 실행하기 힘들뿐더러 전토 층에 독성이 있을 것이므로 문제가 있었다. 그래서 과학자들은 화성의 전토 층이나 토양 말고 영양분이 풍부한 젤에 식물을 키우는 방법을 놓고 한동안 논의했다. 하지만 화성에서 식물을 키우려는 노력의 가치를 평가절하하는 속임수로 여겨졌다. 크게 부각되지 않았지만 과학자들 사이에서 낙관적인 아이디어도 많이 나왔다. 회복력이 강한 겨자씨를 발견한 한 과학자는 화성의 토양을 잘 처리하고 나서 겨자씨를 심으면 생존할 가능성도 있겠다고 생각했다. 비어든은 이렇게 말했다. "하지만 화성에서 식물이 살아남지 못하면 상황이 상당히 불리하게 돌아갈 수 있었습니다. 화성에 있는 정원이 죽었다고 생각해보세요. 원래 의도한 것과 정반대되는 영향이 나타날 겁니다."[13]

하지만 머스크는 꿈쩍도 하지 않았다. 자원한 전문가들을 컨설턴트로 임명하고 식물 생장 기계를 설계하라고 지시했다. 또한 로켓 발사 비용을 정확하게 파악하기 위해 러시아를 방문하기로 했다. 대륙 간 탄도미사일을 러시아에서 사들여 발사용 로켓으로 쓸 생각이었다. 이 계획을 실행에 옮기기 위해 미국과 타국의 정부 편에서 여러 임무를 수행한 짐 캔트렐Jim Cantrell에게 연락했다. 1996년 러시아

---

13 주브린과 일부 화성광들은 화성에 식물을 키우겠다는 머스크의 계획을 듣고 분개했다. 주브린은 "말이 안 돼요. 그것은 순전히 상징적 행사에 지나지 않을뿐더러 생장실의 문을 여는 순간 수많은 미생물이 빠져나가 NASA의 오염 프로토콜을 망쳐놓을 것입니다."라고 주장했다.

는 위성 거래가 틀어지자 캔트렐을 스파이 행위로 기소하고 가택 연금했다. 캔트렐은 "2주 후에 엘 고어Al Gore가 전화 몇 통을 하고 나자 문제가 해결되었습니다. 다시는 러시아와 얽히는 일을 하고 싶지 않습니다. 절대로요."라고 말했다. 하지만 머스크가 제시한 아이디어는 달랐다.

캔트렐은 무더운 7월의 어느 날 오후 유타 주에서 컨버터블을 몰고 달리다가 전화 한 통을 받았다. "전화를 건 남자는 야릇한 억양으로 '진심으로 당신과 이야기를 하고 싶습니다. 나는 억만장자인데, 우주개발 프로그램을 시작하려고 합니다.'라고 말했어요." 캔트렐은 전화를 건 사람의 이름을 이안 머스크로 잘못 들었고 집에 도착해서 전화를 걸겠다고 말했다. 처음에 두 사람은 서로를 믿지 않았다. 머스크는 캔트렐에게 자신의 휴대전화 번호를 주지 않으려고 팩스 기계로 전화를 걸었다. 캔트렐은 머스크가 매우 흥미로울 뿐 아니라 열의가 대단한 인물이라는 사실을 직감했다. "일론은 내가 사는 곳 근처에 공항이 있는지 묻더니 당장 다음 날 만나고 싶다고 했어요. 나는 경계심이 생겼어요." 적이 교묘하게 함정을 파는 것일까봐 두려웠던 캔트렐은 델타 항공 라운지 근처에 회의실을 빌릴 테니 솔트레이크시티 공항에서 만나자고 했다. "그가 총을 갖고 있지 못하도록 보안 검색을 거친 후에 만나고 싶었습니다." 이렇게 만난 두 사람은 뜻이 잘 맞았다. 머스크는 인류가 여러 행성에 살 수 있어야 한다고 주장했고 캔트렐은 머스크가 진지하게 원한다면 러시아로 건너가 로켓을 사도록 도와주겠다고 약속했다.

2001년 10월 말 머스크와 캔트렐, 머스크의 대학 동창 아데오 레시는 모스크바로 향하는 비행기에 올랐다. 레시는 머스크를 감시하는 역할을 자청해서 절친한 친구가 이성을 잃지 않게 하려고 신경을 곤두세웠다. 레시를 비롯한 친구들은 로켓이 폭발하는 장면을 편집해서 비디오를 만든 뒤 로켓을 사느라 돈을 낭비하지 말라고 머스크를 설득했다. 이러한 노력이 물거품으로 돌아가자 레시는 러시아까지 쫓아가 머스크를 자제시키려고 최선을 다했다. 캔트렐은 이렇게 회상했다. "레시가 나를 구석으로 불러내더니 '일론이 진행하는 일은 미친 짓입니다. 박애주의자다운 행보라고요? 아뇨, 정신 나간 일이에요.'라고 말했어요. 레시는 눈앞에 벌어질 일에 대해 심각하게 걱정했지만 어쨌거나 함께 길을 떠났습니다." 일론 일행은 돈만 있으면 공공연하게 우주 미사일을 살 수 있는 절정기에 러시아로 향했다.

그 후 머스크 일행에는 마이클 그리핀이 합류했고 러시아 사람을 4개월에 걸쳐 세 차례 만났다.[14] 일행은 러시아 연방 우주청의 발주로 화성 탐사선과 금성 탐사선을 제조한 NPO 라보슈킨Lavochkin,

---

14 이 시기 동안 머스크의 행적을 기록한 대부분의 글에는 그가 러시아에 세 차례 갔다고 적혀 있다. 캔트렐이 남긴 상세한 기록에 따르면 이것은 사실이 아니다. 머스크는 모스크바에서 두 차례, 패서디나Pasadena에서 한 차례 러시아인을 만났다. 또한 우주 미사일을 살 의향으로 파리에서 아리안스페이스Arianespace 측과 만났고 런던에서는 서리 세틀라이트Surrey Satellite 측과 만났다.

상업용 로켓 발사대 제조 업체인 코스모트라스Kosmotras 같은 기업과 몇 차례 회의하기로 계획을 세웠다. 회의는 모두 러시아 관례에 따라 같은 방식으로 진행되었다. 러시아인은 아침 식사를 거르는 경우가 많기 때문에 대부분 오전 11시경에 자기 사무실에서 만나 이른 점심 식사를 하자고 제의한다. 그러면 샌드위치, 소시지, 보드카 등을 늘어놓고 골라 마시고 먹으면서 한 시간가량 간단하게 대화한다. 그 와중에 주로 그리핀의 인내심이 바닥나기 시작했다. 캔트렐은 이렇게 회상했다. "그리핀은 어리석은 짓을 보면 잘 참지 못했어요. 주위를 둘러보면서 대체 사업 이야기는 언제 할 생각이냐고 다짜고짜 물었습니다." 그러자 아직 사업 이야기를 할 때가 아니라는 대답이 돌아왔다. 점심 식사를 마치면 오랫동안 담배를 피우고 커피를 마신다. 드디어 식탁이 깨끗이 치워지자 러시아 책임자가 머스크를 보며 "사고 싶은 물건이 무엇인가요?"라고 물었다. 러시아 사람들이 머스크의 의견을 좀 더 진지하게 받아들였다면 그렇게 황당한 질문을 던지지 않았을 것이다. 캔트렐은 이렇게 전했다. "러시아인들은 신뢰할 수 없다는 표정을 지으며 우리를 보았어요. 러시아 수석 디자이너 중 한 사람이 나와 일론에게 경멸스러운 말을 뱉었죠. 우리가 추진하려는 사업이 얼토당토않다고 생각했던 겁니다."

모스크바 도심지 근처에 있는 혁명 이전 시대 건물에서 매우 격렬한 회의가 벌어졌다. 잔에 보드카를 채우고 "우주를 위하여!", "미국을 위하여!"라고 외치며 건배했다. 머스크는 대륙 간 탄도미사일

세 대를 2,000만 달러에 사서 개조한 후 우주로 발사할 수 있기를 바랐다. 보드카 기운이 돌자 머스크는 거두절미하고 미사일 한 대 가격이 얼마인지 물었다. 한 대에 800만 달러라는 대답이 돌아왔다. 머스크는 두 대에 800만 달러에 사겠다고 제의했다. 캔트렐은 이렇게 회상했다. "러시아인들은 자리에 앉아 일론을 빤히 쳐다보더니 '젊은이, 그 가격에 팔 수는 없소.'라고 거절했습니다. 그러면서 돈이 없는 것은 아니냐며 일론을 떠봤어요." 이 시점에 이르자 머스크는 러시아인이 진지하게 거래할 생각이 없거나 닷컴 백만장자에게 가능한 한 많은 돈을 뜯어내려 한다고 생각해서 바람을 쌩 일으키며 회의실을 나왔다.

머스크 일행의 기분은 더할 나위 없이 엉망이었다. 때는 2002년 2월 말로 일행은 밖으로 나와 택시를 잡아타고 모스크바 겨울의 눈과 진창으로 둘러싸인 공항으로 곧장 갔다. 택시 안에서 모두 입을 굳게 다물었다. 머스크는 인류를 위해 웅장한 쇼를 펼쳐 보이겠다는 꿈에 부풀어 러시아에 왔지만 지금은 러시아인의 인간성에 실망하고 분개하며 러시아를 떠나는 중이었다. 머스크의 예산으로 살 수 있는 로켓을 가진 사람은 러시아인뿐이었다. 캔트렐이 말했다. "공항까지 자동차를 오래 탔어요. 우리 일행은 눈이 쌓인 한가운데서 장을 보는 러시아 농부들을 차창으로 내다보며 묵묵히 앉아 있었습니다." 침울한 분위기는 비행기에 탑승해 음료 서비스를 받을 때까지 계속됐다. "비행기가 이륙해 모스크바를 떠날 때는 언제나 기분이 좋습니다. 탈출에 성공한 느낌이 드니까요. 그래서 그리핀과 나는 건배를 하고 술을 마셨습니다." 머스크는 일행 앞줄에 앉아 컴퓨터를 두드리고 있었다. "우리는 '저 괴짜는 이 상황에서 일이 손에 잡히나?'라고 생각했죠." 그때 머스크가 등을 돌리면서 여태껏 작성한 도표를 내보이며 말했다. "친구들! 우리가 로켓을 직접 만들 수 있겠어요."

그리핀과 캔트렐은 술을 두어 잔 마신 후였지만 현실을 인식했다. 그들은 로켓을 직접 만들 수 있다는 환상적인 아이디어에 마냥 기뻐하지 못했다. 우주를 정복할 수 있다고 호언장담한 백만장자들이 결국 재산을 잃고 말았다는 이야기를 주위에서 너무나 자주 들어왔기 때문이다. 한 해 전만 해도 텍사스 부동산과 금융 업계의 명사인 앤드루 빌Andrew Beal이 거대한 실험에 수백만 달러를 쏟아붓고 항공 우주 사업을 접었다. 캔트렐은 이렇게 회상했다. "우리는 속으로 '실없는 소리 하지 마시지. 당신에게 그럴 만한 힘이 있겠소.'라고 생각했어요. 하지만 일론은 '진심이에요. 이 도표를 보라니까요.'라고 말했습니다." 머스크에게서 노트북 컴퓨터를 넘겨받은 그리핀과 캔트렐은 너무 놀란 나머지 말문이 막혔다. 문서에는 로켓을 만들고 조립하고 발사하는 데 필요한 재료와 비용이 상세하게 적혀 있었다. 머스크의 계산에 따르면 소형 위성과 연구 탑재물만 전문적으로 우주에 운반하는 시장을 겨냥해 아담한 크기의 로켓을 만들면 기존 로켓 발사 기업보다 싼 가격을 제시할 수 있었다. 게다가 도표에는 로켓의 가상 성능까지 놀라울 정도로 자세히 기록되어 있었다. 캔트렐은

"나는 이 모든 자료를 대체 어디서 구했냐고 일론에게 물었습니다."
라고 말했다.

　머스크는 몇 개월 동안 항공 산업과 그와 연관된 물리학을 공부했다. 기초 내용을 다룬 책 몇 권과 더불어 《로켓 추진》, 《기본 우주 역학》, 《가스터빈과 로켓 추진의 공기열역학》 등의 책을 캔트렐을 비롯한 전문가들에게 빌려 읽었다. 정보를 집어삼킬 듯 흡수했던 어린 시절로 돌아가 책을 읽고 깊이 생각한 끝에 러시아 사람들이 제시한 가격보다 훨씬 저렴하게 로켓을 만들 수 있고 또 그래야 한다고 판단했다. '생쥐를 쏘아 보내는 아이디어는 잊자. 화성에서 죽어버릴 식물을 심자는 아이디어도 버리자. 앞으로는 우주탐사 비용을 낮추는 방식으로 우주개발에 대해 생각해보라고 사람들에게 영감을 불어넣어야겠다.'

　머스크의 계획을 둘러싸고 항공 우주 산업계에 소문이 퍼졌지만 사람들의 반응은 시큰둥했다. 주브린은 예전에도 이와 비슷한 쇼를 여러 차례 본 적이 있었다. "한 엔지니어의 그럴듯한 이야기에 귀가 솔깃했던 갑부들이 많았습니다. 자기 두뇌와 갑부의 돈을 합하면 로켓을 만들어 돈도 벌고 우주산업을 이끄는 선구자가 될 수 있다고 말입니다. 전문가라는 작자들이 부자들의 돈을 한 2년 정도 받아 쓰고 나면 부자들은 지쳐서 사업을 접고 맙니다. 일론을 보면서도 사람들은 한숨 섞인 어투로 '일론이 1,000만 달러를 써서 생쥐를 화성에 보낼 수는 있겠지만 결국은 앞서 같은 길을 걸었던 사람들처럼 수억 달러를 낭비하고 말 겁니다.'라고 혀를 차며 말했어요."

로켓 회사를 창업할 때 따르는 위험성을 충분히 인식한 일론은 다른 사람은 모두 실패했더라도 최소한 한 가지 이유로 자신은 성공할 수 있다고 생각했다. 자기에게는 톰 뮬러Tom Mueller가 있었기 때문이다.

뮬러는 아이다호 주에 있는 자그마한 도시 세인트 매리스St. Maries에서 벌목 트럭 운전기사의 아들로 태어나 괴짜로 불리며 성장했다. 다른 아이들이 겨울에 숲 속을 돌아다니며 노는 동안 뮬러는 도서관에 앉아 책을 읽거나 집에서 영화 '스타워즈'를 보았다. 그는 주물럭거리며 무엇이든 만들기를 좋아했다. 하루는 학교에 가는 길에 골목에서 고장 난 시계를 주워와서 매일 기어와 스프링 등 시계 부품을 수리해 결국 작동하게 만들었다. 어느 날 오후에는 집에서 쓰는 잔디 깎는 기계를 재미 삼아 앞뜰에서 분해했다. 뮬러는 이렇게 말했다. "아버지가 집에 돌아와서 불같이 화를 내셨어요. 기계를 새로 사야 한다고 생각하셨거든요. 하지만 내가 다시 조립해서 작동하게 만들었죠." 그 후 뮬러는 로켓에 마음이 꽂혔다. 우편으로 조립 세트를 산 뒤 설명서를 보면서 소형 로켓을 만들기 시작하더니 급기야 자신만의 독창적 로켓을 만들었다. 열두 살 때는 로켓에 붙일 수 있는 우주왕복선을 실물 크기로 만들어 공중으로 쏘아 올렸다가 지상에 미끄러지듯 착륙시킬 수 있었다. 2년 후 과학 실험의 일환으로 아버지의 산소 아세틸렌 용접기를 가져다가 실험용 로켓엔진을 만들었다. 물을 가득 넣은 커피 깡통에 거꾸로 집어넣어 엔진의 온도를 식혔고("나는 엔진을 하루 종일이라도 가동시킬 수 있었습니다.") 이와 비슷하게 창의적 방법으로 엔진의 성능을 측정했다. 이때 만든 기계가 워낙 훌륭해서 뮬러는 지역 과학 대회 두 군데와 나중에는 국제 대회에 출전해 우승했다. 뮬러는 "가슴속에서 열정이 솟구치는 계기가 되었습니다."라고 말했다.

각진 얼굴에 키가 크고 몸이 마른 뮬러는 성격이 태평해서 친구들에게 연막탄 제조 방법을 가르치며 느긋하게 대학 생활을 보냈지만 막판에는 기계공학을 전공하며 두각을 나타냈다. 대학을 졸업한 후에는 위성을 제조하는("정확하게는 아니었지만 로켓에 가까웠습니다.") 휴즈 에어크래프트Hughes Aircraft에 입사했다가 TRW 스페이스 앤 일렉트로닉스TRW Space & Electronics로 자리를 옮겼다. 시기적으로는 1980년대 후반으로 로널드 레이건 대통령이 우주 전쟁 프로그램을 가동하면서 운동에너지 무기와 우주 대혼란에 몰두하고 있던 우주 관련 프로그래머를 끌어모았다. 뮬러는 TRW에 근무하면서 실현가능성을 점칠 수 없는 발사체를 실험했고, 액체산소와 수소를 연료로 사용하는 TR-106 엔진의 개발을 지휘했다. 그러면서 취미 생활로 로켓의 제조와 발사를 촉진하기 위해 1943년에 결성된 '반응

연구 동호회Reaction Research Society, RRS'에 가입해 아마추어 로켓 전문
가 200여 명과 어울렸다. 주말마다 RRS 회원들과 모하비 사막에서
아마추어 기계의 한계를 뛰어넘기 위해 실험을 거듭했다. 동호회에
서 단연 두각을 나타낸 뮬러는 실제로 작동하는 기계를 만들 수 있
었고, TRW의 보수적인 상사들에게 묵살당한 급진적 개념의 기계도
실험해볼 수 있었다. 당시 뮬러가 거둔 최고의 성과는 6톤의 추력을
낼 수 있는 36킬로그램짜리 엔진을 만든 것이었는데, 아마추어가 제
작한 액체연료 로켓의 엔진으로는 세계 최대라는 찬사를 들었다. 뮬
러는 지금도 자기 집 차고에 그 로켓을 보관하고 있다.

2002년 1월 뮬러는 존 가비John Garvey의 공장에서 시간을 보내
고 있었다. 존 가비는 항공 우주 기업인 맥도널 더글러스McDonnell
Douglas 사를 그만두고 로켓을 만들 목적으로 헌팅턴 비치Huntington
Beach 지역에 자동차 여섯 대가 들어갈 만한 크기의 창고를 빌렸다.
두 사람이 36킬로그램짜리 엔진을 손보고 있을 때 가비는 일론이라
는 사람이 공장에 찾아올지 모른다고 말했다. 아마추어 로켓 분야는
바닥이 좁았으므로 캔트렐이 일론에게 가비의 공장을 찾아가 뮬러
가 설계한 엔진을 보라고 추천했던 것이다.

어느 일요일, 멋진 검은색 가죽 트렌치코트를 걸쳐서 프로 암살
범처럼 보이는 머스크가 임신한 아내를 데리고 공장에 도착했다. 뮬
러가 36킬로그램짜리 엔진을 어깨로 받치면서 볼트로 지지 구조물
에 고정시키는 동안 머스크는 질문을 퍼붓기 시작했다. 뮬러는 이렇

게 회상했다. "일론은 내게 엔진의 추력이 얼마냐고 물었습니다. 그리고 이보다 큰 엔진을 만들어본 적이 있는지 알고 싶어 했습니다. 그렇다고 대답했죠. TRW에서 추력이 295톤인 엔진을 제조하는 프로젝트에 참여했으므로 어떤 부품이 들어가는지 속속들이 알고 있었거든요." 뮬러는 엔진을 내려놓고 머스크의 질문 공세에 열심히 대답했다. 머스크가 "그렇게 큰 엔진을 만들려면 비용이 얼마나 들까요?"라고 묻자 TRW에서는 1,200만 달러를 쓴다고 말하자 머스크가 단도직입적으로 물었다. "그렇겠죠. 하지만 당신이 만든다면 얼마나 들까요?"

뮬러는 머스크와 몇 시간이나 이야기를 나누었고 다음 주말에 그를 집으로 초대해 토론을 계속했다. 그 후 머스크는 우주산업 관련 전문가로 구성한 자문 집단에 뮬러를 소개하고 비밀회의에 참석시켰다. 뮬러는 예전에 앤드루 빌을 비롯해 항공 우주 사업을 벌이려고 꿈틀거리기 시작한 거물들에게도 영입 제의를 받았지만 그들의 아이디어에 실현 가능성이 없어 보여 거절했다. 하지만 머스크는 달랐다. 회의를 거듭하면서 습관적으로 반대하는 사람을 추려내고 총명하고 헌신적인 엔지니어로 팀을 꾸리는 등 자신이 추진하는 사업의 내용을 제대로 파악하는 것 같았다.

뮬러는 머스크를 도와 저예산 로켓의 성능과 제조 비용을 계산했고 엔지니어 팀과 함께 로켓 제조 아이디어를 발전시켜나갔다. 그들이 만들 로켓은 보잉과 록히드, 러시아를 포함한 기타 국가가 트럭

크기의 위성을 운반하려고 쏘아 올리는 거대한 로켓이 아니었다. 우선 대중적 위성 발사 시장을 겨냥하고, 마지막에는 최근 몇 년 동안 엄청나게 발전한 컴퓨터 기술과 전자 기술을 활용해 소형 탑재물을 운송하기에 이상적인 로켓을 만들 계획이었다. 항공 우주 산업 분야에는 발사 비용을 대폭 낮추고 일정에 맞추어 규칙적으로 발사할 능력을 갖춘다면 상업용과 연구용 화물을 우주로 운송하는 시장이 새롭게 열릴 수 있다는 이론이 있었다. 저예산 로켓을 만들 수 있다면 이 이론에 따른 수요를 충족할 수 있을 터였다. 머스크는 이러한 시대 흐름의 최전선에 서서 새롭게 우주 시대를 건설하고 싶었다. 물론 처음에는 이 모두가 이론에 불과했다. 하지만 어느 날 갑자기 상황이 반전되었다. 2월 들어 주식 상장을 기점으로 페이팔의 주가가 55퍼센트 치솟으면서 이베이가 인수 의사를 밝혀왔던 것이다. 로켓을 개발할 아이디어에 몰두하는 사이에 머스크의 순 자산은 천만 단위에서 억 단위로 불어났다. 2002년 4월 머스크는 떠들썩한 홍보를 자제하면서 산업용 우주개발 기업을 설립하기로 마음을 굳혔다. 그래서 캔트렐, 그리핀, 뮬러, 크리스 톰슨Chris Thompson, 보잉의 항공 우주 산업 엔지니어를 불러 모으고 기업 설립의 뜻을 밝히면서 찬성하면 합류하라고 말했다. (그리핀은 합류하기를 원했지만 계속 동부에 살고 싶다고 했고 머스크의 단호한 거절에 부딪치자 결국 포기했다. 캔트렐은 사업에 따르는 위험성이 지나치게 크다고 생각해 이 회의에 참석한 후 몇 달 동안만 머물렀다.)

2002년 6월 스페이스 엑스Space Exploration Technologies는 수수한 환경에서 출범했다. 머스크는 엘 세군도의 그랜드 애비뉴 1310번지에 있는 7,000제곱미터 넓이의 오래된 창고를 사들였다. 이곳은 로스앤젤레스 외곽에 있으면서 항공 우주 산업과 관계있는 활동으로 꿈틀거리는 지역에 있었다. 창고의 전 임대인은 선적 작업을 많이 했으므로 남쪽은 배송 트럭이 드나드는 하역장을 갖추어 물류 기지로 사용했다. 이 하역장 덕택에 머스크는 은색 맥라렌을 몰고 곧장 건물로 들어갈 수 있었다. 하지만 다른 시설은 턱없이 부족했고 바닥에는 먼지가 수북이 쌓여 있었으며 12미터 높이의 천장은 꼭대기부터 곡선으로 나무틀과 절연 처리 자재가 그대로 드러나 마치 옷걸이 같았다. 건물 북쪽에는 50여 명이 일할 수 있는 공간이 있었다. 스페이스 엑스가 작업을 시작한 첫 주에 델 노트북과 프린터, 접이식 테이블을 빼곡하게 실은 배송 트럭이 도착했다. 머스크는 하역장으로 가서 트럭에서 장비를 직접 내렸다.

머스크는 앞으로 스페이스 엑스를 상징할 심미적 특징대로 공장을 꾸몄다. 바닥 콘크리트에는 광택 나는 에폭시를 입혔고 벽에는 상큼한 흰색 페인트를 두껍게 칠했다. 벽을 흰색으로 칠한 까닭은 공장을 청결하고 쾌활해 보이게 만들기 위해서였다. 책상을 공장 전체에 분산 배치해 기계를 설계하는 아이비리그 출신 컴퓨터 과학자와 엔지니어가 하드웨어를 만드는 용접 기사와 기계 제작 기술자와 머리를 맞대고 앉을 수 있게 배려했다. 스페이스 엑스의 파격적 행보는 성격이 다른 엔지니어 집단을 서로 격리하고 부동산 가격과 임금이 저렴한 지역에 공장을 세워 엔지니어와 기계 제작 기술자를 멀리 떨어뜨려놓는 전통적 항공 우주 기업들과 뚜렷이 구별되었다.

회사에 출근한 첫 직원 10여 명은 '우주의 사우스웨스트 항공사'로 부상하는 것이 스페이스 엑스의 사명이라는 말을 들었다. 스페이스 엑스는 자체적으로 엔진을 만들고 하청 업체와 계약을 맺어 기타 부품을 조달받을 계획을 세웠다. 엔진의 성능을 개선하고 제조 비용을 줄이는 동시에 조립 과정을 조정해 로켓을 기존 기업보다 싸고 신속하게 생산해내기 위해서였다. 여러 장소로 움직일 수 있고, 로켓을 수평에서 수직으로 세워 순조롭게 우주로 발사할 수 있는 이동식 발사체를 생산하는 것도 사업 계획에 포함되었다. 순조롭게 진행한다면 매달 여러 차례 로켓을 발사하고 수입을 얻을 수 있으므로 정부 지원에 의존하는 거대 하청 업체와 다른 길을 걸을 수 있었다.

스페이스 엑스는 로켓 사업에서 과거를 청산하고 새 출발하려는 미국의 의지를 반영했다. 머스크는 우주산업이 지난 50여 년 동안 답보 상태에 있다고 생각했다. 항공 우주 기업들은 경쟁하지 않았고 필요 이상으로 최대 성능을 지닌 비싼 제품을 만들었다. 혼다 어코드 급 로켓이면 발사에 성공할 수 있는데도 매번 페라리 급 로켓을 만드는 형국이었다. 이와는 대조적으로 머스크는 실리콘밸리에서 직접 배운 창업 기술을 적용해 스페이스 엑스의 체구를 가볍고 빠르게 만드는 동시에린 스타트업 경영 전략을 구사한다는 뜻으로 빠른 시장 변화와 다양한 사용자 요구에 대응하기 위해 핵심 아이디어를 빠르게 제품으로 만들고 고객의 반응을 살펴 경영 방향을 잡는다 지난 20여 년 동안 엄청나게 발전한 정보 처리 능력과 재료를 활용할 것이었다. 또한 민영기업이므로 정부 하청 업체에 따라다니는 낭비와 비용 초과 현상을 피할 수 있었다. 머스크는 스페이스 엑스가 생산할 최초의 로켓을 팰컨 1호로 이름 짓겠다고 발표했다. 영화 '스타워즈'에 나오는 밀레니엄 팰컨Millennium Falcon을 기리고 흥미진진한 미래를 건설하는 자신의 역할을 상징하기 위해서였다. 탑재물 250킬로그램을 발사하는 비용이 3,000만 달러에서 출발했던 시기에 머스크는 팰컨 1호로 635킬로그램을 690만 달러에 운반하겠다고 약속했다.

머스크는 성격대로 자신이 추진하려는 사업마다 제정신이 아니다 싶게 야심만만한 일정을 세웠다. 가장 초기에 실시한 발표회에서 스페이스 엑스는 2003년 5월에 로켓의 1단 엔진, 6월에 2단 엔진, 7월에 동체를 완성하고 8월에 모든 부품을 조립하겠다고 선언했다. 그 후 9월까지 발사대를 설치하고 같은 해 10월 첫 발사를 실시할 계획이라고 덧붙였다. 일정대로 제작이 이루어진다면 창업하고 불과 15개월 만이었다. 화성 여행의 추진은 자연스럽게 첫 로켓 발사를 끝낼 무렵으로 잡았다. 이 일정은 논리적이고 순진한 낙천주의자인 머스크의 성격대로 인간이 물리적으로 이 모든 성과를 달성하는 데 걸리는 시간만 계산한 결과였다. 또한 머스크가 자신과 직원에게 기대하는 일정이기도 했으므로 당연히 사소한 인간적 결함을 지닌 직원들은 이 일정에 맞추느라 쉴 새 없이 분투해야 했다.

우주탐사를 열렬하게 지지하는 사람들은 머스크의 개발 일정이 현실적인지 여부에 그다지 신경 쓰지 않았다. 그저 누군가가 싸고 빠르게 우주에 접근하는 방법을 실행하기로 결심했다는 것만으로도 흥분을 감추지 못했다. 이미 군대 일각에서는 군대도 우주에서 능동적으로 대응하는 능력을 갖춰야 한다고 주장해왔다. 국가끼리 물리적으로 충돌할 경우 목적에 맞게 제작한 위성을 사용해 임무를 수행할 수 있는 능력을 키우기 위해서다. 특수 임무에 적합한 위성을 제작하고 배치하는 데 10년을 예상한 군대는 머스크의 계획이 성공하면 그만큼 시간을 벌 수 있었다. 다만 군대가 원하는 위성은 소프트웨어를 변경할 수 있고, 시기를 촉박하게 통보하더라도 발사할 수 있으며, 일회용에 가까울 만큼 기존 위성보다 크기가 작고 가격이 싸야 했다. 국방부 컨설턴트로 활동하던 시기에 머스크를 만났던 전직 공군 장성 피트 워든Pete Worden은 "그렇게만 된다면 세계의 권력 판도가 달라질 것입니다. 군대가 육지와 바다, 공중에서 대응하는 수준으로 우주에서도 대응할 수 있으니까요."라고 말했다. 머스크가 요청한 워든의 임무는 급진적 기술을 검토하는 것이었다. 워든이 그동안 만났던 사람 중에는 별난 몽상가가 많았지만 머스크는 현실에 뿌리를 내렸고 지식이 탄탄하고 유능해 보였다. "나는 자기 집 차고에서 광선총 등을 만드는 사람들과도 대화를 해보았습니다. 하지만 일론은 그들과 분명히 달랐어요. 로켓 기술을 제대로 파악하고 예지력을 갖춘 모습을 보면서 감명받았죠."

　군대와 마찬가지로 과학자들도 싸고 신속하게 우주에 접근하고 실험 도구를 우주로 쏘아 올려 정기적으로 자료를 받아보고 싶어 했다. 의료나 소비재 산업에 속한 일부 기업도 중력이 부족한 공간에서 자사 제품의 속성에 어떤 변화가 생기는지 연구할 목적으로 우주탐사에 관심을 쏟았다.

　저렴한 발사체를 개발하겠다는 주장이 멋있게 들리는 만큼 개인이 그 엄청난 성과를 달성할 가능성은 전혀 없어 보였다. 유튜브에 '로켓 폭발'이라는 검색어를 입력하면 미국과 소련 연방에서 수십 년간 발생했던 발사 재앙 장면을 편집한 동영상 수천 건이 쏟아져 나온다. 1957~1966년 미국에서만도 400대 이상의 로켓을 우주 궤도로 발사했고 그중 100대가 추락했다.**5** 화물을 우주로 운송하는 로켓은 거액의 정부 예산을 지원받고 시행착오를 숱하게 거치며 개발된다. 스페이스 엑스는 기존 기업이 과거부터 쌓아온 경험을 발판으로 삼고, 보잉과 TRW 등에서 로켓 프로젝트를 진행한 인재를 확보할 수 있는 혜택을 누렸다. 신생 기업은 만에 하나 로켓이 연거푸 폭발하는 사태를 버텨낼 만한 예산이 없다. 따라서 스페이스 엑스가 팰컨 1호를 제대로 작동시킬 때까지 발사를 시도해볼 수 있는 횟수는 기껏해야 서너 번이었다. 뮐러는 이렇게 말했다. "사람들은 우리가 제정신이 아니라고 생각했어요. TRW에 근무할 때는 인재들을 거느리고 정부의 자금 지원까지 받아 일했습니다. 하지만 스페이스 엑스에서는 소규모 팀을 거느리고 아무것도 없는 상태에서 저가 로켓을 만들어야 했습니다. 그러니 사람들은 이 일이 성공하리라고 생각하지 않았어요."

2002년 7월 머스크는 우주탐사 사업을 벌일 생각에 흥분을 감추지 못했다. 그 와중에 이베이가 페이팔을 15억 달러에 매입하겠다는 뜻을 적극 밝혔다. 머스크는 매각에 성공하면서 자금 유동성을 확보했고 1억 달러 이상을 스페이스 엑스에 투자할 수 있었다. 거액을 투자했으므로 과거 Zip2와 페이팔 때와 달리 어느 누구도 스페이스 엑스의 지배권을 놓고 머스크와 맞붙어 싸울 수 없었다. 머스크와 함께 스페이스 엑스의 불가능해 보이는 여정을 걸어가기로 결정한 직원들은 페이팔의 매각 덕택에 최소 2년 동안 일자리를 보장받았다. 또한 머스크의 인지도와 명성에 힘입어 정부의 고위 관리를 만나고 하청 업체를 움직일 수 있었다.

그때 외부에서 이룩한 모든 성취가 하루아침에 빛을 잃는 사건이 일어났다. 이베이와 거래가 성사되었다는 소식이 발표될 무렵 머스크의 아들 네바다 알렉산더 머스크Nevada Alexander Musk가 생후 10주 만에 사망한 것이다. 머스크 부부는 아들을 담요로 싸서 반듯이 눕혀 낮잠을 재웠는데, 아기가 잘 자고 있는지 살펴보러 방으로 들어갔을 때 아들은 이미 숨을 거둔 후였다. 의사는 영아돌연사증후군에 의한 사망으로 진단했다. 저스틴은 〈마리 끌레르〉에 실린 기사에 이렇게 썼다. "구급 대원이 심폐 소생술을 시도했을 때 아들은 이미 산소 부족으로 뇌사 상태에 빠졌습니다. 아들이 오렌지 카운티에 있는 한 병원에 입원한 지 사흘 후에 우리는 그 아이와 연결된 생명 유지 장치를 떼기로 결정했습니다. 아들은 내 품에서 죽었어요. 일론은 그 일에 대해 더 이상 말하고 싶지 않다고 분명하게 못 박았습니다. 내가 밖으로 드러내놓고 슬퍼하면 남편은 이해하지 못하고 '감정을 꾸며낸다'고 생각했어요. 마찬가지로 나도 남편의 태도를 납득할 수 없었습니다. 그 후로 나는 감정을 숨겼고 아들이 죽은 지 두 달이 지나지 않아 시험관아기 시술 클리닉을 찾았습니다. 우리 부부는 가능한 한 빨리 아기를 갖자고 결정하고 계획을 세웠습니다. 나는 그 후 5년 동안 쌍둥이와 세쌍둥이를 출산했습니다." 나중에 저스틴은 아들의 죽음을 맞아 머스크가 보였던 반응은 자신의 고통스러웠던 어린 시절에 습득한 방어기제였다고 밝혔다. 그리고 〈에스콰이어 Esquire〉와 가진 인터뷰에서 이렇게 설명했다. "일론은 어두운 곳을 싫어합니다. 그저 앞으로 나아갈 뿐이죠. 내 생각에 그것이 일론이 살아가는 방법 같아요."

머스크는 절친한 친구 두 명에게 비참한 심정을 털어놓았지만 그의 마음은 저스틴이 파악한 대로였다. 그는 밖으로 드러내놓고 슬퍼하는 태도가 좋지 않다고 생각한다. 머스크는 이렇게 말했다. "그 일에 대해 말하면 걷잡을 수 없이 슬퍼집니다. 극도로 슬픈 이야기를 굳이 꺼낼 이유가 없다고 생각합니다. 미래를 위해 좋지 않아요. 다른 자녀도 있고 해야 할 일도 있는데 슬픔에 빠져 허우적거리면 주위 사람에게 덕이 되지 않습니다. 그러한 일을 당하면 대체 무엇을 어떻게 해야 할지 모르겠어요."

네바다가 죽고 나서 머스크는 스페이스 엑스의 경영에 몰두하면서 기업 목표를 급속도로 확대하기 시작했다. 하지만 스페이스 엑스가 할 수 있는 사업에 대해 기존 항공 우주 산업에 관련된 하청 업체와 대화하고 나서는 환멸을 느꼈다. 하청 업체들이 지나치게 많은 비용을 청구하면서도 작업은 느리게 진행하는 것 같았기 때문이다. 그래서 이러한 회사들이 제조하는 부품을 받아서 조립하기보다는 스페이스 엑스의 필요에 맞추어 최대한 실용적인 방법을 찾기로 결정했다.

스페이스 엑스는 자사 웹사이트에 이렇게 선언했다. "우리 기업은 아폴로부터 패스트랙 로켓 엔진을 사용한 X-34까지 과거에 실행했던 많은 발사체 프로그램에서 습득한 아이디어를 활용하는 동시에 엔진·터보 펌프·유도 방식·극저온 탱크 구조를 포함해 팰컨 로켓 전체를 비밀리에 다시 개발했다. 처음부터 자체적으로 개발하면 어려움이 가중되고 투자 자금이 더 필요하지만 저비용으로 우주를 탐사하려면 반드시 밟아야 할 절차였다."

머스크가 영입한 스페이스 엑스의 중역진에는 유명한 인재들이 많았다. 뮬러는 매의 품종에서 이름을 따온 멀린Merlin 엔진과 케스트렐Kestrel 엔진 제작에 들어갔다. 한때 해군으로 복무했고 보잉에서 델타 로켓과 타이탄 로켓의 생산을 담당했던 크리스 톰슨이 경영 부사장으로 합류했다. 세계 최고의 로켓 실험 전문가로 평판을 구축한 팀 부자Tim Buzza는 보잉 출신이었다. NASA 제트 추진 연구소와 상업용 항공 우주 기업에서 근무한 스티브 존슨Steve Johnson이 선임 기계공학 기술자로 일하기 시작했다. 항공 우주 엔지니어인 한스 쾌니히스만Hans Koenigsmann은 항공 전자 기기와 유도 및 제어 시스템 부문을 담당했다. 머스크가 채용한 그윈 숏웰Gwynne Shotwell은 스페이스 엑스의 최초 판매원으로 입사했다가 항공 우주 분야의 전문가로 성장해 사장으로 취임하고 머스크의 오른팔이 되었다.

스페이스 엑스와 테슬라에서 전설적 인물로 통하는 메리 베스 브라운Mary Beth Brown도 초창기에 합류했다. 사내에서 모든 직원이 MB라고 부르는 브라운은 머스크의 충직한 비서로 둘의 관계는 영화 '아이언맨Iron Man'에 나오는 토니 스타크Tony Stark와 페퍼 포츠Pepper Potts의 관계와 같았다. 머스크가 매일 20시간 일했다면 브라운도 그랬다. 몇 년 동안 브라운은 머스크에게 음식을 챙겨주고, 사업 약속을 잡고, 머스크가 아이들과 보낼 시간을 마련하고, 옷을 골라주고, 언론을 상대하고, 일정을 맞춰야 한다면 머스크를 회의실에서 끌어내는 일도 서슴지 않았다. 브라운은 머스크와 그의 모든 흥미를 연결하는 유일한 가교이면서 회사 직원들에게는 매우 귀중한 자산이었다.

브라운은 스페이스 엑스의 초기 문화를 발달시킨 공신으로 사무실에 비치한 빨간색 우주선 쓰레기통처럼 자그마한 비품에도 세

심하게 주의를 기울였고 분위기를 조정하는 데도 기여했다. 머스크와 직접적으로 관계된 문제라면 브라운은 단호한 표정을 짓고 명쾌하고 현실적인 태도를 취했다. 하지만 그 외에는 대개 따뜻하고 환하게 미소 지으며 상대방을 무장해제시키는 매력을 발산했다. 한 스페이스 엑스 직원은 브라운이 늘 웃는 낯으로 친근하게 인사를 건넨다고 말했다. 브라운은 머스크가 받은 이상야릇한 이메일을 모아 '금주의 괴짜 메일'이라는 제목으로 발송해 직원들에게 웃음을 안겼다. 어떤 사람은 달 탐사선을 연필로 스케치하고 여기에 빨간 점을 찍어 보내면서 그 점에 동그라미를 치고 그 옆에 '이건 뭐죠? 피인가요?'라고 썼다. 이 밖에도 영구 운동기계의 설계도를 적거나, 바다에 원유가 유출되는 것을 막는 데 사용하는 거대한 공기 주입식 고무 토끼를 만들고 싶다는 제안서를 보내는 메일도 있었다. 브라운은 짧은 기간 스페이스 엑스의 책을 관리하기도 하고 머스크가 없을 때 사업의 흐름을 매끄럽게 유지하는 일까지 맡았다. 한 기술자는 "브라운은 직원들에게 이래라저래라 명령합니다. 일론이라면 이렇게 하기를 원할 거라고 말하면서요."라고 전했다.

뭐니 뭐니 해도 브라운의 최대 재능은 머스크의 기분을 읽는 것이었다. 스페이스 엑스에서도, 테슬라에서도 브라운은 머스크의 책상 가까이에 자기 책상을 배치해 머스크를 만나러 오는 사람을 걸러냈다. 비싼 물품을 사기 위해 승인을 받으러 온 직원은 일단 브라운에게 허락을 받아야 했다. 머스크가 기분이 좋지 않을 때는 브라운

선에서 거절당하고 발걸음을 돌렸다. 직원이 머스크를 만날 수 있는지에 대한 브라운의 판단 능력은 머스크가 애정 문제로 평소보다 신경이 날카로울 때 특히 빛을 발했다.

스페이스 엑스의 엔지니어들은 젊은 남성이면서 과잉 성취자인 경우가 많았다. 머스크는 최상위권 대학교의 항공 우주학과에 직접 연락해 최고 성적으로 졸업한 학생이 누구인지 물어보았다. 소개를 받으면 기숙사로 전화해 당사자에게 일자리를 제안하는 일도 흔했다. 스탠퍼드 대학교 재학 시절 머스크에게 전화를 받은 마이클 콜로노Michael Colonno는 "장난 전화라고 생각했어요. 전화한 사람이 로켓 회사를 운영한다고 말하는데 처음에는 믿지 못했죠."라고 회상했다. 학생들이 인터넷으로 머스크를 찾아보고 난 후에는 채용 이야기를 꺼내기가 쉬워졌다. 우주탐사를 갈망하는 젊은 항공 귀재들은 정말 오랜만에 로켓 설계를 사업 목표로 설정하고 정진하는 기업을 보았고, 항공학을 전공하고 나서 관료주의에 물든 정부 하청 업체에 취직하지 않아도 되는 흥미진진한 기업을 만났던 것이다. 일단 스페이스 엑스의 야망이 세상에 알려지기 시작하자 보잉이나 록히드 마틴, 오비탈 사이언스에 몸담고 있던 모험심 충만한 일류 엔지니어도 새로 출범한 기업의 문을 두드렸다.

스페이스 엑스가 창업한 첫해에는 매주 신입 사원 한두 명이 들어왔다. 스물세 번째 직원인 케빈 브로건Kevin Brogan은 TRW에서 근무할 당시 이런저런 사내 정책에 가로막혀 업무를 제대로 추진하지 못할 때가 많았다. "나는 TRW를 컨트리클럽이라고 불렀습니다. 모두들 아무 일도 하지 않고 손 놓고 있으니까요." 브로건은 면접을 본 자리에서 스페이스 엑스에서 일하기로 결정했고 앞으로 사용할 컴퓨터를 직접 고르라는 말을 들었다. "프라이스Fry's, 미국 대형 전자 제품 유통 업체에 가서 필요한 물건을 집고 스테이플스Staples, 사무 용품 전문 업체에 가서 의자를 샀어요." 브로건은 업무가 상상을 초월할 만큼 복잡하다는 사실을 깨닫고 하루 12시간 일하고 퇴근해서 10시간 잠자고 다시 공장으로 돌아오는 생활을 반복했다. "완전히 탈진했고 정신 상태도 엉망이었어요. 하지만 곧 일이 좋아졌고 완전히 빠져들었습니다."

스페이스 엑스는 첫 프로젝트 중 하나로 뜨거운 가스를 만들어 내는 가스발생기를 제작하기로 했다. 뮬러와 부자, 젊은 엔지니어 두 명은 로스앤젤레스에서 가스발생기를 조립한 후 트럭에 싣고 시험을 하기 위해 캘리포니아 주 모하비로 향했다. 로스앤젤레스에서 약 160킬로미터 거리에 있는 사막 도시 모하비는 스케일드 컴포지트Scaled Composites와 엑스코르XCOR 같은 항공 우주 기업의 중심지였다. 모하비 공항 외곽을 중심으로 많은 항공 우주 프로젝트가 진행 중이었고, 여러 기업이 그곳에 공장을 세우고 최첨단 항공기와 로켓을 발사했다. 스페이스 엑스는 이러한 환경에 곧장 뛰어들어 가스발생기를 시험하기에 완벽한 크기의 시험대를 엑스코르에서 빌렸다. 첫 시험에서 가스발생기는 오전 11시부터 90초 동안 작동했다. 하지만 바람 한 점 없는 화창한 날 공항 관제탑 바로 위에 검은 구름이 생길 정도로 연기를 내뿜었다. 공항 관리자가 시험장으로 달려와 뮬러와 부자에게 맹렬히 항의했다. 또한 2차 시험은 서두르지 말고 하루 기다렸다가 실시하라고 강력하게 요구했다. 여기에는 시험 과정을 도와주었던 엑스코르 직원들도 가세했다. 하지만 강력한 자질의 리더로서 스페이스 엑스의 끈질긴 기업 풍토가 몸에 배어 있는 부자는 트럭 두 대를 수소문해 연료를 운반해오고 공항 관리를 설득해 곧장 2차 발사 준비를 마쳤다. 그 후 며칠 동안 스페이스 엑스 엔지니어들은 업계 유례없이 하루에도 여러 차례 시험 발사를 실시해 가스발생기를 2주일 만에 흡족한 수준으로 완성했다.

스페이스 엑스 엔지니어들은 에드워드 공군기지와 미시시피 주에 있는 시험대를 비롯해 다른 장소 몇 군데와 모하비 지역을 돌며 후보 시험장을 탐색했다. 이렇듯 미국 전역을 돌던 끝에 텍사스 주 중심지 근처에 있는 작은 도시 맥그레거McGregor에서 면적이 120만 제곱미터인 시험장을 우연히 발견했다. 이곳이 마음에 쏙 들었던 엔지니어들은 이 땅을 사자고 머스크에게 제안했다. 해군이 여러 해 전에 이곳에서 로켓을 시험 발사했고 앤드루 빌이 설립한 항공 우주 기업도 파산하기 전에 이곳을 시험장으로 사용했다. 저널리스트인 마이클 벨피오레Michael Belfiore는 소수 민영 항공 우주 기업의 부상을 다룬 《로켓 연구가들Rocketeers》에서 이렇게 썼다. "앤드루 빌은 대형 위성을 궤도에 진입시키는 데 필요한 로켓을 개발하려면 약 3억 달러가 든다는 말을 듣고 사업을 중단했다. 그 덕택에 스페이스 엑스는 삼나무 몸통 둘레만 한 다리 세 개로 떠받힌 3층 높이의 콘크리트 삼각대를 포함해 유용한 기본 시설을 많이 확보할 수 있었다."

당시 텍사스에 살았던 젊은 엔지니어 제러미 홀먼Jeremy Hollman은 스페이스 엑스의 필요에 맞게 시험장을 개조했다. 머스크가 채용하고 싶어 하는 인재의 전형적인 모습이었던 홀먼은 아이오와 주립 대학교에서 항공우주공학으로 학사 학위를, 서던 캘리포니아 대학교에서 같은 전공으로 석사 학위를 받았다. 졸업하고 보잉에서 시험 엔지니어로 2년 동안 근무하면서 제트기·로켓·우주선을 다루었다.[15]

홀먼은 보잉에 근무하면서 거대 우주선 제작에 흥미를 잃었다. 그가 보잉에 첫 출근한 날은 공교롭게도 맥도널 더글러스와 합병한 날이었다. 그렇게 생겨난 거대 정부 하청 업체는 직원들의 사기를 진작시킨다며 피크닉을 열었지만 이 간단한 행사조차 우습게 끝나고 말았다. 홀먼은 이렇게 회상했다. "어느 한 부서의 책임자가 비전을 품은 기업이 되자는 취지의 연설을 마치더니 피크닉에 쓸 수 있는 돈이 얼마 없다고 덧붙였습니다. 그러더니 모두 닭고기 한 점씩만 먹으라고 하더군요." 그 후에도 상황은 조금도 나아지지 않았다. 보잉에서 추진하는 프로젝트는 거창하고 돈이 많이 드는 것 같았다.

---

15 홀먼이 보잉에서 진행한 작업의 내용을 알았던 부자가 창업한 지 6개월 후에 홀먼을 설득해 스페이스 엑스에 합류시켰다.

그래서 항공 우주 산업계에 급격한 변화를 추구하자고 부추기며 머스크가 접근하자 홀먼은 그 기회를 덥석 잡았다. "결코 놓칠 수 없는 기회라고 생각했습니다." 당시 스물세 살의 솔로였던 홀먼은 조금도 망설이지 않고 주변을 정리하고 즉시 스페이스 엑스로 직장을 옮겨 뮬러의 오른팔이 되었다.

뮬러는 자신이 소원한 대로 두 엔진의 3차원 컴퓨터 모델을 개발했다. 멀린은 1단 로켓에 들어가는 엔진으로 팰컨 1호를 지상에서 들어 올리는 역할을 맡는다. 케스트렐은 멀린 엔진보다 크기가 작은 엔진으로 2단 로켓에 동력을 공급해 우주로 날려 보낸다. 홀먼과 뮬러는 스페이스 엑스 공장에서 직접 만들 부품과 외부에서 살 부품을 결정했다. 홀먼은 부품을 사기 위해 여러 기계 제작소를 찾아가 견적을 뽑고 제품 인도 날짜를 확정했다. 많은 경우에 기계 제작 기술자들은 스페이스 엑스가 요구하는 일정이 지나치게 촉박하다고 항의했다. 물론 협조적인 기술자도 있었다. 그들은 제품을 새로 만들지 않고 기존 제품을 스페이스 엑스의 필요에 맞게 개조하려고 시도했다. 홀먼은 부품을 자체 조달하는 등 창의성을 발휘해서 어려운 계획을 스스로 추진할 수 있다는 사실을 깨달았다. 예를 들어 이미 출시된 세차 밸브의 밀봉재를 개조하면 로켓연료와 함께 쓰기에 적합했다.

캘리포니아 주에 있는 공장에서 첫 엔진을 완성하자마자 홀먼은 엔진을 포함해 중량이 1,800킬로그램[16]에 이르는 장비를 유홀U-Haul 트레일러에 싣고 자신의 자동차인 흰색 허머 Hummer H2 뒤에 단

다음 로스앤젤레스를 출발해 10번 고속도로로 텍사스 주에 있는 시험장까지 달렸다. 엔진이 텍사스에 도착하자마자 스페이스 엑스 역사상 최대의 협동 작업이 시작되었다. 부자와 뮬러가 이끄는 팀은 방울뱀과 불개미가 출범하는 외딴 지역에 고립되고 피부가 타들어갈 것 같은 더위와 싸우면서 엔진의 여러 복잡한 기능을 시험하기 시작했다. 엔지니어들은 이 작업을 점잖게 돌려서 '계획에 없는 신속한 해체rapid unscheduled disassemblies'라고 불렀지만 폭발 가능성이 다분한 작업이었고, 소수 엔지니어들의 노력과 기술이 국가적 수준으로 부상할 수 있는지 판가름 나는 기회였다. 스페이스 엑스 직원들은 시험장에서 1,200달러짜리 레미 마르탕Rémy Martin 코냑을 종이컵에 따라 축배를 들고 음주 측정에 통과한 사람이 모는 허머를 타고 사택으로 돌아왔다. 그때부터 캘리포니아에서 시험장까지 이어지는 도로는 텍사스 캐틀 홀Texas Cattle Haul로 불렸다. 스페이스 엑스 엔지니어들은 꼬박 열흘 동안 일하고 주말에 캘리포니아로 돌아갔다가 다시 텍사스로 내려왔다. 머스크는 여행하는 부담을 덜어주려고 이따금씩 직원들에게 자가용 비행기를 내주기도 했다. 뮬러는 "일론의 자가용 비행기는 6인승이었어요. 화장실까지 앉으면 일곱 명도 탈 수 있었죠. 일곱 명이 끼어 타는 일이 비일비재했어요."라고 말했다.

해군과 앤드루 빌이 시험 장비를 얼마간 남겨두고 떠났지만 스

---

16 여기에는 구리 덩어리 590킬로그램이 포함되어 있었다.

페이스 엑스는 자사의 용도에 맞는 장비를 만들어야 했다. 그래서 만든 최대 구조물은 수평 시험대로서 크기는 9미터×4.5미터×4.5미터였다. 여기에 2층 높이의 보조 수평 시험대를 설치했다. 엔진을 발사할 때는 두 시험대 중 하나에 엔진을 고정시키고 센서를 부착해 데이터를 수집하고 카메라 몇 대로 모니터한다. 시험 발사하는 동안 엔지니어들은 한쪽에 흙둑을 쌓아 만든 보호용 벙커에 대피했다. 문제가 생기면 웹 카메라로 장치를 살피거나 벙커 입구를 천천히 손으로 들어 올려 귀를 기울이며 단서를 찾았다. 시험장에서 나는 소음 때문에 주변 농장의 동물이 시달리는 것 같았지만 지역 주민들은 불평하지 않았다. 홀먼은 이렇게 기억을 더듬었다. "소 떼는 한데 모여 있다가 큰 소리가 나면 자연스럽게 방어기제를 발휘해 원을 그리며 뛰기 시작했습니다. 우리가 엔진을 발사할 때마다 소 떼가 흩어져서 나이 어린 소들을 한가운데 두고 일제히 둥글게 돌기 시작했습니다. 우리는 그 모습을 보려고 소 떼 방향으로 카메라를 설치했죠."

엔지니어들은 멀린 엔진과 케스트렐 엔진을 번갈아가며 공학적 시험을 치렀다. 뮬러는 "우리는 하드웨어가 동이 나거나 문제가 발생할 때까지 멀린 엔진을 가동했습니다. 다음에는 케스트렐 엔진이 기다리고 있으므로 할 일이 마르는 법은 없었어요." 스페이스 엑스의 엔지니어들은 몇 달 동안 아침 8시에 시험장에 도착해 꼬박 12시간 동안 엔진에 매달려 있다가 아웃백 스테이크하우스로 저녁 식사를 하러 갔다. 뮬러는 시험 자료를 검토하는 데 특별한 재주가 있어서 뜨거워지거나 차가워지거나 결함이 발생한 지점을 엔진에서 정확하게 찾아냈다. 그래서 캘리포니아에 전화해 결함을 수정하라는 지시를 내리면 엔지니어들이 부품을 개조해 텍사스로 보냈다. 텍사스에 있는 기술자들이 연마기와 선반을 사용해 부품을 현장에서 수정하는 경우도 많았다. 뮬러는 "처음에는 케스트렐 엔진이 정말 형편없었습니다. 온라인으로 구입한 끔찍한 제품을 기계 제작소에서 고쳐 제대로 작동시켰을 때 느꼈던 자부심은 정말 하늘을 찌를 듯했습니다."라고 말했다. 텍사스에 내려온 팀원은 기술을 연마해 급기야 시험을 치를 만한 엔진을 사흘 만에 만들어내는 수준에 도달했다. 그들은 소프트웨어를 다루는 기술을 숙달하라는 지시도 받았다. 게다가 밤샘하는 기술자를 끌어들여 엔진용 터보 펌프를 만들고 다음 날 밤에는 엔진 제어용 애플리케이션을 재정비했다. 홀먼은 이러한 작업에서 항상 두각을 나타냈지만 다른 젊고 똑똑한 엔지니어들도 필요를 느끼면 모험 정신을 유감없이 발휘해 다른 전문 분야까지 넘나들었다. 홀먼은 "그러한 경험에는 중독성이 있었어요. 24~25세 젊은이가 회사의 신뢰를 받으면 저력을 발휘하기 마련입니다."라고 말했다.

발사에 성공하려면 멀린 엔진이 180초 동안 연소해야 한다. 하지만 0.5초만 연소하고 정지하는 엔진을 가지고 텍사스에서 시험을 시작한 엔지니어들에게는 꿈만 같은 기준이었다. 게다가 멀린 엔진은 시험을 거치는 동안 심하게 진동했고, 새 물질에 대한 반응이 불량했으며, 균열이 생기기도 했다. 알루미늄 매니폴드manifold, 내부에 배관 역할을 하는 통로가 형성되어 있고 외부에 다수의 기기 접속구가 있는 다기관多岐管 대신에 극단의 온도에 적합한 니켈 합금인 인코넬Inconel로 만든 매니폴드를 사용하는 등 주요 부품의 질을 개선할 필요도 생겼다. 한번은 연료 밸브가 적절하게 열리지 않아 엔진 전체가 폭발했다. 시험이 잘못되어 시험대가 모두 타버린 적도 있었다. 이럴 때 머스크에게 전화해 언짢은 소식을 전하면서 사건의 전말을 설명하는 것은 대부분 부자와 뮬러의 몫이었다. 뮬러는 이렇게 말했다. "일론은 인내심이 많은 편이었습니다. 하루에 시험대 두 개를 가동했다가 한꺼번에 날려버렸던 기억이 나네요. 다른 엔진을 다시 시험대에 올려볼 수 있다고 일론에게 말했지만 정말 지치고 실망스럽고 화가 치밀어 올라 말을 좀 퉁명스럽게 내뱉었습니다. '제기랄, 그 물건을 다시 올릴 수야 있지만 오늘은 망할 놈의 것들을 날릴 만큼 날려버렸어요.' 일론은 내 말을 잠자코 듣고 나더니 '알겠네. 괜찮아. 진정하게. 내일 다시 하지, 뭐.'라고 대꾸했습니다." 나중에 엘 세군도에 있는 동료들은 수화기 너머로 좌절하고 고통스러워하는 뮬러의 목소리를 듣는 머스크의 표정이 울상이었다고 전했다.

머스크는 분명한 행동 계획이 없거나 변명을 들을 때는 참지 못했다. 홀먼은 많은 엔지니어와 마찬가지로 머스크 특유의 호된 닦달을 당하고 나서야 이 사실을 깨달았다. "머스크와 제일 처음 했던 통화가 최악이었어요. 기계를 다시 작동시키는 데 얼마나 걸리겠느냐는 일론의 물음에 즉각 대답하지 못했죠. 그랬더니 그가 이렇게 말하더군요. '명심하게. 이것은 회사의 중요한 문제야. 모든 것이 여기에 달려 있거든. 어째서 대답을 하지 못하나?' 일론은 정곡을 찌르는 질문을 계속 던졌어요. 이 일이 있기 전에는 어떤 일이 발생했는지 일론에게 신속하게 알리는 것이 더 중요하다고 생각했지만 그 후부터는 보완 정보를 모두 갖추는 편이 훨씬 중요하다는 사실을 깨달았습니다."

머스크는 이따금씩 시험 과정에 직접 참여했다. 스페이스 엑스가 엔진용 냉각기를 시험할 때가 인상적이었다. 개당 7만 5,000달러에 냉각기 몇 개를 사서 압력을 견디는 성능을 측정해야 했다. 첫 시험을 진행하는 동안 고가의 냉각기 하나에 균열이 생겼다. 그러더니 다른 냉각기가 같은 지점에서 깨졌다. 머스크가 세 번째 시험을 실시하라고 지시하자 엔지니어들의 얼굴에는 두려움이 스쳤다. 냉각기에 지나친 압력이 가해질 수 있으므로 머스크의 지시에 따르면 시험에 실패하리라고 생각했기 때문이다. 아니나 다를까, 세 번째 냉각기에도 균열이 생기자 머스크는 하드웨어를 캘리포니아 공장으로 보낸 후 몇몇 엔지니어의 손을 빌려 냉각기를 에폭시로 채우기 시작했다. 뮬러는 이렇게 말했다. "일론은 손에 기름 묻히는 것을 꺼려 하지 않습니다. 멋지게 차려입은 이탈리아제 옷이 온통 에폭시로 얼룩져도 신경 쓰지 않았어요. 일론은 공장에서 밤새 시험을 반복했습니다. 어쨌거나 냉각기는 깨졌어요." 머스크는 옷을 더럽히며 시험에 몰두한 끝에 하드웨어에 결함이 있다고 판단하고 자신의 가설을 시험하고는 엔지니어들에게 새 해결책을 생각해내라고 지시했다.

비록 괴로운 경험이었지만 이러한 과정은 생산적이었다. 스페이스 엑스 직원들은 자신들이 끈끈하게 똘똘 뭉쳐 세상에 맞서는 소규모 가족 같다고 느꼈다. 2002년 말 스페이스 엑스는 텅 빈 공장을 사들였고 1년이 지나자 진짜 로켓 공장으로 바꾸어놓았다. 멀린 엔진이 텍사스에서 돌아와 조립 라인에 들어서자 기술자들은 로켓의 동체, 즉 1단 로켓에 연결했다. 그리고 1단 로켓을 2단 로켓에 연결하는 작업 구역을 설정했다. 육중한 부품을 들어 올리기 위해 바닥에 크레인을 설치했다. 로켓의 동체를 적절한 구역으로 유도하기 위해 파란색 금속 운송로가 마련되었다. 또한 발사가 진행되는 동안 로켓 꼭대기에서 탑재물을 보호하고 우주에서 조개처럼 입을 벌려 화물을 내보내는 역할을 하는 페어링fairing을 만들기 시작했다.

스페이스 엑스는 고객도 골랐다. 머스크에 따르면 스페이스 엑스는 최초의 로켓에 국방부 소유의 위성 TacSat-1을 실어 반덴버그 공군기지에서 '2004년 초'에 발사할 예정이었다. 일단 목표를 세우자 더 오래 일하는 직원이 많았지만 하루 12시간씩 일주일에 6일 일하는 것은 보통이었다. 직원들은 어쩌다 저녁 8시 무렵 머스크가 근무용 컴퓨터로 '퀘이크 III 아레나Quake III Arena'와 '카운터-스트라이크Counter-Strike' 같은 1인칭 슈팅 비디오게임을 하도록 허용해줄 때 잠시 일을 놓고 휴식을 취했다. 정해진 시각이 되면 20명에 가까운 직원들이 전투를 치르려고 총을 장전하는 소리가 사무실에 울려 퍼졌다. 머스크는 게임을 할 때 도발적인 말을 뱉으며 인정사정 보지 않고 직원을 사격해 자주 이겼다. 마이클 콜로노Michael Colonno는 이렇게 말했다. "CEO가 로켓과 플라스마 총을 직원인 우리에게 발사했습니다. 그뿐이 아니에요. 일론은 이러한 게임을 정말 잘하고 믿을 수 없을 만큼 반응이 빠릅니다. 모든 계략을 파악하고 있는 데다가 상대방에게 몰래 다가가 공격하는 방법을 알고 있죠."

발사 일정이 잡히기를 기다리는 동안 머스크의 세일즈맨 본능이 번뜩였다. 그는 스페이스 엑스 직원들이 지칠 줄 모르고 일에 매달려 이룩한 쾌거를 대중에게 과시하고 싶었다. 2003년 12월 팰컨 1호의 시제품을 공개하기로 결정했다. 우선 7층 높이의 팰컨 1호를 특별히 설계한 장비 위에 얹은 스페이스 엑스의 이동식 발사 시스템을 미국연방항공국Federal Aviation Administration, FAA의 외부에 전시하겠다고 했다. 뒤이어 기자회견을 열어 기존 기업보다 똑똑하고 경제적인 현대식 로켓 제조사가 출현했다는 사실을 워싱턴에 확실하게 알리기로 했다.

스페이스 엑스 엔지니어들은 머스크가 무리수를 두어가며 대대적으로 홍보하는 이유를 납득할 수 없었다. 자신들은 스페이스 엑스가 사업을 계속하는 데 필요한 실제 로켓을 제작하느라 주당 100시간 이상 매달려 일하는데, 머스크가 그 와중에 번쩍이고 모양이 날렵한 실물 크기 모형을 만들라고 지시했기 때문이다. 게다가 텍사스에 있던 엔지니어들을 불러들여 모형을 앉힐 지지대를, 그것도 정신이 아찔할 만큼 촉박한 기한에 제작하라고 덧붙였다. 홀먼이 회상했다. "정말 쓸데없는 일이라는 생각이 들었습니다. 그렇게 해서 기술이 발전할 수 있는 것도 아니고요. 일론은 정부에 있는 중요한 인사들에게 많은 지원을 얻어낼 수 있으리라 생각했던 겁니다."

행사에 사용할 시제품을 만드는 동안 홀먼은 머스크 밑에서 일할 때 따라오는 양극단의 상황을 경험했다. 그는 몇 주 전에 텍사스 시험장에서 일하다가 안경이 흘러내려 화염 유도로로 떨어지는 바람에 안경을 잃어버렸다. 옛날에 쓰던 도수 있는 보호안경을 쓰고 그럭저럭 버텼는데[17] 엔진 바닥을 들락날락거리느라 그마저도 렌즈가 긁혀 망가질 대로 망가졌다. 안경점을 갈 짬을 전혀 낼 수 없었던 홀먼은 자신의 위생 상태 때문에 신경이 날카로워졌다. 하루 종일 일하고, 안경은 긁혀서 엉망이고, 게다가 언론의 관심을 끌려고 재주까지 부려야 하는 상황에 울컥했다.

어느 날 밤 홀먼은 공장에서 일하다가 머스크가 자기 말을 모두 들을 수 있는 거리에 있다는 사실을 알지 못하고 그동안 억눌렀던 감정을 터뜨렸다. 두 시간 후 메리 베스 브라운이 나타나 라식 수술

---

[17] 홀먼은 엘 세군도로 돌아오기 전에 전기드릴로 안경에 부착된 보호막을 없앴다. "집으로 돌아오려고 비행기를 탈 때 괴짜처럼 보이고 싶지 않았습니다."

전문의의 명함을 내밀었다. 의사를 찾아간 홀먼은 머스크가 수술 비용을 부담할 거라는 이야기를 들었다. "일론은 매우 까다롭게 굴면서 일을 밀어붙이지만 일에 방해가 되는 요소를 없애주려고 노력합니다." 홀먼은 그때 일을 돌이켜 생각해보고 나서 장기적 관점에서 정부를 상대로 홍보 활동을 하려 했던 머스크의 계획을 호의적으로 생각하게 되었다. "일론은 스페이스 엑스에 현실주의 요소를 보태고 싶었던 겁니다. 누군가의 앞마당에 로켓을 갖다 놓으면 그 존재를 부정하기 힘드니까요."

스페이스 엑스는 워싱턴에서 벌였던 행사를 성황리에 끝내고 몇 주 후에 놀라운 소식을 다시 발표했다. 아직 로켓을 한 대도 발사해보지 않았는데 다음 발사 계획을 발표한 것이다. 팰컨 1호와 더불어 팰컨 5호도 제작하겠다고 했다. 이름대로 팰컨 5호는 엔진이 다섯 개이고 팰컨 1호보다 약 4,200킬로그램을 추가로 지구 주위 저궤도까지 운송할 수 있다. 무엇보다 중요한 점은 팰컨 5호가 이론적으로는 물자 재공급 사명을 띠고 국제 우주정거장에 도달하는 것으로, 성공하기만 한다면 NASA와 계약을 체결할 수 있는 길이 열릴 터였다. 머스크가 안전에 집착한다는 사실을 고려하면 엔진 다섯 개 중세 개가 작동을 멈추더라도 로켓은 사명을 완수할 수 있으리라는 것이 세간의 평가였다. 이는 항공 우주 산업 시장에서는 근래 수십 년동안 찾아볼 수 없었던 수준의 신뢰였다.

이러한 계획을 완수할 수 있는 유일한 방법은 스페이스 엑스가 처음 약속한 대로 실리콘밸리에 뿌리를 내린 신생 기업의 정신으로 무장하는 것이었다. 머스크는 학교 성적이 좋을 뿐 아니라 자기 재능으로 탁월한 성과를 거둔 똑똑한 엔지니어를 항상 찾아다녔다. 그리고 좋은 인재를 발견하면 스페이스 엑스로 오라고 끈질기게 구애했다. 예를 들어 모하비 공항의 시끄러운 격납고에서 머스크를 처음 만난 브라이언 가드너Bryan Gardner는 그 자리에서 일자리를 제의받았다. 당시 가드너는 노스롭 그루먼Northrop Grumman 사의 경제 지원을 받아 연구를 진행하고 있었다. "일론은 그 기업을 인수할 생각이라고 말하더군요. 새벽 2시 30분에 이력서를 그에게 이메일로 보냈습니다. 그랬더니 일론은 30분 만에 이력서 항목을 조목조목 언급하는 답장을 보내며 '면접을 볼 때는 전문용어를 쓰기보다 본인이 하고 있는 업무 내용을 구체적으로 설명하세요.'라고 덧붙였습니다. 호락호락한 사람이 아니라는 생각이 들면서 한 방 먹은 것 같았어요." 가드너는 채용되고 나서 멀린 엔진 밸브의 시험 시스템을 개선하라는 임무를 맡았다. 엔진의 밸브는 수십 개였으므로 일일이 손으로 시험하려면 3~5시간이 족히 걸렸다. 6개월 후 가드너는 밸브를 몇 분 안에 시험할 수 있는 자동 시스템을 구축했다. 시험 기계가 밸브를 하나하나 추적해서 텍사스에 있는 엔지니어가 특정 부품에 어떤 밸브가 들어가는지 정확하게 요청할 수 있었다. 가드너는 "나는 공장에서 아무도 맡고 싶어 하지 않는 천덕꾸러기 임무를 맡아 신임을 얻었습니다."라고 말했다.

신입 사원이 들어오면서 스페이스 엑스의 원래 건물은 물론 엘세군도 단지에 있는 건물 몇 동도 직원으로 꽉 찼다. 엔지니어들은 소프트웨어를 요청하고 커다란 그림 파일을 만드느라 뛰어다녀야 했으므로 사무실 전체를 연결하는 고속 통신망이 필요했다. 하지만 스페이스 엑스의 이웃 기업들이 건물 전체를 광섬유 선으로 연결하려는 계획에 반기를 들었다. Zip2와 페이팔에서 머스크와 함께 일했던 정보 통신 담당자 브랜던 스파이크스는 권리 운운하며 다른 기업들과 실랑이를 버리느라 시간을 허비하는 대신에 좀 더 빠르고 교묘한 해결책을 생각해냈다. 먼저 전화 회사에 근무하는 친구에게 부탁해 전신주에 있는 전선·케이블·전화선 사이에 네트워크용 케이블을 안전하게 밀어 넣는 방법을 도표로 익혔다. 새벽 2시에 소속 불명의 기술자들이 작업자용 크레인을 끌고 나타나 전신주에 네트워크용 케이블을 두르고 곧장 스페이스 엑스 건물까지 연결했다. 스파이크스는 이렇게 말했다. "허가를 받고 작업하려면 몇 달이 걸렸을 텐데 우리는 주말에 후닥닥 해치웠습니다. 우리는 늘 도저히 감당할 수 없을 것 같은 도전에 직면해 있으므로 난관을 헤쳐나가려면 힘을 모아야 한다는 분위기가 회사에 형성되어 있었습니다."

머스크는 무슨 일을 하든 더욱 탁월하게 많이 일하라고 직원들을 가차 없이 밀어붙였다. 머스크의 집에 설치할 게임용 컴퓨터를 특별 제작하는 것도 스파이크스의 몫이었다. 그는 컴퓨터 용량을 최대한 늘리는 동시에 튜브를 안에 설치해 물이 흐르게 함으로써 컴퓨터의 열을 식혔다. 게임용 컴퓨터 하나가 계속 고장 나자 머스크의 저택에 오염된 전선이 있다고 판단하고, 게임실 전용으로 전원회로를 다시 깔아 문제를 해결했다. 이렇게 업무 외에 추가로 일을 한다고 해서 스파이크스에게 특별 대우가 주어지지는 않았다. 스파이크스는 이렇게 전했다. "한번은 스페이스 엑스의 메일 서버에 문제가 생겼어요. 일론은 말 그대로 '제기랄, 이런 일이 절대 다시는 일어나지 않게 해!'라고 소리를 질렀죠. 일론에게는 특유의 눈빛이 있어요. 꼭 상대방을 노려보고 있는 것 같습니다. 자기 말을 이해했는지 확신할 때까지 상대방을 계속 뚫어져라 쳐다봅니다."

머스크는 스페이스 엑스 수준으로 창의성을 발휘하고 작업 속도를 맞춰줄 수 있는 하청 업체를 찾으려고 애썼다. 그러기 위해서 항공 우주 분야만 고집하지 않고 다른 분야에서 비슷한 경험을 쌓은 하청 업체도 물색했다. 창업 초기에 연료 탱크 특히 로켓의 주 동체를 제작할 업체가 필요하자 낙농 및 식품 가공 처리 기업에서 사용하는 농업용 대형 금속 탱크를 생산하는 회사를 찾아 계약을 맺었다. 이렇게 해서 일을 시작한 하청 업체는 스페이스 엑스가 제시한 일정에 맞추느라 분투했다. 머스크는 작업의 진행 상황을 점검하려고 하청 업체를 불시에 방문하기도 했다. 한번은 위스콘신 주에 있는 스핀크래프트Spincraft에 조사를 나갔다. 머스크와 스페이스 엑스 직원 두 명은 하청 업체 기술자들이 연료 탱크를 완성하려고 초과근무까지 마다하지 않고 열심히 일하고 있으리라 기대하면서 머스크의 전용 비행기로 대륙을 횡단해 밤늦게 현장에 도착했다. 그곳에서 작업이 일정보다 많이 뒤처져 있다는 사실을 파악한 머스크는 스핀크래프트 직원에게 이렇게 말했다. "당신네들은 우리를 엿 먹이고 있군요. 이래서는 안 되죠." 그곳 총괄 관리자인 데이비드 슈미즈David Schmitz 는 머스크가 작업 진행 상황을 개인적으로 일일이 챙기는 무시무시한 인물이라는 평판이 돌았다고 전했다. "일론의 기분이 언짢으면 상대방은 그 사실을 분명히 알 수 있었어요. 그러면 상황은 정말 심각해질 수 있습니다." 그 일이 발생하고 몇 달 안에 스페이스 엑스는 엘 세군도에서 연료 탱크를 제조한 후 자체 용접 용량을 늘려 스핀크래프트에 등을 돌렸다.

한 세일즈맨이 기술 관련 제품을 판매하려고 스페이스 엑스로 날아왔다. 수 세기 동안 지속해온 관행에 따르면 세일즈맨은 관계를 돈독히 하려고 먼저 상대 회사를 찾아가 책임자와 한동안 이야기를 나누고 그가 어떤 사람인지 파악한다. 그러고 나서 거래하기 시작한다. 하지만 머스크는 그 과정을 완전히 무시했다. 스파이크스는 이렇게 회상했다. "그 세일즈맨에게 일론은 용건이 뭐냐고 묻더군요. 그가 인사차 왔다고 대답했어요. 그러자 일론은 '그렇습니까? 만나서 반가웠습니다.'라고 대답하더군요. 그 말의 속뜻은 '내 사무실에서 당장 꺼져!'였습니다. 세일즈맨은 네 시간을 들여 회사를 찾아왔는데 회의는 단 2분 만에 끝났죠. 일론은 이러한 태도를 절대 용납하지 않습니다." 머스크는 자신이 제시한 기준에 미치지 못하는 직원에게도 이처럼 딱딱하게 대했다. 스파이크스는 "일론은 '누군가를 해고하지 못해 시간을 끌수록 더 일찍 해고했어야 했다고 후회만 늘기 마련이다.'라고 자주 말했어요."라고 언급했다.

대부분의 스페이스 엑스 직원은 회사가 추구하는 모험에 동참하는 것에 가슴 설레 하면서도 머스크의 무지막지한 요구와 거친 행동이 자신에게 미치지 않게 하려고 애썼다. 하지만 그의 행동이 지나치다 싶을 때가 있었다. 머스크가 언론에 대고 팰컨 로켓을 자기 혼자 설계했다고 주장하는 장면을 볼 때마다 스페이스 엑스 엔지니어들은 너 나 할 것 없이 분개했다. 게다가 머스크는 다큐멘터리 제작 팀을 채용해 한동안 자신을 따라다니며 촬영하도록 지시했다. 그의 거침없는 행동은 스페이스 엑스 공장에서 열심히 일하는 직원들의 심기를 건드리기 십상이었다. 직원들은 스페이스 엑스가 아직 성공적으로 출범하지 못했는데도 머스크가 자의식이 워낙 강해 마치 항공 우주 산업을 정복한 듯 말한다고 생각했다. 팰컨 5호의 설계에 결함이 있다는 의견을 소상하게 타진하거나 팰컨 1호의 출시 시기를 앞당겨야 한다는 실용적 제안을 했던 직원이 무시당하거나 그보다 심한 대우를 받는 경우가 잦았다. 한 엔지니어는 이렇게 진술했다. "직원에 대한 대우가 오랫동안 좋지 않았습니다. 경영진을 제외한 모든 직원이, 회사의 자산이라고 생각했던 훌륭한 엔지니어들이 자신이 하지도 않은 일 때문에 비난을 받거나 누명을 쓰고 즉시 자리에서 밀려나거나 해고당했습니다."

스페이스 엑스가 로켓을 발사하고 싶었던 2004년 초가 훌쩍 지나갔다. 뮬러와 그의 팀이 제작한 멀린 엔진은 여태껏 탄생한 로켓 엔진 가운데 효율성이 가장 높아 보였다. 다만 엔진을 발사하는 데 필요한 시험을 거치는 기간이 머스크가 예상한 것보다 길었을 뿐이다. 2004년 가을에 접어들자 비로소 엔진이 균일하게 지속적으로 점화하고 발사에 필요한 모든 조건을 충족했다. 이는 뮬러와 그의 팀에게는 한숨을 돌릴 여유가 생겼다는 뜻이었지만 스페이스 엑스의 나머지 직원은 고통을 겪을 마음의 준비를 해야 했다. 뮬러는 머스크의 예리한 감독을 받으며 단계마다 '최상 경로critical path, 어떤 프로젝트를 최단 시간에 가장 적은 비용으로 완수하기 위해 따라야 하는 절차'를 성취하며 스페이스 엑스를 이끌어왔다. "엔진이 발사 준비를 마치자 단체로 극도의 공황 상태에 빠졌습니다. 우리가 최상 경로에 있는지 확신할 수가 없었어요."

많은 사람이 감지했듯 기술적으로 심각한 문제가 툭툭 불거져 나왔다. 운항용 전자장치를 포함한 항공 전자공학, 로켓의 통신과 전반적 작동 문제가 악몽으로 나타났다. 플래시 저장 드라이브와 로켓의 주 컴퓨터를 연결하는 것처럼 겉보기에 사소한 작업이 감지할 수 없는 원인으로 실패했다. 로켓을 작동시키는 소프트웨어도 골칫거리였다. 뮬러는 이렇게 말했다. "인생이 으레 그렇듯 전체의 마지막 10퍼센트 과정에서 모든 요소가 통합되어야 하는데 계속 어긋났어요. 이러한 상황이 6개월간 지속되었습니다." 드디어 2005년 5월 스페이스 엑스는 북쪽으로 290킬로미터 떨어진 반덴버그 공군기지로 로켓을 운송해 발사대에서 5초 동안 연소시키는 데 성공했다.

반덴버그 공군기지는 스페이스 엑스가 로켓을 발사하기에 매우 편리한 장소였다. 로스앤젤레스와 가까웠고 발사대도 몇 개 있어 선택할 수 있었기 때문이다. 하지만 스페이스 엑스는 불청객이었다. 공군은 신출내기 기업에게 냉랭했고 발사대를 관리하는 직원은 스페이스 엑스를 도와주기는커녕 모습조차 보이지 않았다. 반덴버그에서 10억 달러짜리 군사용 정찰위성을 쏘아 올리는 록히드와 보잉도 스페이스 엑스를 고운 시선으로 보지 않았다. 자사 사업에 위협이 되기도 했고 이 신생 기업이 자사의 귀중한 화물 근처에서 걸리적거렸기 때문이다. 스페이스 엑스는 시험을 마치고 발사 단계로 옮기는 과정에서 순서를 기다리라는 말을 들었다. 로켓을 실제로 발사대에 세우려면 몇 달을 기다려야 했다. 그윈 숏웰은 "공군은 우리에게 로켓을 쏘아 올릴 수 있다고 말했지만 그러지 못할 것이 분명했습니다."라고 회상했다.

로켓을 발사할 장소를 새로 찾기 위해 그윈 숏웰과 한스 쾨니히스만이 세계지도를 벽에 걸어놓고 적도를 따라가며 눈에 띄는 이름이 있는지 찾았다. 적도에서는 지구의 자전 속도가 크므로 발사 로켓에 추가로 추진력을 얻을 수 있기 때문이다. 두 사람의 눈에 처음 띈 장소는 콰절린Kwajalein 섬으로, 태평양의 괌·하와이·마셜제도 사이에 있는 환초環礁에서 면적이 가장 넓은 섬이었다. 과거 수십 년 동안 미군이 미사일 시험을 실시했으므로 숏웰의 귀에도 이름이 익었다. 숏웰은 즉시 섬에 주둔해 있는 대령의 연락처를 찾아 이메일을 보냈고 3주 후에 스페이스 엑스에 발사대를 빌려주겠다는 승낙을 받았다. 그래서 2005년 6월 스페이스 엑스 엔지니어들은 컨테이너에 장비를 싣고 콰절린 섬으로 향했다.

콰절린 환초에는 섬이 100여 개 있다. 그중 많은 섬은 길이가 몇백 미터에 불과하고 폭은 그보다 훨씬 짧았다. 국방부 컨설턴트 신분으로 시험장을 방문한 피트 워든은 "그곳은 공중에서 내려다보면 아름다운 구슬 목걸이 같았습니다."라고 설명했다. 지역 주민은 대개 에베예Ebeye 섬에 거주했지만 군대는 최남단에 있는 콰절린 섬을 점거해 열대의 천국인 동시에 이블 박사Dr. Evil, 공상 과학 코미디 영화 '오스틴 파워 – 나를 쫓아온 스파이'에 등장하는 악당의 비밀 은신처로 만들었다. 미군은 여러 해 동안 대륙 간 탄도미사일을 캘리포니아에서 콰절린 섬으로 발사해 '우주 전쟁' 시대에 우주 무기를 시험하는 장소로 섬을 사용했다. 또한 섬을 향해 돌진해오는 대륙 간 탄도미사일을 무력화시킬 수 있을 만큼 레이저빔이 정확하고 민감하게 반응하는지 시험할 목적으로, 원격조종 위성에서 콰절린 섬으로 레이저빔을 조준할 계획을 세웠다. 군대가 주둔해 있으므로 육중하고 창문이 없는 사다리꼴 콘크리트 구조물 등이 야릇하게 배치되어 있었다. 매일 죽음에 맞서는 사람들이 착안해낸 것이 분명했다.

스페이스 엑스 직원들은 머스크의 전용 비행기를 이용하거나 하와이를 경유하는 상업용 비행기를 타고 콰절린 섬에 도착했다. 섬의 주요 숙박 시설은 방이 두 개이고 가구라고는 군대용 옷장과 책상만 달랑 있어서 호텔이라기보다 기숙사에 가까웠다. 엔지니어에게 필요한 물건은 머스크의 전용 비행기로 공수해오거나 대개는 하와이나 미국에서 배로 전달받았다. 스페이스 엑스 직원들은 매일 장비를 챙겨 45분 동안 배를 타고 오멜렉Omelek 섬까지 갔다. 그들은 면적이 2만 8,000제곱미터이고 야자나무와 초목으로 뒤덮인 오멜렉 섬에 시험장을 세우기로 했다. 몇 달 동안 소수 인원이 투입되어 관목을 자르고 발사대를 고정시키기 위해 콘크리트를 붓고 트레일러 두 대를 연결해 사무실을 만들었다. 이 작업은 무척 고생스러웠다. 특히 티셔츠를 뚫고 들어와 피부를 태울 것처럼 뜨거운 태양 아래에서 살인적인 습도를 견디며 작업해야 했기 때문에 더욱 그랬다. 결국 일부는 거센 파도를 뚫고 콰절린 섬으로 돌아가는 대신에 그대로 오멜렉 섬에서 밤을 지내는 편을 선택했다. 홀먼은 그때 일을 이렇게 회상했다. "사무실 몇 개에 매트리스와 간이침대를 들여놓고 침실로 만들었습니다. 매우 멋진 냉장고와 그릴도 가져갔고 샤워 시설도 만들었어요. 캠핑장이 아니라 집처럼 꾸미려고 노력했죠."

스페이스 엑스 팀은 매일 아침 7시에 해가 뜨자마자 작업을 시작했다. 회의를 열어 필요한 작업을 결정하고 현안을 해결할 수 있는 방법을 의논했다. 대형 구조물이 도착하자 직원들은 임시로 만든 격납고에 로켓 동체를 수평으로 눕히고 몇 시간에 걸쳐 부속을 용접했다. 홀먼은 "할 일이 끊이지 않았습니다. 엔진이 말썽을 피우지 않으면 항공 전자 기기에 문제가 생겼고, 그도 아니면 소프트웨어가 골치를 썩였으니까요."라고 말했다. 오후 7시가 되어야 엔지니어들은 작업을 정리했다. 홀먼은 이렇게 회상했다. "한두 명이 그날 요리를 맡아 스테이크와 감자, 파스타 등을 만들었습니다. DVD 플레이어와 영화 DVD도 많이 가져갔습니다. 부두에 나가 낚시를 하는 사람도 꽤 있었어요." 많은 엔지니어에게 이러한 생활은 우여곡절이 많으면서도 멋진 경험이었다. 콰절린 섬에 체류하는 동안 다이빙 자격증을 딴 스페이스 엑스의 기술 전문가 월터 심스Walter Sims가 말했다. "보잉에서는 편하게 일할 수 있었지만 스페이스 엑스에서는 어림도 없었죠. 섬에서 생활하던 사람들은 전부 대단했습니다. 무선통신이나 엔진에 대한 세미나가 늘 열렸으니까요. 함께 있으면 일할 의욕이 솟았어요."

엔지니어들은 머스크가 물품을 구입해주는 기준을 알 수 없어 늘 당황했다. 본사에서 누군가가 팰컨 1호 발사가 성공하는 데 반드시 필요하다고 생각해서 20만 달러짜리 기계나 고가의 부품을 사달라고 요청하면 머스크는 보기 좋게 거절했다. 하지만 공장을 외부에서 보기 좋게 꾸미려고 바닥을 반짝이게 만드는 용도로는 비슷한 금액을 선뜻 지불했다. 오멜렉 섬에 파견된 직원들은 로켓을 좀 더 수월하게 옮기기 위해 격납고에서 발사대로 이어지는 180미터를 포장하고 싶었다. 하지만 머스크가 승낙하지 않아서 로켓과 바퀴 달린 지지대를 옛날 이집트인처럼 운반해야 했다. 우선 통나무를 일렬로 눕히고 나서 로켓을 얹어 굴리고, 맨 끝에 있는 통나무를 맨 앞으로 가져다 놓고 다시 로켓을 굴렸다.

이성적으로 생각하면 터무니없는 상황이었다. 한 신생 로켓 기업이 인적이 끊긴 머나먼 땅에서 인류 역사에서 가장 어려운 위업을 달성하기 위해 애쓰고 있었고, 로켓을 발사하는 방법을 조금이라도 아는 사람은 소수의 엔지니어뿐이었다. 엔지니어들이 이틀에 걸쳐 로켓을 발사대까지 운반하고 수직으로 끌어올린 후 기술과 안전을 점검하면 새로운 문제점이 드러났다. 엔지니어들은 로켓을 수직 상태로 놓고 최대한 정비하다가 소금기 많은 대기 때문에 손상을 입지 않도록 다시 수평으로 눕혀 격납고로 운반했다. 추력, 항공 전자 기능, 소프트웨어 등 공장에서 몇 달 동안 따로 작업했던 팀이 섬에 모여 모든 분야를 통합해야 했다. 이는 엄청나게 많은 지식을 배우고 직원끼리 유대 관계를 굳힐 수 있는 기회이면서도 실수 연발의 코미디를 방불케 했다. 홀먼은 "로켓이 있다는 것만 다를 뿐 꼭 질리건 아일랜드Gilligan's Island, 미국 텔레비전 시트콤 같았습니다."라고 말했다.

섬에 첫발을 디딘 지 6개월가량이 지난 2005년 11월 스페이스엑스 엔지니어들은 발사를 시도할 준비를 마쳤다. 머스크는 동생 킴벌과 전용 비행기로 날아와 콰절린 섬의 가건물에서 엔지니어들을 만났다. 11월 26일 일부 엔지니어들이 새벽 3시에 일어나 액체산소를 가득 채운 로켓을 약 5킬로미터 떨어진 섬으로 재빨리 운반했다. 나머지 엔지니어들은 42킬로미터 떨어진 콰절린 섬 제어실에서 발사 시스템을 모니터했다. 군대는 발사 최적 시간을 가리키는 발사 창문을 여섯 시간 사용할 수 있도록 스페이스 엑스에 승인했다. 1단 로켓은 발사되고 나서 시속 1만 1,000킬로미터에 도달하고, 2단 로켓은 공중에서 점화해 시속 2만 7,400킬로미터까지 가속될 예정이었다. 하지만 발사 직전 실시한 점검에서 중대한 문제가 드러났다. 액체산소통의 밸브가 닫히지 않는 바람에 액체산소가 시간당 1,900리터씩 대기로 증발했다. 엔지니어들이 급히 모여 문제를 바로잡으려 했지만 연료는 이미 많이 사라졌고 발사 창문은 닫혔다.

발사가 무산되자 스페이스 엑스는 하와이에서 액체산소를 공급해오도록 주문하고 12월 중순에 다시 발사를 시도했다. 하지만 강한 바람과 밸브 결함, 기타 오류 때문에 발사는 또 중단되었다. 다음번 발사를 앞둔 어느 토요일 밤, 스페이스 엑스는 배전 시스템이 정상적으로 가동하지 않아 새 축전기가 필요하다는 사실을 발견했다. 일요일 아침 로켓을 발사대에서 내리고 두 단으로 분리한 다음 전기판을 제거했다. 일요일에 영업하는 전자 부품 하청 업체가 미네소타 주에 있다는 정보를 듣고 스페이스 엑스 엔지니어가 비행기를 타고 가서 새 축전기를 구했다. 엔지니어는 월요일 캘리포니아에 있는 본사에 들어가 제품이 여러 수준의 열과 진동에 견딜 수 있는지 검사한 후 다시 섬으로 돌아가는 비행기에 올라탔다. 문제를 감지한 지 80시간이 채 지나지 않아 정상적으로 작동하는 축전기가 로켓에 설치되었다. 섬에 있던 사람들은 30명으로 구성된 스페이스 엑스 팀이 역경을 용감하게 헤쳐나가는 모습을 지켜보며 감동했다. 300명 정도로 구성되는 전통적인 항공 우주 발사 팀이라면 절대 이들처럼 임기응변으로 로켓을 수리하지 않았을 것이다. 하지만 아무리 에너지가 넘치고 똑똑하고 융통성이 넘치는 팀도 경험 부족이나 어려운 조건을 극복하기에는 역부족이었다. 그 후 더 많은 문제가 불거지는 바람에 스페이스 엑스는 당분간 발사를 시도할 생각조차 하지 못했다.

마침내 2006년 3월 24일 발사 준비가 완료되었다. 사각형 발사대에 우뚝 선 팰컨 1호가 점화되었다. 팰컨 1호가 하늘로 치솟자 그 아래로 초록색 섬을 둘러싸고 드넓고 푸른 바다가 펼쳐졌다. 제어실에서 머스크는 티셔츠와 반바지 차림에 발가락 샌들을 신고서 이리저리 서성이며 발사 장면을 지켜보았다. 약 25초가 지나자 상황이 심상치 않았다. 멀린 엔진에 불이 붙더니 똑바로 날아오르던 로켓이 균형을 잃고 미친 듯이 회전하며 아래로 떨어졌다. 팰컨 1호는 결국 지구로 곧장 추락했다. 대부분의 잔해는 발사대에서 80미터 떨어진 암초에 빠졌고 위성 화물은 스페이스 엑스의 공장 지붕을 뚫고 별로 손상을 입지 않은 상태로 바닥에 떨어졌다. 일부 엔지니어가 스노쿨링과 스쿠버다이빙 장비를 착용하고 물속에 들어가 로켓 파편을 회수해 냉장고 크기의 상자 두 개에 담았다. 머스크는 사건을 겪고 난 후 이렇게 기록했다. "이미 발사에 성공한 기업들도 나름대로 응분의 대가를 치렀다는 점을 기억해야 한다. 한 친구가 과거 로켓의 발사 성공률을 내게 적어 보내주었다. 페가수스는 처음 아홉 번 중 다섯 번,

아리안Ariane은 다섯 번 중 세 번, 아틀라스는 스무 번 중 아홉 번, 소유즈Soyuz는 스물한 번 중 아홉 번, 프로톤Proton은 열여덟 번 중 아홉 번 성공했다. 궤도에 진입하기가 얼마나 어려운지 직접 경험하고 나니 오늘날 우주 발사를 선도하며 꾸준히 발사체를 만들어내는 기업을 더욱 존경하게 되었다.” 그리고 다음의 말로 글을 맺었다. “스페이스 엑스는 이 사업을 장기적으로 계속 추진할 것이다. 어떤 역경이 닥치더라도 이 사업을 반드시 성사시키고야 말 것이다.”

머스크와 스페이스 엑스 중역들은 익명의 한 기술자 탓에 로켓이 추락했다고 주장했다. 이 기술자가 발사 하루 전에 로켓을 손보다가 연료 파이프의 부품을 제대로 조이지 않았기 때문에 균열이 생겼다는 것이다. 문제의 부품은 튜브 한 쌍을 연결할 때 자주 사용하는 알루미늄 비닛b-nut이었고, 실수를 했다는 기술자는 바로 홀먼이었다. 로켓이 추락하고 나서 홀먼은 머스크를 직접 만나기 위해 로스앤젤레스로 날아갔다. 그는 팰컨 1호를 완성하려고 몇 년 동안 밤낮으로 일했는데 이제 와서 머스크가 자신과 자신의 팀을 공개적으로 비판하자 분노했다. 홀먼은 자신이 비닛을 정확하게 조였으며 NASA에서 파견 나온 참관인들도 자신의 어깨너머로 작업을 지켜보았다는 사실을 알고 있었다. 홀먼이 분노로 어찌할 바를 모르며 본사로 뛰어 들어오자 비서인 메리 베스 브라운이 그를 진정시키면서 머스크를 만나지 못하게 막았다. 하지만 홀먼은 뜻을 굽히지 않았고 머스크의 사무실에서 두 사람은 언성을 높였다.

나중에 파편을 분석해본 결과 콰절린의 소금기 머금은 대기에 몇 달 동안 노출된 사이에 비닛이 부식해 균열이 일어난 것으로 밝혀졌다. 뮬러는 "로켓 바깥 면 구석에 소금이 붙어 있었습니다. 작업할 때 마땅히 소금을 긁어냈어야 했습니다. 하지만 사흘 전에 지상 연소 시험에서는 전혀 문제가 없었습니다."라고 말했다. 스페이스 엑스는 스테인리스 부품을 알루미늄 부품으로 대체해 중량을 23킬로그램 가량 줄이려고 노력했다. 전 해병대원인 톰슨은 항공모함에 있는 헬리콥터에서 알루미늄 부품이 제대로 작동하는 것을 보았다. 뮬러는 케이프 커내버럴Cape Canaveral에서 항공기가 알루미늄 비닛을 장착하고도 40년 동안 좋은 상태를 유지하는 것을 보았다.

몇 년이 지났지만 스페이스 엑스의 몇몇 중역은 홀먼과 그의 팀이 받았던 대우에 대해 여전히 마음 아파한다. 뮬러는 이렇게 말했다. "그들은 최고의 인재였고 결과적으로 세상에 해답 하나를 제시했다고 해서 비난을 받은 꼴이 되었습니다. 정말 안타까웠습니다. 우리는 그 해답이 뜻밖의 행운이었다는 사실을 나중에야 깨달았습니다."[18]

로켓이 추락하고 나서 엔지니어들은 콰절린 섬에 있는 술집에

---

[18] 홀먼은 이 사건을 겪고 2007년 11월 스페이스 엑스를 떠났다가 새 직원을 훈련시키려고 잠시 돌아왔다. 내가 책을 쓰기 위해 인터뷰한 사람 중 다수는 홀먼이 스페이스 엑스 초창기에 워낙 중요한 인물이었으므로 그가 없으면 회사가 망하지 않을까 걱정했다고 말했다.

서 술을 퍼마셨다. 머스크는 6개월 안에 다시 발사를 시도하고 싶어 했지만 기계를 새로 조립하려면 작업량이 엄청났다. 스페이스 엑스 는 엘 세군도에 로켓 부품 몇 점을 갖고 있었지만 발사할 준비를 갖 춘 로켓은 없었기 때문이다. 엔지니어들은 술을 마시면서 다음에는 좀 더 체계적으로 로켓을 만들고 모두 힘을 내서 잘해보자고 다짐했 다. 피트 워든은 스페이스 엑스 엔지니어들의 기술 수준도 발전시켜 야 한다고 강조했다. 국방부 입장에서 엔지니어를 지켜보았던 워든 은 엔지니어들의 에너지 넘치는 패기를 좋아했지만 그들의 방법까 지 마음에 들었던 것은 아니었다. "그들이 일하는 모습을 보면 마치 실리콘밸리에서 어리숙한 젊은이들이 무리 지어 소프트웨어를 다루 는 것 같아 보였습니다. 그들은 밤을 꼬박 새우면서 이런저런 방법을 시도했죠. 나는 이러한 유형의 작업을 수도 없이 보아왔지만 결국은 통하지 않습니다." 처음 발사를 시도하기 전에 워든은 주의를 주려 는 의도에서 조언을 적어 국방부의 군사기술 연구 기관인 DARPA의 담당자와 머스크에게 보냈다. "일론의 반응은 시원찮았습니다. '당 신은 천문학자일 뿐인데 항공 우주 산업을 제대로 알겠느냐?'는 식 이었어요." 하지만 로켓이 추락하고 나서 머스크는 워든을 정부 측 조사 전문가로 추천했다. 워든은 "그때 일로 나는 일론의 신임을 크 게 얻었습니다."라고 말했다.

정확히 1년 후에 스페이스 엑스는 다시 발사를 시도할 준비를 마쳤다. 2007년 3월 15일 드디어 지상 연소 시험에 성공한 팰컨 1호는 3월 21일 순항을 시작했다. 야자나무로 둘러싸인 발사대를 떠나 우주를 향해 솟구쳤다. 팰컨 1호가 공중을 나는 2분 동안 엔지니어들은 시스템이 '정상'으로 작동한다고 틈틈이 보고했다. 하늘로 솟아오른 지 3분 만에 1단 로켓이 분리되어 지구로 떨어졌고 2단 로켓을 궤도에 진입시켜야 하는 케스트렐 엔진이 점화되었다. 제어실 밖에서 열광하는 소리가 터져 나왔다. 뮬러가 당시 상황을 설명했다. "정말 순조로웠습니다. 나는 일론 옆에 앉아 있다가 그를 보며 드디어 해냈다고 말했어요. 우리는 서로 얼싸안으면서 로켓이 궤도에 진입하리라고 확신했습니다. 그때 로켓이 꿈틀대기 시작했어요." 스페이스 엑스 엔지니어들은 5분 남짓 열광하는 동안에는 모든 과정이 순조롭게 진행된다고 생각했다. 팰컨 1호에 탑재한 카메라를 통해 로켓이 순탄하게 우주로 향하면서 지구가 점점 작아지는 광경을 보았기 때문이다. 하지만 뮬러가 보았듯 꿈틀대던 로켓은 마구 흔들리다가 잠잠해지더니 부서지기 시작했다. 스페이스 엑스의 엔지니어들은 이번에는 문제점을 금세 파악했다. 소비되고 남은 추진 연료가 탱크 안을 돌아다니기 시작하면서 와인이 술잔 주위를 빙빙 도는 것처럼 탱크 옆면으로 튀기 시작했다. 그 때문에 로켓이 흔들렸고 어느 시점에 이르자 엔진 입구가 열리고 그곳으로 공기가 유입되면서 엔진에 불이 붙은 것이다.

이번 실패로 스페이스 엑스의 엔지니어들은 다시 한 번 큰 충격에 휩싸였다. 일부는 거의 2년 동안 캘리포니아와 하와이, 콰절린 섬을 오가며 생활했다. 그 후 스페이스 엑스가 발사를 다시 시도할 수 있었던 것은 머스크가 원래 목표로 잡았던 일정보다 4년 남짓 지났을 뿐 아니라 인터넷 사업으로 벌어들여 투자한 머스크의 재산이 우려할 정도로 사라져가고 있을 때였다. 머스크는 우주 사업에서 끝장을 보겠다고 공개적으로 맹세했다. 하지만 회사 안팎의 사람들은 대략 계산하더라도 앞으로 스페이스 엑스가 기껏해야 발사를 한두 차례 더 시도해볼 수 있을 뿐이라고 추정했다. 하지만 머스크는 회사의 금융 상황 때문에 불안한 심정을 직원들에게 전혀 내색하지 않았다. 스파이크스는 이렇게 말했다. "일론은 재정 문제에 따른 걱정을 직원들에게 내비치지 않았습니다. 경영과 성공의 중요성을 언제나 주장했지만 실패하더라도 끝장은 아니라고 강조했습니다. 일론은 정말 낙천적이었어요."

실패하더라도 미래를 향한 머스크의 꿈은 변하지 않았고 그의 역량을 의심하는 사람도 없는 것 같았다. 지독하게 혼란스러운 상황에서 머스크는 워든과 함께 섬을 여행했다. 그러면서 섬들을 하나의 대륙으로 통합하는 방법을 궁리하기 시작했다. 머스크는 섬들 사이에 있는 작은 해협에 벽을 건설하고 네덜란드의 인공 시스템처럼 물을 펌프로 퍼낼 수 있다고 제안했다. 역시 아이디어를 내기로 유명한 피트 워든은 머스크의 멋진 생각에 구미가 당겼다. "그때부터 우리 둘은 화성에 정착하는 문제에 대해 토론하고 있습니다. 일론은 정말 생각하는 규모가 남달리 큰 사람이에요."

ELON —

MUSK

제7장

전기로만 움직이는 슈퍼카

2006년 7월 테슬라는 자사가 그동안 이룩한 성과를 세상에 알리기로 결정했다. 엔지니어들은 검은색 EP1을 보완하기 위해 빨간색 시제품인 EP2를 만들었고, 샌타클래라에서 열리는 한 행사에서 두 모델을 선보였다. 발표장에 모여든 취재진은 눈앞에 펼쳐진 장면에 넋을 빼앗겼다. 멋진 2인승 컨버터블인 로드스터는 약 4초 만에 시속 100킬로미터까지 속도를 낼 수 있었다. 머스크는 이 행사에서 "오늘날까지 존재한 전기 자동차는 모두 엉터리입니다."라고 말했다.

당시 주지사 아놀드 슈워제네거, 전 디즈니 CEO 마이클 아이스너 같은 유명 인사들이 행사장에 모습을 드러냈고 여럿이 로드스터를 시승했다.

J. B. 스트라우벨J. B. Straubel의 왼쪽 뺨 한가운데에는 5센티미터 정도 되는 상처가 길게 나 있다. 고등학교 재학 시절 화학 수업 시간에 실험하다가 생긴 상처였다. 화학물질을 잘못 섞었다가 손에 들고 있는 비커가 폭발하면서 사방으로 튀는 유리 조각에 얼굴을 얇게 베였다. 화학물질과 기계로 실험하며 성장할 무렵 얻은 이 상처는 무언가를 끊임없이 만들려는 열정으로 똘똘 뭉친 스트라우벨에게는

명예의 훈장이었다. 그는 집 지하에 커다란 화학 실험실을 차려놓고 환풍기와 화학물질을 주문하거나 빌리기도 하고 때로 훔쳐오기도 했다. 열세 살 때에는 쓰레기장에 버려진 낡은 골프 카트를 집으로 가져와 전기모터를 수리해 다시 작동하게 만들었다. 스트라우벨은 날이면 날마다 물건을 분해해서 청소하고는 다시 조립했다. 가정에서 DIY를 실천하던 전통을 익히며 성장한 덕택이었다. 1890년대 말 증조할아버지는 스트라우벨 기계를 설립하고 미국 최초의 내연기관을 만들어 보트를 움직였다.

호기심이 많은 스트라우벨은 물리학자가 되고 싶다는 꿈을 품고 1994년 스탠퍼드 대학교에 입학했다. 그러나 정말 어려운 내용의 수업을 들으면서 자신에게는 물리학이 맞지 않는 전공이라는 결론을 내렸다. 심화 과목이 지나치게 이론적인 것도 불만이었다. 손을 움직이는 일을 좋아했던 스트라우벨은 에너지 시스템 공학을 전공으로 선택했다. "나는 소프트웨어와 전기를 사용해 에너지를 통제하고 싶었습니다. 전력 전자와 컴퓨터 기술을 결합한 전공이었죠. 두 가지 모두 내가 좋아하는 분야였습니다."

당시에는 청정 기술 운동이 없었지만 태양열 발전과 전기 자동차에 손을 대는 기업이 조금씩 생겨났다. 스트라우벨은 이러한 신생 기업을 찾아나섰고 그곳 차고를 돌아보고 엔지니어들을 따라다녔다. 또한 친구 여섯 명과 함께 사는 집의 차고에서 직접 뭔가를 만들기 시작했다. 우선 '고철 덩어리 포르셰'를 1,600달러에 사서 전기 자동차로 개조했다. 이는 제어장치를 만들어 전기모터를 조작하고, 혼자서 충전기를 고안하고, 기계 전체를 가동시킬 수 있는 소프트웨어를 작성했다는 뜻이다. 이 자동차는 17.28초에 400미터를 달려 전기 차량 가속도 부문에서 세계 신기록을 세웠다. 스트라우벨은 이렇게 설명했다. "그 차는 전자장치가 훌륭했고 적은 비용으로 가속시킬 수 있었지만 배터리가 엉망이었어요. 한 번 충전으로 고작 48킬로미터를 달렸어요. 그때 전기 자동차의 한계를 깨달았습니다." 그는 포르셰의 뒤에 휘발유로 움직이면서 배터리를 충전할 때 사용할 수 있는 하이브리드 추진 시스템을 장착했다. 스트라우벨은 이 자동차로 640킬로미터를 달려 로스앤젤레스까지 왕복했다.

2002년 스트라우벨은 로스앤젤레스에 살고 있었다. 스탠퍼드 대학교에서 석사 학위를 받고 열정을 쏟을 수 있는 직장을 찾으려고 회사 두 군데를 놓고 고민했다. 결국 세계 최초로 하이브리드 차량을 개발한 기업인 로젠 모터스Rosen Motors를 선택했다. 해당 기업은 플라이휠flywheel, 자동차 제동 시 생성되는 에너지를 회전 에너지로 변환하여 저장하는 장치과 가스터빈으로 움직이고 전기모터도 장착한 자동차를 생산했다. 로젠 모터스가 사업을 접자 전기 비행기를 만들고 싶었던 스트라우벨은 정지위성 적도 상공에서 지구 자전주기와 같은 주기로 공전하면서 지구를 관측하는 인공위성을 발명한 엔지니어로 유명한 해럴드 로젠Harold Rosen을 따라갔다. 그는 이렇게 설명했다. "비행기를 조종하고 비행을 좋아하는 나한테는 완벽한 선택이었습니다. 한 번에 2주일 동안 공중에 머물면서 특정 지점 위를 배회하는 비행기를 만들고 싶었습니다. 이것은 소형 무인정찰기가 나오기 훨씬 전의 일입니다." 또한 생활비를 벌기 위해 야간과 주말에는 신생 기업을 상대로 전자 기술에 관련한 자문을 제공했다.

스트라우벨이 이처럼 한창 바쁘고 정신없이 살고 있을 때 스탠퍼드 대학교 태양광 자동차 팀에서 함께 활동했던 오랜 친구들이 찾아왔다. 스탠퍼드 대학교 동창인 패기만만하고 자유분방한 엔지니어들은 검은색 유리창과 유독 화학물질이 가득한 제2차 세계대전 시대의 군대 막사에 모여 몇 년 동안 태양광 자동차를 연구해왔다. 오늘날 대학교들은 이러한 종류의 프로젝트를 추진하는 학생을 지원하려고 노력하지만 당시 스탠퍼드 대학교는 오히려 이 외골수 괴짜 집단을 해체하려 했다. 하지만 학생들은 각자 벌이는 활동에 능력을 유감없이 발휘했을 뿐 아니라 전국 태양광 자동차경주 대회에 출전했다. 스트라우벨은 대학에 다닐 때뿐만 아니라 졸업하고 나서도 자동차를 제작하는 팀에 도움을 주었고 새로 가입한 학생 엔지니어들과 유대 관계를 맺고 있었다. 시카고부터 로스앤젤레스까지 3,700킬로미터를 달리는 경주를 마친 직후라 주머니 사정이 빈약하고 몸도 지칠 대로 지친 학생들은 스트라우벨의 집에서 숙식을 해결했다. 여섯 명 남짓한 학생들은 며칠 만에 처음으로 샤워를 하고 거실 바닥에 누웠다. 밤늦게까지 이야기를 나누면서 스트라우벨과 태양광 자동차 팀의 화제는 한 가지뿐이었다. 그들은 자신들이 타고 있는 태양광 자동차에 장착한 리튬 이온 배터리가 대부분의 사람들이 생각하는 것보다 훨씬 좋다는 사실을 깨달았다. 노트북 컴퓨터처럼 많은 소비자용 전자 제품에 장착되어 있는 18650 리튬 이온 배터리는 AA 건전지와 비슷하게 생겼고 서로 묶어서 사용할 수 있었다. 스트라우벨이 말했다. "우리는 배터리 셀battery cell, 배터리 안에서 양극판과 음극판을 조합한 1조로, 1셀은 2볼트의 전압을 나타냄 1만 개를 합쳐놓으면 무슨 현상이 벌어질지 궁금했습니다. 우리는 수학적으로 계산해보고 1,600킬로미터 정도를 갈 수 있다는 결론을 얻었습니다. 완전히 터무니없는 소리였고 결국 모두 이야기하다 잠이 들었지만 그 생각이 머릿속에서 떠나지 않았습니다."

곧 스트라우벨은 태양광 자동차 팀을 쫓아다니며 리튬 이온 배터리로 움직이는 전기 자동차를 만들자고 설득했다. 비행기로 밤새 팰로 앨토까지 날아가고, 자전거로 스탠퍼드 대학교 캠퍼스에 가서 학생들이 현재 진행하는 프로젝트를 도와주며 자신의 사업 계획을 알렸다. 스트라우벨이 설계한 자동차는 배터리가 총 질량의 80퍼센트를 차지하는 초공기역학 차량으로 마치 바퀴 달린 어뢰 같았다. 이 자동차에 대해 스트라우벨이 어떤 장기적 비전을 품고 있는지는 다른 사람은 물론 본인도 자세히 알지 못했다. 오히려 자동차 제조사를 창업하려는 것보다는 리튬 이온 배터리의 성능에 대한 대중의 인식을 높이기 위해 그 증거로 자동차를 제작하려는 것처럼 보였다. 그러다 행운이 따르면 자동차경주에 출전할 수도 있을 터였다.

스탠퍼드 대학교의 태양광 자동차 팀 학생들은 스트라우벨이 사업 자금을 모을 수 있다면 자신들도 사업에 참여하겠다고 했다. 그래서 스트라우벨은 무역 전시회를 찾아다니며 자신의 아이디어를 설명한 소책자를 나눠주고, 생각이 나는 사람이면 누구에게나 같은 내용으로 이메일을 보내기 시작했다. 그는 "체면이고 뭐고 가리지 않았습니다."라고 말했다. 유일한 문제는 스트라우벨이 홍보하는 내용에 아무도 관심을 기울이지 않았다는 것이다. 몇 달 동안 투자가를 찾아다녔지만 모두 허사였다. 그러다가 2003년 가을 일론 머스크를 만났다.

스페이스 엑스 본사 근처에 있는 해산물 전문 음식점에서 머스크를 만나 점심 식사를 함께 하기로 약속한 해럴드 로젠이 전기 비행기에 대한 아이디어를 꺼낼 때 도움을 받기 위해 스트라우벨을 데려갔던 것이다. 머스크가 전기 비행기 제작에 흥미를 보이지 않자 스트라우벨은 전기 자동차에 대한 아이디어를 꺼냈다. 전기 자동차에 오랫동안 관심을 쏟아온 머스크는 얼핏 터무니없게 들리는 아이디어에 귀가 솔깃했다. 여태껏 자동차에 슈퍼 축전기를 장착하는 방법에 초점을 맞추어 고민해온 머스크는 스트라우벨에게 리튬 이온 배터리 기술의 발전상을 전해 들으면서 깜짝 놀라고 흥분했다. 스트라우벨은 이렇게 회상했다. "다른 사람들은 너 나 할 것 없이 말도 안 된다고 말했지만 일론은 내 아이디어를 좋아했습니다. 그러면서 선뜻 투자하겠다고 말했어요." 머스크는 스트라우벨이 구하고 있는 10만 달러 가운데 1만 달러를 주겠다고 약속했다. 그때 두 사람 사이에 형성된 유대 관계는 세상을 바꾸겠다는 집념으로 출발해 극도의 인생 부침을 겪으면서도 10년 넘게 유지되고 있다.

스트라우벨은 머스크와 만나고 나서 AC 프로펄전AC Propulsion에 근무하는 친구들에게 연락했다. 1992년 로스앤젤레스에서 설립된 AC 프로펄전은 날렵한 중형 자동차부터 스포츠카에 이르기까지 온갖 종류의 자동차를 생산하고 있었다. 스트라우벨은 AC 프로펄전의 차고에 있는 고급 차량 티제로TZero를 머스크에게 보여주고 싶었다. 티제로는 강철 프레임에 섬유 유리 동체를 얹은 일종의 키트카kit car, 개인이 직접 주문조립하여 제작한 수제 자동차로, 1997년 처음 모습을 드러낼 당시 4.9초 만에 시속 100킬로미터까지 속도를 냈다. AC 프로펄전의 엔지니어들과 몇 해 동안 어울렸던 스트라우벨은 회사 사장인 톰 게이지Tom Gage에게 머스크가 티제로를 몰아보게 해줄 수 있는지 물었다. 머스크는 티제로에 흠뻑 빠졌고, 성능도 좋지만 지루한 차량이 아니라 강력한 소유욕을 부추기는 차량으로 전기 자동차의 개념을 바꿀 수 있겠다고 생각했다. 몇 달 동안 머스크는 키트카인 티제로를 상업용 차량으로 바꾸는 프로젝트에 자금을 대겠다고 말했지만 거듭 거절당했다. 스트라우벨은 당시 상황을 이렇게 설명했다. "머스크의 제안은 개념을 검증해 현실화하자는 뜻이었습니다. 내가 AC 프로펄전 사람들을 몹시 좋아하긴 하지만 그들은 사업하기는 영 틀렸는지 머스크의 제안을 거절했습니다. 그러면서 옛같이 생기고 성능도 별로이고 그냥 시시껄렁한 이박스eBox라는 자동차를 일론에게 팔려고 무던히 애썼어요." 밖으로 드러나는 성과는 없었지만 머스크는 AC 프로펄전 측과 몇 차례 회의를 하면서 스트라우벨이 시작하려는 계획의 수준을 훨씬 뛰어넘는 사업을 시작하겠다는 생각을 굳혔다. 2004년 2월 말 머스크는 AC 프로펄전의 사장 게이지에게 다음과 같은 이메일을 보냈다. "나는 앞으로 고성능 자동차와 전기 구동 동력계파워트레인powertrain, 동력 전달 장치로 엔진에서 발생한 에너지를 클러치와 변속기를 시작으로 뒷바퀴까지 전달하는 시스템 중에서 최선의 선택을 한 후에 그 방향으로 사업을 추진하려 합니다."

스트라우벨은 모르고 있었지만 캘리포니아 북부에서 활동하는 동업 사업가 두 명도 리튬 이온 배터리로 자동차에 동력을 전달하는 아이디어에 푹 빠져 있었다. 마틴 에버하드Martin Eberhard와 마크 타페닝Marc Tarpenning은 1997년 누보미디어NuvoMedia를 설립하고 최초 전자책에 속하는 로켓 이북Rocket eBook을 만들었다. 두 사람은 누보미디어를 경영하면서 최첨단 전자 제품과 그동안 엄청나게 진화해 노트북과 기타 휴대용 기기에 사용되는 리튬 이온 배터리에 대한 통찰을 키웠다. 로켓 이북은 시대를 너무 앞서가는 바람에 상업적으로 성공을 거두지 못했지만 혁신성이 돋보였으므로 〈TV 가이드〉와 일부 전자 프로그래밍 가이드 기술을 가지고 있는 젬스타 인터내셔널 그룹Gemstar International Group의 관심을 끌었다. 젬스타는 2000년 3월 누보미디어를 1억 8,700만 달러에 인수했다. 큰돈을 손에 거머쥔 두 사람은 거래가 끝난 후에도 연락하며 지냈다. 실리콘밸리에서도 가장 부유한 동네인 우드사이드Woodside에 살고 있던 두 사람은 이따금씩 만나서 다음 사업을 의논했다. 타페닝은 이렇게 회상했다. "우리는 별 볼일 없는 아이디어를 몇 가지 생각해냈습니다. 그중에는 수분 감지형 스마트 네트워크를 만들어 농장과 가정에 환상적인 수리 시설을 보급하자는 아이디어도 있었죠. 하지만 마음에 쏙 드는 아이디어는 전혀 떠오르지 않았고 좀 더 중요하고 의미 있는 사업을 해보고 싶었습니다."

에버하드는 공상적 박애주의자의 사회적 양심을 갖춘, 재능이 탁월한 엔지니어였다. 그는 미국이 중동에서 거듭 갈등을 빚는 현실이 마음에 걸렸고, 2000년경 과학에 관심이 있는 사람이면 으레 그랬듯 지구온난화를 현실로 받아들였다. 그래서 휘발유를 많이 소비하는 자동차의 대안을 찾기 시작했다. 우선 수소 연료 배터리의 잠재성을 검토했지만 자신이 찾고 있는 대안으로는 부족했다. 제너럴 모터스General Motors, GM가 생산하는 EV1 같은 자동차를 리스하는 방법에도 그다지 구미가 당기지 않았다. 그러다가 인터넷에서 검색해보았던 AC 프로펄전의 순수 전기 자동차가 눈에 들어왔다. 그래서 2001년 로스앤젤레스로 내려가 AC 프로펄전 공장을 방문했다. 에버하드는 이렇게 회상했다. "그곳은 유령 마을 같았고 회사는 이미 사업을 접고 있는 분위기였습니다. 나는 납축 배터리 대신 리튬 이온 배터리를 사용해 자동차를 만들도록 그 회사에 50만 달러를 긴급 지원했습니다." 에버하드는 상업적 기업으로 거듭나라고 밀어붙였지만 AC 프로펄전을 바꾸기에는 역부족이었다. 제안을 거절당하자 에버하드는 창업하기로 결심하고 리튬 이온 배터리의 실용화 가능성을 타진하기 시작했다.

첫 단계로 스프레드시트spreadsheet를 이용해 전기 자동차의 기술 모델을 설계하는 작업에 들어갔다. 이로써 다양한 요소를 비틀어보고 차량의 모양과 성능에 어떤 영향을 미칠 수 있을지 점검할 수 있었다. 또한 자동차의 중량과 배터리 수, 바퀴와 차체의 저항력 등을 조정하고, 원점으로 돌아가 다양한 디자인의 자동차에 동력을 제공하는 데 필요한 배터리의 수를 파악했다. 결과적으로 당시에 인기가 매우 높았던 SUV 차량과 배송 트럭은 전기를 동력으로 사용하기에 적합하지 않다는 결론을 내렸다. 그 대신 중량이 좀 더 가벼운 고급 스포츠카에 해당 기술을 적용하면 빠르고 재미있게 운전하면서 한 번 충전으로 운행할 수 있는 거리가 사람들의 예상보다 훨씬 늘어날 것 같았다. 이렇게 에버하드는 기술 명세서를 작성했고 타페닝은 그동안 계속 연구해 재정 모델을 보완했다. 그 즈음 도요타 캘리포니아에서 프리우스Prius를 출시했지만 구매자는 대부분 부유한 환경보호 운동가였다. 타페닝은 "제너럴 모터스가 생산하는 EV1을 구매하는 사람의 연평균 소득이 20만 달러라는 사실을 알았습니다."라고 설명했다. 렉서스, BMW, 캐딜락 브랜드를 타고 싶어 하는 사람은 전기 자동차와 하이브리드 자동차가 일종의 지위를 상징한다고 생각했다. 따라서 에버하드와 타페닝은 연 매출 30억 달러인 미국 고급 자동차 시장을 겨냥해 부자들이 운전을 즐기면서도 지위를 뽐낼 자동차를 만드는 것이 좋겠다고 판단했다. 타페닝은 "사람들은 멋지고 섹시한 동시에 '정지 상태에서 시속 100킬로미터까지 가속하는 데 걸리는 시간'이 짧은 자동차에 돈을 씁니다."라고 설명했다.

2003년 7월 1일 에버하드와 타페닝은 자동차 제조사를 설립했다. 에버하드는 몇 달 전 디즈니랜드에서 아내와 데이트하다가 테슬라 모터스라는 이름을 생각해냈다. 발명가이자 전기모터 제작의 선구자인 니콜라 테슬라Nikola Tesla의 업적을 기리는 동시에 듣기에도 좋았기 때문이다. 두 설립자는 멘로 파크Menlo Park 소재 오크 그로브 애비뉴Oak Grove Avenue 845번지에 있는 1960년대식 낡은 건물에 작은 방 두 개가 딸린 사무실을 빌리고 책상 세 대를 들여놓았다. 몇 달 후 세 번째 책상을 차지한 사람은 뉴질랜드의 농장에서 성장한 엔지니어 이안 라이트Ian Wright였다. 그는 우드사이드에서 테슬라의 설립자들과 이웃해 살았고 네트워크 관련 신생 기업을 창업하기 위해 두 사람과 함께 일한 적이 있었다. 하지만 투자를 받지 못해 창업 계획이 무산되면서 테슬라에 합류했다. 세 사람이 주위에 창업 계획을 알리자 모두 콧방귀를 뀌며 한목소리로 반대했다. 타페닝은 "우드사이드에 있는 술집에서 친구를 만나 전기 자동차 생산 사업을 시작하기로 결심했다고 말했습니다. 그러자 그 친구는 '설마, 진심은 아니지?'라고 대꾸했습니다."라고 회상했다.

미국에서 자동차 제조사를 세우겠다는 말을 들으면 사람들은 자동차 산업계에서 성공한 신생 기업은 1925년 설립한 크라이슬러가 마지막이었다는 충고를 빼먹지 않았다. 처음부터 자동차를 설계하고 제작하려면 숱한 어려움이 따르기 마련이지만, 무엇보다 과거에 신생 기업이 무릎 꿇게 된 원인은 자동차를 대량생산하는 데 필요한 자금과 노하우가 부족했기 때문이다. 테슬라 설립자들은 이러한 현실을 잘 알고 있었다. 하지만 테슬라가 100년 전에 이미 전기 모터를 만들었으므로 모터에서 동력을 일으켜 바퀴로 보내는 구동계 드라이브트레인drivetrain, 엔진의 회전력을 이용해 차를 굴러가게 하는 단계까지를 포함한 동력 전달 장치를 만들 수 있겠다고 판단했다. 하지만 사업을 시작하면서 가장 큰 고민은 자동차와 연관 부품을 생산할 공장을 짓는 것이었다. 에버하드와 타페닝은 자동차 산업계를 깊이 연구할수록 대형 자동차 제조사조차 자동차를 더 이상 직접 만들지 않는다는 사실을 깨달았다. 헨리 포드가 원자재를 미시건 주 공장에서 받아 자동차를 만들어 미국 반대편으로 운송한 시대는 오래전에 끝났다. 타페닝은 이렇게 설명했다. "BMW는 자동차 앞창도, 백미러도 만들지 않았습니다. 그러니 좌석 덮개는 말할 것도 없죠. 거대 자동차 제조사가 유일하게 쥐고 있던 업무는 내연기관 연구·판매·마케팅·최종 조립이었습니다. 그래서 우리는 대기업이 거래하는 하청업체를 접촉한다면 자동차 제조에 필요한 부품을 구할 수 있으리라고 순진하게 생각했습니다."

테슬라 설립자들은 AC 프로펄전에서 티제로에 투입한 기술의 사용 허가를 받고 로터스 엘리스Lotus Elise의 섀시를 사용하겠다는 계획을 세웠다. 영국 자동차 제조사인 로터스가 1996년에 출시한 투도어 엘리스two-door Elise는 외관이 맵시 있고 차체가 낮아 바닥에 죽 깔리는 느낌을 주므로 고급 자동차 구매자의 구미에 잘 맞았다. 자동차 판매업에 종사하는 많은 사람을 만나고 나서 테슬라 팀은 자사가 생산하는 자동차를 대리점을 거치지 않고 소비자에게 직접 판매하기로 결정했다. 2004년 1월 사업 계획의 기본 틀을 잡은 세 사람은 벤처 투자를 유치하러 돌아다녔다.

　세 사람은 투자가들이 실감할 수 있도록 AC 프로펄전에서 티제로를 빌려 타고 벤처 투자 기업이 모여 있는 샌드 힐 로드Sand Hill Road 지역에 도착했다. 티제로는 페라리보다 빠르게 가속할 수 있었으므로 투자가들은 본능적으로 짜릿한 흥분을 느꼈다. 하지만 그들은 창의성이 탁월한 부류는 아니었으므로 키트카의 초라한 플라스틱 매무새가 내내 마음에 걸렸다. 그나마 관심을 보인 투자가는 컴퍼스 테크놀로지 파트너스Compass Technology Partners와 SDL 벤처스뿐이었는데 그렇다고 반응이 뜨겁지도 않았다. 컴퍼스의 총괄 책임자는 누보미디어로 돈을 벌었던 경험 때문에 에버하드와 타페닝에게 성의를 보이고 싶었다. 타페닝에 따르면 그 책임자는 이렇게 말했다. "이 사업에 투자하는 것은 어리석은 일이지만 나는 지난 40년 동안 자동차 신생 기업에는 무조건 투자해왔습니다. 그러니 이번이라고 다를 수 있겠습니까?" 테슬라는 시제품을 제작하기 위해 700만 달러를 유치해야 했고 상당 부분을 쾌척해줄 거액 투자가가 필요했다. 그런 투자가를 잡는다면 테슬라로서는 최초의 이정표가 되는 동시에 세상에 내보일 수 있는 물리적 실체를 마련하는 셈이므로 다음번 투자 유치에 유리해질 터였다.

에버하드와 타페닝은 사업을 구상할 때부터 주요 투자가 후보로 일론 머스크를 염두에 두었다. 두 사람 모두 2년 전 스탠퍼드 대학교에서 열렸던 마스 소사이어티 회의에 참석해 머스크의 연설을 들었다. 생쥐를 우주에 보내는 계획을 펼쳐 보이는 연설을 들으면서 머스크가 보통 사람과 조금 다르게 생각하므로 전기 자동차에 대해 긍정적으로 생각하리라고 판단했다. 그러던 중 머스크에게 투자를 요청해야겠다고 마음을 굳히는 계기가 찾아왔다. AC 프로펄전의 사장 톰 게이지가 에버하드에게 전화를 걸어 머스크가 전기 자동차 분야에 투자할 것을 고려한다고 말했던 것이다. 에버하드는 라이트와 함께 로스앤젤레스로 날아가 금요일에 머스크를 만났다. 주말 동안 머스크는 출장 중인 타페닝에게 전화를 걸어 사업의 재정 모델에 대해 질문을 쏟아냈다. 타페닝은 이렇게 회상했다. "일론의 질문에 계속 대답만 했던 기억이 납니다. 다음 월요일에 마틴과 함께 다시 찾아간 자리에서 일론은 투자하겠다고 대답했습니다."

테슬라 설립자들은 머스크처럼 완벽한 투자가를 만난 것이 행운이라고 생각했다. 머스크에게는 두 사람이 제작하려는 제품의 가치를 알아보는 공학적 지식이 있었다. 또한 미국이 원유에 집착하는 현실을 끝내고 싶다는 원대한 목적에도 공감했다. 타페닝은 이렇게 말했다. "벤처 사업가에게는 신념 있는 투자가가 필요합니다. 일론에게 투자는 단순한 재정적 거래가 아니었습니다. 일론은 미국의 에너지 공식을 바꾸고 싶어 했어요." 머스크는 650만 달러를 투자하면서 테슬라의 최대 주주이자 회장이 되었다. 또한 나중에 테슬라의 경영권을 놓고 에버하드와 싸움을 벌이면서 자신의 지위와 영향력을 십분 휘둘렀다. 에버하드는 이렇게 털어놓았다. "그것은 실수였습니다. 실제로는 투자가를 더 많이 확보하고 싶었어요. 하지만 과거로 돌아간다 하더라도 일론의 돈을 받았을 겁니다. 손안에 쥐고 있는 새 한 마리가 숲에 있는 새 두 마리보다 낫다고 하지 않습니까? 우리는 그만큼 그의 돈이 필요했어요."

두 사람과 회의를 마치자마자 머스크는 스트라우벨에게 전화를 걸어 테슬라 팀을 만나보라고 촉구했다. 스트라우벨은 테슬라 사무실이 자기 집에서 불과 800미터 떨어진 멘로 파크에 있다는 말을 들었다. 그는 그들의 사업에 호기심이 생기기는 했지만 한편으로는 매우 회의적이었다. 전기 자동차에 대해 세상에서 둘째라면 서러워할 정도로 지식과 열정이 많다고 자부했으므로 여태껏 이름을 들어본 적조차 없는 두 사람이 투자를 유치할 정도까지 전기 자동차 사업을 진척시켰다는 사실이 믿기지 않았기 때문이다. 하지만 어쨌든 스트라우벨은 2004년 5월 테슬라 사무실을 찾았고 회의를 마친 후 곧 연봉 9만 5,000달러에 고용 계약서를 썼다. "일론에게 투자를 받는 데 필요한 배터리 팩을 내가 만들고 있다고 말했습니다. 우리는 한데 힘을 모으자고 말하면서 그야말로 오합지졸 그룹을 결성했어요."

이때 테슬라 모터스가 디트로이트에서 직원을 데려왔다면 사업을 하는 동안 골치를 앓아야 했을 것이다. 하지만 당시는 자동차 전문가라고 해봐야 자동차를 정말 좋아해서 사업을 시작하려는 사람 둘, 자동차 산업계에서는 우스꽝스럽다고 생각하는 기술을 토대로 과학전람회 출품 프로젝트를 추진했던 젊은이 하나가 고작이었다. 게다가 창업 팀은 자동차 제조사를 어떻게 설립하는지에 대해 디트로이트에 조언을 구할 생각조차 하지 않았다.

이렇게 테슬라는 실리콘밸리의 다른 신생 기업이 걸었던 길을 따라 젊고 가난한 엔지니어를 채용하고 사업을 수행하면서 문제를 하나씩 풀어나갈 작정이었다. 소프트웨어 애플리케이션의 작성과는 공통점이 거의 없는 자동차 제조업이 베이 에어리어에서 성공한 사례가 전혀 없어도 그들은 개의치 않았다. 테슬라는 누구보다 앞서서 18650 리튬 이온 배터리의 품질이 상당히 좋아졌다는 사실을 알았고 품질을 꾸준히 개선하려고 했다. 그러면서 어느 정도 노력과 지식을 결합하면 목적을 너끈히 달성할 수 있으리라 희망했다.

스탠퍼드 대학교의 똑똑하고 에너지 넘치는 엔지니어들과 곧장 인맥이 닿았던 스트라우벨은 테슬라에 대한 정보를 전달했다. 태양광 자동차 팀의 일원이었던 진 베르디체프스키Gene Berdichevsky는 그 이야기에 귀가 번쩍 뜨였다. 아직 학부생이었지만 테슬라에 일자리를 얻을 수 있다면 학교를 자퇴하고 무보수로 일할 뿐 아니라 청소도 마다하지 않겠다고 했다. 두 설립자는 그의 정신에 감탄하면서 두말하지 않고 채용했다. 하지만 베르디체프스키는 집에 있는 부모님에게 취직 소식을 알리는 것이 난감했다. 러시아 이민자로 원자력 잠수함 엔지니어인 부모님에게 스탠퍼드 대학교를 자퇴하고 전기 자동차 신생 기업에 취직하겠다고 말하는 것은 쉬운 일이 아니었다. 그는 테슬라의 일곱 번째 직원으로 근무시간의 일부는 멘로 파크에 있는 사무실에서 일하고, 나머지 시간에는 스트라우벨의 거실에서 컴퓨터로 자동차의 3차원 동력계 모델을 설계하고, 차고에서 배터리 팩의 시제품을 만들었다. 그는 "그것이 얼마나 미친 짓이었는지 나중에야 깨달았습니다."라고 말했다.

이내 테슬라는 회사를 확장해야 했다. 이제 자동차라고 부를 수 있을 만큼 형태를 잡아가는 로드스터Roadster에 생명을 불어넣는 작업을 가속화하려면 작업장을 확보하고, 늘어나는 엔지니어 군단이 일할 수 있는 공간이 필요했기 때문이다. 여러 장소를 물색한 끝에 샌 카를로스San Carlos 시의 커머셜 스트리트Commercial Street 1050번지에 있는 2층짜리 산업용 건물을 찾았다. 면적이 930제곱미터에 불과해 넓지 않았지만 자동차 시제품을 만들 만한 연구실과 개발실이 들어설 공간은 있었다. 건물 오른쪽에는 넓은 조립 공간이 두 군데 있고 자동차가 들락날락할 수 있는 커다란 롤업 문이 두 개 있었다. 라이트는 탁 트인 공간을 모터·배터리·전력 전자·최종 조립 구역으로 나누었다. 건물의 왼쪽 절반은 예전 세입자인 배관 제품 제조사가 이상한 방식으로 개조한 사무실 공간이었다. 주요 회의실에는 홈바와 싱크대가 있고 수도꼭지는 백조의 주둥이 모양이었으며, 더운물이나 찬물을 트는 손잡이는 날개 모양이었다. 베르디체프스키가 일요일 밤에 사무실을 흰색 페인트로 칠하고, 직원들은 이케아에 가서 책상을 사고 컴퓨터는 델Dell 제품을 온라인으로 구입했다. 도구라고는 망치와 못, 기타 기본 목공 도구가 가득 들어 있는 크래프츠맨Craftsman 연장통이 하나 있을 뿐이었다. 머스크는 로스앤젤레스에서 가끔씩 찾아와 이렇듯 열악한 환경을 눈으로 보았지만 스페이스엑스도 과거에 비슷한 환경에서 출발했으므로 별로 신경 쓰지 않는 것 같았다.

자동차 시제품을 제작하기 위한 원래 계획은 간단한 것처럼 들렸다. 테슬라는 AC 프로펄전에서 생산하는 티제로의 동력계를 로터스 엘리스의 차체에 장착할 생각이었다. 전기모터를 설계하기 위한 회로도를 이미 확보했고, 미국이나 유럽에 있는 기업에서 변속기를 사고, 다른 부품은 아시아에서 외주 제작할 수 있으리라고 생각했다. 테슬라의 엔지니어들은 배터리 팩 시스템, 자동차 배선, 부품 조립에 필요한 금속 절삭 및 용접 등에 주력했다. 테슬라 팀은 엔지니어들이 원래 기계를 만지작거리는 작업을 좋아하므로 로드스터를 제작하는 작업이 기계 담당 엔지니어 두세 명과 조립 근로자 몇 명으로 완성할 수 있는 자동차 개조 작업과 비슷하다고 생각했다.

시제품을 제작하는 주요 팀에는 스트라우벨과 베르디체프스키가 있었고, 매우 똑똑한 기계 담당 엔지니어이면서 열두 번째 직원인 데이비드 라이언스David Lyons가 포함되었다. 라이언스는 실리콘밸리 기업에서 10년 정도 근무한 경험이 있고, 몇 년 전에 세븐 일레븐에서 스트라우벨을 우연히 만나 그가 타고 있던 전기 자전거에 대해 이야기를 나누었다. 그 후 사람들의 심부 체온을 재는 장비를 만드는 회사에 컨설턴트 자리가 비자 스트라우벨을 추천해 생활비를 벌도록 도와주었다. 스트라우벨은 전기 자동차 제작처럼 흥미진진한 프로젝트에 라이언스를 참여시키는 것이 그에게 받은 호의에 보답하는 길이라고 생각했다. 테슬라도 라이언스의 덕을 크게 보았다. 베르디체프스키는 "라이언스는 지저분한 일을 말끔하게 처리하는 방법을 알고 있습니다."라고 말했다.

엔지니어들은 자동차를 실을 푸른색 리프트를 사서 건물 안에 설치했다. 또한 공작기계와 손 공구, 기계 도구, 야간에 일할 때 쓸 투과 조명을 사들여 작업장을 연구 및 개발의 온상지로 탈바꿈시켰다. 전기 담당 엔지니어들은 로터스의 기준 레벨 소프트웨어를 연구하면서 페달, 기계적 메커니즘, 계기판 측정기를 어떻게 연결시키는지 파악해나갔다. 기술에서 테슬라가 커다란 진보를 이룩한 부문은 배터리 팩 설계였다. 지금까지 어느 누구도 리튬 이온 배터리 수백 개를 병렬로 연결해본 적이 없으므로 테슬라는 이 기술 분야에서 선두가 되었다.

엔지니어들은 배터리 70개를 병렬로 연결해 '브릭brick' 하나를 만들고, 여기에 열이 어떻게 분산되고 열류가 어떻게 작용하는지 이해하려고 노력했다. 또한 브릭 열 개를 합한 후 다양한 유형의 공랭 방식과 액랭 방식을 시험했다. 작동 가능한 배터리 팩을 개발하고 나자 노란색 로터스 엘리스 섀시의 길이를 13센티미터 늘리고 크레인을 이용해 원래 엔진을 장착하는 자동차 뒤에 배터리 팩을 앉혔다. 2004년 10월 18일 전기 자동차를 제조하는 노력이 궤도에 오르면서 놀랍게도 4개월 후인 2005년 1월 27일, 열여덟 명의 손을 거쳐 완전히 새로운 종류의 자동차가 제작되었다. 이렇게 태어난 자동차 시제품은 주위를 몰고 다닐 수도 있었다. 테슬라는 그날 이사회를 소집했고 머스크가 시험 주행을 했다. 1,300만 달러에 이르는 투자를 유치한 테슬라는 머스크에게 900만 달러를 추가로 받았고, 로드스터를 2006년 초 소비자에게 처음으로 인도하겠다는 계획을 세웠다.

몇 달 후 자동차 한 대를 더 완성한 엔지니어들은 전기 자동차에 심각한 결함이 있다는 사실을 받아들여야 했다. 2005년 7월 4일 독립 기념일을 축하하려고 우드사이드에 있는 에버하드의 집에 모인 그들은 로드스터의 배터리에 불이 붙었을 때 어떤 현상이 벌어지는지 실험하기에 가장 적합한 날이라고 입을 모았다. 한 엔지니어가 테이프로 묶은 배터리 스무 개 뭉치에 전도성 열선을 집어넣고 불을 붙였다. 라이언스는 "배터리 뭉치가 병 로켓 덩어리처럼 하늘로 치솟았습니다."라고 회상했다. 그 장면을 본 엔지니어들은 로드스터에 7,000개 가까이 장착되는 배터리가 폭발하면 그 규모가 어떨지 생각만 해도 등골이 오싹했다. 전기 자동차는 휘발유처럼 가연성 액체를 멀리할 수 있고 엔진에서 발생하는 잦은 폭발을 피할 수 있다는 장점을 갖추어야 했다. 부자들이 휘발유 자동차보다 훨씬 위험한 제품에 높은 가격을 지불할 리 만무했다. 초창기에 테슬라 직원들은 혹시라도 유명한 부자가 자동차 결함으로 화재를 당하지나 않을까 노심초사했다. 라이언스가 말했다. "정말 아찔한 순간이었습니다. 우리 모두 술이 확 깼어요."

테슬라는 배터리 문제를 해결하기 위해 여섯 명으로 기동대를 만들고 자금을 공급하면서 그때까지 진행하던 작업을 중단하고 실험을 실시하라고 지시했다. 초기에는 테슬라 본사에서 폭발 실험을 몇 번 실시하면서 엔지니어들이 폭발 장면을 느린 속도로 녹화했다. 좀 더 이성적인 판단을 하게 되면서부터는 소방서가 관리하는 변전소 뒤편의 발파 지역에서 폭발 연구를 진행했다. 폭발을 거듭 경험하면서 엔지니어들은 배터리의 내부 작용에 대해 많이 배울 수 있었다. 그리고 옆 배터리로 불이 번지는 현상을 막기 위해 배터리를 배열하는 방법과 폭발을 중단하는 기술을 개발했다. 그리고 배터리 수천 개를 폭발시키며 실험을 거듭한 엔지니어들의 노력은 결실을 거두었다. 확신하기는 일렀지만 테슬라는 배터리 기술을 발명해서 앞으로 수년 동안 경쟁 기업을 따돌리고 엄청난 경쟁 우위를 확보할 참이었다.

초기에 자동차 시제품이 성공적으로 완성되고 여기에 배터리를 둘러싼 획기적 발견과 기타 기술이 결합하면서 테슬라의 신용도가 높아졌다. 이제 자동차에 테슬라의 이름을 새길 차례였다. 타페닝은 이렇게 말했다. "테슬라의 원래 계획은 로터스와 스타일이 다르면서 전기 자동차이기만 하다면 기능은 최소한으로 유지한다는 것이었습니다. 하지만 일론을 포함한 이사진은 시제품이더라도 고객을 즐겁게 해주어야 하고, 그러려면 로터스의 수준으로는 충분하지 않다고 했습니다."

엘리스의 섀시는 테슬라의 공학적 목적을 달성하기에는 무난했다. 하지만 자동차의 차체는 형태와 기능 면에서도 문제가 심각했다. 엘리스의 차 문 높이는 바닥에서 30센티미터나 돼서 승객의 유연성이나 위엄에 따라 자동차에 뛰어오르거나 몸을 던져야 했다. 게다가 테슬라가 개발한 배터리 팩과 트렁크를 앉히려면 차체도 더 길어야 했다. 그리고 테슬라는 로드스터를 유리섬유가 아닌 탄소섬유로 만들고 싶었다. 머스크는 디자인에 대해 많은 의견을 제시하고 영향력을 행사했다. 머스크는 아내인 저스틴도 편안하게 탈 수 있고 실용성을 갖춘 자동차를 원했다. 그는 이사회에 참석하러 테슬라를 방문하고 이따금씩 디자인을 검토할 때 자신의 의견을 강력하게 주장했다.

테슬라는 로드스터에 새 외관을 갖추게 해줄 디자이너를 몇 명 채용했다. 선호하는 디자인을 선택하고 나서 2005년 1월에는 실물의 4분의 1 크기로 모형을 만들고 4월에 실물 크기의 모델을 발표하기로 했다. 테슬라 중역진에게 이 과정은 자동차 제조에 필요한 사항을 새로운 시각으로 되짚어보는 계기가 되었다. 타페닝은 이렇게 회상했다. "폴리에스테르 필름인 반짝이는 마일러Mylar로 모델을 감싸고 진공 기기로 표면을 처리하자 차체의 곡선과 광채, 음영이 살아났습니다." 은빛 모델은 엔지니어들이 컴퓨터로 조작할 수 있는 디지털 렌더링rendering, 컴퓨터가 생성한 기하학적 모형에 색과 질감을 입히고 음영 처리를 하여 최종 이미지를 만들어내는 작업을 거쳤다. 테슬라는 공기역학적 시험을 실시할 목적으로 한 영국 기업에 의뢰해 '에어로 벅aero buck'으로 불리는 자동차의 플라스틱 모형을 디지털 파일을 사용해 제작하게 했다. 타페닝은 "그 기업은 자동차 모형을 배에 실어 우리에게 보냈어요. 우리는 다시 버닝맨Burning Man, 미국 네바다 주 블랙록 사막에서 열리는 연중행사에 가져갔습니다."라고 설명했다.

2006년 5월 테슬라는 직원 100명을 거느린 회사로 성장해 지금은 EP1engineering prototype one로 알려진 검은색 로드스터를 제작했다. 타페닝이 말했다. "'우리가 무엇을 만들 것인지 이제야 알 것 같다.'는 속담이 있습니다. 우리가 만든 자동차를 보면 그 말이 무슨 뜻인지 누구나 느낄 수 있었습니다. 제대로 만든 차이고 정말 멋졌습니다." EP1의 등장은 기존 투자가에게는 자기가 투자한 돈이 어떤 결실을 맺었는지 확인할 수 있는 기회인 동시에 더 많은 사람에게 투자를 받을 수 있는 좋은 구실이었다. 엔지니어들은 시승이 끝날 때마다 엔진을 식히려고 손으로 열심히 부채질했다. 하지만 벤처 투자가들은 이러한 사실을 간과할 정도로 EP1에 깊은 인상을 받았고 테슬라의 장기적 잠재력을 파악하기 시작했다. 머스크가 1,200만 달러를 테슬라에 추가로 투자한 데 이어 벤처 투자사인 드레이퍼 피셔 저벳슨Draper Fisher Jurvetson, 밴티지포인트 캐피털 파트너스VantagePoint Capital Partners, J. P. 모건, 컴퍼스 테크놀로지 파트너스, 닉 프리츠커Nick Pritzker, 래리 페이지, 세르게이 브린Sergey Brin 등 몇몇 투자가들이 4,000만 달러를 내놓았다.[19]

2006년 7월 테슬라는 자사가 그동안 이룩한 성과를 세상에 알리기로 결정했다. 엔지니어들은 검은색 EP1을 보완하기 위해 빨간색 시제품인 EP2를 만들었고, 샌타클래라Santa Clara에서 열리는 한 행사에서 두 모델을 선보였다. 발표장에 모여든 취재진은 눈앞에 펼쳐진 장면에 넋을 빼앗겼다. 멋진 2인승 컨버터블인 로드스터는 약 4초 만에 시속 100킬로미터까지 속도를 낼 수 있었다. 머스크는 이 행사에서 "오늘날까지 존재한 전기 자동차는 모두 엉터리입니다."라고 말했다.[6]

---

19 투자 설명회를 발표하는 기자회견 자리에서 머스크는 회사 설립자로 언급되지 않았다. '테슬라 모터스의 연혁'을 말하는 시간에 회사 측은 "테슬라 모터스는 운전하기를 좋아하는 사람을 위해 효율적인 전기 자동차를 만들려는 목적으로 마틴 에버하드와 마크 타페닝이 2003년 6월 설립했다."라고 설명했다. 나중에 머스크와 에버하드는 머스크에게 설립자 자격이 있는지 여부를 놓고 오랫동안 다툼을 벌였다.

당시 주지사 아놀드 슈워제네거Arnold Schwarzenegger, 전 디즈니 CEO 마이클 아이스너Michael Eisner 같은 유명 인사들이 행사장에 모습을 드러냈고 여럿이 로드스터를 시승했다. 로드스터는 워낙 섬세해서 작동법을 제대로 아는 사람은 스트라우벨을 포함한 소수뿐이었고 엔진이 과열되지 않도록 시승자를 5분마다 바꿔야 했다. 테슬라는 로드스터 한 대 가격이 약 9만 달러이고 한 번 충전으로 400킬로미터를 달릴 수 있다고 발표했다. 아울러 구글의 공동 설립자인 브린과 페이지, 기술 분야의 백만장자를 포함해 30명이 로드스터를 사겠다는 뜻을 밝혔다고 말했다. 아울러 머스크는 약 3년 안에 가격이 5만 달러인 좀 더 저렴한 4인승 4도어 모델을 생산하겠다고 약속했다.

이 무렵 테슬라는 〈뉴욕 타임스〉에 간단한 연혁이 실리며 신문에 첫선을 보였다. 에버하드는 낙천적 어조로 로드스터의 출시 시점을 처음 계획한 2006년 초가 아닌 2007년 중순으로 잡겠다고 발표했다. 그리고 저중량 고가 제품을 만들기 시작해서 기술과 제조 능력의 발달에 맞춰가며 점차 대중적 제품으로 확대하겠다는 전략을 펼쳐 보였다. 머스크와 에버하드는 많은 전자 기기의 생산에서도 그랬듯 이러한 전략이 효과적이라고 굳게 믿었다. 에버하드는 이렇게 강조했다.🔢 "휴대전화·냉장고·컬러텔레비전 등도 처음에는 대중을 겨냥한 저가 제품이 아니었습니다. 저가 제품을 사는 소비자에게는 상대적으로 고가였습니다." 신문에 기사가 실린 것은 테슬라 편에서는 대단한 성취였지만 기사에서 자신이 완전히 배제되었던 머스크는 기분이 언짢았다. 타페닝은 이렇게 설명했다. "우리는 일론의 존재를 강조하려 애썼고 기자에게도 그에 대해 누누이 말했지만 그들은 이사진에는 관심이 없었습니다. 그 일로 일론은 몹시 화가 나서 서슬이 퍼래졌어요." 테슬라가 각광받기 시작하자 머스크는 아마도 그 덕을 보고 싶었을 것이고 그 이유도 이해할 만하다.

로드스터는 자동차 세계에서 선풍적 화제의 중심이었다. 찬반 양측의 논쟁으로 전기 자동차가 불러일으킨 반응은 지나치다 싶을 정도로 뜨거웠다. 날렵하게 생기고 속도가 빠른 전기 자동차는 모두의 가슴을 설레게 만들었다. 또한 테슬라 덕택에 실리콘밸리가 적어도 이론적으로는 사상 최초로 디트로이트를 위협했다. 산타 모니카에서 행사가 열렸던 같은 달에 진귀한 자동차의 축제이자 경연 대회인 페블비치 콩쿠르 델레강스Pebble Beach Concours d'Elegance가 막을 올렸다. 테슬라는 이곳에서도 뜨거운 화젯거리로 떠올라 행사 조직위로부터 전시 비용을 면제해줄 테니 로드스터를 출품해달라는 제의를 받았다. 이 행사에서 테슬라 부스를 방문한 관람객 중 수십 명이 그 자리에서 10만 달러짜리 수표를 써주며 로드스터를 예약 주문했다. 타페닝은 이렇게 설명했다. "이는 킥스타터Kickstarter, 미국 소셜 펀딩 사이트가 생기기 훨씬 전에 일어난 현상이었고 우리는 예약 주문을 받자는 생각은 해보지도 못했어요. 하지만 이러한 형태의 행사에 참가하면서 수백만 달러를 거둬들이기 시작했습니다." 벤처 투자가, 유명 인사, 테슬라 직원의 친구들이 로드스터의 구매 대기자 명단에 이름을 올리기 시작했다. 실리콘밸리의 부유한 지도층 중에는 자동차를 사려고 테슬라 사무실을 직접 찾아온 사람들도 있었다. 로켓 사이언스 게임스에서 인턴 시절부터 머스크를 알고 지낸 사업가 콘스탄틴 오스머Konstantin Othmer와 브루스 리크가 실제로 평일에 사무실을 찾아왔고 머스크와 에버하드의 주선으로 두 시간 넘게 시승했다. 오스머는 이렇게 회상했다. "우리는 시승하고 나서 자동차를 사겠다고 말했습니다. 실제로 두 사람에게는 자동차를 판매할 권한이 아직 없었으므로 우리는 일단 그들의 클럽에 가입했습니다. 비용이 10만 달러였지만 회원에게 주어지는 특전으로 자동차를 무료로 받을 수 있거든요."

테슬라는 연구 및 개발을 강조하는 방향으로 마케팅 전략을 바꾸고 나서 그 혜택을 톡톡히 누렸다. 컴퓨터 기술의 발달로 소규모 자동차 제조사도 때로는 거대 기업과 같은 조건에서 경쟁할 수 있었다. 몇 년 전만 해도 자동차 제조사가 안전 검사를 받으려면 자동차 군단을 제조해야 했다. 테슬라는 그럴 만한 여력이 없었고 그럴 필요도 없었다. 세 번째 로드스터 시제품은 거대 자동차 제조사 제품과 같은 안전 검사장에 들어갔으므로 최고 수준의 고속 카메라와 기타 화상처리 기술의 혜택을 누렸다. 수천 가지에 이르는 기타 검사는 컴퓨터 모의실험 전문 기관이 실시했으므로 테슬라는 충돌 검사를 받기 위해 엄청나게 많은 자동차를 만들 필요가 없었다. 또한 금속 물체가 박혀 있는 콘크리트와 자갈길로 만든 내구성 시험용 트랙도 거대 기업과 똑같이 사용했다. 이 트랙은 주행거리 16만 킬로미터와 10년 동안 발생할 마멸을 모사해낼 수 있었다.

테슬라 엔지니어들은 자동차 제조사의 전통적 터전에 종종 실리콘밸리다운 요소를 끌어들였다. 일반적으로 자동차는 북극권 근처 스웨덴 북부에 있는 브레이크 및 정지마찰력 시험 트랙에서 얼음으로 뒤덮인 넓은 평지를 달리는 시험을 거친다. 기존 자동차 제조사는 사흘 남짓 주행해보고 자료를 수집한 후 본사로 돌아와 자동차를 그 기후 조건에 적응시키는 방법을 놓고 몇 주일 동안 회의한다. 그러다보니 자동차 성능을 조절하느라 겨울 내내 매달리기도 한다. 하지만 테슬라는 시험 대상인 로드스터를 보내면서 엔지니어들도 함께 파견해 시험하는 자리에서 자료를 분석하라고 지시했다. 개선할 점이 생기면 엔지니어들은 코드를 다시 작성하고 자동차를 또다시 빙판으로 내보냈다. 타페닝은 이렇게 설명했다. "BMW는 문제가 발생하면 3~4개 기업이 회의를 열어야 하고 서로 책임을 전가하기도 합니다. 하지만 우리 회사는 문제를 직접 고칩니다." 로드스터는 특별 냉각실에 들어가 극한의 기후에 어떻게 반응하는지 조사하는 시험도 거쳐야 했다. 냉각실을 사용하느라 과도한 비용을 지출하고 싶지 않았던 테슬라는 대형 냉장 트레일러가 달린 아이스크림 배송 트럭을 빌렸다. 엔지니어들은 로드스터를 트럭에 넣고 파카를 입고 작업했다.

테슬라는 디트로이트에 있는 기업과 연락할 때마다 과거에 그 유명했던 도시에서 '스스로 할 수 있다'는 문화가 퇴색했다는 사실을 알 수 있었다. 한번은 디트로이트에 자그마한 사무실을 빌리려고 했다. 임대료가 실리콘밸리보다 엄청나게 쌌지만 디트로이트의 관료 체제 탓에 단순히 사무실을 얻는 것만도 결코 만만하지 않았다. 건물주는 여전히 사기업이었던 테슬라에게 7년 치 회계감사 자료를 제출하고 2년 치 임대료를 선불로 요구했다. 은행에 있는 테슬라 계좌에는 5,000만 달러가량이 있었으므로 그 건물을 당장 사들일 수도 있었다. 타페닝은 이렇게 말했다. "실리콘밸리에서는 벤처 투자가의 투자를 받고 있다고 말하는 순간 거래가 그대로 체결됩니다. 하지만 디트로이트에서는 매사가 그런 식이었어요. 디트로이트 사람들은 택배를 배달하고도 누구에게 서명을 받아야 하는지조차 결정하지 못했습니다."

이렇게 사업 초창기를 거치면서 엔지니어들은 에버하드가 신속하고 현명하게 결정을 내렸다고 인정했다. 테슬라는 상황을 분석하느라 시간을 오래 끄는 법이 없었다. 사업 계획을 선택하고 한 가지 계획에 실패하면 재빨리 새로운 접근 방법을 시도했다. 하지만 머스크가 제품에 많은 변화를 주고 싶어 했던 까닭에 로드스터의 출시가 늦어졌다. 머스크는 더욱 편안하게 운전할 수 있어야 한다고 고집하면서 좌석과 문도 바꾸라고 요구했다. 탄소섬유 차체를 선호했고, 문에 전자 감지 장치를 장착하자고 주장해서 결과적으로 로드스터는 손잡이를 잡아당기지 않고 손가락으로 건드리기만 해도 문을 열 수 있었다. 에버하드는 이렇게 사양을 자꾸 추가하다보면 제작 속도가 늦어진다고 불평했고 그의 의견에 동의하는 엔지니어가 많았다. 베르디체프스키는 이렇게 털어놓았다. "이따금씩 일론이 불합리하다 싶을 정도로 무리하게 요구할 때가 있었습니다. 전반적으로 직원들은 에버하드의 심정에 공감했어요. 에버하드와 회사에서 내내 함께 지냈고 모두 자동차의 출시 일자를 앞당겨야 한다고 생각했거든요."

2007년 중반 테슬라는 불가능을 하나씩 뛰어넘으며 260명의 직원을 거느린 회사로 성장했다. 세상 누가 보기에도 가장 빠르고 멋진 전기 자동차를 기반이 없는 환경에서 만들어냈다. 이제 다음에 해야 할 일은 자동차를 양산하는 것이었고 그러려면 파산 위험성을 무릅써야 했다. 초창기에 테슬라 중역들이 저질렀던 최대 실수는 로드스터에 장착할 변속기에 대한 잘못된 판단이었다. 당시 테슬라는 고유 속도로 세간의 주목을 끌고, 운전하기 재미있는 자동차를 만들겠다는 목표를 세우고 로드스터가 시속 100킬로미터까지 가속하는 시간을 가능한 한 줄이려고 노력했다. 이 목표를 달성하기 위해 테슬라의 엔지니어들은 자동차 아래에 장착되어 모터에서 바퀴로 동력을 전달하는 2단 변속기를 사용하기로 결정했다. 2단 변속기는 1단 기어가 자동차의 속도를 4초 안에 시속 100킬로미터까지 끌어올리고 나면 2단 기어가 시속 210킬로미터까지 가속시켰다. 테슬라는 변속기 설계 전문 기업인 영국의 엑스트랙Xtrac과 계약을 맺어 2단 변속기를 제조했고 이로써 문제를 순조롭게 해결했다고 자신했다. 실리콘밸리 출신의 노련한 엔지니어이자 테슬라의 86번째 직원인 빌 커리Bill Currie [8] 는 이렇게 말했다. "사람들은 로버트 풀턴Robert Fulton 이 증기 엔진을 만든 이래로 줄곧 변속기를 만들어왔습니다. 그래서 별 생각 없이 우리가 필요한 한 개만 주문했죠. 그런데 처음 받은 변속기가 작동한 지 40초 만에 멈췄습니다." 첫 변속기는 1단에서 2단으로 진행하는 급속한 속도 변화를 감당할 수 없었다. 엔지니어들은 2단 기어가 높은 속도를 내느라 모터와 부조화를 이루는 바람에 자동차에 치명적 손상이 발생할까봐 겁을 냈다.

라이언스와 다른 엔지니어들은 신속하게 문제를 수정하기 시작했다. 대체 변속기를 설계할 다른 하청 업체 두 곳을 물색하면서 이들이 상대적으로 수월하게 믿을 만한 변속기를 제작해주기를 희망했다. 하지만 두 번째 변속기도 첫 번째보다 조금도 나을 것이 없었으므로 하청 업체들이 실리콘밸리에 있는 자그마한 신생 기업이 추진하는 프로젝트를 위해 자사의 일류 직원을 투입하지 않는다는 사실이 분명해졌다. 시험하는 동안 테슬라는 변속기가 시속 240킬로미터 이후에 망가진다는 사실과 평균 무고장 거리가 약 3,200킬로미터라는 사실을 밝혀냈다. 디트로이트에서 건너온 조사 팀은 실패 원인을 찾으려고 변속기의 근원 분석을 실시해 시스템 붕괴를 일으킬 가능성이 있는 문제점 열네 가지를 찾아냈다. 로드스터를 2007년 11월 출시하고 싶었던 테슬라는 변속기 문제 때문에 출시를 2008년 1월 1일로 늦췄고 변속기를 처음부터 다시 만들어야 했다.

테슬라는 해외에서도 난관에 부딪쳤다. 그들은 배터리 제조 공장을 세우기 위해 가장 젊고 에너지가 넘치는 팀을 태국에 보내기로 결정했다. 그리고 열정적이지만 기술은 좀 떨어지는 제조 업체와 손을 잡았다. 테슬라 엔지니어들은 태국으로 날아가 최첨단 배터리 공장의 건설 현장을 감독하라는 지시를 받았다. 막상 태국에 도착하자 공장은 온데간데없고 기둥으로 지붕을 떠받치고 있는 콘크리트 바닥만 눈에 띄었다. 공장 부지는 방콕에서 남쪽으로 차로 세 시간 거리였고 믿기지 않을 정도로 뜨거운 날씨 때문에 다른 많은 공장이 그렇듯 사방이 뚫려 있었다. 난방장치나 타이어라면 이러한 환경에서도 만들 수 있었다. 하지만 테슬라가 다루는 예민한 배터리, 전자장치, 팰컨 1호의 부품은 염분과 습기가 많으면 망가졌다. 결국 테슬라의 협력 업체는 약 7만 5,000달러를 들여 건식 벽을 세우고, 바닥을 코팅하고, 저장고에 온도 조절 장치를 설치했다. 테슬라의 엔지니어들은 전자장치를 제대로 다룰 수 있도록 태국 근로자들을 훈련시키느라 눈코 뜰 새 없이 바빴다. 이 탓에 한때 급물살을 탔던 배터리 개발 작업은 답보 상태에 빠졌다.

배터리 공장은 전 세계에 퍼져 있는 공급망의 일부였으므로 로드스터의 생산 비용은 늘어나고 출시는 늦춰졌다. 로드스터의 보디 패널은 프랑스에서 제조하고 모터는 타이완에서 만들고 있었다. 배터리 셀을 중국에서 산 후 태국으로 운송해 조립하여 배터리 팩을 생산할 계획이었다. 이렇게 생산한 배터리 팩은 성능이 떨어지지 않도록 관리에 신경 써서 최소 기간 동안 보관했다가 항구로 옮겨 배에 싣고 세관을 통과해 영국까지 운송한다. 그런 다음 로터스에서 차체를 제작하고 배터리 팩을 장착한 로드스터를 배에 싣고 나서 케이프 혼을 돌아 로스앤젤레스까지 운송할 예정이었다.

이러한 각본대로라면 테슬라는 자동차 부품 대금을 대부분 지불하면서도 6~9개월이 지나도록 제품으로 발생하는 수입을 거두지 못할 터였다. 태국으로 파견되었던 엔지니어 포레스트 노스Forrest North는 이렇게 설명했다. "아시아로 진출해 제조 과정을 저렴하고 신속하게 추진해 수익을 늘리려고 했습니다. 정말 상황이 복잡했지만 태국에서 생산가를 낮추면 출시를 앞당길 수 있고 문제도 줄어들 것이라고 판단했습니다."

신입 사원들은 테슬라의 계획이 정말 위험해 보였기 때문에 겁이 났다. 군대에서 4년 동안 복무하고 하버드 대학교에서 MBA를 취득한 라이언 포플Ryan Popple은 경리 담당자로 테슬라에 입사해 회사의 상장을 준비하는 업무를 맡았다. 입사 초기에 회사의 회계장부를 검토하고 나서 제조 및 운영 담당자에게 자동차를 무슨 돈으로 만들 것인지 물었다. 포플은 이렇게 전했다. "그는 제조를 하겠다고 결정하면 기적이 일어날 것이라고 대답했습니다."

로드스터의 제작에 얽힌 사연을 전해 들은 머스크는 에버하드의 회사 운영 방식에 깊은 우려를 나타내고 해결사 역할을 해줄 사람에게 상황을 알렸다. 테슬라에 투자했던 발로 이쿼티Valor Equity는 시카고 기반의 투자회사로 제조 경영을 세밀하게 조정하는 데 일가견이 있었다. 발로 이쿼티는 테슬라의 배터리와 동력계 기술을 검토하고 나서 자동차 판매 실적이 저조하더라도 거대 자동차 제조사들이 테슬라의 지적재산권을 사고 싶어 하리라고 추산했다. 그래서 투자금을 보호할 목적으로 경영 관리자인 팀 왓킨스Tim Watkins를 파견했고 이내 끔찍한 내용의 보고를 들었다.

영국 출신인 왓킨스는 산업 로봇공학과 전자공학을 전공하고 문제를 독창적으로 해결한다는 평판을 얻고 있었다. 예를 들어 스위스에서 일할 때 그 나라 노동법이 근로자의 작업 시간을 엄격하게 제한하자 한 금형 공장에 자동화 공정을 도입해 하루 24시간 내내 공장을 가동시켰다. 또한 머리를 길러 검은 스크런치곱창 끈로 질끈 동여매고 검은색 가죽 재킷을 걸치고 어디를 가든 허리춤에 검은색 가방을 메고 다니는 것으로도 유명했다. 허리춤 가방에 여권, 수표책, 소음 방지용 귀마개, 선크림, 음식, 기타 소지품을 넣고 다녔다. "생활하는 데 필요한 물건이 모두 들어 있습니다. 이 가방 없이는 단

몇 발자국도 못 갑니다." 조금 별나기는 했지만 일할 때는 철저했던 왓킨스는 몇 주에 걸쳐 직원과 대화하고 테슬라의 부품 공급망을 샅 샅이 분석해 로드스터의 제조 비용을 산출했다.

테슬라는 인건비를 경제적으로 유지하는 데는 선전했다. 실력 이 입증되었지만 연봉 12만 달러를 받더라도 열심히 일하지 않을 경 력자를 영입하기보다는 스탠퍼드 대학교를 갓 졸업한 사람을 연봉 4만 5,000달러에 채용했다. 하지만 장비와 재료를 확보하는 방식은 어처구니가 없었다. 직원 어느 누구도 재료비 청구서를 추적하는 회 사 소프트웨어를 사용하고 싶어 하지 않았다. 설사 사용하더라도 심 각한 실수를 자주 저질렀다. 자동차 시제품에 들어가는 부품의 가격 을 미리 알아보고 나서 협상을 벌여 타당한 가격을 결정하지 않고, 해당 부품을 대량으로 사면 얼마나 할인받을 수 있는지를 추산했다. 소프트웨어는 로드스터의 제조 비용이 대당 약 6만 8,000달러라고 계산했지만 테슬라 직원이 산출한 비용은 대당 약 3만 달러였다. 그 숫자가 잘못되었다는 것을 누구나 알면서도 어쨌거나 이사회에 그 렇게 보고했다.

2007년 중순 왓킨스는 자신이 파악한 결과를 들고 머스크를 찾 았다. 머스크는 처음에는 대당 제조 비용이 비싸리라고 마음의 준비 를 했고 시간이 지나면 상당히 떨어지리라 확신하고 있었다. 앞으로 제조 공정을 조정하고 판매를 늘릴 것이기 때문이다. 머스크는 왓킨 스가 보고한 내용이 정말 암담했다고 회상했다. 로드스터의 대당 제조 비용은 20만 달러에 이르는 것처럼 보이는데, 테슬라가 계획하는 판매가는 8만 5,000달러에 불과했기 때문이다. "공장을 풀가동하더라도 자동차 출고가는 17만 달러는 되겠더군요. 말도 안 되죠. 물론 얼마인가는 그다지 중요하지 않았어요. 그렇게 생산해봤자 3분의 1은 보나마나 작동하지도 않을 테니까요."

에버하드는 테슬라를 수렁에서 끄집어내려고 애썼다. 그러던 와중에 유명한 벤처 투자가인 존 도어John Doerr의 연설을 듣고 와서 부모 세대는 자녀 세대에게 빚을 지고 있으므로 시간과 돈을 들여 지구온난화로부터 지구를 구해야 한다는 취지로 테슬라 사옥에서 연설했다. 에버하드는 100여 명의 직원들 앞에서 작업장 벽에 어린 딸의 사진을 띄우면서 자신이 사진을 보여주는 이유를 물었다. 한 엔지니어가 테슬라 자동차를 에버하드의 딸과 같은 사람들이 운전할 것이기 때문이라고 추측했다. 이 대답을 들은 에버하드는 이렇게 말했다. "아뇨. 자동차를 운전할 만한 나이가 되었을 즈음 내 딸이 생각하는 자동차 개념은 지금 우리가 알고 있는 자동차와 완전히 다를 것이기 때문입니다. 전화가 더 이상 선으로 연결되어 벽에 걸려 있는 제품이 아니라고 생각하는 것처럼 말입니다. 이러한 미래가 여러분 손에 달려 있습니다." 그러면서 에버하드는 주요 엔지니어 몇 명을 지명하면서 노고를 칭찬하며 고맙다고 말했다. 많은 엔지니어가 수시로 밤을 새우며 일하고 있었으므로 에버하드가 벌인 쇼에 그들은 기운이 났다. 과거 테슬라의 대변인인 데이비드 베스프레미David

Vespremi가 회상했다. "우리는 탈진할 정도까지 열심히 일했습니다. 그리고 에버하드의 연설을 들으며 자동차를 만드는 것이 주식을 상장하거나 부자 무리에게 팔기 위해서가 아니라 자동차의 개념을 바꿀 수 있기 때문이라는 사실을 깨달았습니다."

하지만 에버하드의 감동적인 연설에도 불구하고 CEO로서 그의 능력이 한계에 이르렀다는 공감대를 역전시키기에는 여전히 부족했다. 고참 직원은 과거부터 변함없이 에버하드의 공학적 지식에 존경심을 품었다. 실제로 에버하드는 테슬라를 공학의 온상지로 만들었지만 안타깝게도 기타 부분을 경시했다. 그래서 사람들은 에버하드에게 테슬라를 연구 개발 단계에서 생산 단계로 끌어올릴 능력이 있는지 의심했다.

어처구니없는 제조 비용, 변속기, 비효율적 공급 업체 등이 테슬라의 발목을 잡았다. 테슬라가 제 날짜에 자동차를 인도하지 못하자 과거에 거액의 선금을 냈던 열렬한 다수의 소비자가 테슬라와 에버하드를 비난했다. 라이언스는 이렇게 회상했다. "회사에 벽보가 붙었습니다. 회사를 창업한 사람이 장기적으로 회사를 이끌 수 있는 적임자라는 법은 없고, 그 사실을 누구나 알고 있었습니다. 하지만 막상 현실에 부딪히면 결단하기가 쉽지 않습니다."

에버하드와 머스크는 자동차의 일부 설계를 둘러싸고 몇 년 동안 다투기는 했지만 대체로 잘 지냈다. 두 사람 모두 어리석은 짓을 결코 용납하지 않았다. 배터리 기술을 향해 많은 비전을 공유했지만 왓킨스가 로드스터 제조 비용을 밝혀낸 후로 두 사람의 관계는 유지될 수 없었다. 머스크는 에버하드가 부품 비용을 지나치게 부풀려 놓았고 전반적으로 회사를 잘못 운영했다고 생각했다. 그리고 머스크가 간파했듯 에버하드는 사태의 심각성을 이사회에 숨기려 했으므로 실질적으로는 회사를 기만했다. 에버하드는 로스앤젤레스에서 열리는 자동차 미디어 협회에서 연설하려고 가는 길에 전화 한 통을 받았다. 그는 어색한 분위기에서 몇 마디를 주고받다가 CEO자리에서 경질되었다는 소식을 들었다.

2007년 8월 테슬라 이사회는 에버하드를 기술 담당 사장으로 좌천시켰고 이를 계기로 회사의 문제들이 크게 불거졌다. 스트라우벨은 이렇게 회상했다. "에버하드는 비통해했고 혼이 나간 것 같았습니다. 그가 집무실을 이리저리 뛰어다니면서 불만을 터뜨렸던 기억이 납니다. 한편에서는 자동차를 제작하느라 여념이 없었는데 정작 자금은 바닥나기 시작하고 모든 상황이 아슬아슬했습니다." 에버하드는 테슬라의 다른 사람들이 불안정한 재정 소프트웨어 애플리케이션을 자신에게 떠맡겨 비용을 정확하게 추적하기 어렵게 만들었다고 항변했다. 게다가 왓킨스가 상황을 실제보다 더 악화시켰다고 주장했다. 실리콘밸리에서 활동하는 신생 기업이 경영 과정에서 혼란을 겪는 일은 비일비재했다. 에버하드는 이렇게 말했다. "발로이쿼티는 원래 신생 기업을 많이 상대해본 회사가 아닙니다. 그들은 테슬라의 혼란한 상황이 익숙하지 않았던 거죠. 하지만 그것은 신생 기업이 일반적으로 겪는 혼란이었습니다." 사실 에버하드는 자신보다 제조업에 경험이 많은 사람을 물색해 CEO로 앉혀달라고 이미 이사회에 부탁한 상태였다.

몇 달이 지나도 에버하드의 분노는 가라앉지 않았다. 테슬라 직원 다수가 이혼의 틈바구니에 끼어 부모, 즉 에버하드와 머스크 가운데 누구와 함께 살지 결정해야 하는 아이가 된 심정이었다. 12월이 되자 상황은 손을 쓸 수 없을 정도로 악화되었고 결국 에버하드는 회사를 떠났다. 테슬라는 자문 위원 직을 제의했지만 에버하드가 거절했다고 발표했다. 당시 에버하드는 "나는 이제 더 이상 테슬라 모터스 소속이 아닙니다. 이사회 이사도 아니고 직원도 아닙니다. 내가 이곳에서 제대로 대우를 받았다고 생각하지 않습니다."라고 선언했다. 머스크는 한 실리콘밸리 신문에 다음과 같은 글을 기고했다. "상황이 이 지경에 이르러 안타깝다. 마틴 에버하드를 고문으로 임명한 것은 이사회가 만장일치로 결정한 사항이므로 사사로운 문제와 아무 관계가 없다. 설사 이사회가 테슬라의 경영 문제를 해결해야 했고, 마틴의 자리를 이동하는 것이 문제 해결에 도움이 된다고 판단했더라도 그는 여전히 테슬라 사람이다."[9] 이 성명은 앞으로 벌어질 전쟁의 신호탄으로 두 사람은 그 후 몇 년 동안 끊임없이 공개적으로 싸웠고 현재까지도 여러 방식으로 계속 싸우고 있다. (테슬라의 초기 연혁에 대한 머스크의 발언에 대해서는 부록 4를 참고.)

2007년이 되자 문제가 계속 불거져 나왔다. 밖에서 보기에 매우

할데만 가족의 아이들은 부모를 따라 모험하며 아프리카 오지에서 자주 야영했다. 사진 제공 : 메이 머스크

왼쪽 사진: 유아 시절의 머스크는 주위 사람을 아랑곳하지 않고 자기만의 세계를 표류하는 일이 잦았다. 의사들은 머스크에게 청각 장애가 있을지 모른다고 진단했고 아데노이드 절제술을 실시했다. 사진 제공 : 메이 머스크

오른쪽 사진: 머스크는 초등학교 재학 시절 내내 외톨이였고 몇 년 동안 또래에게 괴롭힘을 당했다. 사진 제공 : 메이 머스크

머스크가 열두 살에 만들어 지역 잡지에 발표한 블래스타의 비디오게임 코드 원본이다. 사진 제공 : 메이 머스크

남아프리카공화국에 있는 집에서 일론, 킴벌, 토스카가 함께 찍었다. 세 남매 모두 현재 미국에 거주한다.
사진 제공 : 메이 머스크

혼자 캐나다로 건너간 머스크는
온타리오 주에 있는 퀸스 대학교
에 입학해 외국 학생용 기숙사에
서 생활했다.
사진 제공 : 메이 머스크

J. B. 스트라우벨이 자택에서 테
슬라의 초기 배터리 팩을 조립하
고 있다. 사진 제공 : 테슬라 모터스

소수 엔지니어들은 실리콘밸리의 창고를 작업장과 연구 실험실로 꾸미고 테슬라의 첫 로드스터를 제작했다. 사진 제공 : 테슬라 모터스

머스크와 마틴 에버하드가 초기 로드스터를 시범 주행할 준비를 하고 있다. 두 사람은 몇 년 후 결별한다. 사진 제공 : 테슬라 모터스

스페이스 엑스는 팰컨 1호 로켓을 탄생시키려고 로스앤젤레스에 있는 창고에 로켓 공장을 세웠다.

사진 제공 : 스페이스 엑스

톰 뮬러(맨 오른쪽 회색 셔츠)는 스페이스 엑스의 엔진을 설계하고 시험하고 구축하는 작업을 이끌었

다. 사진 제공 : 스페이스 엑스

스페이스 엑스는 마셜제도에 있는 콰절린 섬에서 첫 비행을 실시했다. 스페이스 엑스 엔지니어들은 콰절린 섬에서 혹독한 시련을 겪었지만 궁극적으로는 결실을 거두었다. 사진 제공 : 스페이스 엑스

스페이스 엑스는 이동형 우주 비행 관제 센터를 지었다. 그 후 머스크와 뮬러는 콰절린 섬에서 실시한 발사를 이곳에서 모니터링했다. 사진 제공 : 스페이스 엑스

머스크는 테슬라의 모델 S를 설계하기 위해 2008년 프란츠 본 홀츠하우젠을 영입했다. 사진에서 두 사람은 스페이스 엑스에 있는 머스크의 사무실에서 회의 중이고 이처럼 거의 매일 대화했다.

사진 제공 : 스티브 저벳슨

스페이스 엑스의 야심은 몇 년 동안 계속 커져 드래곤 캡슐을 구축하기에 이르렀다. 드래곤 캡슐은 사람들을 국제 우주정거장과 그 너머까지 이동시킬 수 있다. 사진 제공 : 스티브 저벳슨

머스크는 오랫동안 로봇에 관심을 기울여왔고 새 기계를 평가하는 것은 그가 스페이스 엑스와 테슬라 공장에서 일상적으로 하는 일이다. 사진 제공 : 스티브 저벳슨

스페이스 엑스는 캘리포니아 주 호손 시에 있는 새 공장으로 이전하면서 조립라인을 확장해 로켓과 여러 대의 캡슐을 동시에 제작하기 시작했다. 사진 제공: 스티브 저벳슨

스페이스 엑스는 텍사스 주 맥그레거 시험장에서 새 엔진과 기술을 시험한다. 이곳에서 '메뚜기 Grasshopper'라는 코드명으로 불리는 독자적으로 착륙할 수 있는 재사용 로켓을 시험하고 있다. 사진 제공 : 스페이스 엑스

머스크는 텍사스 주에서 시험 비행을 하기 전에 데어리 퀸Dairy Queen에 들르는 전통을 지킨다. 사진에서는 스페이스 엑스의 투자가이자 이사회 이사인 스티브 저벳슨(왼쪽)과 동료 투자가인 랜디 글라인Randy Glein(오른쪽)과 함께 들렀다. 사진 제공 : 스티브 저벳슨

천장에 드래곤 캡슐이 매달려 있는 호손 시 공장에서 스페이스 엑스 직원들이 자사의
우주 비행 관제 센터를 들여다보고 있다. 사진 제공 : 스페이스 엑스

그윈 숏웰은 스페이스 엑스에서 머스크의 오른팔이다. 우주 비행 관제 센터에서 발사 장면을 모니
터링하는 것을 포함해 자사에서 매일 이루어지는 작업을 감독한다. 사진 제공 : 스페이스 엑스

테슬라가 인수한 캘리포니아 주 프리몬트에 있는 '누미NUMMI' 자동차 공장에서 직원들이 모델 S 세단을 생산하고 있다.
사진 제공 : 테슬라 모터스

테슬라는 2012년 모델 S 세단을 출하하기 시작했다.
이 자동차는 자동차 산업에서 수여하는 주요 상을 모두 휩쓸었다.
사진 제공 : 테슬라 모터스

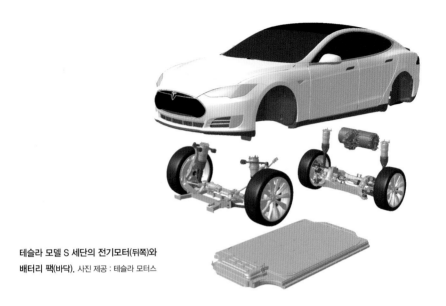

테슬라 모델 S 세단의 전기모터(뒤쪽)와
배터리 팩(바닥). 사진 제공 : 테슬라 모터스

테슬라가 다음에 선보일 자동차는 '팰컨 윙 도어'가 특징인 모델 X SUV이다. 사진 제공 : 테슬라 모터스

머스크는 2013년 숀 펜(운전석)과 투자가인 셰빈 피셰바(맨 뒤 머스크 옆)와 함께 쿠바를 방문했다. 그들은 학생들과 카스트로 집안 사람들을 만났고 한 미국인 죄수를 석방하려고 노력했다. 사진 제공 : 셰빈 피셰바

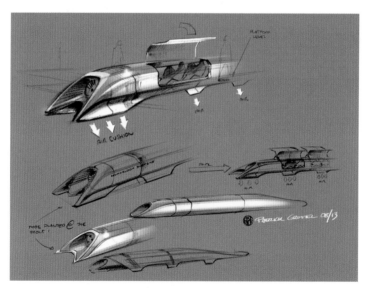

머스크는 2013년 하이퍼루프 계획을 밝혔다. 그는 하이퍼루프를 새로운 교통수단으로 제안했고 현재 여러 집단이 하이퍼루프를 건설할 준비를 하고 있다. 사진 제공 : 스페이스 엑스

드래곤 V2는 우주를 비행하고 지구로 돌아와 정확한 지점에 착륙할 수 있을 것이다.

사진 제공 : 스페이스 엑스

◀ 2014년 머스크는 우주 캡슐의 급진적 새 형
태인 드래곤 V2를 선보였다. 여기에는 승무
원 앞으로 미끄러져 내려오도록 터치스크린
을 장착하고 실내를 세련되게 꾸몄다.
사진 제공 : 스페이스 엑스

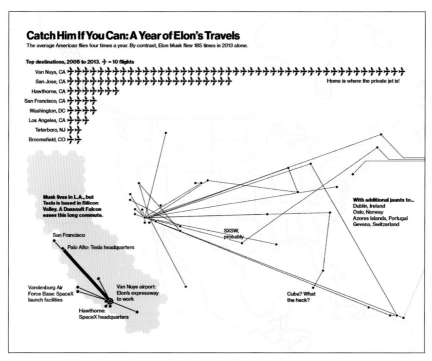

Catch Him If You Can: A Year of Elon's Travels
The average American flies four times a year. By contrast, Elon Musk flew 185 times in 2013 alone.

Top destinations, 2008 to 2013. ✈ = 10 flights

Van Nuys, CA
San Jose, CA
Hawthorne, CA
San Francisco, CA
Washington, DC
Los Angeles, CA
Teterboro, NJ
Broomsfield, CO

Home is where the private jet is!

Musk lives in L.A., but
Tesla is based in Silicon
Valley. A Dassault Falcon
eases this long commute.

San Francisco

Palo Alto: Tesla headquarters

Vandenburg Air
Force Base: SpaceX
launch facilities

Van Nuys airport:
Elon's expressway
to work

Hawthorne:
SpaceX headquarters

SXSW,
probably

With additional jaunts to...
Dublin, Ireland
Oslo, Norway
Azores Islands, Portugal
Gevena, Switzerland

Cuba? What
the heck?

머스크는 쉬지 않고 출장을 다닌다. 위 지도는 정보공개법의 요건을 충족한 기록을 바탕으로 머스크의 1년 일정을 표시
한 것이다.

머스크는 여배우 탈룰라 라일리와 결혼하고, 이혼하고, 재혼하고, 다시 이혼했다. 사진 제공 : 탈룰라 라일리

머스크와 탈룰라 라일리가 로스앤젤레스의 집에서 휴식을 취하고 있다. 머스크는 어린 아들 다섯 명과 함께 지낸다. 사진 제공 : 탈룰라 라일리

좋았던 탄소섬유 차체가 도색하기에는 엄청나게 까다로워서 도색을 잘할 수 있는 곳을 찾느라 두 회사를 계속 오가야 했다. 이따금씩 배터리 팩에서도 오류가 생겼고, 모터에서는 합선이 일어났으며, 보디 패널에 균열이 생겼다. 설상가상으로 2단 변속기가 작동하지 않으리라는 판단이 섰다. 로드스터가 정지 상태에서 1단 변속으로 순식간에 시속 100킬로미터까지 속도를 낼 수 있으려면 모터와 인버터를 다시 설계하고 무게를 줄여야 했다. 머스크가 그때 상황을 "우리는 처음부터 다시 시작해야 했습니다. 정말 끔찍했어요."라고 묘사했다.

테슬라 이사회는 에버하드가 CEO에서 물러나자 마이클 막스Michael Marks를 직무대리로 임명했다. 막스는 거대 전자 기기 하청업체인 플렉스트로닉스Flextronics를 운영했고 복잡한 제조업과 물류 문제를 다룬 경험이 풍부했다. 막스는 테슬라에 있는 여러 집단을 조사해 문제를 파악하고 로드스터의 제조를 방해하는 문제에 우선순위를 매겼다. 또한 어느 곳에서나 언제든 일할 수 있다고 생각하는 실리콘밸리의 문화에는 거스르지만, 최소한의 생산성을 보장하기 위해 직원 전체를 동시에 출근하게 만드는 등 기본적인 규칙을 시행했다. 이러한 모든 행보는 막스가 세운 10가지 100일 계획의 일부였다. 여기에는 배터리 팩의 오류를 완전히 없애고, 자체 부속의 틈을 40밀리미터 이하로 줄이고, 자동차 예약 주문의 할당량을 채우는 계획이 들어 있었다. 스트라우벨은 이렇게 말했다. "에버하드는 체계가 없었고 관리자가 갖춰야 하는 엄한 통제력이 부족했습니다. 회사에 들어온 막스는 혼란한 상황을 평가했으며 직원의 허튼 행동을 여지없이 간파하고 제재를 가했습니다. 사업에 그다지 이해관계가 없었으므로 '나는 당신들이 어떻게 생각하든 개의치 않습니다. 우리는 이렇게 해야 합니다.'라고 말할 수 있었죠." 한동안 막스의 전략은 효과를 발휘해 테슬라 엔지니어들은 사내의 정치 문제를 잊고 로드스터를 만드는 일에 다시 정신을 집중할 수 있었다. 하지만 테슬라를 향한 막스의 비전은 머스크와 달라지기 시작했다.

이 무렵 테슬라는 샌 카를로스 시의 빙 스트리트Bing Street 1050번지에 있는 더욱 넓은 시설로 이사했다. 사옥이 커지면서 아시아에 있던 배터리 작업과 로드스터의 제조 공정 일부를 사내에서 처리할 수 있었으므로 공급망 문제가 얼마간 줄었다. 테슬라는 신생 기업의 야생마 같은 기질을 그대로 품고 있었지만 자동차 제조사로 성숙해가고 있었다. 어느 날 공장을 시찰하던 막스는 다임러Daimler의 스마트카가 리프트에 올려져 있는 장면을 보았다. 머스크와 스트라우벨이 스마트카를 전기 자동차로 만들면 어떨지 알아보려고 부수적으로 프로젝트를 진행했던 것이다. 라이언스는 이렇게 회상했다. "막스는 그 프로젝트에 대해 모르고 있었으므로 대뜸 '대체 이곳의 CEO는 누구죠?'라고 물었습니다."(스마트카를 대상으로 실험을 진행한 덕택에 다임러는 테슬라 지분의 10퍼센트를 샀다.)

막스가 테슬라를 운영하며 노린 의도는 테슬라의 자산 가치를 높여 대형 자동차 제조사에 매각하는 것이었다. 이는 나무랄 데 없이 합리적인 계획이었다. 플렉스트로닉스를 운영하는 동안 거대한 국제 공급망을 감독했으므로 제조업이 직면한 어려움을 자세히 알고 있었기 때문이다. 당시 테슬라가 처한 상황은 막스가 보기에는 틀림없이 절망적이었을 것이다. 제품 하나도 제대로 만들어내지 못했고, 앞으로도 계속 돈을 쏟아부어야 했을 뿐 아니라 납품 기한을 줄줄이 맞추지 못했으며, 설상가상으로 엔지니어들은 부수적 실험에 매달려 있었다. 테슬라를 기업 인수자가 보기에 구미가 당기도록 포장하려는 것은 합리적 행보였다.

다른 기업이었다면 막스는 단호하게 행동 계획을 세우고 자사 투자가들이 크게 손해를 입지 않도록 막아준 공로로 칭찬을 받았을 것이다. 하지만 머스크는 최고액을 부르는 인수자의 눈에 들기 위해 테슬라를 정비할 생각이 조금도 없었다. 기업을 시작한 이유가 자동차 산업에 영향을 미치고 전기 자동차에 대한 대중의 인식을 촉구하는 것이었기 때문이다. 그래서 실리콘밸리의 유행처럼 새 아이디어나 계획으로 방향을 바꾸지 않고 전기 자동차 분야를 더욱 깊이 파고들었다. 스트라우벨은 이렇게 증언했다. "제품 출시가 계속 늦춰졌고 예산도 초과 지출하는 등 무엇 하나 제대로 돌아가지 않았습니다. 하지만 회사를 매각하거나 동업자를 영입해 경영권을 나누는 계획 따위는 일론의 안중에 없었습니다. 그래서 일론은 도박을 하기로 결심했습니다."

2007년 12월 3일 테슬라의 CEO가 막스에서 지브 드로리 Ze'ev

Drori로 교체되었다. 드로리는 실리콘밸리에서 컴퓨터 메모리 제조사를 창업해 칩 제조사인 어드밴스드 마이크로 디바이스Advanced Micro Devices에 매각한 경험이 있었다. 원래 머스크가 최우선으로 영입하려던 인물은 동부를 떠나 생활하고 싶어 하지 않았으므로 드로리는 차선책이었고 테슬라 직원에게 열렬한 환영을 받지 못했다. 드로리는 가장 젊은 직원보다 열다섯 살 연상이었고 고통으로든 고생으로든 테슬라 직원들과 전혀 공감대가 없었다. 그는 겉으로도 꼭두각시 CEO처럼 보였고 의도나 목적으로도 확실히 그랬다.

머스크는 테슬라를 둘러싼 언론의 비난을 누그러뜨리기 위해 더욱 공개적인 태도를 취하기 시작했다. 성명서를 발표하고 인터뷰를 했으며 2008년 초 고객이 로드스터를 운전할 수 있게 하겠다고 약속했다. 코드명이 화이트스타WhiteStar, 로드스터의 코드명은 다크스타DarkStar인 자동차를 언급하기 시작하면서 추정 출고가가 약 5만 달러인 세단을 생산하기 위해 공장을 새로 짓겠다고 발표했다. 머스크는 블로그에 이렇게 썼다. "최근 들어 경영진에 변화가 있었으므로 테슬라 모터스의 미래 계획을 세상에 알리고 재확인시킬 필요가 있다. 요즘 전달하려는 메시지는 단순하고 분명하다. 우리는 고객이 몰고 싶어 할 멋진 스포츠카를 내년에 출시할 것이다. 1호 자동차가 이미 영국의 생산 라인을 떠났고 수입 통관 절차를 밟고 있다."

테슬라는 고객과 연속적으로 회의를 열어 자사 문제를 공개적으로 논의하려는 노력을 보이면서 제품 전시실을 짓기 시작했다. 멘로 파크의 전시실을 방문했던 과거 페이팔의 중역 빈스 솔리토는 머스크가 홍보 문제로 불평은 했지만 테슬라가 만들고 있는 제품에 흥분해 있었다고 전했다. "우리가 모터를 전시한 장소에 도착하자마자 머스크의 태도가 바뀌더군요." 가죽 재킷을 입고 가죽 신발을 신은 머스크는 자동차의 특징을 설명하고는 서커스단 차력사처럼 45킬로그램 남짓한 쇳덩어리를 들어 올렸다. 솔리토는 당시 상황을 이렇게 기억했다. "일론이 쇳덩어리를 두 손으로 쥐었습니다. 그의 온몸이 떨리고 이마에는 땀이 방울방울 맺혔어요. 모터의 속성을 몸으로 표현하려 했겠지만 그다지 힘이 세 보이지는 않았습니다." 고객들은 제품 인도가 늦어진다고 거세게 항의했지만 머스크가 뿜어내는 열정을 느끼고 제품에 애정을 품었기 때문인지 선불금을 돌려달라고 요구하는 고객은 소수에 불과했다.

테슬라 직원들은 스페이스 엑스 직원들이 몇 해 동안 보아왔던 머스크의 모습을 똑같이 볼 수 있었다. 로드스터의 탄소섬유 보디 패널이 골칫거리로 등장하자 머스크가 직접 나섰다. 개인 전용기를 타고 영국까지 날아가 보디 패널용 제조 도구를 새로 사서 프랑스에 있는 공장에 직접 전달하면서 로드스터가 일정대로 생산되고 있는지 확인했다. 로드스터의 제조 비용에 대해 애매한 입장을 취했던 사람들이 떠들던 시기도 가버렸다. 포플은 이렇게 말했다. "일론은 의욕을 불태우면서 제조 비용을 대폭 절감하는 정책을 강력하게 시행하겠다고 주장했습니다. 작업을 마칠 때까지 책상 아래에서 잠을 자고 주말에도 일하자고 연설했어요. 그때 직원 하나가 자리에서 벌떡 일어나 모두가 자동차를 완성하려고 열심히 일하고 있으며, 이제는 쉬기도 하면서 가족의 얼굴을 보고 싶다고 말했죠. 그러자 일론은 '그렇게 생각하는 사람에게는 이렇게 말해야겠습니다. 우리가 파산하고 나면 가족을 원 없이 볼 수 있을 것입니다.'라고 말했어요. 나는 속으로 '맙소사!'라고 외쳤지만 그의 말이 무슨 뜻인지 공감했습니다. 당시 나는 군대 문화를 막 벗어난 상황이어서 어쨌거나 목적은 달성해야 한다고 생각했으니까요." 직원들은 매주 목요일 아침 7시에 만나 재료 청구서를 업데이트해야 했다. 모든 부품의 가격을 숙지하고 부품을 더욱 저렴하게 살 수 있는 현실적 계획을 세워야 했다. 12월 말 모터 가격이 개당 6,500달러라면 머스크는 다음 해 4월까지 3,800달러로 가격을 낮추고 싶어 했다. 비용을 월별로 책정하고 분석했다. 포플은 이렇게 설명했다. "자동차 제조 작업이 예정보다 뒤처지면 테슬라가 지불해야 하는 돈이 눈덩이처럼 늘어나기 시작합니다. 제품을 고객에게 신속하게 인도하지 못하면 일자리를 잃으리라는 사실을 직원 누구나 알고 있었죠. 화면에 납득할 수 없는 수치가 등장하면 일론은 정확하게 집어냈어요. 아무리 사소한 수치라도 놓치는 법이 없었습니다." 포플은 머스크가 공격적으로 행동했지만 분석적이고 논리적인 주장에는 귀를 기울였고 의견이 충분히 합리적이라 판단하면 자기 생각을 바꾸었다고 덧붙였다. "일론이 지나치게 냉정하다거나 성질이 불같다거나 독재적이라고 생각하는 사람

들이 있었습니다. 하지만 당시는 버텨내기 어려운 시절이었고 회사
의 경영 현실을 짐작한 사람들은 그 사실을 알고 있었습니다. 나는
일론이 당시 처했던 상황을 보기 좋게 포장하지 않았던 것이 고마웠
습니다."

　마케팅에도 솔선수범했던 머스크는 매일 구글을 검색하면서 테
슬라를 다룬 기사를 찾아 읽었다. 호의적이지 않은 내용의 기사를 읽
으면 테슬라 홍보 팀이 기자들에게 영향을 미칠 수 없는 상황이더라
도 직원에게 문제를 바로잡으라고 지시했다. 한 직원이 자녀의 출생
을 지켜보느라 행사에 참석하지 않자 머스크는 당장 그 직원에게 이
메일을 썼다. "당신의 행동은 변명의 여지가 없습니다. 나는 극도로
실망했습니다. 당신의 우선순위가 어디에 있는지 파악해야 합니다.
우리는 세상을 바꾸고 역사를 새로 쓰고 있습니다. 지금은 죽기 살기
로 전력을 기울여야 할 때입니다."[20]

　문법에 맞지 않게 이메일을 쓴 마케팅 직원을 해고했고, 머스크
의 기억으로 최근에 '대단한' 성과를 올리지 않은 직원도 회사에서
내보냈다. 과거 테슬라 중역은 이렇게 증언했다. "일론이 이따금씩
믿기지 않을 정도로 위협적으로 행동하지만 자신이 얼마나 튀는 사

---

[20] 직원이 기억하고 있던 내용을 옮긴 글이다. 내가 직접 메일을 확인하지는 않았다. 머
스크는 나중에 그 직원에게 이렇게 말했다. "나는 당신이 머리가 아플 정도로 매일
열심히 미리 생각하기를 바랍니다. 밤마다 잠자리에 들 때마다 머리가 아프기를 바
랍니다."

람인지 스스로 잘 모릅니다. 중역들은 회의에 들어가기 전에 그날은 대체 누가 피를 흘리고 멍이 들지 내기하기도 했죠. 업계에서 통상적으로 그래왔기 때문에 그런 선택을 했다고 말한다면 당장 회의실에서 쫓겨나고 말 겁니다. 일론은 반드시 이렇게 말하겠죠. '그런 말은 두 번 다시 듣고 싶지 않습니다. 우리는 전력을 기울여야 하므로 어정쩡하게 일하는 태도는 절대 용납할 수 없습니다.' 일론은 일하는 태도가 마음에 들지 않는 직원은 단칼에 쫓아내고 자신이 믿을 만하다고 판단해야 살려둡니다. 자기만큼 제정신이 아닌 직원이라고 생각해야 곁에 두죠." 이러한 분위기는 회사 전체에 스며들어 누구나 머스크가 진지하게 사업을 수행한다는 사실을 재빨리 이해했다.

스트라우벨은 머스크의 행동을 이따금씩 비판했지만 그의 저돌적 존재감을 기꺼이 받아들였다. 이렇게 되기까지 5년 동안은 즐거운 고통의 세월이었다. 스트라우벨은 머리를 숙인 채 테슬라 공장을 돌아다니던 조용하고 유능한 엔지니어로서 기술 팀에서 가장 핵심적인 인물로 성장했다. 테슬라에서 배터리와 전기 구동계에 대해서는 스트라우벨이 단연 으뜸이었다. 또한 그는 직원과 머스크 사이를 중재하는 역할을 맡기 시작했다. 자신의 공학적 지식과 근면성으로 머스크의 신임을 받고 있다는 사실을 깨달은 스트라우벨은 꺼내기 힘든 말을 당사자를 대신해 머스크에게 전달하는 역할을 자청했고 대의를 위해서라면 기꺼이 자기주장을 접었다. 테슬라에서 가장 중요한 일은 로드스터와 후속 모델인 세단을 출시해 전기 자동차를 대중화하는 것이었고 그 임무를 맡기에는 머스크가 적임자라고 생각했기 때문이다.

다른 직원들은 지난 5년 동안 공학적 도전을 시도하며 짜릿한 흥분도 느꼈지만 회복하기 힘들 정도로 지쳤다. 라이트는 대중이 탈 수 있는 전기 자동차가 세상의 빛을 볼 수 있으리라고 믿지 않았으므로 테슬라를 떠나 배송 트럭의 전기화를 추진하는 기업을 설립했다. 베르디체프스키는 오랫동안 테슬라에 근무하면서 몸을 사리지 않고 일한 젊은 엔지니어였다. 이제 직원이 300명가량에 이른 테슬라가 더 이상 효율적으로 움직이지 않는다는 생각이 들자 세단을 출시하려고 다시 5년 동안 같은 고통을 겪기 싫었다. 그래서 테슬라를 떠나 스탠퍼드 대학교에서 학위 두 개를 따고 신생 기업을 공동 설립해 즉시 전기 자동차에 장착할 수 있는 혁신적인 배터리를 제작할 계획을 세웠다. 에버하드가 떠나자 타페닝은 테슬라에서 일할 흥미를 잃었다. 새 CEO인 드로리와 눈을 마주치지도 않았고 세단을 출시하는 데 자기 영혼을 불사를 생각도 없었다. 반면에 라이언스는 신기하게도 테슬라에 좀 더 오래 남아서 배터리 팩·모터·전력 전자·변속기를 포함해 로드스터에 적용하는 핵심 기술의 대부분을 개발하는 데 앞장섰다. 그러다보니 5년여 동안 테슬라에서 가장 유능한 직원으로 부상하면서도 늘 머스크의 높은 기대에 미치지 못해 머스크로부터 자주 추궁당하곤 했다. 하지만 라이언스는 자신을 겨냥했든 실망스러운 하청 업체를 향했든 머스크의 변덕스럽고 장황한 비난을 견뎌냈다. 가끔씩 머스크는 상대방의 성기를 잘라버리겠다는 등 거칠고 성적인 발언도 서슴지 않았다. 라이언스의 목격에 따르면, 머스크는 지치고 스트레스를 받은 나머지 커피를 마시다가 너무 차갑다면서 회의실 탁자에 뱉고 숨 돌릴 틈도 없이 직원들이 지금보다 훨씬 열심히 일해야 하고 제발 일 좀 망치지 말라고 소리를 질렀다. 많은 사람들이 이러한 장면을 보고 그랬듯이 라이언스도 머스크의 성격에 대해 어떤 환상도 품지 않았고 그의 비전과 추진력을 극도로 존경하며 회사를 떠났다. "과거 테슬라에서 일했던 시절에는 내가 마치 '지옥의 묵시록'에 나오는 커츠 대령이 된 것만 같았습니다. 방법이 부적절하든 말든 신경 쓰지 마라. 무조건 업무를 완수하라. 이러한 태도를 일론에게서 배웠습니다. 일론은 직원의 말을 듣고 좋은 질문을 던지고 발 빠르게 행동하면서 진상을 규명해냅니다."

테슬라는 초창기 직원 일부를 잃고도 어쨌거나 살아남았다. 테슬라의 브랜드 이미지가 워낙 강했으므로 최고의 인재를 계속 채용할 수 있었기 때문이다. 여기에는 거대 자동차 기업에서 일하던 직원도 있었으므로 로드스터를 고객에게 인도하기까지 난제로 작용했던 마지막 문제를 극복하는 방법도 터득할 수 있었다. 하지만 이제 테슬라가 직면한 주요 문제는 노력도, 기술적 문제도, 마케팅도 아니었다. 2008년에 접어들면서 사업 자금이 바닥나고 있었다. 로드스터의 개발비가 원래 2004년 사업 계획서에서 추정한 2,500만 달러를 훌쩍 넘어 1억 4,000만 달러에 이르렀다. 경제 환경이 정상적이었다면 아마도 투자를 충분히 유치할 수 있었을 것이다. 하지만 시기가 좋지 않았다. 불황을 맞아 최악의 금융 위기가 계속되면서 미국의 거대 자동차 제조사들도 파산을 향해 치닫고 있었다. 이렇게 혼란한 와중에 머스크는 수천만 달러를 추가로 투자해달라고 테슬라의 투자가들을 설득해야 했고, 투자가들은 구성원들에게 추가 투자의 타당성을 설명해야 했다. 머스크는 이렇게 말했다. "여러분이 전기 자동차 제조사에 투자하고 있다고 한번 상상해보라. 자사에 대해 긍정적인 내용의 기사라고는 한 줄도 찾아볼 수 없고 불황이라서 자동차를 사는 사람이 없다고 생각해보라." 이러한 구렁텅이에서 테슬라를 끌어올리기 위해 머스크가 할 수 있는 일이라고는 전 재산을 털어 넣고 신경쇠약에 걸리기 일보 직전까지 온 힘을 기울이는 것이었다.

ELON—

MUSK

제8장

화려하고 위태로운 아이언맨

파티가 끝나자 거대한 승리의 여운은 곧 희미해졌고 머스크의 머릿속은 스페이스 엑스의 심각한 재정 난관에 대한 고민으로 가득 찼다.

"나는 사방에서 공격을 당했습니다. 당시 사람들은 남의 불행을 보며 쾌감을 느꼈어요. 여러 면에서 정말 괴로웠습니다. 저스틴은 언론을 통해 나를 고문했죠. 게다가 테슬라에 대해 부정적으로 말하는 기사가 들끓었고 스페이스 엑스의 3차 발사 실패를 들먹거리는 기사가 많았습니다. 심정이 많이 상했어요. 내 삶이 삐걱거린다는 의혹이 걷잡을 수 없이 커졌고 내가 만드는 자동차가 제대로 작동하지 않는 데다가 이혼까지 겹치다보니 스스로 쓰레기 더미 같다는 생각이 들더군요. 극복할 수 있을 것 같지 않았어요. 이제 모든 상황이 끝장났다고 생각했습니다."

ELON
MUSK

2007년 초 영화 '아이언맨'을 촬영할 준비에 들어간 영
화감독 존 파브로Jon Favreau는 과거에 휴즈 에어크래프트가 들어서
있던 로스앤젤레스 소재의 단지를 빌렸다. 해당 기업은 하워드 휴즈
가 80여 년 전에 설립한 항공 우주 및 방위산업 하청 업체였다. 격납
고가 여럿 있는 단지는 영화 촬영을 위한 제작 사무실로 쓰였다. 또
한 영화에서 아이언맨이자 토니 스타크로 출연할 로버트 다우니 주
니어Robert Downey Jr.에게 영감을 주었다. 다우니는 황폐하게 버려진

커다란 격납고를 바라보며 무상함을 느꼈다. 얼마 전까지만 해도 산업계를 뒤흔들고 세상을 휘저었던 거물이 거대한 아이디어를 펼쳤던 곳이기 때문이다.

휴즈를 닮은 인물로 불과 16킬로미터 떨어진 곳에 현대식 산업단지를 지었다는 일론 머스크에 대한 소문이 다우니의 귀에도 들어왔다. 다우니는 휴즈의 삶이 어땠을지 머릿속으로 상상하기보다는 살아 있는 경험을 하고 싶었다. 그래서 2007년 3월 스페이스 엑스 본사를 찾아가 머스크의 안내를 받으며 회사를 돌아보았다. 다우니는 "나는 원래 쉽게 마음이 움직이지 않는데 일론과 그곳은 정말 대단했습니다."라고 말했다.

다우니에게 스페이스 엑스는 거대하고 이국적인 철물점처럼 보였다. 열정이 넘치는 직원들이 온갖 종류의 기계를 만지며 바쁘 일했다. 젊은 화이트칼라 엔지니어들이 조립라인에 있는 블루칼라 근로자들과 이야기를 나누었고, 너 나 할 것 없이 자신이 하고 있는 일에 열정을 쏟는 것 같았다. 그는 "철저한 신생 기업 같았습니다."라고 회상했다. 첫 견학을 마치고 나서 영화 세트장이 스페이스 엑스 공장과 닮았다는 사실을 확인하고 흡족해했다. "세트장이 그럴듯하다고 느꼈어요."

다우니는 주위 환경뿐 아니라 머스크의 정신도 들여다보고 싶었다. 두 사람은 함께 걷고 머스크의 사무실에 앉아 있기도 하고 점심도 먹었다. 다우니는 머스크가 불결한 사람도 아니고, 정서도 불안하지 않으며, 정신 나간 사람도 아니라는 사실을 인정했다. 그러면서 머스크의 "편하게 다가서기 쉬운 괴팍한 성격"과 공장에서 직원들과 나란히 일하는 가식 없는 모습에 주목했다. 다우니에 따르면 머스크도 영화 주인공 스타크처럼 "자신의 아이디어에 사로잡혀 온몸을 불사르고" 한순간도 낭비하지 않는 유형의 인물이었다. '아이언맨' 제작 사무실로 돌아온 다우니는 파브로 감독에게 영화 속 스타크의 작업장에 테슬라의 로드스터를 반드시 비치해달라고 부탁했다. 그렇게 하면 피상적으로는 스타크가 워낙 통이 크고 인맥이 대단한 인물이라 출시되기도 전에 로드스터를 손에 넣었다는 점을 과시할 수 있었다. 좀 더 깊이 생각하면 자동차는 스타크의 책상과 가장 가깝게 놓이는 물건이므로 주인공과 머스크 사이의 유대 관계를 형성하는 역할을 할 것이다. 다우니는 이렇게 말했다. "직접 만나고 나니 작업장에 일론이 와 있는 것만 같았습니다. 스타크와 일론이 같은 시대를 호흡하는 인물 같았죠. 스타크가 실존 인물이었다면 일론과 함께 어울리고 같이 파티를 하거나 정글에 가서 무당과 약물을 나눠 마셨을 것 같아요."

파브로 감독은 '아이언맨'을 개봉하고 나서 다우니가 토니 스타크라는 인물을 설정하는 데 머스크에게서 영감을 받았다고 말하기 시작했다. 물론 머스크가 영화에서처럼 아프가니스탄에서 군대의 호위를 받으며 군용 지프차 험비Humvee 뒷좌석에 앉아 스카치위스키를 마시는 부류의 사람은 아니다. 하지만 언론이 연신 두 인물을 비교하자 머스크는 점점 유명세를 타기 시작했다. 머스크를 '페이팔의 과거 운영자'로만 알던 사람들이 이제는 스페이스 엑스와 테슬라를 뒤에서 조종하는 부유하고 기이한 사업가로 생각하기 시작했다.

머스크는 유명세를 즐겼고 기분이 우쭐해지면서 재밋거리를 잡았다. 머스크와 부인 저스틴은 벨 에어 지역에 저택을 샀다. 바로 옆집에는 음악 프로듀서인 퀸시 존스Quincy Jones와 '광란의 파티를 즐기는 여성들Girls Gone Wild' 비디오를 제작해 불명예스러운 평판을 듣고 있던 조 프랜시스Joe Francis가 살았다. 머스크와 과거 페이팔 중역 몇 명은 서로 차이점을 인정하고 영화 '땡큐 포 스모킹Thank You for Smoking'을 제작하기도 했으며 영화에 머스크의 전용 비행기를 사용했다. 술을 흥청망청 마셔대는 사람은 아니었지만 머스크는 할리우드의 화려한 밤 문화와 사교 생활을 누리기 시작했다. 머스크의 절친한 친구인 빌 리는 이렇게 회상했다. "참석할 파티가 많아졌습니다. 일론의 이웃이 제법 유명 인사였거든요. 친구들끼리 영화를 만들고 두 분야의 인맥을 모으다보니 자연히 매일 밤 파티에 참석했습니다." 한 인터뷰에서 머스크는 자신이 10퍼센트는 플레이보이로, 90퍼센트는 엔지니어로 살아가고 있다고 말했다.[10] 저스틴은 잡지 기사에 이렇게 썼다. "직원 다섯 명이 집에 상주해 있어서 낮에는 집이 직장으로 탈바꿈했다. 우리는 정장을 차려입고 모금 행사에 참석했고 할리우드에 있는 나이트클럽에서 가장 좋은 자리에 앉았다. 옆 테이블에서 패리스 힐튼과 레오나르도 디카프리오가 파티를 열고 있었다. 구글의 공동 설립자인 래리 페이지가 카리브 해에 있는 리처드 브랜슨Richard Branson의 개인 섬에서 결혼식을 올릴 때는 그곳 빌라에 가서 존 큐잭John Cusack과 어울리면서, 피로연이 열리는 텐트 바깥에서 보노Bono가 아름다운 여성들과 포즈를 취하며 사진 찍는 모습을 지켜보았다."

저스틴은 상승된 지위를 머스크보다 훨씬 즐기는 것 같았다. 공상 소설 작가인 저스틴은 자기 부부의 가정생활과 도시에서 즐기는 생활을 블로그에 자세히 기록했다. 저스틴이 쓴 글에서 머스크는 만화 '아키 코믹스Archie Comics'에 나오는 베티Betty보다는 베로니카Veronica와 잠자리를 함께 하고 싶고, 언젠가 '척 이 치즈Chuck E. Cheese, 미국 어린이 전용 음식점에 가고 싶다고 말했다. 다른 글에서 저스틴은 클럽에서 레오나르도 디카프리오를 만나 공짜로 테슬라 로드스터를 태워달라는 요청을 받았지만 거절했다고 썼다. 그녀는 블로그에 글을 쓸 때는 자주 등장하는 인물을 별명으로 불렀다. 따라서 빌 리는 도미니카공화국에 호텔을 갖고 있으므로 '호텔 남자 빌'로 불렸고, 조 프랜시스는 '악명 높은 이웃'으로 불렸다. 남과 별로 어울리지 않는 머스크가 프랜시스처럼 허세 부리는 사람과 함께 있는 장면을 상상하기 힘들지만 두 사람은 잘 어울렸다. 머스크는 프랜시스가 놀이공원을 통째로 빌린 생일 파티에 참석했고 2차로 프랜시스의 집에서 열리는 파티에도 얼굴을 내밀었다. 저스틴은 이렇게 썼다. "E는 그곳에 잠시 머물렀지만 파티가 시시하다고 생각했다.

악명 높은 이웃의 집에서 열리는 파티에 두어 번 참석한 적이 있지만 늘 자의식이 꿈틀거리는 것을 느꼈다. '그곳에는 집 주위를 슬슬 돌아다니면서 여자를 낚으려는 더러운 남자들이 끊이지 않는 것 같다. 나는 그런 남자들의 하나로 보이기 싫다.'" 하루는 프랜시스가 머스크의 집을 찾아와 현금 10만 달러가 들어 있는 노란색 봉투를 내밀며 로드스터를 사고 싶다고 말했다.

대중은 저스틴의 블로그를 창구로 독특한 CEO의 사생활을 살짝 들여다볼 수 있는 귀한 기회를 잡았다. 블로그 글에 등장하는 머스크는 매력적이었다. 그는 아내 저스틴에게 19세기 판《오만과 편견》을 선물했고, 친한 친구들은 머스크에게 '엘러니우스Elonius'라는 별명을 붙였다. 또한 그는 '그레이트배리어리프Great Barrier Reef, 오스트레일리아 북동 해안을 따라 발달한 세계 최대의 산호초가 헤르페스를 옮길 수 있을까?', '이쑤시개 하나로 포크 두 개의 균형을 맞출 수 있을까?'처럼 갖가지 의문을 떠올리며 1달러를 걸고 내기하는 것을 좋아하고 매번 자신이 이기리라고 생각했다. 저스틴은 머스크가 네커Necker 섬을 여행하며 전 영국 수상인 토니 블레어Tony Blair와 리처드 브랜슨과 함께 어울렸던 이야기도 썼다. 나중에 언론은 멍한 표정을 짓고 있는 머스크를 포함해 세 사람을 담은 사진을 공개했다. 그 표정에 대해 저스틴은 블로그에 이렇게 썼다. "이것은 E가 로켓 문제 등을 골똘히 생각할 때 짓는 표정이다. 틀림없이 일과 관계있는 성가신 내용의 이메일을 받았을 것이고 자기가 사진에 찍히고 있다는 사실도 몰랐을 것이다. 카메라가 포착한 남편의 모습은 어젯밤 화장실로 통하는 복도에 서서 팔짱을 끼고 눈살을 찌푸리고 있던 모습과 똑같다." 저스틴은 세상 사람들을 부부의 화장실로 끌어들인 것이 앞으로 닥쳐올 사건의 전조가 될 거라는 사실을 알지 못했다. 이내 저스틴의 블로그는 머스크에게 최악의 악몽으로 바뀌었다.

언론은 머스크 같은 인물에 매우 오랫동안 굶주려왔다. 인터넷 백만장자로 쌓은 머스크의 명성은 페이팔이 승승장구하면서 더욱 환하게 빛을 발했다. 게다가 머스크는 수수께끼 같은 인물이었다. 이름이 특이했고, 우주선과 전기 자동차를 개발하는 데 엄청난 돈을 쾌척하는 모습이 세상 사람들에게 대담하고 이색적으로 비쳤다.

2007년 한 영국 기자는 이렇게 밝혔다. "일론 머스크는 반은 플레이보이, 반은 우주 카우보이로 불렸습니다. 포르셰 911 터보, 1967년형 시리즈 1 재규어, 하만Hamann BMW M5에 맥라렌 F1을 소장한 자동차 수집벽이 있고, 개인 활주로를 자가용으로 최대 시속 346킬로미터까지 달리는 것만 보더라도 이러한 이미지를 떨쳐버릴 수 없습니다. 게다가 아버지가 되고 나서 팔기는 했지만 L39 소비에트 전투기도 보유했죠." 언론은 머스크가 거창하게 일을 벌이고는 제때 약속을 지키지 못한다고 꼬집었지만 별로 불안한 기색을 보이지 않았다. 머스크가 벌이는 일의 규모가 무엇과 비교되지 않을 정도로 컸으므로 기자들은 머스크에게 너그러웠다. 테슬라는 실리콘밸리에서 일어나는 모든 행보를 숨 가쁘게 전달하는 블로거들이 즐겨 사용하는 소재가 되었다. 스페이스 엑스를 취재하는 기자들도 젊고 혈기 왕성한 회사가 보잉과 록히드, 더 크게는 NASA를 자극하는 모습을 지켜보며 몹시 기뻐했다. 이제 머스크에게는 자신이 투자하고 있는 놀라운 제품을 출시하는 일만 남아 있었다.

머스크는 대중과 언론을 상대로 멋진 연기를 선보이면서도 사업이 돌아가는 상황을 몹시 걱정하기 시작했다. 스페이스 엑스의 두 번째 발사 시도가 실패했고 테슬라에서 들려오는 보고도 답답하기는 마찬가지였다. 머스크는 스페이스 엑스와 테슬라에 2억 달러에 가까운 재산을 쏟아붓고 이미 반 이상을 썼는데도 세상에 내놓을 만한 성과가 없었다. 제품 출시를 연기할 때마다 테슬라의 인기는 떨어졌고 머스크에 열광하던 분위기는 갑자기 빛을 잃었다. 실리콘밸리 사람들은 머스크가 돈 문제에 부딪혔다고 수군거리기 시작했다. 몇 달 전만 해도 머스크에게 찬사를 늘어놓던 기자들도 등을 돌렸다. 〈뉴욕 타임스〉는 테슬라의 변속기 문제를 걸고 넘어졌다. 자동차 웹사이트들은 로드스터가 절대 세상 밖으로 나오지 못할 거라며 비아냥거렸다. 2007년 말에 이르러 실리콘밸리의 가십 전문 사이트인 밸리웨그가 머스크에게 특별히 주목하기 시작하면서 상황이 말 그대로 지저분해졌다. 당시 담당 작가였던 오언 토머스Owen Thomas가

Zip2와 페이팔의 역사를 파고들어 머스크가 CEO 자리에서 쫓겨났던 사건을 들먹이며 사업가로서 구축해온 머스크의 신용을 떨어뜨렸다. 그러면서 머스크가 남의 돈으로 교묘하게 상황을 조작하는 데 능하다고 주장했다. "머스크가 어린 시절에 꾸었던 공상의 작은 일부를 실현한 것은 멋지다. 하지만 그 공상을 현실과 조율하지 않음으로써 자신의 꿈을 파괴하는 위험을 무릅썼다." 밸리웨그는 테슬라의 로드스터를 2007년 기술 산업계의 최대 실패작으로 선정했다.

사업과 공적인 이미지가 추락하기 시작할 무렵 머스크의 가정 생활도 흔들렸다. 아들 쌍둥이 그리핀Griffin과 자비에르Xavier에 이어 2006년 말 아들 세쌍둥이 카이Kai, 다미안Damian, 색슨Saxon이 태어났다. 머스크는 저스틴이 세쌍둥이를 출산하고 난 후 산후 우울증에 시달렸다고 말했다. "2007년 봄이 되자 결혼 생활에 심각한 문제가 생겼습니다. 결혼 생활이 흔들렸죠." 저스틴의 블로그도 머스크의 이 말을 뒷받침했다. 저스틴은 남편을 예전보다 훨씬 낭만적이지 않은 사람으로 묘사했다. 그리고 사람들이 자신을 작가로서 남편과 동등한 존재로 여기지 않고 "팔을 장식으로 달고 있는, 흥미진진한 글이라고는 한 줄도 쓸 줄 모르는" 사람으로 취급하는 것 같다고 했다. 언젠가 세인트 바트St. Barts를 여행하는 동안 머스크 부부는 부유하고 영향력 있는 부부들과 저녁 식사를 함께 했다. 저스틴이 정치적 견해를 내놓자 식탁에 앉아 있던 한 남자가 고집이 세다며 놀렸다. 그 일에 대해 저스틴은 블로그에 "E는 재미있다는 듯 킥킥 웃으며 마치 아이 다루듯 내 손등을 두드렸다."라고 썼다. 그때부터 저스틴은 남편에게 자신을 아내이자 아이들의 엄마라고 소개하지 말고 데뷔한 소설가로 소개하라고 주장했다. 결과는 어땠을까? "E는 나머지 여행을 하는 내내 '아내는 자기가 소설가라는 사실을 여러분에게 밝혀달라고 합니다.'라고 말했다. 사람들은 매우 재미있다는 표정을 지었지만 나는 전혀 재미있지 않았다."

2008년으로 접어들면서 머스크의 삶은 더욱 파란만장해졌다. 기본적으로 테슬라는 로드스터를 제작하는 과정의 상당 부분을 다시 시작해야 했고, 스페이스 엑스는 여전히 엔지니어 수십 명이 콰절린 섬에 체류하면서 팰컨 1호의 다음 발사를 준비하고 있었다. 두 가지 사업이 머스크의 돈을 급속도로 빨아들였다. 머스크는 추가로 자금을 마련하려고 맥라렌 같은 값비싼 소유물을 팔기 시작했다. 직원에게는 최선을 다해 일하라고 격려하면서 자신의 재정 상태가 심각하다는 사실을 숨겼다. 다른 한편으로는 두 회사의 중요한 구매 상황을 개인적으로 감독했고, 돈을 쓰는 만큼 생산성을 높이도록 직원들을 훈련시켰다. 전통적 항공 우주 기업의 사업 방식에 익숙한 스페이스 엑스 직원들은 머스크가 시도하는 방식이 신선했다. 예전에 근무했던 기업은 대부분 정부와 장기로 대형 계약을 맺으므로 매일 생존 압박에 시달리지 않기 때문이었다. 초창기 스페이스 엑스 직원이었던 케빈 브로건은 이렇게 말했다. "일론은 일요일에도 항상 일했어요. 직원들은 그가 대체 언제 쉬는지 모르겠다며 수

군댔죠. 일론은 우리가 완수한 업무는 순전히 경비 지출의 결과라고 강조하면서 우리가 하루에 10만 달러를 쓴다고 강조했습니다. 이것은 로스앤젤레스에서 활동하는 항공 우주 엔지니어 어느 누구에게도 찾아볼 수 없는 사업가다운 실리콘밸리식 사고방식이었어요. 이따끔씩 일론은 2,000달러짜리 부품을 사지 못하게 했습니다. 더 저렴한 부품을 찾거나 값싸게 만들어내라고 말하면서요. 그러다가도 콰절린 섬으로 부품을 보내야 할 때는 눈 하나 깜짝하지 않고 9만 달러를 내고 비행기를 빌렸어요. 하루라는 시간을 벌기 위해서였는데 그럴 만한 가치가 있었어요. 일론은 해당 사업으로 거두어들일 수입의 총액이 10년 안에 하루 1,000만 달러에 이르리라고 추산했으므로 목표 달성이 지연될수록 매일 그만큼의 수입을 놓친다고 생각했습니다."

머스크가 테슬라와 스페이스 엑스에 온통 신경 썼으므로 아내와 빚는 갈등의 골은 더욱 깊어졌다. 달리 도리가 없었다. 머스크 부부는 유모를 여럿 두고 다섯 자녀를 키웠지만 머스크가 가족과 함께 보내는 시간은 많지 않았다. 주말에도 일했고 시간을 쪼개 로스앤젤레스와 샌프란시스코를 오가며 일할 때도 많았기 때문이다. 게다가 저스틴에게는 변화가 필요했다. 그녀는 자신이 돈 많은 남편의 존재를 부각시켜주는 장식품 정도로 외부에 비쳐지는 것에 염증이 났다. 남편과 대등한 동반자가 되고 싶었다. 화려하고 숨 가쁘게 돌아가기 이전의 생활로 돌아가 다시 활력을 느껴보고 싶었다. 머스크가 쪼들리는 경제 사정을 아내에게 얼마나 알렸는지는 분명하지 않다. 저스틴은 가정의 경제 형편을 남편이 자신에게 감춰왔다고 오랫동안 주장해왔다. 하지만 친한 친구 몇 명은 머스크의 경제 상황이 악화됐다는 사실을 눈치챘다. 2008년 초반 발로 이쿼티의 설립자이자 CEO인 안토니오 그라시아스Antonio Gracias가 머스크를 만나 저녁 식사를 함께 했다. 테슬라에 투자한 후로 머스크에게 가장 절친한 친구이자 협력자인 그라시아스는 머스크가 미래를 걱정하고 있음을 느꼈다. "저스틴과 관계가 삐걱거리기 시작했지만 여전히 둘이 함께 지낼 때였습니다. 저녁 식사를 하는 동안 일론이 '이 두 회사에 내가 가진 돈을 모두 쏟아부을 생각이네. 처가의 지하실로 이사 가야 한다면 그렇게 할 거야.'라고 말하더군요."

2008년 6월 16일 머스크가 이혼소송을 제기하면서 처가로 이사하는 대안은 날아갔다. 그 사실을 즉시 발표하지 않았지만 저스틴은 블로그에 단서를 남겼다. 6월 말 다른 글을 덧붙이지 않은 채 모비Moby의 말을 그대로 인용했던 것이다. "적응을 잘하는 공인이란 있을 수 없다. 적응을 잘하는 사람이라면 공인이 되려고 애쓰지 않을 것이다." 다음 글에서 저스틴은 샤론 스톤과 집을 보러 다닌 이야기를 쓰면서도 그 이유는 밝히지 않았다. 그 후에 올린 두 편의 글에는 현재 자신이 처한 '극적 상황'에 대해 썼다. 이혼을 분명하게 언급한 글이 처음으로 블로그에 올라온 것은 9월이었다. "우리는 좋은 시절을 보냈다. 젊은 나이에 결혼했고 최대한 결혼 생활을 이끌어왔지만 이제는 끝났다." 자연스럽게 밸리웨그는 머스크 부부의 이혼 이야기를 다루었고 머스크가 20대 여배우와 데이트하는 장면이 목격되었다고 폭로했다.

언론의 보도가 나오고 결혼의 굴레에서 벗어난 저스틴은 더욱 거리낌 없이 사생활을 밝히기 시작했다. 블로그에 글을 올리면서 자기 관점에서 바라본 이혼 과정, 머스크의 여자 친구이자 미래의 두 번째 아내에 대한 생각, 이혼 과정의 속사정 등에 대해 썼다. 대중은 처음으로 머스크의 매우 불쾌한 초상을 들여다보고, 전처의 목소리이기는 했지만 머스크의 강경한 행동에 대해 들었다. 전처가 쓴 글은 편견이 담길 수 있지만 머스크의 행동 방식을 엿볼 수 있는 창구가 되었다. 개중에는 두 사람을 이혼으로 치닫게 만든 계기를 설명한 글도 있었다.

내게 이혼은 모든 방법을 써보고 더 이상 손을 쓸 길이 없을 때 터뜨리는 폭탄이었다. 나는 아직 타협하는 방법을 포기하지 않았다. 여태껏 이혼소송을 청구하지 않았던 이유도 그래서였다. 결혼 상담을 받기 시작한 지는 얼마 되지 않았다(모두 세 번 받았을 뿐이다.). 하지만 일론은 언제나 그래왔듯 자기 손으로 문제를 해결할 마음으로 내게 최후통첩을 했다. "결혼 생활의 문제를 오늘 바로잡든지, 아니면 내일 당장 이혼하자." 그날 밤에도 다음 날 아침에도 일론은 내게 어떻게 할 생각이냐고 물었다. 나는 아직 결혼의 끈을 놓을 준비가 되지 않았다고 힘주어 말했다. 그러면서 일주일만 결정을 미루자고 제안했다. 일론은 고개를 끄덕이면서 내 머리에 손을 얹었다가 방을 나갔다. 그날 늦게 물건을 사러 나갔다가 일론이 내 신용카드를 정지시켰다는 사실을 알았다. 그리고 미리 이혼소송을 제기했다는 사실도 곧 알았다(늘 그랬듯 E는 내게 직접 말하지 않고 다른 사람을 시켰다.).

끊임없이 발생하는 사업 문제로 가뜩이나 골치를 앓던 머스크는 설상가상으로 저스틴이 온라인에 글을 올릴 때마다 곤란한 상황에 부딪혔다. 그가 오랫동안 공들여 쌓아왔던 이미지가 사업과 함께 허물어질 것만 같았다. 현실이 재앙의 전조로 보였다.

머스크 부부의 이혼 소식은 무섭게 퍼져나갔다. 특히 저스틴이 위자료를 더 받으려고 다투기 시작하면서 밸리웨그는 물론 주류 언론도 경쟁에 뛰어들어 이혼과 관련한 법원 서류를 샅샅이 뒤졌다. 저스틴은 머스크가 페이팔을 운영하던 시절에 자신이 혼후 약정서에 서명한 것은 사실이지만 서류가 미칠 영향을 따져볼 시간도, 그럴 의향도 없었다고 주장했다. 그러면서 블로그에 '꽃뱀'이라는 제목으로 글을 올리고 자신이 이혼소송을 매듭짓기 위해 싸우고 있다고 말했다. 저스틴이 제시한 타협 조건은 현재 살고 있는 집, 이혼 수당과 자녀 양육비, 현금 600만 달러, 머스크 소유의 테슬라 주식 10퍼센트, 머스크 소유의 스페이스 엑스 주식 5퍼센트, 테슬라의 로드스터 한 대였다. 저스틴은 CNBC의 '이혼 전쟁'에 출연했고 '나는 조강지처였다'라는 제목으로 〈마리 끌레르〉에 기사도 썼다. 대중은 이혼소송이 진행되는 내내 저스틴의 편에 섰고, 억만장자가 아내의 타당해 보이는 요구를 들어주지 않고 다투는 까닭을 납득하지 못했다. 머스크가 겪는 주요 문제는 자산 대부분이 테슬라와 스페이스엑스의 주식으로 묶여 있어 전혀 유동적이지 않다는 점이었다. 결국 저스틴은 집, 변호사 비용을 제외한 현금 200만 달러, 위자료와 자녀 양육비로 17년 동안 매달 8만 달러, 테슬라의 로드스터 한 대를 받기로 합의했다.[21]

이혼이 결정되고 여러 해가 지났지만 저스틴은 둘의 관계를 언급하며 여전히 괴로워했다. 인터뷰하는 동안 몇 번이나 눈물을 흘렸고 말을 멈추고 마음을 진정시켜야 했다. 저스틴은 머스크가 결혼 생활을 하는 동안 자신에게 많은 사실을 숨겼고 이혼소송을 하는 동안

---

21 머스크는 기록을 바로잡으려고 〈허핑턴 포스트Huffington Post〉에 1,500자짜리 글을 기고했다. 그는 두 달 동안 협상을 벌인 끝에 혼후 약정서에 서명했고, 머스크가 회사에서 거두는 수입과 저스틴이 책을 써서 거두는 수입을 각자 확보할 수 있도록 부부의 자산을 분리하는 데 합의했다고 주장했다. 머스크는 이렇게 썼다. "1999년 중순 저스틴은 내가 청혼하면 받아들이겠다고 했다. 이 시기는 첫 회사인 Zip2를 컴팩에 팔고 뒤이어 페이팔을 공동 설립한 지 얼마 되지 않았을 때이므로 결혼하는 이유가 사랑이든 돈 때문이든 상관없이 자산을 분리하는 것이 좋겠다고 친구와 가족들이 조언했다." 이혼소송이 타결되고 나서 머스크는 아리아나 허핑턴Arianna Huffington에게 자신의 이혼을 다룬 글을 웹사이트에서 삭제해달라고 요청했다. 머스크는 이렇게 말했다. "과거의 부정적 사연에 얽매이고 싶지 않다. 인터넷에 들어가면 언제나 글을 찾아 읽을 수 있다. 그러면 쉽게 찾을 수 없을 뿐이지 상황이 끝난 게 아니다."

에는 자신을 눌러 이겨야 하는 사업 적수처럼 상대했다고 털어놓았다. "우리는 한동안 전쟁을 치렀어요. 일론을 상대로 치러야 하는 전쟁은 정말 잔인합니다." 이혼하고 나서도 저스틴은 블로그에 머스크에 대한 글을 계속 썼다. 라일리에 대해서도 썼고 머스크의 양육 방식을 폭로했다. 머스크는 저스틴이 쓴 글로 쌍둥이 아들이 일곱 살이 되었을 때 집 안에서 동물 헝겊 인형을 모두 없앴다는 사실이 밝혀지면서 곤혹을 치렀다. 이 일에 대해 저스틴은 이렇게 말했다. "일론은 완강한 사람이고 거친 문화와 환경에서 성장했어요. 삶에서 성공할 뿐 아니라 세상을 정복하려면 매우 강인해져야 했죠. 그래서 아이들을 나긋하고 특권을 누리며 자라게 하고 싶어 하지 않았습니다." 이러한 말로 미루어 짐작해보면 저스틴은 머스크의 강한 의지력을 여전히 존경하거나 최소한 이해하는 것 같다.[22]

---

22 두 사람은 서로 상대하는 것을 여전히 껄끄러워한다. 오랫동안 머스크는 아이들을 번갈아 돌보는 일정을 저스틴과 직접 의논하지 않고 비서인 메리 베스 브라운의 힘을 빌렸다. 저스틴은 "그것 때문에 정말 화가 났어요."라고 말했다. 우리가 이야기를 나누는 동안 저스틴은 아이들이 넓은 무대에서 성장하는 장단점을 언급하는 대목에서 눈물을 가장 많이 보였다. 아이들은 전용 비행기를 타고 날아가 슈퍼볼 경기를 보거나 스페인에 가거나 테슬라 공장에서 논다. 저스틴은 이렇게 말했다. "아이들이 아빠를 정말 존경합니다. 일론은 아이들을 온갖 곳에 데려가고 많은 경험을 하게 해주죠. 엄마로서 내가 해줄 수 있는 역할은 정상적인 현실감각을 심어주는 것입니다. 아이들은 정상적인 가정에서 정상적인 아빠 밑에서 성장하지 않고 있어요. 나와 함께 지낼 때는 훨씬 정상에 가깝죠. 일론과 내가 가치를 두는 대상은 다릅니다. 나는 공감을 훨씬 중요하게 생각해요."

2008년 6월 중순 이혼소송을 제기하고 몇 주 동안 머스크는 기운이 부쩍 없었다. 친구의 정신 상태가 걱정스러웠던 자유로운 정신의 소유자 빌 리는 머스크의 기운을 북돋아주고 싶었다. 투자가인 리와 머스크는 전에도 이따금씩 출장과 휴가를 겸해 해외여행을 했다. 두 사람은 7월 초에 출장을 핑계 삼아 런던으로 떠났다.

활력을 찾기 위한 여행은 출발이 좋지 않았다. 머스크와 리는 CEO를 만나고 공장을 견학하려고 에스톤 마틴Aston Martin, 영국의 고급 스포츠카 제조 업체 본사를 찾았다. 그런데 그곳 중역이 머스크를 아마추어 자동차 제조 사업가로 대하면서 깔보는 어투로 자신이 누구보다 전기 자동차에 대해 많이 알고 있다고 과시했다. 리는 "그 남자는 머리끝부터 발끝까지 얼간이였습니다."라고 전했다. 두 사람은 서둘러 에스톤 마틴을 나와 런던 중부로 향했다. 가는 도중에 머스크를 내내 괴롭히던 위통이 심해졌다. 당시 리는 전 부통령 엘 고어의 딸인 세라 고어Sarah Gore와 결혼한 상태였고 마침 의과 대학교 학생인 아내에게 전화를 걸어 조언을 구했다. 맹장염에 걸렸을 가능성이 있다는 말을 들은 리는 머스크를 쇼핑몰 한가운데 있는 진료소로 데려갔다. 다행히 검사 결과가 음성으로 나오자 밤에 시내로 나가자고 머스크를 부추겼다. "일론은 그다지 외출하고 싶어 하지 않았고 나도 마찬가지였죠. 하지만 런던까지 와서 방에만 앉아 있을 수 없다면서 밖으로 나가자고 졸랐습니다."

리는 머스크를 꼬드겨 메이페어Mayfair에 있는 위스키 미스트Whiskey Mist라는 클럽에 갔다. 작고 고급스러운 실내는 사람들로 붐볐고 머스크는 도착한 지 10분 만에 자리를 뜨고 싶어 했다. 인맥이 넓은 리의 문자를 받고 찾아온 클럽 매니저 친구가 마음 내켜 하지 않는 머스크를 VIP 구역으로 데려갔다. 그리고 미모가 뛰어난 친구 몇 명을 불렀는데 장래가 유망한 스물두 살 영화배우 탈룰라 라일리Talulah Riley가 끼여 있었다. 라일리와 두 아름다운 친구는 방금 자선 행사에서 오는 길이라 바닥까지 옷자락이 끌리는 드레스 차림이었다. 리는 그날 밤 라일리가 신데렐라였다고 증언했다. 클럽에서 라일리와 인사를 주고받은 머스크는 아찔하게 아름다운 그녀의 모습을 보고 정신이 번쩍 들었다.

머스크와 라일리는 친구들과 함께 테이블에 앉았지만 서로 관심이 꽂혔다. 라일리는 영화 '오만과 편견'에서 메리 베넷Mary Bennet 역을 맡아 막 인기를 얻기 시작했으므로 자신이 잘나가는 배우라고 생각했다. 반면에 나이가 연상인 머스크는 말소리도 부드럽고 점잖은 공학도처럼 행동했다. 그는 휴대전화를 꺼내 팰컨 1호와 로드스터의 사진을 보여주었다. 라일리는 머스크가 그 기계를 만드는 회사를 운영하리라고는 짐작조차 못하고 제작 과정에 참여했으려니 추측했다. 라일리는 당시 심정을 이렇게 설명했다. "일론이 젊은 여배우와 이야기를 해본 경험이 많지 않은 것 같다고 생각했고 상당히 긴장한 것처럼 보였던 기억이 납니다. 그래서 그를 상냥하게 대해줘야겠다고 마음먹었죠. 그가 그토록 많은 미인과 대화해봤으리라고는 짐작조차 못했어요."[23] 머스크와 라일리 사이에 대화가 무르익어 가자 리는 사이가 가까워지도록 두 사람을 충동질했다. 머스크가 행복해하는 표정을 몇 주 만에 처음 보았기 때문이다. 리는 "일론은 복통도 가셨고 울적한 기분도 사라졌어요. 정말 잘됐죠."라고 말했다. 동화에 나오는 주인공처럼 차려입었지만 라일리는 첫눈에 머스크와 사랑에 빠지지는 않았다. 하지만 점점 머스크에게 호감이 갔고 특히 클럽 매니저가 굉장히 아름다운 모델을 소개해주었는데도 머스크가 공손히 인사하고는 이내 자기 옆에 앉는 모습을 보고 더욱 그랬다. 라일리는 "절대 나쁜 사람은 아니겠다고 생각했습니다."라고 말했고 머스크가 자기 무릎에 손을 얹어도 물리치지 않았다. 또한 머스크가 다음 날 저녁에 식사를 함께 하자고 요청하자 수락했다.

라일리는 육감적인 몸매, 관능적인 눈매, 장난기 많은 착한 소녀 같은 이미지로 한창 떠오르는 영화배우였지만 그렇게 행동하지 않았다. 그녀는 목가적인 영국 시골에서 자랐고 일류 학교를 다녔으며 머스크를 만나기 일주일 전까지 부모님과 함께 생활했다. 그날 밤 위스키 미스트에서 머스크를 만나고 나서 라일리는 가족에게 로켓과 자동차를 만드는 흥미진진한 남자를 만났다고 말했다. 과거에 국가

---

23 머스크는 두 사람이 만났을 때를 이렇게 회상했다. "라일리는 멋져 보였지만 모델 같았습니다. 대개는 모델과 대화하지 않잖아요? 하지만 라일리는 로켓과 전기 자동차에 대해 말하는 것을 좋아했습니다. 그래서 자연스럽게 호기심이 생겼습니다."

범죄 수사대를 이끌었던 라일리의 아버지가 즉시 머스크의 뒷조사를 하자 아들이 다섯인 유부남이자 국제적 플레이보이라는 이력이 나왔다. 라일리는 아버지에게 어리숙하다고 꾸지람을 들었지만 머스크가 해명해주기를 바라면서 다음 날 약속 장소에 나갔다.

머스크는 저녁 약속에 리와 동행했고 라일리는 아름다운 여배우이자 친구인 탐신 에거튼Tamsin Egerton을 데리고 나왔다. 텅 빈 쓸쓸한 음식점에서 밥을 먹는 무리처럼 식사하는 동안 네 사람의 사이는 서먹했다. 라일리는 머스크가 먼저 말을 꺼낼 때까지 기다렸다. 결국 머스크는 자기에게 아들이 다섯 있고 이혼소송 중이라고 말했다. 머스크가 정직하게 자기 사정을 털어놓자 라일리는 그에게 흥미와 호기심을 느꼈다. 식사가 끝나고 머스크와 라일리는 일행과 헤어졌다. 두 사람은 소호 거리를 걷다가 카페 보엠Boheme에 들어갔고 술을 마시지 않는 라일리는 사과 주스를 마셨다. 이렇게 두 사람 사이에 연애 감정이 무르익기 시작했다.

두 사람은 다음 날에도 만나 점심 식사를 함께 하고 현대미술 전시관인 화이트 큐브White Cube를 둘러보고 머스크의 호텔로 갔다. 머스크는 라일리에게 자신이 만든 로켓을 보여주고 싶다고 말했다. 라일리는 "나는 의심이 들었지만 일론은 실제 로켓 모습을 담은 비디오를 보여주었어요."라고 회상했다. 머스크가 미국으로 돌아오고[24]

---

24 머스크는 라일리에게 미국에 같이 가자고 했지만 라일리는 거절했다.

두 사람 사이에 2주 동안 이메일이 오가다가 라일리는 로스앤젤레스로 향하는 비행기에 올랐다. "일론의 여자 친구가 된다는 생각은 전혀 하지 않았어요. 그냥 재미있게 지냈어요."

하지만 머스크의 생각은 달랐다. 라일리는 캘리포니아에 닷새만 머무를 예정이었으므로 머스크는 비버리힐스에 있는 페닌슐라Peninsula 호텔의 작은 방 침대에 누워 라일리에게 청혼했다. "일론은 '당신이 떠나지 않았으면 좋겠어요. 나랑 결혼해줘요.'라고 말했어요. 그 말을 듣고 내가 웃었죠. 그러자 일론은 '아뇨, 진심이에요. 반지를 준비하지 못해 미안해요.'라고 말했어요. 그래서 나는 결혼하고 싶으면 반지 대신 악수하자고 말했고 우리는 악수를 했죠. 내가 그때 무슨 생각을 했는지 기억나지 않아요. 나이가 스물두 살이라고 말했던 기억만 나네요."

그때까지 라일리는 부모님에게 걱정을 끼친 적이 없는 반듯한 딸이었다. 학교 성적이 좋았고, 몇 번 좋은 배역을 맡았으며, 성품이 부드럽고 상냥해서 친구들은 백설 공주가 환생했다고 말했다. 이제 라일리는 호텔 발코니에 서서 열네 살 연상인 데다가 첫 번째 부인과 이혼소송 중이었고 자녀가 다섯 있고 두 회사를 운영하는 남자와 결혼하게 해달라고 부모에게 전화를 걸어야 했다. 게다가 달랑 몇 주 동안 만나보고 어떻게 그를 사랑할 수 있는지 자신조차 몰랐다. 라일리는 이렇게 말했다. "엄마는 아마도 졸도하셨을 거예요. 하지만 나는 워낙 낭만적인 성격이라서 그것이 이상한 결정이라고는 생각하지 않았어요." 라일리는 짐을 챙기러 영국에 갔다가 머스크를 만나보려는 부모와 함께 미국으로 돌아왔다. 머스크는 뒤늦게 라일리의 아버지에게 결혼을 축복해달라고 부탁했다. 머스크에게는 집이 없었으므로 두 사람은 억만장자 친구인 제프 스콜의 집으로 이사했다. 라일리는 이렇게 회상했다. "그 집에서 생활한 지 일주일이 되었을 때였어요. 자유분방해 보이는 남자가 들어와서는 다짜고짜 내가 누구냐고 묻더군요. 그러더니 내 대답을 듣고 그냥 걸어 나갔어요." 나중에 머스크는 스콜의 집 발코니에서 커다란 반지를 끼워주며 라일리에게 다시 청혼했다. (그때 이후로 머스크는 라일리에게 약혼반지 세 개를 사주었다. 처음 끼워준 거대한 반지는 매일 끼고 다니는 용도로 머스크가 직접 디자인했다. 한가운데 다이아몬드를 박고 앞으로 낳고 싶은 자녀 수를 상징하는 사파이어 열 개를 주위에 빙 둘러 장식했다.) "일론이 '나와 함께 있겠다는 것은 걷기 힘든 길을 선택했다는 뜻이에요.'라고 말했던 기억이 나요. 당시에는 그 말이 무슨 뜻인지 몰랐지만 지금은 알죠. 버티기가 대단히 힘들고 정신이 없어요."

라일리는 불로 세례를 받은 기분이 들었다. 회오리바람처럼 정신없이 연애를 하다보니 얼떨결에 세상을 정복하려는 야망을 품고 동에 번쩍 서에 번쩍 하는 억만장자와 결혼을 약속했다는 생각이 들었다. 물론 이론으로는 가능한 일이었지만 실제로는 앞날을 예측할 수 없었다.

7월 말에 접어들자 머스크의 수중에는 연말까지 버틸 정도의 현금만 남았다. 스페이스 엑스와 테슬라의 직원들에게 급여를 지불하려면 현금을 수혈받아야 했는데, 세계 금융시장이 혼란스럽고 투자가 보류되는 상황에서 어떻게 자금을 모을 수 있을지 분명하지 않았다. 두 회사의 운영이 좀 더 원활했더라도 머스크는 자신 있게 자금을 모을 수 있었을 것이다. 하지만 사정은 그렇지 못했다. 라일리는 당시를 이렇게 회상했다. "일론은 매일 심각한 문제와 씨름하다가 집에 돌아왔어요. 사방에서 엄청난 압박에 짓눌렸죠. 끔찍했습니다."

스페이스 엑스가 콰절린 섬에서 세 번째로 로켓을 발사할 예정이어서 머스크는 신경을 곤두세웠다. 엔지니어 팀이 섬에 체류하면서 팰컨 1호를 다시 발사할 준비를 하고 있었다. 일반 회사라면 당면한 과제에만 초점을 맞추겠지만 스페이스 엑스는 달랐다. 4월에는 한 엔지니어 팀을 붙여 팰컨 1호를 콰절린 섬으로 보내고, 다른 팀에게는 팰컨 9호를 개발하는 새 프로젝트를 맡겼다. 팰컨 9호는 팰컨 5호를 대체하려고 개발한 엔진 아홉 개짜리 로켓으로, 우주왕복선이 은퇴한 후를 준비하는 대안으로 떠올랐다. 스페이스 엑스는 우주에 성공적으로 도달할 수 있는 능력을 입증해야 했고, 머스크는 거액이 걸린 NASA 계약을 따내서 난관을 극복하려고 했다.[25]

2008년 7월 30일 팰컨 9호는 엔진 아홉 개가 모두 점화되고 386톤의 추력을 내면서 텍사스에서 시험 발사에 성공했다. 사흘이 지난 뒤 스페이스 엑스 엔지니어들은 콰절린 섬에서 팰컨 1호에 연료를 채우고 마음속으로 기도했다. 로켓에는 공군 소유의 위성과

NASA의 실험 장비 두 개를 포함한 탑재물을 실었다. 스페이스 엑스는 화물 170킬로그램을 지구 궤도까지 운송할 계획을 세우고, 가장 최근에 발사에 실패하고 나서 로켓에 큰 변화를 주었다. 전통적 항공 우주 기업이었다면 위험을 자초하고 싶어 하지 않았겠지만 머스크는 스페이스 엑스가 로켓을 제대로 제조하려고 노력하는 동시에 기

25 이 무렵 머스크는 항공 우주 산업에서 추진력이 가장 강한 사람으로 평판을 쌓았다. 팰컨 9호의 개발 계획을 발표하기 전에 머스크는 BFR(일명 '커다란 팰컨 로켓' 또는 '커다란 지랄맞은 로켓')을 만들겠다는 계획을 세웠다. 머스크는 BFR을 역사상 최대 로켓엔진으로 만들고 싶었다. 누구보다 규모가 크고 빠르게 돌아가는 머스크의 정신 활동에 바버 니콜스Barber-Nichols Inc. 같은 일부 하청 업체들은 가슴 설레기도 하고, 간담이 서늘해지기도 하고, 깊은 감명을 받기도 했다. 콜로라도를 기반으로 로켓엔진 터보 펌프와 기타 항공 우주 기계류를 제조하는 바버 니콜스의 중역인 로버트 린든Robert Linden, 게리 프레이Gary Frey, 마이크 포샤Mike Forsha는 2002년 중반 머스크와 처음 회의를 하고 난 후 그와 업무를 추진했던 과정을 기억하고 그 내용을 들려주었다. 일부를 소개하면 다음과 같다.

"일론은 톰 뮬러와 함께 회의실에 들어왔고, 화물을 더 낮은 비용으로 우주로 발사시키고 우리 회사가 우주로 사람을 운송할 수 있도록 돕는 것이 자신의 운명이라고 말하기 시작했다. 우리는 그것이 톰이 꿈꾸는 세상이라고 생각했지만 일론의 말을 진지하게 받아들여야 할지는 확신하지 못했다. 두 사람은 불가능한 요구를 하기 시작했다. 터보 펌프를 개당 100만 달러 미만으로, 그것도 1년 안에 만들어달라고 했다. 보잉이라면 1억 달러를 들여 5년 넘게 매달릴 프로젝트였다. 톰은 우리에게 최선을 다해달라고 부탁했고 우리는 13개월 만에 제조를 완료했다. 신속하게 만들고 신속하게 배우는 것이 일론의 철학이었다. 일론은 단호하게 제조 비용을 낮추고 싶어 했고 그것이 사업 모델의 일부이기도 했다. 일론과 함께 일하다보면 크게 낭패감을 맛보기도 한다. 그는 색다른 견해를 지녔고 거기서 벗어나는 법이 없다. 일론 밑에서 행복하게 일하는 사람은 그다지 많지 않다. 그렇더라도 어쨌거나 일론은 우주탐사 비용을 계속 낮추고 원래 세운 사업 계획을 충실하게 추진하고 있다. 보잉과 록히드 등은 지나치게 조심스럽고 돈을 많이 쓴다. 스페이스 엑스는 배짱이 있다."

술을 계속 발전시켜야 한다고 고집했다. 팰컨 1호에 적용한 최대 변화는 개량 냉각 방식으로 멀린 엔진을 손본 것이었다.

2008년 8월 2일 1차 발사 시도는 예정 시각에 실패했다. 스페이스 엑스는 로켓을 빠르게 재정비하고 그날 다시 발사하려고 했다. 이번에는 모든 과정이 순조로워 보였다. 팰컨 1호는 하늘로 치솟았고 아무 문제 없이 장엄하게 날았다. 캘리포니아에서 인터넷 생방송을 시청하던 스페이스 엑스 직원들은 휘파람을 불며 환호했다. 하지만 1단과 2단이 분리되려는 순간 기능 장애가 발생했다. 나중에 실시한 분석에 따르면 분리 과정에서 두 엔진이 예상하지 못한 추력을 내서 1단 로켓과 2단 로켓이 충돌했고 결과적으로 로켓의 윗부분과 엔진이 망가졌다.[26]

발사가 실패하자 많은 스페이스 엑스 직원들은 엄청난 충격에 빠졌다. 스페이스 엑스의 채용 담당자인 돌리 싱Dolly Singh은 이렇게

---

26 머스크가 로켓에 대한 지식이 얼마나 해박한지 엿볼 수 있는 예로, 그는 사건이 발생하고 6년이 지난 후에도 그 일을 기억하고 설명했다. "그것은 멀린 엔진을 재생 냉각 엔진으로 개량했기 때문으로, 엔진의 추력 과도 시간이 몇 초 늘어났다. 추력 1퍼센트를 써서 1.5초를 번 셈이다. 그리고 챔버 압력은 전체의 1퍼센트인 10PSI에 불과했다. 하지만 해면 기압보다 낮았다. 우리는 시험대에서 아무 현상도 감지하지 못했다. 상황이 양호하다고 생각했다. 상태가 예전과 같다고 생각했지만 실제로는 사소한 차이가 있었던 것이다. 주변 해면 기압은 대략 15PSI에서 더 높았고 이 때문에 검사하는 동안 몇 가지 영향이 드러나지 않았다. 추가 추력으로 1단 로켓은 분리된 후에도 계속 움직이면서 2단 로켓에 다시 접촉했다. 그러자 2단 로켓이 단 사이에 있는 엔진을 가동시켰고 결과적으로 플라스마가 역류해 2단을 파괴했다."

전했다. "30초 동안 제어실 공기가 엄청나게 무거웠습니다. 최악의 날이었어요. 성인이 우는 모습을 웬만해서는 볼 수 없잖아요? 그런데 직원들이 울었어요. 우리는 지쳤고 가슴이 무너졌죠." 머스크는 즉시 직원들에게 연설하면서 다시 일어나자고 격려했다. 싱은 회상했다. "일론은 이렇게 말했습니다. '자, 우리는 해낼 겁니다. 할 수 있어요. 냉정을 찾읍시다.' 그러자 꼭 마법이 작용한 것 같았어요. 너 나 할 것 없이 금세 흥분을 가라앉히고 사태를 파악하고 문제점을 바로잡는 데 집중하기 시작했거든요. 절망에서 빠져나와 희망을 품고 목표를 세우기 시작했습니다." 머스크는 대중에게도 긍정적 태도를 보였다. 스페이스 엑스는 성명서에서 로켓을 4차로 발사하고 곧이어 5차 발사도 실시할 예정이라고 발표했다. "여섯 번째 로켓 제조도 승인했습니다. 팰컨 9호의 개발도 계속 차질 없이 진행할 것입니다."

실제로 3차 발사는 실패의 영향이 연이어 나타난 일대 재앙이었다. 2단 로켓이 적절하게 점화하지 않았으므로 2차 발사 때 말썽을 부렸던 연료 슬로싱 문제가 해결되었는지 확인할 길이 없었다. 스페이스 엑스 엔지니어 다수는 이 문제를 바로잡았다고 자신했다. 그리고 4차 발사를 시도하고 싶어 하면서 가장 최근에 발생한 추력 문제에 대한 해결책을 쉽게 찾았다고 믿었다. 하지만 머스크는 상황을 더욱 진지하게 받아들였다. "기분이 정말 울적했습니다. 2차 발사 때 문제가 되었던 연료 슬로싱 문제를 해결하지 못했거나 지난번과 무관하게 발사나 제조 과정에서 오류가 생긴다면 정말 끝장이었거든요." 게다가 스페이스 엑스는 5차 발사를 시도할 돈이 부족했다. 머스크는 회사에 이미 1억 달러를 투자했고 테슬라에서 발생한 문제 때문에 경제적 여력이 없었다. 머스크는 "4차 발사는 성공해야 했습니다."라고 힘주어 말했다. 스페이스 엑스가 4차 발사에 성공한다면 미국 정부와 고객에게 신용을 얻어 팰컨 9호를 포함해 훨씬 야심찬 프로젝트를 진행할 길을 마련할 수 있었다.

3차 발사를 시도할 때까지 머스크는 평소대로 엄청난 자의식을 발휘했다. 스페이스 엑스에서 발사를 막은 사람들은 누구나 머스크의 블랙리스트에 이름이 올랐다. 머스크는 지연에 대한 책임을 물으며 그들을 몰아세우면서도 문제를 해결할 수 있도록 모든 수단을 동원해서 도왔다. 케빈 브로건은 이렇게 말했다. "내가 개인적으로 발사를 저지한 적이 한 번 있었습니다. 그 탓에 작업 진척 상황을 하루에 두 차례씩 일론에게 보고해야 했습니다. 그러면 일론은 '이 회사에는 직원이 500명 있네. 무엇이 필요한가?'라고 물었습니다." 머스크는 라일리에게 구애하는 와중에도 직원의 보고를 받았다. 브로건은 머스크가 로켓의 용접 작업이 어느 정도 진행되어가는지 점검하려고 런던의 클럽 화장실에서 전화를 걸었다고 기억했다. 잠들어 있는 라일리의 옆에 나란히 누워 있으면서 전화를 걸어 속삭이는 목소리로 엔지니어들을 호되게 꾸짖기도 했다. 브로건은 이렇게 전했다. "일론이 머리맡에서 소곤소곤 말했으므로 우리는 스피커폰 주위로 우르르 몰려들어야 했습니다. 그 상태로 '자네들, 정신 좀 바싹 차리고 일해!'라는 호통을 들었어요."

4차 발사를 앞두고 직원들은 외부의 요구와 기대에 마음의 부담을 느끼며 어처구니없는 실수를 저지르기 시작했다. 일반적으로 팰컨 1호의 동체는 바지선으로 콰절린 섬까지 운반했다. 하지만 이번에는 머스크와 엔지니어들이 지나치게 흥분해서 동체를 하루라도 빨리 운반하고 싶어 조바심을 냈다. 그래서 머스크는 로켓 동체를 로스앤젤레스에서 하와이까지, 다시 콰절린 섬까지 운송하기 위해 군사용 화물 수송기를 빌렸다. 얼핏 보기에는 좋은 계획 같았다. 하지만 비행기가 압력을 받으면 두께가 0.3센티미터 미만인 로켓 동체에 어떤 영향을 미칠지 생각하지 않은 것이 화근이었다. 비행기가 하와이에 착륙하려고 하강하기 시작하자 탑승한 사람들은 화물칸에서 나는 이상한 소음을 들었다. 항공 전자 기기 담당자인 불렌트 알탄Bulent Altan은 이렇게 회상했다. "뒤를 돌아봤더니 로켓이 일그러지고 있었어요. 나는 조종사에게 고도를 높이라고 말했습니다." 비행기 안에서 기압이 양옆을 누르면서 빈 물병이 구겨지는 현상이 로켓에서도 발생했다. 알탄의 계산에 따르면 비행기가 착륙하기 전 30여 분 동안 문제를 해결해야 했다. 엔지니어들은 주머니칼을 꺼내 로켓 동체를 단단하게 지탱하는 수축 포장재를 잘랐다. 그리고 비행기 안에서 정비 도구를 찾아 렌치로 로켓의 너트 몇 개를 풀어 로켓 내부 압력을 비행기 내부 압력에 맞추었다. 비행기가 착륙하자 엔지니어들은 분담해서 스페이스 엑스의 고위 중역에게 전화를 걸어 기내에서 일어났던 사건의 전말을 알렸다. 그때는 로스앤젤레스 시간으로 새벽 3시였고 한 중역이 이 끔찍한 소식을 머스크에게 전달하겠다고 나섰다. 해당 피해를 복구하려면 3개월이 걸릴 터였다. 슬러싱 현상을 막으려고 연료 탱크 안에 넣은 방지재가 부서지면서 로켓 동체 여기저기가 함몰되었고 다른 여러 문제가 불거졌다. 머스크는 해당 팀을 곧장 콰절린 섬으로 파견하고 수리 부속품과 함께 지원 인력을 보냈다. 2주 후 로켓은 임시 격납고 안에서 수리를 마쳤다. 알탄은 이렇게 회상했다. "모두 함께 참호에 갇혀 있는 것만 같았습니다. 하고 있는 과제를 그만두지 않을 것이고 누구 하나 낙오시키지도 않을 작정이었습니다. 수리를 끝내자 모두 하늘을 날 듯 기뻐했습니다."

4차이자 어쩌면 마지막이 될 수도 있는 발사는 2008년 9월 28일 실시되었다. 스페이스 엑스 직원들은 6주 동안 엄청난 심리적 압박감을 견디면서 교대 근무도 하지 않고 일했다. 엔지니어로서 품은 자긍심과 희망, 꿈이 위기에 빠졌기 때문이다. 기계 제작 기술자인 제임스 맥라우리James McLaury는 "공장에서 지켜보는 사람들은 긴장한 나머지 속이 메슥거릴 정도였습니다."라고 말했다. 과거에 몇 번 실패했지만 콰절린 섬에 파견 나온 엔지니어들은 이번에야말로 발사에 성공하리라 확신했다. 개중에는 인류 역사상 보기 드문 공학적 시도를 하느라 섬에서 몇 년 생활한 직원들도 있었다. 그들은 가족과 헤어져 발사대가 있는 기지에 고립되고, 식량도 충분하지 않은 상황에서 더위에 시달리며 발사 창문이 열리기를 며칠 동안 기다렸고, 발사가 실패하면 뒤처리를 했다. 이번 발사만 성공한다면 그동안 겪은 숱한 고통과 괴로움, 두려움이 눈 녹듯 사라질 것이었다.

28일 오후 늦게 팰컨 1호가 발사대에 섰다. 주위의 야자나무 가지가 바람에 흔들리고 눈부시게 파란 하늘에 구름이 한가로이 지나갔다. 그 한가운데 우뚝 선 팰컨 1호는 섬의 기묘한 인공유물처럼 보였다. 이 무렵 스페이스 엑스는 웹 캐스트 게임을 올려서 여러 번의 발사 시도를 직원용과 대중용 상품으로 만들었다. 스페이스 엑스의 마케팅 담당 중역 두 명은 발사하기 전 20분 동안 발사와 관련한 모든 기술적 문제를 검토했다. 이번에 발사할 팰컨 1호에는 진짜 화물을 싣지 않았다. 스페이스 엑스와 군대도 화물이 폭발하거나 바다에서 사라지는 사태를 맞고 싶지 않았으므로 로켓에는 160킬로그램 상당의 모형 탑재물을 실었다.

스페이스 엑스의 발사 장면이 쇼처럼 축소되었지만 직원들은 당황하지 않았고 열정이 수그러들지도 않았다. 로켓이 우르르 소리를 내면서 위로 솟아오르자 본사에서 발사 장면을 지켜보던 직원들은 일제히 환호했다. 로켓이 섬을 벗어나고 엔진 점검 결과가 양호한 것으로 나오는 등 성공을 알리는 증거가 발표될 때마다 휘파람과 환호성이 터져 나왔다. 1단 로켓이 떨어져나가고 2단 로켓이 90초가량 점화하며 궤도를 향해 상승하자 직원들은 그야말로 열광하면서 열렬한 환호 소리로 인터넷 방송을 꽉 메웠다. 케스트렐 엔진이 빨갛게 달아오르며 6분 동안 타오르기 시작했다. 맥라우리는 "2단계 로켓에 아무 문제가 없자 그제야 다시 숨을 쉬고 몸을 움직일 수 있었어요." 라고 말했다.

발사한 지 3분 남짓 지나 위성의 금속 덮개인 페어링이 성공적 으로 분리되면서 지구로 떨어졌다. 여행을 시작한 지 약 9분이 지나 자 팰컨 1호는 계획대로 궤도에 도달해 민간이 만든 기계로는 처음 으로 궤도에 진입하는 위업을 달성했다. 머스크가 처음 계획했던 것 보다 4년 반 정도 더 걸린 6년 동안 500명이 매달려 현대 과학과 비 즈니스에서 기적을 일으킨 것이다.

그날 일찍 마음을 무겁게 짓누르는 중압감을 이기려고 머스크 는 동생 킴벌과 아들들을 데리고 디즈니랜드에 갔다가 오후 4시로 예정된 발사 장면을 보려고 서둘러 돌아와서 발사하기 2분 전에 스 페이스 엑스 제어실에 들어섰다. 킴벌은 당시 상황을 이렇게 묘사했 다. "발사가 성공했을 때 모두 눈물을 흘렸습니다. 살아오면서 가장 뜨겁게 감정이 복받치는 경험을 했습니다." 제어실을 나와 공장을 찾은 머스크는 인기 가수처럼 환영을 받았다. 머스크는 이렇게 설명 했다. "정말 소름 끼치게 짜릿했습니다. 우리가 해낼 수 없다고 생각 하는 사람이 많았습니다. 정말 많았어요. 하지만 속담에도 있듯 정말 네 번째는 행운이 따랐습니다. 이러한 업적을 달성한 나라는 지구에 몇 안 됩니다. 일반적으로 이러한 일은 나라가 하지, 일개 기업이 하 지 않아요. 정신이 기진맥진하여 말이 잘 나오지 않지만 어쨌거나 오 늘은 내 평생 가장 위대한 날입니다. 이곳에 있는 여러분에게도 그러리라 생각합니다. 우리가 할 수 있다는 것을 세상에 보여주었습니다. 이것은 앞으로 우리가 할 수 있는 성취의 첫 단계일 뿐입니다. 오늘 밤 정말 멋진 파티를 열 것입니다. 여러분은 어때요?" 메리 베스 브라운이 머스크의 어깨를 두드리며 회의장으로 데려갔다.

파티가 끝나자 거대한 승리의 여운은 곧 희미해졌고 머스크의 머릿속은 스페이스 엑스의 심각한 재정 난관에 대한 고민으로 가득 찼다. 스페이스 엑스는 팰컨 9호를 만들어야 했고, 국제 우주정거장으로 화물을 운반하고 언젠가는 인간을 실어 나를 드래곤 캡슐의 제작을 승인받았다. 과거의 선례에 따르면 두 프로젝트에 각각 10억 달러 이상이 들어가겠지만 스페이스 엑스는 비용을 절감할 목적으로 두 기계를 동시에 제작하는 방법을 찾아야 했다. 스페이스 엑스는 빠른 속도로 직원을 채용하고 본사도 캘리포니아 주 호손 시에 있는 훨씬 넓은 장소로 이전했다. 말레이시아 정부로부터 위성을 운반해 달라는 주문을 받았지만 대금은 2009년 중반이 돼야 받을 수 있었으므로 그때까지는 직원에게 급여를 주는 것만도 벅찼다.

언론은 머스크의 재정적 고통이 어느 정도나 심각한지 정확히 알지 못했지만 테슬라의 위태로운 재정 상태를 자세히 보고하는 것에 재미를 붙였다. 웹사이트 '자동차에 대한 진실The Truth About Cars'은 2008년 5월 '테슬라의 사망을 지켜보며'라는 제목으로 글을 쓰기 시작해 그해 내내 수십 편의 글을 올렸다. 해당 사이트는 머스크가 테슬라의 진정한 설립자가 아니라 자본가라고 주장하면서 천재 엔지니어인 에버하드에게 테슬라를 훔친 것과 다름없다고 썼다. 게다가 에버하드가 테슬라의 고객이 되는 것의 장단점을 상세히 기록하는 블로그를 시작하자 그의 비난에 선뜻 가세했다. 인기 있는 영국 텔레비전 프로그램인 '톱 기어Top Gear'는 로드스터의 가치를 마구 깎아내리면서 마치 주행 시험에서 배터리가 다 떨어져버린 것처럼 보도했다. 킴벌은 이렇게 회상했다. "사람들은 '테슬라의 사망을 지켜보며'를 놓고 농담을 했지만 내용은 지독했습니다. 하루는 테슬라가 어떻게 죽을지에 대한 글이 50편이나 올라왔습니다."

스페이스 엑스가 발사에 성공하고 2주 후인 2008년 10월 밸리웨그가 다시 움직이기 시작했다. 밸리웨그는 머스크가 과거에 운이 좋아서 가능했던 성공을 빌미로 드로리를 끌어내리고 공식적으로 테슬라의 CEO 자리를 차지했다고 조롱했다. 그러면서 테슬라 직원이 보낸 폭로성 이메일을 공개했다. 그곳에는 테슬라가 한 차례 정리 해고를 겪었고, 디트로이트 사무실을 폐쇄했으며, 은행에 달랑 900만 달러만 남아 있다는 내용이 적혀 있었다. 테슬라 직원이 보낸 메일의 내용은 이랬다. "자동차 판매 예약이 1,200건이 넘었습니다. 고객에게 그 많은 현금을 받아 다 써버렸다는 뜻입니다. 정작 고객에게 인도한 자동차는 50대 미만입니다. 실제로 나는 친구를 설득해 테슬라 로드스터의 구매 계약금으로 6만 달러를 내게 했습니다. 이제 양심상 더 이상 방관자가 될 수 없고, 내가 일하는 회사가 대중을 속이고 소중한 고객의 재산을 사취하도록 손 놓고 있을 수 없습니다.

테슬라가 이토록 사랑받는 것도 모두 고객과 일반 대중 덕택입니다. 그러니 그들을 계속 속이는 것은 옳지 않습니다."[27]

그렇다. 테슬라는 부정적인 시선을 받아 마땅했다. 하지만 머스크는 2008년 사회에 은행가와 부자를 증오하는 분위기가 조성되면서 특히 자신이 흥미로운 표적이 되었다고 느꼈다. 머스크는 이렇게 호소했다. "나는 사방에서 공격을 당했습니다. 당시 사람들은 남의 불행을 보며 쾌감을 느꼈어요. 여러 면에서 정말 괴로웠습니다. 저스틴은 언론을 통해 나를 고문했죠. 게다가 테슬라에 대해 부정적으로 말하는 기사가 들끓었고 스페이스 엑스의 3차 발사 실패를 들먹거리는 기사가 많았습니다. 심정이 많이 상했어요. 내 삶이 삐걱거린다는 의혹이 걷잡을 수 없이 커졌고 내가 만드는 자동차가 제대로 작동하지 않는 데다가 이혼까지 겹치다보니 스스로 쓰레기 더미 같다는 생각이 들더군요. 극복할 수 있을 것 같지 않았어요. 이제 모든 상황이 끝장났다고 생각했습니다."

머스크는 스페이스 엑스와 테슬라의 재정 상황을 놓고 계산기를 두드려본 결과, 둘은 어림도 없고 어느 한 회사만이라도 살릴 수 있으면 그나마 다행이었다. "스페이스 엑스와 테슬라 중에서 고르거

---

27 나중에 머스크는 기발한 방법으로 이 직원의 정체를 알아냈다. 편지 전문을 워드 문서로 복사하고, 파일의 크기를 알아본 다음 인쇄 명령을 주어 같은 용량의 문서를 인쇄한 기록을 찾았다. 그래서 원래 파일을 인쇄한 사람까지 추적해 들어갈 수 있었다. 해당 직원은 사과 편지를 쓰고 사직했다.

나 남은 돈을 두 회사에 나누는 방법을 놓고 고민했습니다. 결정을 내리기가 힘들었어요. 돈을 나누면 두 회사 모두 망할 테니까요. 그렇다고 돈을 한 회사에만 몰아주면 그 회사의 생존 가능성은 커지겠지만 나머지 회사는 파산할 것이 불 보듯 뻔했습니다. 나는 토론에 토론을 거듭했습니다." 머스크가 이 문제로 고민하는 동안 경제는 신속하게 악화되었고 따라서 그의 금융 사정도 급격하게 나빠졌다. 2008년이 끝날 무렵 머스크는 돈이 떨어졌다.

라일리는 머스크의 삶이 셰익스피어의 비극에 나오는 삶 같다는 생각이 들었다. 이따금씩 머스크는 자신의 고민거리를 라일리에게 털어놓았지만 대부분은 침묵을 지켰다. 라일리는 쏟아져 들어오는 불쾌한 내용의 이메일을 읽으면서 머스크가 얼굴을 찡그리는 모습을 몰래 지켜보았다. "그런 불쾌한 내용이 늘 머릿속에 있다고 상상해보세요. 사랑하는 사람이 그렇게 고통을 겪는 장면을 지켜보는 것은 정말 힘들어요." 머스크는 장시간 일하는 데다 식습관 탓에 체중이 불규칙하게 오르내렸다. 눈 밑에 지방 덩어리가 불룩 튀어나왔고 얼굴 표정은 울트라 마라톤을 마치고 지칠 대로 지친 사람처럼 보였다. 라일리는 이렇게 회상했다. "딱 죽은 사람처럼 보였어요. 이 남자가 심장마비가 와서 죽고 말겠다고 생각했던 기억이 납니다. 그만큼 일론은 벼랑 끝에 서 있는 것 같았어요." 머스크는 한밤중에 이따금씩 악몽을 꾸고 소리를 질렀다. 라일리는 말했다. "일론은 몸에 통증을 느꼈어요. 내게 몸을 기대오면서 여전히 잠을 자는 동안 소리를 질렀습니다." 머스크 부부는 친구인 스콜에게 수억 달러를 빌려야 했고 라일리의 부모는 자신의 집에 2차 담보를 설정해주었다. 머스크는 로스앤젤레스와 실리콘밸리 사이를 전용 비행기로 오갈 경제력이 없어서 사우스웨스트 항공기를 이용했다.

매달 약 400만 달러를 쓰는 테슬라는 2008년을 무사히 넘기고 계속 살아남으려면 투자 설명회를 통해 다시 투자를 유치해야 했다. 머스크는 투자가들과 협상을 벌이는 한편 직원에게 급여를 주기 위해 친구들에게 손을 벌려야 했다. 돈을 융통할 수 있으리라고 생각하면 누구에게라도 열심히 부탁했다. 빌 리는 테슬라에 200만 달러를 투자했고 세르게이 브린은 50만 달러를 투자했다. 테슬라의 사업 개발 담당 부사장 디아뮈드 오코넬Diarmuid O'Connell은 이렇게 전했다. "테슬라 직원 다수가 회사를 살리기 위해 수표를 썼습니다. 직원들은 2만 5,000달러나 5만 달러를 투자로 돌렸는데 다시 만져보리라 기대할 수 없는 돈이었어요. 밑 빠진 독에 물을 붓는 심정이었습니다." 킴벌은 경제 불황으로 투자가 바닥을 치면서 재산의 대부분을 잃었고 그나마 남은 것을 팔아 테슬라에 넣었다. "나는 파산 지경에 이르렀습니다." 테슬라는 고객의 로드스터 예약금을 따로 비축해두었지만 이제 회사를 운영하려면 그 돈을 끌어 써야 했고 그것마저도 곧 동이 났다. 킴벌은 테슬라의 심각한 재정 문제를 걱정했다. "형이 상황을 바로잡을 수 있는 방법을 찾아내리라 굳게 믿고 있었습니다. 하지만 형이 위험을 무릅쓰고 있는 것은 분명해 보였어요. 남의 돈을 유용한 죄목으로 교도소에 갇힐 것만 같았습니다."

　2008년 12월 머스크는 두 회사를 살리기 위한 투자 유치 활동을 동시에 시작했다. 그는 NASA가 우주정거장에 화물을 공급하는 계약을 발주한다는 소문을 들었다. NASA 자금의 규모가 10억 달러가 넘으리라는 말이 돌았다. 스페이스 엑스는 4차 로켓 발사가 성공하면서 이 자금의 일부를 받을 수 있는 자격을 갖추었다. 머스크는 워싱턴에 있는 인맥을 통해 알아보고 나서 스페이스 엑스가 계약 후보자로 선두에 설 수 있다는 점을 발견했다. 그래서 가능한 모든 수단을 동원해 스페이스 엑스가 국제 우주정거장에 우주선을 착륙시키는 임무를 맡을 수 있다고 관계자들을 설득했다. 테슬라를 살리려는 노력의 하나로 기존 투자가들을 찾아가고 투자 설명회를 개최해 크리스마스 전날까지 자금을 더 투입해 파산을 면하게 해달라고 요청했다. 머스크는 투자가에게 신용을 얻기 위해 자신의 돈을 최대한 끌어모아 투자하는 등 회사를 살리려고 필사적으로 노력했다. 머스크는 스페이스 엑스로 대출을 받아 테슬라에 투입했고 자신이 가지고 있던 솔라시티 주식의 일부를 팔려고 했다. 또한 사촌이 설립하고 자신이 투자한 데이터센터 소프트웨어 전문 신생 기업인 에버드림Everdream을 델이 인수하면서 약 1,500만 달러가 생겼다. 머스크는 자신의 재정 조달 방법을 이렇게 설명했다. "물고 물리는 그물망 같았어요. 에버드림의 매각이 성사되면서 기사회생할 수 있었습니다."

　머스크는 모두 2,000만 달러를 모았다. 더 이상 새로운 투자가가 나타나지 않았으므로 기존 투자가들에게 그 액수만큼 더 투자해 달라고 요청했다. 투자가들이 동의하고 나서 2008년 12월 3일 투자 유치 서류를 마무리 지으려던 머스크는 문제점을 발견했다. 밴티지 포인트 캐피털 파트너스가 서류에 서명하면서 결정적으로 중요한 페이지를 제외시켰던 것이다. 머스크는 밴티지포인트의 공동 설립 자이자 경영 파트너인 앨런 샐즈먼Alan Salzman에게 전화를 걸어 경위 를 물었다. 샐즈먼은 테슬라의 가치에 대한 자사의 평가가 낮기 때문 이라고 말했다. "나는 이렇게 말했습니다. '그렇다면 문제를 해결할 좋은 방안이 있습니다. 계약에서 내 몫을 모두 가져가시죠. 나는 돈 문제로 정말 곤란한 지경에 놓여 있습니다. 현재 은행에 보유한 현금 으로는 다음 주에 급여도 지불하지 못합니다. 따라서 달리 생각한 것 이 없다면 원하는 만큼 투자에 참여하든지 투자 유치 계약서에 서명 해주시겠습니까? 그래야 우리가 파산을 면할 수 있습니다.'" 샐즈먼 은 대답하기를 주저하면서 머스크에게 다음 주 아침 7시에 와서 밴 티지포인트의 고위 중역들에게 설명하라고 말했다. 한 주를 기다릴 여유가 없었던 머스크가 다음 날 만나자고 요청하자 샐즈먼은 거절 하면서 대출을 받으라고 종용했다. 머스크는 이렇게 말했다. "샐즈 먼이 자기 사무실에서 회의를 하고 싶어 한 유일한 이유는 내가 무 릎 꿇고 돈을 달라고 애원하면 싫다고 대답하려 했던 것입니다. 얼간 이 같은 짓이죠."

밴티지포인트는 당시 일에 대해 말하기를 거부했지만 머스크에 따르면 샐즈먼에게는 테슬라를 파산시키려는 속셈이 있었다. 밴티지포인트는 CEO인 머스크를 쫓아내고 테슬라를 자본화하여 자동차 제조사의 주요 소유주로 부상하려 했던 것이다. 그 후에 테슬라를 디트로이트에 있는 자동차 제조사에 매각하거나, 자동차를 생산하는 사업 말고 전기 구동계와 배터리 팩을 판매하는 사업에 주력할 생각이었다. 드레이퍼 피셔 저벳슨의 파트너이자 테슬라의 투자가인 스티브 저벳슨은 이렇게 말했다. "밴티지포인트는 좀 더 크고 대담한 사업을 벌이고 싶어 하는 사업가에게 자사의 계획을 밀어붙이려고 했습니다. 아마도 다른 CEO들에게는 그런 방식으로 압력을 행사하는 데 익숙했겠지만 일론에게는 씨도 먹히지 않았습니다." 머스크는 커다란 모험을 시도했다. 테슬라는 밴티지포인트가 부채 협상을 방해하지 못한다는 사실을 알고 있었으므로 출자 설명회가 아니라 부채 설명회 형식으로 투자를 유치하려 했다. 단, 이러한 전략을 쓸 경우에는 테슬라를 지원하고 싶어 하는 저벳슨 같은 투자가들을 곤란한 입장에 빠뜨리는 문제가 생겼다. 벤처 투자회사는 구조상 부채 협상을 하지 않는 데다가 언제 파산할지 모르는 기업을 지원할 목적으로 일반 투자 원칙을 바꾸라고 후원자를 설득하기가 매우 난처하기 때문이다. 이 사실을 간파한 머스크는 허풍을 떨었다. 자신이 스페이스 엑스에서 대출을 다시 받아 목표 투자액인 4,000만 달러를 독자적으로 충당하겠다고 투자가들에게 말했던 것이다. 머스크의 작전은 적중했다. 저벳슨은 이렇게 말했다. "희소성이 있으면 자연히 탐욕을 부추겨 이익을 더욱 많이 거두기 마련입니다. 또한 우리는 회사로 돌아가 '협상 조건이 이러한데 받아들일까요, 포기할까요?'라고 말하기가 쉬워졌습니다." 투자 협상은 테슬라가 파산하기 불과 몇 시간 전인 크리스마스이브에 체결되었다. 당시 머스크의 수중에는 수십만 달러밖에 없었고 다음 날 직원에게 줄 급여도 없었다. 하지만 이제 머스크가 1,200만 달러를 투입했고 나머지는 투자사들이 충당했다. 머스크는 샐즈먼에 대해서 "그는 부끄러운 줄 알아야 한다."라고 말했다.

스페이스 엑스에서 머스크와 고위 중역들은 긴장감에 떨며 12월을 보냈다. 언론은 NASA가 발주하는 거대 계약의 상대편 후보자로 선두를 달렸던 스페이스 엑스가 갑자기 NASA의 신임을 잃었다고 보도했다. 한때 스페이스 엑스의 공동 설립자가 될 뻔했다가 NASA의 국장으로 부임한 마이클 그리핀이 머스크에게 등을 돌렸던 것이다. 그리핀은 머스크의 공격적인 사업 방식을 좋아하지 않았고 머스크가 애매모호하게 비윤리적이라고 생각했다. 이를 놓고 그리핀이 머스크와 스페이스 엑스를 질투했기 때문이라고 말하는 사람들도 있었다.[28] 그러나 2008년 12월 23일 스페이스 엑스는 놀라운 소

---

28 그리핀은 항공 우주 산업에서 자신의 입지를 다질 대형 우주선을 새로 만들고 싶었다. 하지만 2008년 버락 오바마가 대통령에 당선되면서 부시 행정부의 지명으로 NASA 국장 자리에 올랐던 자신의 임기는 끝나고 스페이스 엑스가 가장 흥미진진한 기계를 만드는 회사로 떠올랐다는 사실을 알았다.

식을 들었다. NASA 내부 인사들이 그리핀을 피해가며 업무를 추진해 국제 우주정거장에 물자를 보급하는 업체로 스페이스 엑스를 선정했던 것이다. 해당 계약의 체결로 스페이스 엑스는 우주정거장에 열두 차례 발사하는 조건으로 16억 달러를 받았다. 콜로라도 주 볼더Boulder 시에서 동생 킴벌과 휴가를 보내던 머스크는 스페이스 엑스와 테슬라가 추진한 협상이 타결되었다는 소식을 듣고 눈물을 글썽였다. 머스크가 말했다. "그때까지 라일리에게 줄 크리스마스 선물도 사지 못했습니다. 나는 볼더 시내의 거리로 달려 나갔어요. 유일하게 영업을 하고 있는 가게에 들어가니 형편없는 싸구려 장신구를 팔더군요. 게다가 문을 닫으려는 찰나였죠. 내 눈에 들어온 가장 좋은 물건은 코코넛 열매를 들고 있는 플라스틱 원숭이였습니다. 악한 것을 보지도, 듣지도 않는 원숭이 말입니다."

발로 이쿼티의 설립자이자 CEO이면서 머스크의 절친한 친구인 그라시아스는 2008년을 보내면서 머스크의 성격을 모두 파악할 수 있었다. 머스크는 빈털터리로 미국에 도착했고, 어린 아들을 잃었으며, 기자들과 전 아내 때문에 언론의 조롱거리가 되었고, 평생에 걸쳐 이루었던 사업이 파괴될 위기에 처했다. 그라시아스는 이렇게 말했다. "일론은 내가 만나본 어느 누구보다 열심히 일하고 스트레스를 이겨낼 능력이 있습니다. 그가 2008년에 겪었던 일은 세상 어느 누구도 이겨낼 수 없었을 겁니다. 하지만 일론은 그냥 버티기만 하지 않았습니다. 계속 일했고 집중력을 잃지 않았습니다." 일론이 다른 중역과 경쟁자보다 눈에 띄게 우수한 점은 바로 위기가 최고조에 달했을 때조차 목표에 집중하는 능력이다. 그라시아스는 이렇게 덧붙였다. "대부분의 사람들은 그러한 종류의 압력을 받으면 두려움을 느낍니다. 그래서 잘못된 결정을 내리죠. 하지만 일론은 극도로 이성적 태도를 취합니다. 여전히 장기적 관점에서 명확한 결정을 내릴 수 있습니다. 상황이 어려울수록 더욱 이성적으로 결정을 내리죠. 일론이 직접 겪은 일을 본 사람들은 누구라도 그를 존경하게 됩니다. 고난을 이겨내는 일론의 능력은 정말 최고입니다."

ELON─

MUSK

제9장

스페이스 엑스의 도전

자줏빛 벨벳 재킷 차림의 머스크가 주먹으로 캡슐의 문을 열며 등장했다. 그러면서 펼쳐지는 광경은 그야 말로 장관이었다.

외관이 멋있는 만큼 기능도 그랬다. 머스크는 이렇게 주장했다. "그야말로 21세기 우주선이 착륙하는 방식이죠. 우리는 그 추진체를 다시 실어 발사하면 됩니다. 로켓과 우주선을 한 번 사용하고 버리는 한 우리 인류는 결코 우주에 제대로 도달할 수 없습니다."

초창기에 그랬듯 스페이스 엑스는 실제로 발사하는 동안 다른 기업은 엄두도 내지 못하는 방식으로 새로운 발사체를 계속 실험한다. 스페이스 엑스는 임무를 수행하는 동안에도 비밀리에 다른 목적 수십 가지를 시험할 때도 많다. 머스크는 실행할 수 없어 보이는 작업을 하라고 직원에게 요구한다. 과거 중역으로 일했던 사람은 스페이스 엑스의 작업 분위기가 불만족과 영원한 희망이 야릇하게 섞여 돌아가는 영구기관 같다고 묘사했다.

ELON
MUSK

펠컨 9호는 스페이스 엑스의 경주마가 되었다. 길이 68미터, 폭 3.7미터에 중량은 500톤이나 되고 생김새는 거대하고 하얀 남근 같았다. 중앙의 엔진 한 개를 나머지 엔진 여덟 개가 팔각형 모양으로 둘러싸면서 바닥에 장착되어 로켓에 동력을 제공했다. 엔진은 1단 로켓에 연결되어 있고 로켓 동체에는 스페이스 엑스의 파란색 표장과 미국 국기가 새겨져 있었다. 길이가 더 짧은 2단 로켓은 1단 로켓 위에 연결되어 있고 우주에서의 임무를 마무리하는 역할을 담당했다. 발사체에는 사람을 수송하는 캡슐이나 위성을 운반할 수 있도록 맨 위에 둥근 덮개를 씌울 수 있었다. 디자인으로 보면 팰컨 9호의 외관은 전혀 화려하지 않았다. 애플 노트북이나 브라운Braun 사의 전기 주전자처럼 경박한 장식이나 불필요한 부품 없이 우아하고 용도에 충실하게 제작되었다.

스페이스 엑스는 팰컨 9호를 발사하기 위해 이따금씩 캘리포니아 남부에 있는 반덴버그 공군기지를 사용했다. 그곳은 군대 소유가 아니었다면 벌써 휴양지가 되었을 장소였다. 경계를 따라 태평양이 끝없이 펼쳐지고 관목이 무성한 드넓은 들판 곳곳에 푸른 언덕이 한눈에 들어왔다. 바닷가 끝자락에 뻗은 구릉지에 발사대 몇 대가 들어서 있고, 발사 신호를 기다리는 흰색 팰컨 9호가 푸른 풍경을 뚫고 하늘을 찌를 듯 우뚝 서서 당장이라도 솟아오를 것만 같았다.

발사 네 시간 전 팰컨 9호에 엄청난 양의 액체산소와 로켓용 케로신kerosene이 주입되었다. 로켓이 발사대에서 대기하는 동안 액체산소 일부가 배출되어 저온 상태로 있다가 금속과 공기에 접촉하면서 끓어넘쳐 사방으로 하얀 증기를 내뿜었다. 마치 팰컨 9호가 여행을 떠나기 전에 씩씩 숨을 몰아쉬며 몸을 푸는 것 같았다. 스페이스 엑스의 우주 비행 관제 센터에 있는 엔지니어들이 연료 시스템과 다른 부품의 상태를 모니터했다. 그들은 헤드셋으로 통신하며 발사할 때 점검할 사항을 하나씩 짚어나갔다. 발사하기 10분 전이 되면 일체 손을 떼고 나머지 과정을 자동화 기계에 맡겼다. 발사를 앞두고 사방이 고요해지며 긴장이 고조되었다. 드디어 팰컨 9호가 침묵을 깨며 요란한 소리를 뿜어냈다.

흰색 격자 모양 지지대가 로켓의 몸체에서 떨어져나갔다. 발사 10초 전 카운트다운이 시작되었고 4초 전까지는 별다른 변화가 없었다. 하지만 3초 전이 되면서 엔진이 점화하고 컴퓨터가 마지막으로 자체 진단을 실시했다. 네 개의 거대한 금속 클램프가 로켓을 잡고 있는 동안 전산 시스템이 가동하며 엔진 아홉 개를 점검하고 아래 방향 힘이 충분히 생성되는지 측정했다. 마침내 0초, 로켓이 임무를 완수하기 위해 출발할 시각이 되자 로켓을 쥐고 있던 클램프가 느슨해졌다. 그리고 바닥 주위로 불길이 일렁이며 액체산소가 하얀 증기로 변하면서 대기를 가득 채우고 드디어 로켓이 하늘로 치솟았다. 그토록 거대한 물체가 수직 상태로 흔들리지 않고 공중으로 곧장 솟아오르는 모습은 두뇌 속에 담아두기에 벅찰 만큼 장관이었다. 그때 느끼는 감동은 이질적이고 무엇이라 말로 설명하기 어려웠다. 발사하고 약 20분이 지나자 까마득히 땅에 있는 군중의 시야에 크게 우르르 소리를 내며 솟아오르는 팰컨 9호의 모습 전체가 들어왔다. 팰컨 9호가 내는 소리는 화학물질이 격렬하게 휘저어지면서 터져 나와 일종의 스타카토처럼 하나씩 또렷하게 들렸다. 팰컨 9호가 뿜어내는 음속 폭음초음속 비행기가 비행 중에 음속을 돌파하거나 음속에서 감속했을 때 또는 초음속 비행을 할 때 지상에서 들리는 폭발음 때문에 충격파가 발생하면서 로켓의 다리가 진동했다. 하얀 로켓이 엄청난 추력을 내며 더욱 높이 솟구치더니 약 1분 후 하늘에는 빨간 점만 보이다가 그마저도 순식간에 사라지고 말았다. 냉소적인 바보가 아니고서야 인간이 성취한 이 경이로운 장관을 보고 이내 자리를 뜰 수는 없었을 것이다.

일론 머스크에게 이 같은 발사 광경은 이제 익숙한 경험이 되었다. 스페이스 엑스는 항공 우주 산업의 조롱거리에서 벗어나 가장 꾸준히 로켓을 발사하는 기업으로 변신하고 있다. 스페이스 엑스는 매달 평균 1회 정도 로켓을 쏘아 올려 여러 회사와 국가에게 위탁받은 위성을 운반하거나 국제 우주정거장에 화물을 전달한다. 콰절린 섬에서 팰컨 1호를 쏘아 올린 것이 신생 기업의 작품이었다면 반덴버그에서 발사한 팰컨 9호는 거대한 항공 우주 기업의 작품이다. 스페이스 엑스는 엄청난 가격 차이를 발판으로 보잉·록히드 마틴·오비탈 사이언스 등 경쟁사들을 따돌렸다. 게다가 여러 경쟁사와 달리 미국 고객에게 안정감을 선사했다. 경쟁사들은 기계에 들어가는 부품을 러시아와 기타 외국 하청 업체에 의존하지만 스페이스 엑스는 부품 전량을 미국에서 제조하기 때문이다. 낮은 가격을 경쟁력으로 삼아 스페이스 엑스는 전 세계 상업 발사 시장에서 다시 한 번 미국의 위상을 높이고 있다. 스페이스 엑스가 1회 발사 가격으로 책정한 6,000만 달러는 유럽과 일본은 물론 러시아와 중국이 청구하는 가격보다 낮다. 특히 러시아와 중국은 정부가 수십 년 동안 우주개발 프로그램을 추진해왔을 뿐 아니라 노동력이 싸서 상대적으로 낮은 가격을 제시하는데도 그렇다.

미국은 보잉이 에어버스와 기타 외국 항공기 제조사와 경쟁을 벌이는 것에 큰 자부심을 느낀다. 그러면서도 정부 지도자와 대중은 상업 발사 시장의 상당 부분을 외국에 자발적으로 의존하고 있다. 이는 미국 국민의 사기를 떨어뜨리는 근시안적 결정이었다. 위성, 관련 서비스, 우주로 화물을 운송하는 로켓 발사 등을 아우르는 항공 우주 시장은 지난 10년 동안 연간 매출 600억 달러에서 2,000억 달러로 폭발적으로 증가했다.[11] 오늘날에는 자국의 정찰 위성·통신 위성·기상 위성 등을 발사해달라고 의뢰하는 국가가 많다. 기업들은 텔레비전·인터넷·라디오·기후·차량용 항법 장치·이미지 변환 서비스를 제공하려고 우주로 눈을 돌린다. 우주에서 활약하는 기계는 현대 생활의 기본 구조를 형성하며 급속도로 유능해지고 흥미진진하다. 위성 제조사들이 구글처럼 지구에 대한 질문에 대답할 능력을 갖추고 속속 시장에 나타나고 있다. 이러한 위성은 아이오와 주의 옥수수밭을 클로즈업해서 가장 알맞은 추수 시기를 판단하고, 캘리포니아 전역에 퍼져 있는 월마트 주차장에 자동차가 몇 대나 주차되어 있는지 세어 명절 기간의 쇼핑 수요를 계산하는 데 기여한다. 이러한 유형의 혁신적 기계를 제조하는 신생 기업은 위성을 우주에 보내기 위해 예전에는 러시아를 자주 찾아야 했지만 지금은 스페이스 엑스가 그러한 상황을 바꾸고 있다.

미국은 위성을 제조하고 가동하는 보완 시스템과 서비스를 구축하므로 우주산업의 가장 수익이 높은 부문에서 경쟁력을 확보하고 있다. 매년 미국은 전체 위성의 3분의 1을 생산하는 동시에 세계 전체 위성 관련 수입의 약 60퍼센트를 차지한다. 하지만 이와 같은 수입의 대부분은 미국 정부가 벌이는 사업에서 파생하고, 나머지 위성 판매와 발사에 관련한 사업에서 생겨나는 수입은 중국·유럽·러시아에 돌아간다. 우주산업에서 중국이 차지하는 비중은 앞으로 계속 늘어나리라 예상된다. 러시아는 500억 달러를 들여 자국의 우주개발 프로그램을 활성화하겠다고 큰소리치고 있다. 따라서 미국은 우주탐사 문제를 둘러싸고 가장 달갑지 않은 두 국가를 조심스럽게 다루어야 한다. 예를 들어보자. 우주왕복선이 은퇴하면서 미국은 우주 비행사를 국제 우주정거장으로 파견하는 것을 러시아에 전적으로 의존하고 있다. 하지만 러시아는 우주 비행사 한 명을 우주에 보내는 데 7,000만 달러를 요구할 뿐 아니라 정치적으로 갈등을 빚으면 자국의 필요에 따라 미국을 서비스 제공국에서 배제한다. 현재로서는 스페이스 엑스가 러시아에 의존하는 고리를 끊고 미국이 사람들을 우주로 보내는 능력을 되찾을 수 있는 최고의 희망으로 보인다.

스페이스 엑스는 우주산업의 모든 관례를 뒤집는 독립적 존재가 되어가고 있다. 그래서 연간 몇 차례 발사하는 정도에 그치기를 원하지 않고, 살아남으려고 정부의 발주 계약에 목을 매지도 않는다. 머스크가 추구하는 목표는 발사대와 로켓의 제조 과정을 혁신적으로 개발해 발사 비용을 크게 낮추는 것이다. 가장 중요하게는 로켓이 탑재물을 우주로 쏘아 보내고 다시 지구로 돌아와 바다에 떠 있는 발사대나 원래 이륙했던 발사대로 정확하게 착륙할 수 있는지 시험하고 있다. 바다에 추락해 부서지지 않도록 역추력기를 사용해 로켓을 연착륙시켜 재사용하려는 것이다. 스페이스 엑스는 앞으로 몇 년 안에 로켓 가격을 경쟁사보다 최소 10분의 1로 낮출 수 있으리라 예상한다. 앞서 설명했듯 로켓을 재사용할 수 있다면 가격 부담이 크게 줄어들면서 스페이스 엑스는 압도적 경쟁 우위를 확보할 수 있다. 같은 비행기를 반복 사용하는 항공사와 한 번 운항한 비행기를 버리는 항공사가 경쟁한다고 상상해보라.[29] 스페이스 엑스는 가격에서 경쟁력을 갖추어 세계 상업용 발사 시장을 주도하려 하고, 현재 그 과정에 놓여 있다는 증거도 있다. 현재까지 스페이스 엑스는 캐나다·유럽·아시아 고객의 위성을 발사해 24건을 성공시켰다. 앞으로 공개 발사 계획이 몇 년에 걸쳐 50건 이상이 잡혀 있으므로 이를 통해 거둘 수입만도 50억 달러가 넘는다. 스페이스 엑스는 파운더스 펀

---

29 항공 우주 산업 종사자 중에는 발사하는 동안 기계와 금속이 압력을 받기 때문에 로켓을 재사용하는 것이 효과가 있을지 확신하지 못하는 사람이 많다. 게다가 굉장한 영향력을 행사하는 큰손 고객이 내재한 위험을 무릅쓰고 재사용 우주선을 발사할지도 불분명하다. 이는 다른 국가와 기업이 재사용 기술을 사용하지 않는 주요 이유이기도 하다. 일부 우주 전문가들은 머스크가 완전히 시간을 낭비하고 있으며, 로켓을 재사용하는 방법이 어리석다는 사실은 공학적 계산으로 이미 입증되었다고 주장한다.

드Founders Fund, 드레이퍼 피셔 저벳슨 같은 벤처 투자사를 포함한 외부 투자가들과 함께 머스크가 최대 주주로 버티고 있는 사기업이므로 경쟁사에는 찾아보기 힘든 경쟁 문화가 조성되어 있다. 2008년 파산할 위기에 빠졌던 이후 스페이스 엑스가 거두고 있는 흑자는 120억 달러로 추산된다.

Zip2, 페이팔, 테슬라, 솔라시티는 모두 머스크의 여러 모습을 상징하지만 스페이스 엑스는 머스크 자신이다. 성공이 그렇듯 스페이스 엑스가 지닌 사소한 결점은 머스크에서 직접적으로 비롯된다. 부분적으로는 머스크가 스페이스 엑스의 일거수일투족에 지나칠 정도로 적극 개입하고 세세한 사항에 미친 듯이 신경 쓰기 때문이다. 머스크가 회사 일에 개입하는 정도는 워낙 대단해서 휴 헤프너Hugh Hefner, 미국 〈플레이보이〉 지 사장은 명함도 내밀지 못할 정도이다. 부분적으로는 신격화할 정도로 머스크를 추종하는 문화가 사내에 존재한다. 직원들은 머스크를 두려워하는 동시에 숭배해서 그를 위해서라면 사생활도 포기한다.

직원을 몰아붙이는 머스크의 경영 스타일은 말 그대로 회사가 이상적 열망을 추구하기 때문에 꽃을 피울 수 있다. 다른 항공 우주 기업들이 1960년대 유물처럼 생긴 로켓을 우주로 계속 날려 보내면서 만족해하는 반면, 스페이스 엑스는 이와 정반대로 사업을 추진한다. 스페이스 엑스의 재사용 로켓과 재사용 우주선은 진정한 21세기 기계처럼 보인다. 장비의 현대화는 과시용에 그치지 않고 스페이스 엑스가 지속적으로 기술을 발전시키고 상업의 경제구조를 변화시키려고 노력한다는 증거이다. 머스크의 목표는 위성을 쏘아 올리고 우주정거장에 물품을 보급하는 비용을 낮추는 것에 머무르지 않는다. 마지막에 가서는 화물과 사람을 태운 로켓을 화성에 수없이 보낼 수 있을 정도로 경제적이고 실용적인 수준까지 발사 비용을 떨어뜨려 화성에 식민지를 건설하고 싶어 한다. 이렇듯 머스크는 태양계를 정복하고 싶어 한다. 그러한 희망을 가슴에 품고 아침에 눈을 뜰 수 있는 회사는 현재로는 스페이스 엑스뿐이다.

우주산업을 움직이는 나머지 기업들은 우주를 재미없는 곳으로 만들고 있다. 화물과 사람을 우주에 보내는 사업을 전반적으로 장악하고 있는 러시아는 여전히 수십 년 먹은 오래된 장비를 사용한다. 사람들을 우주정거장에 보내는 비좁은 소유즈 우주선은 손잡이로 기계를 작동하고 컴퓨터 화면은 1966년 첫 비행을 했을 때와 똑같아 보인다. 게다가 우주 경쟁에 새로 뛰어든 국가마저도 러시아와 미국의 낡은 장비를 똑같이 모방한다. 현실이 이렇다보니 요즈음 항공 우주 산업에 진입한 젊은이들은 기계 상태를 보고 허탈하게 웃거나 울음을 터뜨린다. 1960년대 세탁기에서나 볼 수 있는 기계장치를 장착해 우주선을 만드는 것만큼 맥 빠지는 일은 없을 것이다. 게다가 근무 환경도 기계만큼이나 구식이다. 예년의 경우를 보더라도 아주 잘 나가는 대학교 졸업생도 직장을 선택할 수 있는 폭이 좁아서 행동이 굼뜬 군대 하청 업체를 선택하든지, 일은 흥미진진하지만 역량이 부족한 신생 기업을 선택해야 했다.

머스크는 스페이스 엑스에 유리하게 항공 우주 산업을 둘러싼 부정적 인식을 바꾸었다. 무엇보다 스페이스 엑스가 항공 우주 산업계에 흔한 하청 업체가 절대 아니라고 주장하면서 실리콘밸리의 장점인 진보적 사고스톡옵션, 신속한 의사 결정, 수평 기업 구조 등를 고루한 산업 분야에 도입했다고 강조했다. 머스크를 잘 아는 사람들은 그가 CEO보다는 장군에 가깝다고 말하는데 이는 적절한 표현이다. 그는 스페이스 엑스가 원하는 인재라면 누구라도 채용하며 엔지니어 군단을 만들었다.

스페이스 엑스는 일류 대학교에서 최고 성적을 기록한 학생을 집중적으로 채용하며, 무엇보다 살아오면서 A 유형 성격적대적이고 경쟁적이며 다양한 대상에 관심을 갖고 그것을 획득하려 하며 성급한 성격을 발휘해온 엔지니어를 영입하는 데 힘쓴다. 스페이스 엑스의 채용 담당자는 로봇 제작 대회에서 우수한 성적을 거둔 사람이나 자동차경주를 즐기거나 특이한 차량을 만든 사람을 찾는다. 열정을 뿜어내고 팀의 일원으로 능력을 발휘하며 일할 수 있고 실제로 금속을 다루어본 경험이 있는 사람을 찾는 것이다. 스페이스 엑스에서 우수 인재 채용 담당자로 5년간 일한 돌리 싱은 이렇게 설명했다. "설사 업무용 코드를 작성하는 사람이라도 기계의 작동 원리를 이해해야 합니다. 우리는 어릴 때부터 물건을 만들어온 인재를 찾고 있습니다."

때로 이러한 인재들이 회사를 제 발로 찾아오기도 하고, 회사가 인재를 찾기 위해 진취적 방법 몇 가지를 구사하기도 했다. 싱은 학교 기록을 검토해 매우 독특한 기술을 가진 엔지니어를 골라내고, 실험실의 연구원을 불시에 방문하고, 탁월한 재능이 있는 재학생을 설득해 학교에서 빼내오는 것으로 유명해졌다. 채용 담당자는 무역 전시회와 회의를 찾아다니며 눈여겨보아둔 후보자에게 구직 제의를 했다. 마음에 드는 사람이 있으면 주로 행사장 근처 술집이나 음식점의 이름과 구체적인 시각이 적힌 메모를 건네주면서 1차 면접을 하자고 말한다. 이렇게 약속 장소에 도착한 사람은 자기 말고도 많은 사람이 회의장에서 같은 경로로 발탁되었다는 사실을 깨닫는다. 그러면 자신이 특별하다고 생각하면서 근무하고 싶은 의욕을 느낀다.

많은 기술 기업이 그렇듯 스페이스 엑스도 잠재 직원을 대상으로 면접과 시험을 철저하게 실시한다. 면접 성격에 따라 양측이 서로 알아갈 수 있도록 편안하게 이야기를 나누기도 하고, 상당히 어려운 시험을 치르기도 한다. 경영이나 판매 분야의 직원에게도 그렇지만 특히 엔지니어에게는 혹독한 질문 세례가 쏟아진다. 일반적 수준의 관문이라면 무사히 통과할 만한 사람들도 시험 문제를 받고 깜짝 놀란다. 대부분의 기업은 소프트웨어 개발자를 채용할 때 면접 보는 자리에서 약 20줄의 코드를 작성하는 문제를 낸다. 하지만 스페이스 엑스가 내는 문제를 풀려면 500줄 이상의 코드를 작성해야 한다. 면접 과정의 최종 단계까지 도달한 후보자 전원에게는 자신이 스페이스 엑스에서 일하고 싶은 이유를 글로 써서 머스크에게 제출하는 과제가 추가로 부과된다.

어려운 문제를 풀고, 면접에서 현명하게 행동하고, 좋은 글을 쓰고 나면 머스크와의 면담이 기다린다. 머스크는 수위와 기술직 사원을 비롯해 스페이스 엑스가 창업하고 채용한 첫 1,000명 전원을 거의 직접 면접했고, 직원이 늘어났어도 엔지니어의 면접에는 직접 참여한다. 후보자는 머스크와 만나기 전에 다음과 같은 경고를 듣는다. '면접 시간은 30초~15분까지 천차만별입니다. 면접 초반에는 머스크가 계속 이메일을 쓰거나 업무를 보면서 여러분에게 말을 많이 하지 않을 수 있습니다. 그렇더라도 당황하지 마세요. 보통 그렇습니다. 그러다가 머스크가 여러분 쪽으로 의자를 돌릴 거예요. 그때조차 눈을 맞추지 않을 수도 있고 심지어 여러분이 거기에 있다는 자체를 기억하지 못할 수도 있습니다. 그렇더라도 당황하지 마세요. 그것이 정상입니다. 적당한 때가 되면 여러분에게 말을 걸 것입니다.' 머스크에게 면접을 받았던 엔지니어들이 겪은 경험은 각양각색이다. 머스크가 묻는 질문은 하나일 때도, 몇 개일 때도 있다. 어떤 질문을 하든 수수께끼 형식이다. "당신이 지구 표면에 서 있습니다. 남쪽으로 1.6킬로미터, 서쪽으로 1.6킬로미터, 북쪽으로 1.6킬로미터를 걸으면 출발했던 장소로 정확하게 도착합니다. 그러면 지금 당신은 어디 있습니까?" 이 질문에 엔지니어들은 대부분 북극이라고 대답한다. 그러면 머스크는 "북극 말고는 어디에 있을 수 있나요?"라고 묻는다. 다른 대답은 남극 근처이다. 남쪽으로 1.6킬로미터 걸어가면 지구의 원주가 1.6킬로미터가 되기 때문이다. 두 번째 질문에 제대로 대답하는 엔지니어는 첫 번째 질문 때보다 적다. 그러면 머스크는 자기가 물어본 수수께끼를 풀어주고 적절한 방정식을 인용하면서 설명한다. 머스크는 질문에 제대로 대답하는지 여부보다 후보자들이 문제를 어떻게 서술하고 어떤 접근 방식으로 푸는지에 관심이 있다.

싱은 후보자들의 열정을 북돋아주면서 스페이스 엑스와 머스크의 요구에 솔직하게 반응하라고 격려한다. "우리가 주장하는 채용 표어는 스페이스 엑스는 특수부대라는 것입니다. 업무가 힘들더라도 감당하고 싶다면 좋습니다. 하지만 그러고 싶지 않다면 스페이스 엑스에 와서는 안 됩니다." 일단 스페이스 엑스에 발을 들여놓은 신입 사원은 사내에 도전 정신이 충만하다는 사실을 빨리 깨닫는다. 근무시간이 주당 90시간 이상이므로 입사한 지 몇 달 만에 그만두는 직원도 많다. 머스크와 다른 중역들이 회의 시간에 보이는 직선적인 태도를 참지 못하고 퇴사하는 직원도 있다. 싱은 이렇게 설명했다. "일론은 상대방을 의식하지 않습니다. 무엇 때문에 상대방의 감정이 상했는지 곰곰이 생각해본 적조차 없어요. 그냥 자신이 무슨 과제를 완수하고 싶은지만 알 뿐이에요. 일론의 대화 방식을 이해하지 못하는 사람은 그에게 적응하지 못합니다."

스페이스 엑스는 놀랍도록 이직률이 높다. 하지만 회사의 창업을 도왔던 주요 중역 중에는 10년 이상 근속한 사람이 많다. 일반 엔지니어와 말단 엔지니어의 대부분도 최소한 5년 이상 근무해 스톡

옵션을 받고 자신이 진행해온 프로젝트를 마무리한다. 이것은 여느 기술 기업에서도 전형적으로 볼 수 있는 현상이다. 머스크는 직원에게 보기 드문 수준의 충성심과 열정을 불러일으킨다. 싱은 이렇게 설명했다. "일론의 비전은 매우 명쾌합니다. 그 비전을 들은 직원은 최면에 걸리고 말아요. 일론의 말을 듣고 있자면 직원들의 눈동자가 예를 들어 화성에 갈 수 있다는 열망으로 반짝이기 시작합니다." 직원들은 머스크 밑에서 일하면 쾌락과 고통을 함께 느끼고 자기 학대를 거쳐 쾌감을 느낀다. 이 책을 쓰려고 인터뷰한 사람들 중에는 긴 근무시간, 머스크의 퉁명스러운 태도, 회사의 터무니없는 기대 등을 비판하는 사람이 많았다. 하지만 해고당한 사람을 포함해 거의 모든 직원이 여전히 머스크를 숭배하고, 그에 대해 말할 때는 대체로 슈퍼히어로나 절대자에게 쓰는 표현을 사용했다.

엘 세군도에 자리했던 첫 본사는 잘나가는 젊은이들이 일하고 싶어 하는 말끔한 환경이 아니었다. 하지만 호손 시에 있는 새 본사 건물은 다르다. 로켓 로드Rocket Road 1번지에 있으면서 근처에 호손 시립 공항이 자리하고 공구 기업과 제조 기업 몇 군데가 들어서 있다. 스페이스 엑스의 본사 건물은 크기로나 모양으로나 다른 건물과 비슷하지만 온통 흰색이어서 눈에 띈다. 로스앤젤레스에서도 난개발로 건물이 무질서하게 뻗어나간 삭막한 지역의 한복판에 우뚝 서 있는 스페이스 엑스의 구조물은 거대한 정육면체 빙하를 닮았다.

스페이스 엑스를 찾는 방문객이 본사 건물에 도착하려면 경비원을 거치고, 건물 측면에 있는 자그마한 중역 전용 주차장을 통과해야 한다. 주차장에는 머스크의 검은색 모델 S가 주차되어 있다. 본사 건물의 정문은 반사 유리로 되어 있어 밖에서 실내가 보이지 않는다. 실내는 실외보다 더 하얘서 로비의 벽도 하얗고, 대기실에 있는 파격적 모양의 테이블도 하얗고, 하얀 접수대 위의 난초 한 쌍을 품고 있는 화분도 하얗다. 접수 절차를 마친 방문객은 이름표를 받고 주요 사무 공간으로 안내받는다. 오른쪽에 있는 엄청나게 커다란 머스크의 사무실에 들어가면 〈에비에이션 위크Aviation Week〉의 표지 두 장이 벽을 장식하고, 책상에 서 있는 대형 평면 모니터 옆으로 아들들의 모습을 담은 사진이 눈에 띄고, 그 밖에도 여러 장식품이 보인다. 개중에는 부메랑과 책 몇 권, 와인 한 병, 커다란 사무라이 검이 있다. '비바무스 부인'이라는 이름이 붙은 사무라이 검은 상업용 항공 우주 분야에서 커다란 업적을 세운 인물에게 주는 하인라인 상을 받을 때 부상으로 얻었다고 했다. 넓고 훤하게 트인 사무실에는 수백 명이 주로 컴퓨터 앞에서 일하고 있었고 대부분 중역·엔지니어·소프트웨어 개발자·세일즈맨이라고 했다. 책상을 둘러싸고 배치된 회의실마다 아폴로Apollo, 베르너 폰 브라운Wernher von Braun, 나치 독일 최고의 로켓 기술자로 미국으로 망명한 후 아폴로 호의 달 착륙에 결정적으로 기여한 로켓 연구가처럼 우주와 관련 있는 이름이 붙어 있고 명판에 그 뜻이 새겨져 있다. 가장 큰 회의실에는 커다란 유리 탁자 주위로 등받이가 높고 맵시 있는 빨간 초현대식 의자들이 빙 둘러 있다. 그리고 팰컨

1호가 콰절린 섬에서 발사되는 장면과 드래곤 캡슐이 국제 우주정거장에 도킹하는 장면을 담은 사진이 한 벽면을 장식했다.

로켓과 관계있는 물건을 제외하면 사무라이 검과 스페이스 엑스 사무실의 가운데 공간은 실리콘밸리에 있는 여느 기업의 모습과 같다. 하지만 스페이스 엑스 공장의 심장으로 이어지는 이중문을 통과하는 순간 방문객의 눈에 들어오는 장면은 결코 같을 수 없다.

면적이 5만 1,100제곱미터인 공장은 한눈에 들어오지 않을 정도로 넓다. 공간은 연속적으로 이어지고 회색 바닥은 에폭시로 처리했으며 벽과 기둥은 하얗다. 사람·기계·소음 등 작은 도시 하나를 옮겨놓은 듯한 요소들이 공간을 채우고 있다. 입구 근처에 국제 우주정거장에 갔다가 지구로 귀환한 드래곤 캡슐이 옆구리에 검게 그을린 자국을 그대로 남긴 채 천장에 매달려 있다. 바로 아래 바닥에는 스페이스 엑스가 제작한 7.6미터 길이의 착륙 다리 한 쌍이 놓여 있다. 비행을 마친 팰컨 로켓을 재사용할 수 있도록 바닥에 사뿐히 내려놓기 위한 용도라고 했다. 공장 입구 왼쪽으로 부엌이 있고 오른쪽으로 제어실이 있다. 제어실은 폐쇄 지역으로 넓은 유리창이 나 있으며 전면에 벽을 가득 채운 화면으로 로켓의 진행 상황이 올라온다. 그 뒤로는 네 줄로 정렬된 책상 위에 제어실 직원이 사용하는 컴퓨터가 열 대가량 놓여 있다. 공장 안쪽으로 더 들어가면 아무 격식도 차리지 않고 작업 공간을 몇 개로 분리해놓았다. 바닥에 파란 선을 그어 구역을 표시하고, 파란색 작업대를 네모나게 배열해 차단 구역을 나타내기도 했다. 작업장 한가운데로 멀린 엔진이 들려 올라가면 기술자 몇 명이 전선을 연결하고 부품을 조정하는 장면을 흔히 볼 수 있었다.

이러한 작업 공간 바로 뒤로 드래곤 캡슐 두 대가 들어갈 만큼 넓은 폐쇄 공간이 있다. 이 청정실에 들어가려면 우주선을 오염시키지 않기 위해 실험실 가운을 입고 머리에는 그물망을 써야 한다. 왼쪽으로 약 12미터 떨어진 곳에 페인트칠로 단장을 마친 팰컨 9호 로켓 몇 대가 수평으로 나란히 누워 이동을 기다리고 있다. 이곳 사이사이에 아늑해 보이는 공간이 몇 개 들어서 있다. 벽이 온통 파랗고 천으로 덮여 있는 것 같다. 이곳은 극비 구역으로 멋진 우주 비행사 옷을 만들거나 로켓 부품을 제조하는 공간이므로 프로젝트와 무관한 직원과 방문객은 접근할 수 없다. 또한 전자장치를 제작하는 옆으로 넓은 구역이 있고, 전문 복합 재료를 만들고 위성을 감싸는 페어링을 만드는 구역도 있다. 몸에 문신을 하고 머리에 스카프를 두른 건장한 기술자와 젊은 화이트칼라 엔지니어들이 뒤섞인 직원 수백 명이 공장에서 이리저리 움직인다. 지금 막 운동장에서 뛰다가 온 것처럼 젊은이들의 땀 냄새가 공장 전체에 배어 있다.

머스크는 공장 곳곳에 개인적인 손길을 남겼다. 데이터 센터처럼 작은 공간에도 파란 조명이 쏟아져 공상 과학 소설의 배경 같다. 조명을 한 몸으로 받는 냉장고 크기의 컴퓨터에는 커다란 고딕체 글자가 부착되어 영화 '터미네이터'에 나오는 가상 기업인 사이버다인 시스템즈Cyberdyne Systems의 제품처럼 보인다. 승강기 근처에는 실물 크기의 번쩍이는 아이언맨 인형이 서 있다. 뭐니 뭐니 해도 가장 머스크다운 요소는 공장 한복판에 세운 사무실 공간이다. 이곳은 3층짜리 유리 구조물로 회의실과 책상을 들여놓았고 용접 구역과 건조 구역 사이에 우뚝 서 있다. 산업의 중심지인 공장 안에 안이 훤히 들여다보이는 사무실이 들어서 있는 광경이 특이했다. 엔지니어들이 기계 상황을 늘 지켜보고, 공장을 관통해 걸어서 자기 책상으로 가는 길에 기술자들과 대화하기를 바라는 머스크의 의도를 담았기 때문이다.

공장은 스페이스 엑스가 비장의 무기로 생각하는 자체 제작을 위한 신전이다. 스페이스 엑스는 로켓·엔진·전자장치·기타 부품의 80~90퍼센트를 자체 제작한다. 1,200군데가 넘는 하청 업체를 총동원해 완제품을 제조한다고 공공연하게 자랑하는 유나이티드 론치 얼라이언스United Launch Alliance, ULA 같은 경쟁사들은 스페이스 엑스가 자체 제작 전략을 구사하자 너무 놀라 말문이 막혔다. (ULA는 록히드 마틴과 보잉의 합작 투자 기업으로, 자사가 비효율성의 모델이 아니라 일자리 창출의 동력이라고 주장한다.)

전형적인 항공 우주 기업은 발사에 필요한 부품의 목록을 작성하고 설계도와 설명서를 여러 하청 업체에 건네주면서 하드웨어를 제작하게 한다. 하지만 스페이스 엑스는 하청 업체 특히 외국 하청 업체에 의존하는 것이 약점이 된다고 생각해 가능한 한 부품을 자체 제작해 비용을 절감하려고 노력한다. 언뜻 생각하기에는 극단적인 방법 같아 보인다. 기업들은 수십 년에 걸쳐 무선통신과 전원 분배 장치 등을 제작해왔다. 그런 마당에 로켓에 장착할 컴퓨터와 기계를 모두 자체적으로 제작하기 시작하면 오류가 발생하고 시간을 낭비할 가능성이 커진다. 하지만 스페이스 엑스에게는 이 전략이 통했다. 스페이스 엑스는 엔진과 로켓 동체, 우주선을 제조할 뿐 아니라 마더보드motherboard, 컴퓨터 시스템의 주요 구성 부품을 넣은 주 회로 기판와 회로, 진동 탐지 센서, 비행 컴퓨터, 태양 전지판 등도 설계한다. 예를 들어 스페이스 엑스 엔지니어들은 무선통신 장치를 간단하게 만들면 중량을 약 20퍼센트 줄일 수 있다는 사실을 깨달았다. 이렇게 해당 장치를 자체 제작해 절감한 비용은 상당히 컸다. 기존의 항공 우주 기업이 사용하는 산업용 장비가 5~10만 달러인 데 반해 스페이스 엑스가 사용하는 장비는 5,000달러까지 제작 비용을 줄일 수 있었다.

처음에는 부품 가격이 현격하게 다른 현상을 믿기 힘들지만 스페이스 엑스가 비용을 절감할 수 있는 부품은 수십 가지에 이른다. 다른 항공 우주 기업은 '우주 급' 장비를 사용하지만 스페이스 엑스는 이미 출시된 소비자 전자 제품을 활용해 필요한 장비를 제작한다. 스페이스 엑스는 일반 전자 제품이 과거 오랫동안 NASA가 하청 업체에 발주해 제작해온 값비싼 전문 장비와 견줄 만하다는 사실을 입증하려고 꾸준히 노력해왔다. 스페이스 엑스에서 엔지니어로 일했던 드루 엘딘Drew Eldeen은 이렇게 말했다. "전통적인 항공 우주 기업은 매우 오랫동안 같은 방식으로 일해왔습니다. 스페이스 엑스가 안고 있는 최대 과제는 새로운 방법을 시도해보라고 NASA를 설득하는 것과 부품의 품질이 충분히 좋다는 사실을 문서로 입증하는 것이었습니다." 스페이스 엑스는 NASA와 자사를 위해 옳은 선택을 하고 있다는 사실을 입증하려고 일반 장비와 자체 설계한 시제품을 함께 로켓에 탑재할 것이다. 엔지니어들이 두 가지 장비의 성능을 비교해본 결과, 스페이스 엑스가 자체 설계한 장비가 기존 제품보다 성능이 같거나 우수하다면 앞으로 자체 설계한 장비를 사용하면 될 터였다.

스페이스 엑스는 매우 복잡한 하드웨어 시스템을 발전시키는 데도 선구적인 성과를 많이 거두었다. 기묘하게 생긴 2층짜리 마찰 교반 용접 기계가 좋은 예다. 해당 기계를 사용하면 팰컨 로켓의 동체를 이루는 거대한 메탈 시트의 용접을 자동화할 수 있다. 한쪽 팔로 로켓의 동체 패널 하나를 잡고 다른 동체 패널과 나란히 놓은 다음에 6미터 이상 작동할 수 있는 용접기를 사용해 용접한다. 일반적으로 기존의 항공 우주 기업들은 금속에 약한 지점이 생긴다는 이유를 들어 가능한 한 용접을 피하려고 한다. 그러면 결과적으로 사용할 수 있는 금속 시트의 크기가 제한되므로 설계에도 한계가 발생하는 단점이 있다. 스페이스 엑스 창업 초창기부터 머스크는 마찰 교반 용접 방법을 숙달하라고 직원들을 밀어붙였다. 마찰 교반 용접의 원리에 따르면, 나사선 형태의 돌기가 있는 공구를 두 금속이 겹치는 부분에 고속으로 회전시키며 삽입하면 공구와 금속의 마찰로 열이 발생해 금속의 결정구조가 연화하면서 용접이 일어난다. 마치 알루미늄 포일 두 장을 가열하여 겹치고 이음새에 엄지손가락을 얹어 금속을 비트는 것과 같은 원리이다. 이렇게 용접하면 일반 용접보다 결합 정도가 훨씬 강해진다. 기업들이 과거에 마찰 교반 용접 방법을 사용한 적이 있지만 로켓의 동체처럼 커다란 구조물에는 시도하지 않았고 게다가 스페이스 엑스가 구사하는 기술 수준에는 크게 미치지 못했다. 스페이스 엑스는 시행착오를 거치면서 이제 커다랗고 얇은 금속 시트를 용접할 수 있으며 그 덕택에 경량 합금을 재료로 사용하고 충전제가 필요하지 않으므로 팰컨 로켓의 중량을 수백 킬로그램 줄일 수 있다. 스페이스 엑스가 마찰 교반 용접 장비와 기술의 일부를 테슬라에 이전하고 있으므로 자동차 산업에서 테슬라의 경쟁사들도 조만간 해당 용접 방법을 사용해야 할지 모르겠다. 테슬라는 이러한 발전된 기술을 사용해 앞으로 더욱 가볍고 강한 자동차를 만들기를 희망한다.

마찰 교반 용접의 우수성이 입증되자 스페이스 엑스의 경쟁사들은 이 기술을 앞다투어 모방하면서 해당 분야의 전문가를 스페이스 엑스에서 빼내가려고 애쓰고 있다. 제프 베조스Jeff Bezos가 은밀하게 운영하는 로켓 제조사인 블루 오리진Blue Origin은 특별히 적극적으로 나서서 세계 최고의 마찰 교반 용접 전문가 레이 머리엑타Ray Miryekta를 영입해 머스크와 크게 갈등을 빚었다. 머스크는 이렇게 설명했다. "베조스는 레이를 데려갔을 뿐 아니라 뻔뻔스럽게도 레이가 스페이스 엑스에서 했던 작업에 대해 특허를 신청했습니다. 블루 오리진은 연봉을 두 배로 올려주겠다고 약속하면서 우리 회사의 전문 인력을[30] 집중적으로 빼가고 있습니다. 불필요할 뿐 아니라 무례한 처사입니다." 스페이스 엑스는 블루 오리진을 BO라고 비꼬아 부르는 동시에 전문가를 빼가지 못하게 하려고 사내에 이메일 필터를 만들어 '블루'와 '오리진'이라는 단어가 들어간 이메일을 걸러낸다. 당연히 머스크와 베조스의 관계는 소원해졌고 화성에 가는 공통 야망을 놓고 이야기를 나누는 일도 사라졌다. 머스크는 이렇게 말했다. "베조스는 왕이 되려는 탐욕스러운 욕망을 품고 있습니다. 베조스의 노동관은 무자비하고 전자 상거래를 하면서 무엇이든 짓밟으려 합니다. 솔직히 그다지 유쾌한 인물이 아니죠."[31]

스페이스 엑스의 초창기만 해도 머스크는 로켓을 제조하는 데 어떤 기계가 필요한지, 얼마나 고된 일인지 거의 몰랐다. 그래서 엔

---

30 블루 오리진은 스페이스 엑스의 추진 담당 팀도 대거 영입했다.

31 머스크는 블루 오리진과 베조스가 재사용 로켓 기술에 대해 특허를 신청한 것에 다음과 같이 토를 달았다. "그가 주장하는 특허는 정말 터무니없습니다. 바다에 띄운 플랫폼에 로켓을 착륙시키는 아이디어가 나온 것은 이미 반세기가 넘었습니다. 어떤 형태로든 특허를 받을 가능성은 전혀 없습니다. 50년 동안 가상이든 실제든 사람들이 생각해낸 온갖 방법이 널려 있으니까요. 닥터 수스Dr. Seuss, 녹색 달걀, 망할 놈의 햄만 봐도 그렇습니다. 그렇게 많은 방법이 소개되었다니까요. 문제는 아이디어를 실현시킬 수 있는 로켓을 실제로 만들 수 있느냐입니다."

지니어들에게 이유를 분명하게 듣고 납득하거나 스스로 경험을 거쳐 습득할 때까지는 전문 장비를 사달라는 요청을 단호하게 거절했다. 그리고 나중에 명성과 어느 정도의 오명을 안겨줄 경영 기술도 아울러 습득해야 했다.

스페이스 엑스가 하나의 기업으로 성숙해가면서 머스크도 CEO와 로켓 전문가로 성장했다. 팰컨 1호를 개발하던 초기에 머스크는 소프트웨어 전문가로서 난해한 세계에 대한 기본 지식을 습득하려고 노력하는 강압적 태도의 경영인이었다. Zip2와 페이팔을 경영하면서 자신의 직위를 지키고 코드 작성 팀을 이끄는 데 탁월한 능력을 발휘했다. 하지만 스페이스 엑스에서는 실제로 일하면서 지식을 습득해야 했다. 처음에는 교과서에 의존해 로켓에 대한 지식을 쌓았다. 하지만 우수 인재를 하나둘 채용하면서 그 인재들의 지식을 활용할 수 있다는 사실을 깨달았다. 그래서 엔지니어를 스페이스 엑스의 공장에 붙잡아놓고 밸브나 전문 재료 등에 대해 배우면서 해당 엔지니어를 담금질했다. 초창기에 일하기 시작했던 엔지니어 케빈 브로건은 이렇게 회상했다. "처음에는 내가 얼마나 잘 아는지 시험하려고 일부러 그런다고 생각했습니다. 그러다가 일론이 배우려고 노력한다는 사실을 깨달았어요. 일론은 상대방이 아는 지식의 90퍼센트를 습득할 때까지 끊임없이 질문을 던집니다." 머스크와 상당 시간을 함께 보낸 사람들은 그가 완벽한 기억력으로 엄청난 양의 정보를 흡수하는 능력을 보인다고 이구동성으로 증언한다. 이는 머스크에게 있는 가장 인상적이고 놀라운 재능으로 어렸을 때 책 내용을 뇌로 무섭게 빨아들일 때와 같은 수준인 것 같다. 이렇게 스페이스 엑스를 2년 동안 경영하고 나자 머스크는 어떤 기술직 CEO도 자기 전문 분야에서 도달하지 못했던 수준의 항공 우주 전문가가 되었다. 브로건은 이렇게 말했다. "일론은 우리에게 시간의 가치를 가르쳤고 우리는 일론에게 로켓 기술을 가르쳤습니다."

시간에 대해 말하자면, 머스크는 역사상 어떤 경영인도 기한을 맞추기 어려울 정도로 매우 공격적으로 제품 인도일을 정한다. 직원과 대중 모두 이것이 머스크의 성격 중에서 가장 모난 점이라고 생각한다. 브로건은 이렇게 말했다. "일론은 시종일관 낙관적입니다. 낙관적이라는 단어의 뜻이 좋기는 하죠. 일론은 제품의 완성 시기에 대해 완벽한 거짓말을 해요. 모든 절차가 순조롭게 진행되리라 가정하고 스스로 상상할 수 있는 가장 촉박한 일정을 선택한 다음에 모두 한층 열심히 일할 수 있다고 가정하면서 몰아붙이니까요."

머스크는 제품 인도일을 정해놓고 지키는 법이 없다는 이유로 언론의 도마에 오르내린다. 스페이스 엑스와 테슬라가 첫 제품을 출시하기 전에 머스크를 가장 괴롭힌 것도 바로 이런 습성 때문이었다. 머스크는 몇 번이고 대중 앞에 나서 제품 인도가 늦어지는 새로운 변명을 늘어놓았다. 팰컨 1호의 최초 발사 예정일이 2003년이었다는 사실을 상기시키자 머스크는 깜짝 놀라며 이렇게 되물었다. "정말입니까? 내가 그렇게 말했단 말입니까? 터무니없는 소리죠. 내가 물불을 가리지 못했나봅니다. 그때까지 경험한 것이라고는 모두 소프트 웨어 분야였습니다. 소프트웨어를 만들고 웹사이트를 여는 것이야 1년이면 가능하거든요. 아무 문제도 없죠. 하지만 로켓은 소프트웨어 와 달라서 그렇게 후딱 만들 수는 없지 않습니까?" 머스크도 자신을 어쩔 수가 없다. 그는 타고난 낙천주의자여서 모든 과정이 아무 문제 없이 진행될 뿐 아니라 자신이 거느린 팀원 모두가 자신과 같은 능력 과 노동관을 지녔다고 단정한 후에 목표를 달성하는 데 걸리는 시간 을 계산하는 것 같다. 브로건이 농담 삼아 말하듯 머스크는 코드 한 줄을 작성하는 데 물리적으로 필요한 시간을 초 단위로 측정하고 나 서, 최종 소프트웨어를 만드는 데 필요한 코드의 줄 수를 단순히 곱 해서 제품 인도일을 추론하는지도 모른다. 꼭 맞는 예는 아니지만 이 러한 태도는 머스크의 세계관과도 관계가 있다. 브로건은 이렇게 설 명했다. "일론이 하는 일은 무엇이든 빠릅니다. 소변도 빨리 봅니다. 마치 소방 호스에서 물이 뿜어져 나오는 것 같아요. 3초면 끝나죠. 항 상 무엇이든 서두릅니다."

자신의 접근 방법에 대해 질문하자 머스크는 이렇게 대답했다.

나는 결코 실현 불가능한 목표를 세우지 않습니다. 목표가 실현 불 가능하면 의욕을 떨어뜨리기 때문입니다. 머리를 부딪혀가면서 벽을 뚫으라고 말할 수는 없으니까요. 그래서 실현 불가능한 목표를 의도적 으로 세운 적은 없습니다. 하지만 기간에 대해 언제나 낙관적으로 사고

하고 행동하는 것만은 확실합니다. 그래서 좀 더 현실적인 태도를 취하려고 조절하는 중입니다.

나를 100퍼센트 드러내며 행동하겠다는 뜻은 아닙니다. 스페이스 엑스 초창기만 해도 로켓을 개발하는 데 무엇이 필요한지 제대로 파악하지 못했습니다. 그래서 자신의 200퍼센트를 끌어내려고 했습니다. 앞으로 프로그램을 추진할 때는 200퍼센트가 아니라 25~50퍼센트 정도로 조절하려 합니다.

일반적으로는 누구나 지식을 총동원해 일정을 정하고 거기에 맞추기 위해 일을 추진하고 싶어 합니다. 그 와중에 자신이 모르는 온갖 종류의 장애에 부딪혀 예정일이 늦춰지리라는 사실을 안다고 칩시다. 그렇다고 해서 날짜를 맞추려는 노력을 처음부터 하지 말아야 한다는 뜻은 아닙니다. 목표를 여유 있게 세웠다가는 일정이 더욱 늘어지기 마련이니까요. '사람들에게 무엇을 약속했는가?'는 다른 문제입니다. 일정 차이를 포함해 무언가를 사람들에게 약속하려고 노력해야 하기 때문입니다. 하지만 외부에 약속한 일정을 지키려면 자신에게는 그보다 촉박한 일정을 세워야 합니다. 그래도 여전히 외부 일정을 맞추지 못할 때가 있거든요.

하지만 스페이스 엑스만 그런 것은 아닙니다. 일정이 늦춰지는 일은 항공 우주 산업에서 흔히 볼 수 있습니다. 문제는 프로그램의 완성이 늦어지느냐가 아니라 얼마나 늦어지느냐입니다. 내가 생각하기로는 피비린내 났던 제2차 세계대전 이후로 항공 우주 프로그램은 제시간에 완성된 적이 단 한 번도 없습니다.

스페이스 엑스 엔지니어들은 엄청나게 촉박한 일정과 머스크의 기대에 부응하기 위해 작업하면서 다양한 생존 기술을 개발했다. 머스크는 프로젝트를 달성하는 방법을 기술한 매우 상세한 제안서를 제출하라고 요구할 때가 많다. 이때 직원들은 달성 목표를 달이나 주 단위로 쪼개지 않는다. 머스크가 일별과 시간별 계획을 요구하고 때로는 분 단위로 계획을 세분하라고 지시하는 동시에 일정을 맞추지 못해 발생하는 좋지 못한 결과에 대해서는 엄중하게 책임을 묻기 때문이다. 브로건은 이렇게 회상했다. "제안서에는 화장실에 다녀오는 시간까지 써야 합니다. 그래서 그에게 '일론, 사람들이 화장실에 오래 있어야 할 때도 있어요.'라고 말한 적도 있습니다." 스페이스 엑스의 고위 중역들은 일단 머스크를 만족시키기 위해 기본적으로 달성할 수 없는 일정을 가짜로 만들어내기도 한다. 이것이 사내용 목표라면 끔찍하지는 않을 것이다. 하지만 머스크는 의도하지 않게 가짜 일정을 외부에 흘려서 고객에게 거짓 희망을 안기는 경향이 있다. 결과적으로 발생하는 혼란을 수습하는 것은 대부분 스페이스 엑스의 사장인 그윈 숏웰의 몫이다. 숏웰은 고객에게 일일이 전화를 걸어 좀 더 현실적인 일정을 제시하거나 지연을 피할 수 없는 변명을 생각해 내야 한다. 브로건은 이렇게 말했다. "그원이 괴로워하면서 고객과 통화하는 소리를 듣고 있으면 정말 안됐다는 생각이 들었습니다."

머스크에게 직원을 최대한 활용하는 재주가 있는 것은 분명하다. 스페이스 엑스 엔지니어를 30명 이상 인터뷰한 결과, 자신이 정한 기한에 맞추도록 직원을 밀어붙일 때 머스크가 사용하는 경영 기술을 한 사람도 빠짐없이 말했다. 브로건이 한 가지 예를 들었다. 일반적인 관리자는 기한을 정하고 직원에게 통보하지만 머스크는 엔지니어에게 스스로 제품 인도 날짜를 정하라고 일임한다. "일론은 '이 작업을 금요일 오후 2시까지 끝내게.'라고 말하지 않습니다. 그 대신 '불가능하지만 나는 이 일을 금요일 오후 2시까지 해야 하네. 할 수 있겠나?'라고 묻죠. 이때 직원이 할 수 있다고 대답한다고 칩시다. 이때부터는 일론에게 말했기 때문이 아니라 스스로 열심히 일해야 합니다. 작업에 대한 생각이 달라지죠. 자기가 하겠다고 나선 것이니까요." 스페이스 엑스는 똑똑하고 스스로 동기를 부여하는 인재 수백 명을 채용하는 방식으로 개인의 능력을 최대한 활용해왔다. 한 사람이 하루 16시간 일하면 두 사람이 함께 8시간씩 일하는 것보다 훨씬 효과가 크다. 혼자 일하면 회의를 할 필요도 없고, 작업을 진척시키기 위해 다른 사람과 합의해야 할 일도 없으며, 외부의 도움을 청하지 않아도 된다. 그저 묵묵히 계속 일하면 된다. 스페이스 엑스가 가장 이상적으로 생각하는 직원은 첨단 프로젝트 담당자인 스티브 데이비스Steve Davis 같은 사람이다. 브로건은 이렇게 말했다. "스티브는 수년 동안 매일 16시간씩 일해왔습니다. 열한 명 이상의 몫만큼 일합니다."

머스크는 데이비스를 채용할 때 스탠퍼드 대학교 항공 우주학과의 조교[32]에게 전화를 걸어 석사과정이나 박사과정 학생 가운데 똑똑하고 열심히 공부하면서 가족이 없는 사람이 있는지 물었다. 조교는 금융·기계공학·입자 물리학으로 학위를 받고 항공 우주공학 석사과정에 있는 데이비스를 추천했다. 머스크는 수요일에 데이비스에게 전화를 걸어 돌아오는 금요일부터 회사에 출근하라고 제의했다. 이렇게 해서 데이비스는 스페이스 엑스의 22번째 직원이 되었고 지금도 근무하면서 사내 서열 12위까지 승진했다. 그는 2014년에 서른다섯 살이 되었다.

데이비스는 콰절린 섬에 파견되었던 시기를 자기 삶의 황금기로 생각했다. "매일 밤 텐트 숙소에서 로켓을 옆에 놓고 잠을 청하면 도마뱀들이 기어올라 몸을 덮었습니다. 한 시간 동안 배를 타고 가야 했고 섬으로 돌아올 때는 뱃멀미를 했어요. 밤마다 가장 기억이 나지 않는 통증이 무엇인지 골라야 했습니다. 그 정도로 덥고 지칠 대로 지쳤죠." 데이비스는 팰컨 1호 제작에 참여했다가 팰컨 9호로, 다시 드래곤 제작 팀으로 옮겼다.

---

32 마이클 콜로노.

스페이스 엑스가 드래곤 캡슐을 설계하는 데만도 4년이 걸렸다. 항공 우주 산업의 역사상 같은 종류의 프로젝트 중에서 가장 빠른 기록일 것이다. 해당 프로젝트에는 머스크와 서른 살 미만인 소수 엔지니어들로 시작해 100명이 투입되었다.[33] 그들은 과거 우주선 제조 작업을 훔쳐보고 제미니Gemini와 아폴로 같은 프로젝트에 대해 NASA와 기타 항공 우주 조직이 발표한 논문을 모조리 검토했다. 데이비스는 "아폴로에 사용된 재진입 유도 알고리즘 같은 자료를 찾는다면 해답을 제시해줄 훌륭한 데이터베이스를 확보할 수 있습니다."라고 말했다. 스페이스 엑스의 엔지니어들은 과거의 성과를 발전시켜 현대에 들어 우주선을 쏘아 올릴 방법을 알아내야 했다. 기술이 향상되어 목표를 쉽게 달성한 분야도 있었지만 여전히 기발한 아이디어가 필요한 분야도 있었다. 새턴Saturn 5와 아폴로에는 컴퓨터에 넓은 공간을 할애했지만 여기서 생산해내는 전산 처리 능력은 현재의 아이패드 한 대가 만들어내는 용량보다 작았다. 따라서 엔지니어들은 일부 컴퓨터를 없애면 많은 공간을 절약할 수 있고 더욱 강력한 장비를 장착해 기능을 추가할 수 있다는 사실을 깨달았다. 그래서

---

33 머스크에 따르면 "초기 드래곤 프로젝트를 만든 것은 나와 서너 명 남짓한 엔지니어였습니다. 당시는 사업을 겨우 연명해가면서 NASA가 계약을 체결해줄지 불분명할 때였어요. 기술적으로는 드래곤 전에 매직 드래곤을 생각했습니다. NASA의 요구 사항이 없었으므로 드래곤보다 훨씬 간단한 형태였어요. 나와 영국에 있는 몇몇 고공 풍선 전문가들이 매직 드래곤을 생각해냈어요."

스페이스 엑스가 탑승시키고자 하는 우주 비행사와 기어가 들어갈 공간을 확보하기 위해 드래곤 벽의 각도를 더욱 가파르게 설계하기로 했다. 또한 NASA와 협상을 벌여 PICA밀도 산소 페놀 라는 열 차폐제熱遮蔽材, heat shield material를 만드는 방법을 확보했다. 스페이스 엑스의 엔지니어들이 PICA 재료의 제조 비용을 낮추고 제조 방법을 향상시키는 길을 찾으면서, 드래곤은 화성에서 돌아와 지구에 재진입할 때 발생하는 열을 견딜 수 있다.[34] 드래곤을 만들어내는 총비용은 3억 달러로, 다른 항공 우주 기업이 제시한 것보다 10~30배나 적은 가격으로 주문을 받을 수 있다. 데이비스는 이렇게 말했다. "금속이 들어오면 우리는 금속을 펴서 용접하여 로켓을 만듭니다. 거의 모든 부품을 자체 제작하고 있어요. 그래서 제조 비용을 낮출 수 있는 겁니다."

브로건과 다른 엔지니어에게 그랬듯 머스크는 데이비스에게도 실현 불가능해 보이는 지시를 내렸다. 그 사례는 2004년까지 거슬러 올라간다. 스페이스 엑스는 팰컨 1호의 상단을 조종하기 위해 수평 유지 장치를 작동시켜야 했고 그러려면 액추에이터actuator가 필요했다. 예전에 하드웨어를 만들어본 적이 없는 데이비스는 당연히

---

34 드래곤의 설계를 검토한 NASA 연구원들은 캡슐의 성능 중에 화성 착륙을 겨냥한 몇 가지를 포착했다. 연구원들은 NASA가 자금을 지원하고 드래곤 캡슐을 파견해 화성에서 샘플을 수거한 후 지구로 가져올 수 있다고 설명하는 논문 두 편을 발표했다.

전기기계식 액추에이터를 만들 수 있는 하청 업체를 찾았다. 하청 업체에게 받은 12만 달러짜리 견적서를 내밀자 머스크는 어처구니없다는 듯 웃었다. 데이비스는 이렇게 회상했다. "그러더니 이렇게 말하더군요. '액추에이터는 차고 문 개폐기만큼도 복잡하지 않네. 자네가 쓸 수 있는 예산은 5,000달러야. 가서 문제를 해결하게나.'" 데이비스는 9개월 동안 액추에이터를 만들었다. 작업을 마친 후 장치의 장단점을 적은 장문의 이메일을 세 시간에 걸쳐 써서 머스크에게 보냈다. 이메일에 자신이 부품을 설계한 방식, 특정 선택을 한 이유, 각 부품의 비용 등을 고통스러우리만치 자세히 적었다. 엔터키를 눌러 이메일을 전송하는 순간 속에서 분노가 치밀어 올랐다. 다른 항공우주 기업에서 일하는 엔지니어라면 시도조차 하지 않았을 작업을 하느라 거의 1년을 고생했다는 사실이 억울했기 때문이다. 그런데 머스크는 답장으로 "Ok."라는 한마디만 적어 보냈다. 당시 데이비스가 설계하고 3,900달러를 들여 만든 액추에이터는 팰컨 1호와 함께 우주를 날았다. 데이비스는 이렇게 회상했다. "내게 있는 온갖 지적 능력을 나머지 한 방울까지 짜내 이메일을 썼는데 1분 후에 돌아온 답이 달랑 단어 한 개였어요. 회사에 있는 직원은 누구나 그런 경험을 합니다. 내가 일론에게 가장 좋아하는 점은 엄청난 결정을 매우 신속하게 내리는 능력이에요. 요즘에도 여지없이 영향력을 발휘하죠."

케빈 왓슨Kevin Watson도 비슷한 경험을 했다. 그는 NASA의 제트 추진 연구소Jet Propulsion Laboratory, JPL에서 24년간 근무하다가 스페이스 엑스에 합류했다. 우주의 혹독한 조건을 견뎌낼 수 있는 컴퓨터 시스템을 구축하고 시험하는 과제를 포함해 JPL에서 다양한 프로젝트를 진행했다. 하지만 왓슨은 JPL이 필요 이상으로 고가의 고성능 컴퓨터를 사는 것에 불만을 품었다. 훨씬 저렴하면서도 성능이 똑같은 컴퓨터를 직접 만들 수 있는 방법을 찾고 싶었기 때문이다. 머스크에게 면접을 보는 동안 왓슨은 스페이스 엑스에 자신과 같이 생각하는 사람이 필요하다고 생각했다. 당시 머스크는 로켓의 컴퓨터 시스템을 제조하는 비용으로 고작 1만 달러를 책정했다. 로켓용 항공 전자 시스템에 일반적으로 1,000만 달러 이상을 족히 쓰는 항공 우주 산업의 기준에서는 형편없이 낮은 금액이었다. 왓슨은 "전통적 항공 우주 산업에서는 항공 전자 시스템을 구축하는 비용을 논의하러 모이는 회의에서 음식비로만 1만 달러 이상을 씁니다."라고 털어놓았다.

면접을 보는 동안 왓슨은 1만 달러에 항공 전자 시스템을 생산하겠다고 머스크에게 약속했고 채용되자마자 드래곤에 장착할 컴퓨터를 만들기 시작했다. 최초의 컴퓨터 시스템에는 쿠쿠CUCU라는 이름을 붙였다. 쿠쿠는 국제 우주정거장의 내부로 들어가 드래곤과 통신한다. NASA에서 일하는 많은 사람은 스페이스 엑스의 엔지니어를 '정비소 일꾼'이라고 부르면서, 이러한 기계를 포함해 무엇이든 만드는 신생 기업의 능력에 냉소적 태도를 보였다. 하지만 스페이스 엑스는 기록적인 시간 안에 통신 컴퓨터를 만들었고, 같은 종류로는 최초로 NASA의 프로토콜 테스트를 단번에 통과하는 쾌거를 이루었다. NASA 관리들은 회의하는 내내 '쿠쿠'라고 발음할 수밖에 없었고, 이는 스페이스 엑스가 NASA를 괴롭히려고 의도적으로 계획한 자그마한 도전이었다. 몇 개월이 지나자 왓슨과 다른 엔지니어들은 드래곤에 장착할 컴퓨터 시스템을 완성해 팰컨 9호에 탑재했다. 결과적으로 규격화된 일반 컴퓨터 장치와 스페이스 엑스가 사내에서 제작한 제품을 혼합해 사용하는 항공 전자 플랫폼이 태어난 것이다. 제조 비용은 1만 달러를 조금 넘었지만 머스크가 세웠던 목표액에 가까웠다.

비용의 낭비와 관료주의를 비판 없이 수용하는 JPL의 문화에 환멸을 느꼈던 왓슨은 스페이스 엑스에서 일하면서 활력을 찾았다. 머스크는 지출이 1만 달러가 넘으면 모두 일일이 살펴보고 승인했다. 왓슨은 이렇게 말했다. "일론은 자기 돈이 나가는 것이었으므로 당연히 돈의 행방을 계속 주시했습니다. 어리석게 지출하는 일이 없도록 신경을 곤두세웠죠." 매주 열리는 회의에서 신속하게 결정을 내리면 회사 전체가 실행에 옮겼다. 왓슨은 "회의에서 결정된 사항에 직원들이 정말 빨리 적응해서 놀랐습니다. 말하자면 순식간에 배 전체를 90도 돌리는 셈이었죠. 록히드 마틴이라면 절대 불가능합니다."라고 말하면서 이렇게 덧붙였다.

일론은 탁월합니다. 그는 모든 제작 과정을 이해하고 여기에 관여

합니다. 누구든 일론의 질문에 직감적으로 대답해서는 안 됩니다. 그가 물리학의 근본 법칙에 충실한 대답을 듣고 싶어 하기 때문입니다. 그만큼 일론은 로켓에 대한 물리학을 매우 잘 이해하고 있습니다. 그의 머릿속에서 일어나는 현상은 내 귀를 의심할 정도로 대단합니다. 일론은 위성 발사에 대해 토론할 수 있고, 올바른 궤도에 진입하는 동시에 드래곤을 전달할 수 있는지에 대해서도 논쟁할 수 있으며, 이 모든 방정식을 실시간으로 풀 수 있습니다. 일론이 몇 년에 걸쳐 쌓아온 지식의 양을 보면 놀라울 따름입니다. 그러니 일론과 경쟁하는 자리에는 절대 서고 싶지 않습니다. 차라리 사업을 접고 달리 재미있게 할 수 있는 일을 찾는 편이 낫습니다. 일론은 상대방을 노련하게 압도하고 상대방의 생각과 행동을 앞지를 테니까요.

왓슨은 호손에 있는 공장 3층에서 시험대를 발견했다. 스페이스 엑스는 로켓 안에 장착하는 모든 하드웨어와 전자장치의 시험용 샘플을 만들어두었다. 실제로 수천 회에 걸친 비행 시뮬레이션을 실시할 용도로 로켓 꼭대기부터 바닥까지 내부 장치를 복제해놓았다. 누군가가 컴퓨터로 로켓을 '발사'하면 센서가 모든 기계와 컴퓨터의 움직임을 감지한다. 엔지니어가 밸브가 열리도록 명령을 내리고 나서는 실제로 밸브가 열렸는지, 얼마나 빨리 열렸는지를 점검할 수 있다. 이러한 시험 장비 덕택에 스페이스 엑스 엔지니어들은 발사하기 전에 로켓을 시험해보고 모든 이례적 상황에 대처하는 방법을 강구할 수 있다. 로켓이 실제로 비행하는 동안에도 스페이스 엑스의 시험 시설에 엔지니어가 상주해 팰컨이나 드래곤에서 포착한 오류를 모사하고 수정한다. 스페이스 엑스는 상황에 맞춰가면서 자사 시스템을 많이 변경한다. 예를 들어 로켓을 발사하기 몇 시간 전에 한 엔지니어가 소프트웨어 파일에서 오류를 찾아내자 스페이스 엑스 엔지니어들은 파일을 바꾸고, 파일이 시험용 하드웨어에 어떻게 영향을 미쳤는지 점검하고, 문제가 감지되지 않는 것을 확인한 후 발사대에서 기다리고 있는 팰컨 9호로 30초 안에 파일을 보냈다. 왓슨은 이렇게 설명했다. "NASA는 이러한 절차에 익숙하지 않습니다. NASA는 우주선에 오류가 발생하면 발사 일정을 취소하고 3주가 지나서야 재발사를 시도합니다."[12]

가끔씩 머스크는 전 직원에게 이메일을 보내 새 정책을 발표하거나 자신이 골치를 앓고 있는 문제가 무엇인지 알린다. 그중에서도 '줄임말은 심각한 골칫거리이다'라는 제목으로 2010년 5월에 발송한 이메일이 유명하다.

스페이스 엑스에서 말을 줄여서 쓰는 경향이 서서히 눈에 띄고 있습니다. 원활하게 의사소통하는 것은 매우 중요한데, 줄임말을 남용하면 의사소통을 심각하게 방해합니다. 개인적으로 줄임말을 여기저기서 산발적으로 약간씩 사용하는 것은 크게 문제가 되지 않는다고 생각합니다. 하지만 예를 들어 1,000명이 줄임말을 만들어 쓰면 시간이 지날

수록 그 수가 늘어나고 결국 신입 사원이 들어왔을 때 어휘집을 만들어 교육시켜야 할 것입니다. 실제로 줄임말을 많이 사용하면 이를 전부 기억할 수 있는 사람이 없을뿐더러 회의 시간에 바보처럼 보이고 싶지 않아 무슨 소리인지 몰라도 그냥 앉아 있습니다. 이러한 현상은 특히 신입 사원에게 두드러지게 나타납니다.

이러한 현상을 당장 중지해야 합니다. 아니면 이미 여러 해에 걸쳐 충분히 경고했듯 특단의 조치를 내릴 것입니다. 스페이스 엑스에서는 내 승인을 거치지 않은 줄임말을 절대 사용할 수 없습니다. 합리적으로 정당하다고 인정받지 못한 기존의 줄임말을 과거에도 말했듯 당장 없애야 합니다.

예를 들어 시험대를 가리키는 용어로 'HTS horizontal test stand, 수평형 시험대'나 'VTS vertical test stand, 수직형 시험대'를 사용하지 마세요. 이 줄임말은 불필요한 단어를 포함하고 있어 특히나 어리석게 들립니다. 시험장에서 사용하는 '대 stand'는 두말할 필요 없이 '시험대 test stand'입니다. 게다가 'Tripod'는 두 음절인데 VTS-3은 네 음절이나 됩니다. 따라서 망할 줄임말이 실제 이름보다 깁니다!

줄임말을 사용하는 것이 적합한지를 판단하는 기준은 의사소통을 돕느냐 아니면 방해하느냐입니다. GUI 같은 단어는 스페이스 엑스 외부의 엔지니어들도 대부분 알고 있는 줄임말이므로 사용해도 괜찮습니다. 또한 내가 승인했다고 가정한다면 약간의 줄임말을 사용해도 무방합니다. 예를 들어 멀린 1C−Vacuum을 MVac로, 멀린 1C−Sea Level을 M9로 줄여 쓸 수 있습니다. 하지만 그 수를 최소로 억제해야 합니다.

이것이 머스크의 전형적인 모습이다. 이 이메일은 어조가 거칠지만 모든 일을 가능한 한 효율적으로 진행하고 싶어 하는 사람이 쓴 글이라고 생각하면 납득할 만하다. 다른 사람은 사소하다고 생각할 수 있는 문제에 집착하는 것 같지만 머스크의 주장은 분명 일리가 있다. 줄임말을 쓰려면 자기 승인을 받아야 한다는 대목이 우습지만 이처럼 직접 몸으로 뛰는 머스크의 경영 스타일은 스페이스 엑스와 테슬라에 효율적으로 작용한다. 그 후 직원들은 줄임말 금지 정책을 머스크가 보낸 이메일의 제목을 따서 ASS 규칙이라고 부른다.

스페이스 엑스를 총괄하는 지침은 자기 업무를 수용하고 완성하라는 것이다. 누가 이끌어주거나 자세하게 지시를 내려주기를 기다리는 직원은 수동적이고 활력이 떨어진다. 피드백을 갈망하는 직원도 마찬가지이다. 스페이스 엑스에서 최악의 행동은 요구 사항을 실행할 수 없다고 머스크에게 말하는 것이다. 액추에이터처럼 제조 비용을 머스크가 원하는 수준까지 낮추는 것이 불가능하다거나 시간이 부족해서 머스크가 요구하는 기한까지 부품을 만들 수 없다고 말한다 치자. 브로건에 따르면 "일론은 이렇게 말할 겁니다. '그러면 자네는 프로젝트에서 빠지게. 지금은 내가 프로젝트의 CEO이네. 내가 자네 몫의 작업까지 하고 동시에 두 회사의 CEO를 할 테니까. 두고 보게나.' 정말 미칠 일은 실제로 일론이 그 일을 해낸다는 것입니다. 일론이 직원을 해고하고 그 업무를 맡아 진행하면 틀림없이 해내고 맙니다."

스페이스 엑스의 문화가 NASA · 공군 · 미국연방항공국처럼 관료주의 색채가 강한 조직과 부딪칠 때는 양쪽 모두 알력이 생긴다. 이러한 갈등의 조짐이 처음 나타난 곳이 바로 콰절린 섬이었다. 이곳에서 정부 관리들은 스페이스 엑스가 발사 과정에 무신경하게 대처하는 장면을 보고 이따금씩 의문을 제기했다. 스페이스 엑스 입장에서는 발사 과정을 바꾸고 싶을 때가 있는데 그러려면 엄청난 서류작업을 거쳐야 한다. 예를 들어 장갑을 끼고 보안경을 쓰고 너트를 없애는 등 필터 교체 과정을 순서대로 낱낱이 정해놓았지만, 이 과정을 바꾸거나 다른 유형의 필터를 사용하고 싶을 수도 있다. 스페이스 엑스가 실제로 로켓의 필터를 바꾸려면 FAA가 검토를 마칠 때까지 일주일 정도 기다려야 한다. 머스크와 스페이스 엑스 엔지니어들은 이 절차가 터무니없다고 생각했다. 언젠가 이러한 유형의 상황이 벌어진 적이 있었다. 스페이스 엑스 팀과 NASA 사람들이 전화로 회의를 하는 동안 머스크는 FAA 관리에게 거세게 항의했다. 브로건은 "분위기가 험악해졌고 일론은 10분 동안 개인적으로 그 관리를 질책했습니다."라고 회상했다.

머스크는 이 사건을 기억하지 못했지만 FAA와 대립한 다른 몇 가지 사례는 기억했다. 한번은 FAA 측과 회의를 하다가 자신이 생각하기에 우스꽝스러운 FAA 직원의 발언을 모아 해당 직원의 상사에게 보냈다. 머스크는 이렇게 말했다. "그러자 멍청이 같은 관리자가 내게 장문의 이메일을 보냈어요. 해당 직원이 우주선 프로그램에 참여하게 된 경위를 설명하고 그때까지 스무 차례의 발사를 책임져왔다고 언급하면서 어떻게 상대방의 의견이 틀렸다고 감히 지적할 수 있냐고 항의하는 내용이었습니다. 그래서 '그 직원의 생각은 틀렸고 그 이유를 다시 설명해드리겠습니다. 게다가 당신의 생각도 틀렸고 그 이유도 설명해드리겠습니다.'라고 답장을 썼죠. 그 후로 내게 다시 이메일을 보내지 않더군요. 우리는 우주산업에 커다란 영향을 미치려고 노력합니다. 그런데 규칙 때문에 발전에 지장이 생긴다면 마땅히 규칙과 싸워야 합니다."

"규제 기관과 상대하는 것은 근본적으로 문제의 소지를 안고 있습니다. 규제 기관이 규칙을 바꾸는 데 동의했다가 불상사가 생기면 경력에 오점이 남습니다. 반면에 규칙을 바꾸었다가 좋은 일이 터지더라도 보상을 받지 못합니다. 정말 불공정하죠. 그래서 규제 기관이 규칙을 바꾸려 하지 않는 겁니다. 결과가 좋아도 보상을 받지 못하는 데다가 결과가 나쁘면 크게 처벌을 받으니까요. 이성적인 사람이라면 이러한 환경에서 어떻게 행동하겠습니까?"

2009년 중순 스페이스 엑스는 과거 우주 비행사였던 켄 보어속스Ken Bowersox를 항공 우주 안전 및 사명 보장 담당 부사장으로 영입했다. 보어속스를 영입한 것은 전형적인 거대 항공 우주 기업에서 높은 점수를 매기는 채용 사례였다. 그는 해군사관학교에서 항공 우주 공학으로 학위를 받았고, 공군에서 시험 조종사로 활약했으며, 우주 왕복선에 몇 차례 올랐다. 스페이스 엑스에서는 보어속스의 영입을 긍정적으로 생각하는 사람이 많았다. 그는 근면하고 위엄이 있는 인물로 스페이스 엑스가 진행하는 절차를 다른 관점에서 관찰하고, 안전하고 표준화된 방식으로 과정을 밟아나갈 수 있도록 점검해주리라는 기대를 받았다. 하지만 막상 일을 시작하자 보어속스는 업무를 효율적으로 처리하는 것과 전통적인 절차를 밟는 것 사이에서 끊임없이 줄다리기를 하느라 지쳐버렸다. 몇 달이 지나자 머스크와 점차 불화를 빚으면서 자기 의견이 무시당한다고 느끼기 시작했다.

두 사람의 갈등이 특히 두드러졌던 사례가 있었다. 로켓이 발사대까지 갔는데 부품 하나에 중대한 결함이 있다는 사실이 밝혀졌다. 한 엔지니어가 밑 빠진 커피 컵 같다고 묘사한 결함이었다. 옆에서 관찰한 사람들이 전하는 말에 따르면 보어속스는 오류를 유발한 공정을 조사해 근본 원인을 바로잡아야 한다고 주장했다. 하지만 머스크는 자신이 이미 문제의 원인을 안다고 생각했으므로 부사장으로 취임한 지 2년 만에 보어속스를 전격 해임했다. (보어속스는 스페이스 엑스 시절에 대해 자기가 한 말을 기록하지 말라고 했다.) 스페이스 엑스 내부에서는 보어속스 사례를 지켜보면서, 세게 밀어붙이는 머스크의 업무 처리 방식 때문에 중요한 과정이 취약해질 수 있는 전형적인 예라고 생각하는 사람이 많았다. 하지만 이 상황을 보는 머스크의 관점은 완전히 달라서 보어속스가 스페이스 엑스의 공학적 요구를 충족시키기에 적합한 인물이 아니었기 때문에 해임했다고 주장했다. "보어속스가 기술적인 문제를 깊이 이해하지 못했다는 정도로 말해야겠습니다." 다른 항공 우주 기업들이 과거 우주 비행사를 직원과 상징적 인물로 채용하느라 급급하지만 스페이스 엑스는 최고의 기술적 자격을 지닌 우주 비행사만 영입해왔다.

몇 명의 고위 정부 관리는 책에 자신의 이름을 거론하지 않는다는 조건으로 머스크에 대한 솔직한 생각을 들려주었다. 한 관리는 공군 장군과 비슷한 계급의 군인을 대하는 머스크의 태도가 형편없었다고 말했다. 머스크는 상대방의 생각이 완전히 틀렸고 그것에 대해 사과하지 않는다고 생각하면 아무리 지위가 높은 장교라도 서슴지 않고 공격하는 것으로 잘 알려져 있다. 다른 관리는 머스크가 매우 지적인 사람을 바보라고 불러서 어이가 없었다고 했다. "있을 수 있는 최악의 상황이 벌어진다고 생각하면 됩니다. 일론을 상대하는 것은 금실이 매우 좋은 부부의 결혼 생활 같아요. 일론은 매우 점잖고 충성스럽지만 그럴 필요가 없을 때는 몹시 냉혹하죠." 나머지 관리는 스페이스 엑스가 앞으로 군대와 정부 기관의 비위를 맞추어 입찰에서 기존 하청 업체를 따돌릴 수 있으려면 머스크가 성질을 누그러뜨려야 한다고 느꼈다. "머스크의 최대 적은 자신인 동시에 자신이 사람을 대하는 방식입니다."

머스크가 외부인과 갈등을 빚을 때는 숏웰이 자주 앞에 나서서 상황을 무마한다. 숏웰도 머스크와 마찬가지로 신랄하게 말하고 성격이 불같지만 조정자 역할을 자처한다. 이처럼 스페이스 엑스에서 매일 일어나는 문제를 처리해 머스크가 회사의 전반적인 전략, 제품 설계, 마케팅, 직원의 사기 진작 등에 집중할 수 있게 배려한다. 머스크가 가장 신임하는 모든 참모들이 그렇듯 숏웰은 대부분 전면에 나서지 않고 뒤에서 묵묵히 자기 업무를 처리하면서 회사의 명분에 집중한다.

숏웰은 화가인 어머니와 신경외과 의사인 아버지 밑에서 태어나 시카고 교외 지역에서 성장했다. 총명하고 예쁜 여학생으로 학교에서는 A학점을 놓치지 않았고 치어리더로 활동했다. 과학에 크게 관심이 없어서 엔지니어는 기차를 조종하는 사람 정도로만 알았다. 하지만 숏웰의 성향은 다른 여학생과 좀 달랐다. 딸이었지만 평소에 집 안 잔디를 깎고 마당에 농구대를 설치하는 일을 거들었다. 초등학교 3학년 때 자동차 엔진에 잠깐 흥미를 느끼자 어머니가 자동차의 작동 원리를 설명해주는 책을 사주었다. 나중에 고등학교에 진학했을 때 어머니의 종용으로 토요일 오후에 일리노이 공과대학교에서 실시하는 강의에 참석했다. 숏웰은 당시 패널로 참석한 쉰 살의 기계 엔지니어의 강연을 듣고 깊은 감동을 받았다. "그녀는 멋진 옷을 입고 내가 정말 좋아하는 신발을 신었어요. 키가 컸고 구두가 잘 어울렸죠." 슛웰은 강연이 끝나고 그 엔지니어와 이야기를 나누면서 그녀의 직업에 대해 배웠다. "바로 그날 나는 기계 엔지니어가 되겠다고 결심했습니다."

슛웰은 노스웨스턴 대학교에 입학해 기계공학으로 학사 학위를 받았고 응용수학으로 석사 학위를 받고 크라이슬러에 취직했다. 그곳에서의 업무는 리더가 될 잠재력이 있는 일류 신입 사원이 받으면 좋을 경영 수업이었다. 슛웰은 자동차 정비 학교에 다니기 시작했고 ("정말 재미있었어요.") 부서를 옮겨 다니며 경험을 쌓았다. 엔진 연구 부서에서 일할 때였다. 사용법을 아는 직원이 없어서 고가의 크레이 슈퍼컴퓨터 두 대가 놀고 있는 것을 보았다. 얼마 후 슛웰은 컴퓨터를 켜고 밸브와 기타 부속의 성능을 모의실험할 수 있도록 전산유체역학을 가동할 준비를 갖추었다. 슛웰은 이러한 종류의 업무에 관심이 있었지만 제약이 따랐다. 특정 기계를 작동하는 사람을 둘러싸고 노조 규약이 많은 등 모든 업무에는 규칙이 있었기 때문이다. "한번은 현장에서 직접 연장을 들어 작업을 시작했습니다. 우선 액체질소 병의 뚜껑을 열었죠. 그때 일은 기록으로도 남아 있어요. 그러면서 그 일이 내가 예상한 것이 아니라는 생각이 들기 시작했습니다." 슛웰은 크라이슬러 훈련 프로그램을 그만두고 집에서 마음을 정리한 후 잠시 응용수학 박사과정을 다녔다. 그때 한 교수가 에어로스페이스 코포레이션Aerospace Corporation에 일자리가 났다고 일러주었다. 그곳은 모르는 사람이 없을 정도로 유명한 기업으로 1960년 이후 엘 세군도를 기반으로 설립된 중립적 비영리 조직이었고, 공군과 NASA를 포함해 우주개발 프로그램에 관여하는 기타 연방 조직에 조언을 제공했다. 회사는 관료주의 잔재가 배어 있었지만 여러 해 동안 고액 활동을 지지하거나 거부하는 능력과 연구 활동으로 매우 유용한 기관이라는 인정을 받고 있었다. 숏웰은 1988년 10월 에어로스페이스에서 근무하기 시작하면서 다양한 범위의 프로젝트에 참여했다. 한 프로젝트에서는 우주왕복선의 화물칸에서 발생하는 기온 변동이 다양한 탑재물에 있는 도구의 성능에 어떻게 영향을 미치는지 설명하는 열 모델을 개발했다. 에어로스페이스에서 10년 동안 근무하고 시스템 엔지니어로 기술을 갈고닦은 숏웰은 점차 항공 우주 산업계의 사업 진행 속도에 불만을 품었다. "군사용 위성을 만드는 데 15년씩이나 걸리는 까닭을 납득할 수 없었습니다. 그래서 일할 흥미를 점차 잃었어요."

그 후 4년 동안 숏웰은 에어로스페이스의 도로 건너편에 있는 항공 우주 신생 기업인 마이크로코즘Microcosm에 근무하면서 우주 시스템 분야와 사업 개발 분야를 이끌었다. 명석한 두뇌·자신감·직설적 말투·예쁜 외모가 두드러지는 숏웰은 강인한 세일즈 전문가로 명성을 쌓았다. 2002년 동료였던 한스 퀘니히스만이 스페이스 엑스로 직장을 옮기기로 하자 환송 파티를 겸해 점심 식사를 함께 하고, 당시에는 초라했던 스페이스 엑스 본사 건물까지 퀘니히스만을 데려다주었다. "한스가 안에 들어가서 일론을 만나보자고 했습니다.

그렇게 했죠. 나는 일론을 만난 자리에서 '당신에게는 사업 개발을 담당할 유능한 인재가 필요합니다.'라고 말했어요." 다음 날 메리 베스 브라운이 숏웰에게 전화를 걸어 머스크가 사업 개발 담당 부사장으로 영입하고 싶어 하는데 면접을 보러 오겠느냐고 물었다. 결국 숏웰은 스페이스 엑스의 일곱 번째 직원이 되었다. "나는 마이크로코즘에 3주 후에 직장을 그만두겠다고 말하고 화장실부터 개조했습니다. 스페이스 엑스로 직장을 옮기고 나면 사생활이 없어질 테니까요."

스페이스 엑스에 근무하던 초반에 숏웰은 회사가 아직 만들지도 않은 제품을 판매하는 놀라운 성과를 올렸다. 스페이스 엑스가 비행에 성공한 것은 그로부터 시간이 한참 지난 후였다. 그때까지 반복되는 실패로 회사는 당혹스러웠고 사업에도 지장이 많았지만 숏웰은 첫 팰컨 1호를 성공적으로 궤도에 진입시키기도 전에 정부와 사업 고객을 상대로 열두 건의 비행 계약을 맺었다. 또한 협상 실력을 십분 발휘해 NASA의 대형 계약을 수주함으로써 재정적으로 가장 힘든 시기에 스페이스 엑스를 살려냈다. 여기에는 국제 우주정거장에 보급품을 전달하는 2억 7,800만 달러짜리 계약이 포함되었다. 숏웰은 세일즈에서 탁월한 실적을 내면서 머스크와 막역한 친구 사이가 되었고 2008년 말에는 스페이스 엑스의 사장이자 최고 운영 책임자로 취임했다.

스페이스 엑스가 점차 몸집이 불어나면서 자신들이 비웃던 거대 항공 우주 기업을 닮아가기 시작했을 때 본래의 문화를 회복하고 강화하는 것도 숏웰의 몫이었다. 그녀는 회사 분위기를 느긋하고 부드럽게 바꾸고, 회의 시간에 참석자나 채용 후보자들에게 회사에 뼛속까지 충성하라고 설득한다. 한번은 인턴 100여 명을 카페테리아 한편에 따로 모아놓고 만남의 시간을 가졌다. 그녀는 굽이 높은 검은색 부츠를 신고, 몸에 달라붙는 청바지에 갈색 재킷을 입고 목에 스카프를 둘렀으며, 금발 머리는 어깨 높이로 찰랑댔고 얼굴 양옆으로는 링 귀걸이가 달랑거렸다. 마이크를 손에 쥐고 그 앞을 왔다 갔다거닐면서 인턴들에게 어느 학교 출신인지, 스페이스 엑스에 있는 동안 어떤 프로젝트에 참여했는지 말하라고 했다. 한 학생은 코넬 대학교에 다니고 드래곤 프로젝트에 참여했다. 또 다른 학생은 서던 캘리포니아 대학교에 다니고 추진 시스템 설계에 참여했다. 일리노이 대학교에 다니고 항공역학 그룹과 함께 일한 학생도 있었다. 30여 분에 걸쳐 한 바퀴 빙 돌며 각자 자기소개를 마친 학생들은 적어도 학교 성적과 눈을 반짝이는 열정으로는 세상에서 가장 인상적이었다. 이번에는 학생들이 질문할 차례였다. 학생들은 숏웰에게 삶에서 최고의 순간이 언제였는지, 성공하고 싶어 하는 학생에게 어떤 조언을 해줄 수 있는지, 스페이스 엑스의 경쟁사는 어디인지를 포함해 질문 세례를 퍼부었다. 숏웰은 노골적으로 애사심을 나타내기도 하고 학생 편에 서서 진심 어린 답변을 해주기도 했다. 그러면서도 좀 더 전통적인 항공 우주 기업들은 따라잡을 수 없는 스페이스 엑스만의 혁신적이고 발 빠른 장점을 분명하게 강조했다. "경쟁사들은 우리가 무서워 벌벌 떱니다. 거대 기업들은 어떻게 힘을 모아 경쟁할지 궁리해야 할 것입니다. 그들을 고사시키는 것이 우리가 할 일입니다."

스페이스 엑스가 수립한 최대 목표의 하나는 비행 횟수를 늘리는 것이라고 숏웰은 설명했다. 스페이스 엑스는 비행 한 번에 거액을 챙기기보다는 비행을 거듭해 소액이라도 꾸준히 챙기려 한다. 현재 팰컨 9호의 발사 비용은 6,000만 달러이지만 대량생산과 발사 기술 향상을 통해 약 2,000만 달러까지 비용을 떨어뜨리고 싶다고 했다. 스페이스 엑스는 드래곤 캡슐 네 대를 국제 우주정거장에 보내고, 팰컨 9호를 아홉 번 발사하고, 팰컨 1호를 다섯 번 쏘아 올리는 데 총 25억 달러를 썼다. 1회당 평균 발사 비용을 산출해보면 다른 항공 우주 기업들은 따라갈 엄두를 내기는커녕 납득조차 하지 못한다. 숏웰은 이렇게 말했다. "거대 기업은 대체 그 많은 돈으로 무엇을 하는지 모르겠어요. 담배처럼 말아서 피우는 걸까요? 이해할 수가 없어요." 많은 국가가 자국의 경제를 성장시키고 선진국과 어깨를 나란히 견줄 목적으로 통신 기술 개발에 눈독을 들이면서 발사 사업에 관심을 쏟고 있다. 따라서 발사 비용을 낮추면 이러한 국가들을 고객으로 끌어들일 수 있다. 또한 스페이스 엑스는 최종적으로 사람을 우주로 수송하는 시장에 가담한다는 목표를 세웠다. 버진 갤럭틱Virgin Galactic과 엑스코르XCOR처럼 저低 지구궤도보통 지상 144~900킬로미터의 원궤도를 5분 동안 비행하는 우주여행 상품 개발에는 처음부터 전혀 관심이 없다. 스페이스 엑스는 비글로 에어로스페이스Bigelow Aerospace

가 건설하는 궤도 선회 거주지와 여러 국가가 세우고 있는 궤도 선회 과학 실험실에 연구자를 수송할 능력을 갖추고 있다. 또한 실리콘밸리의 신생 기업답게 소형 위성, 기업과 국가에 필요한 대형 위성을 자체 제조해 만능 항공 우주 기업으로 성장할 것이다. 이 모든 계획의 관건은 매달 일정에 맞춰 로켓을 발사하고 50억 달러에 이르는 발사 수주 잔량을 해소할 능력이 있느냐이다. 숏웰은 이렇게 설명했다. "우리의 고객은 대부분 사업 초기에 계약을 체결했고 우리 사업을 지원하고 싶어 하며 좋은 조건으로 거래했습니다. 이제 우리는 제때 발사하고 드래곤의 발사 비용을 좀 더 효율적으로 유지해야 할 단계에 이르렀습니다."

잠깐 동안 인턴과 주고받던 대화가 난항에 부딪쳤다. 대화가 스페이스 엑스 단지의 문제점으로 번졌기 때문이다. 임대 시설을 사용하고 있으므로 직원 3,000명에게 편의를 제공할 대형 주차장 건물 등을 지을 수 없었기 때문이다. 숏웰은 주차장과 화장실을 늘리고 실리콘밸리의 기술 신생 기업들처럼 직원이 프리스비를 날릴 수 있는 공간을 마련하겠다고 약속하면서 "나는 개인적으로 탁아소가 있었으면 좋겠어요."라고 덧붙였다.

하지만 무엇보다도 숏웰은 스페이스 엑스가 품은 원대한 사명을 설명하면서 인턴들의 열의를 북돋우며 그들의 신망을 얻었다. 우주 비행사가 되는 것이 꿈이라고 말하는 인턴에게는 현재 NASA의 우주 비행사 프로그램이 축소되었으므로 스페이스 엑스에서 일하는 것이 우주에 갈 확률을 최대한 높이는 길이라고 조언했다. 머스크는 '마시멜로 유령' 같지 않은 멋있는 우주복을 만들겠다고 약속해왔다. 숏웰은 "우주복이 투박하고 꼴사나울 이유가 없습니다. 지금보다 보기 좋게 만들 수 있어요."라고 말했다. 우주 비행사가 가는 장소에 대한 질문에는 우주 주거지나 달에 갈 수 있고 원한다면 화성에 갈 수 있다고 대답했다. 스페이스 엑스는 팰컨 9호보다 우주 비행 거리가 길고 훨씬 커다란 우주선을 탑재할 수 있는 거대 로켓인 팰컨 헤비Falcon Heavy의 제작을 마치고 시험을 시작했다. 숏웰은 이렇게 설명했다. "팰컨 헤비 로켓은 버스 한 대를 채울 만큼의 사람을 화성으로 수송하는 임무를 맡지 않습니다. 팰컨 헤비의 후속 모델이 그 임무를 감당하겠죠. 그 모델을 만드는 작업도 이미 진행하고 있습니다. 이러한 프로젝트를 완수하려면 직원들이 효율적으로 일하고 계획을 달성하도록 밀어붙여야 합니다. 직원 각자 생산성을 높여야 해요. 회사가 나름대로 신경 쓰고 있듯 여러분도 그만큼 자기 의견을 많이 제시해야 합니다. 다른 기업들과 달리 스페이스 엑스는 그러한 자질을 폭넓게 허용합니다." 숏웰의 예측대로 상업용 우주 시장을 둘러싼 경쟁은 스페이스 엑스와 중국으로 좁혀지고 있다. 그림을 좀 더 크게 그려본다면 우주탐사는 인간의 생존을 확보하는 길이다. "여러분이 사람들을 미워해서 멸종해도 좋다고 생각한다면 우주에 대한 이야기는 모두 잊으세요. 우주에 가지 말아요. 하지만 위험을 감수하고라도 사람들이 지구 밖에서 살아갈 터전을 만들 가치가 있다고 생각한다면 우주탐사에 집중하고 여기에 기꺼이 돈을 쓸 수 있어야 합니다. 나는 NASA가 착륙선과 우주 비행사를 화성까지 수송하는 계약을 우리와 체결하리라 확신합니다. 그렇게 되면 스페이스 엑스가 맡을 첫 임무는 보급품을 수송하는 것입니다. 그래야 사람들이 우주에 가서 생활할 장소가 있고, 먹을 식량이 있고, 할 일이 있을 테니까요."

이러한 말을 들을 때 항공 우주 산업 종사자는 정신이 번쩍 나고 가슴이 설렌다. 그들은 누군가 우주여행에 큰 변혁을 일으켜주기를 오랫동안 갈망해왔기 때문이다. 라이트 형제가 비행 실험을 시작한 지 20년 만에 비행기 여행은 보편화되었지만 우주선 발사 사업은 얼어붙은 것 같다. 인간은 달에 갔고, 화성에 연구 차량을 보냈고, 태양계를 탐색했지만 여전히 엄청난 비용이 들어가는 일회성 계획에 그쳤다. NASA의 행성 과학자인 캐럴 스토커는 "특성을 고려할 때 로켓의 제조 비용은 상당히 높습니다."라고 말했다. 옛날부터 항공 우주 산업은 NASA 같은 기관을 매개로 군대나 정부와 계약을 체결한 덕택에 막대한 예산을 배당받고 크기와 신뢰도가 최대인 기계를 만들었다. 사업 목표가 최대 성능을 갖춘 기계를 제작하는 것이므로 항공 우주 기업은 계약 요건을 충족했다고 말할 수 있다. 미국 정부와 계약을 맺어 10억 달러짜리 군사용 위성을 발사하고 탑재물을 절대 잃어서는 안 되는 경우에는 이러한 전략을 구사할 만하다. 하지만 전반적으로는 다른 우주탐사 노력을 억누르고 상업용 우주산업을 과도하게 팽창시켜 마비시킬 수 있다.

스페이스 엑스를 제외한 미국의 발사 기업들은 더 이상 다른 국가의 발사 기업에 맞설 만한 경쟁력이 없다. 발사 능력은 고사하고 야심이 있는지조차 의심스럽다. 미국 군사용 위성과 기타 대형 탑재물을 운반하는 시장에서 스페이스 엑스에 맞서는 주요 경쟁사는 2006년 보잉과 록히드 마틴의 합작으로 태어난 유나이티드 론치 얼라이언스United Launch Alliance, ULA이다. 합작 당시에는 두 기업에 돌아갈 만한 사업거리가 정부에 없으므로 보잉과 록히드의 연구와 제작을 결합하면 더욱 저렴하고 안전하게 발사를 할 수 있으리라고 생각했던 것이다. ULA는 델타 발사체보잉와 아틀라스 발사체록히드를 수십 년간 제작하고 로켓 수십 대를 성공적으로 발사했던 경험을 바탕으로 신뢰도 높은 모델을 구축했다. 하지만 합작회사와 보잉, 록히드도 가격 면에서 스페이스 엑스나 러시아, 중국에 대적할 수 없었다. 에어로스페이스 코포레이션에서 민간용과 상업용 프로그램 총괄 관리자로 근무하는 데이브 비어든은 이렇게 설명했다. "대부분 국제 상업용 시장은 유럽의 아리안 스페이스, 중국의 롱마치Long March, 러시아제 발사체가 주도하고 있습니다. 발사체에 투입되는 제조 방식과 시간당 임금은 각기 다릅니다."

상황을 대놓고 말하자면 ULA는 미국의 골칫거리이다. 2014년 3월 ULA의 CEO 마이클 가스Michael Gass가 의회 청문회에서 머스크와 맞붙었다. 정부의 연간 발사량에서 스페이스 엑스에 배당되는 수

주량을 늘려달라는 머스크의 요청이 일부 안건으로 상정되었다. 머스크는 슬라이드를 보여주면서, 독립 기업으로 시장을 양분했던 보잉과 록히드가 합작회사를 세워 시장을 독점하고 난 후 정부가 지불하는 발사 비용이 얼마나 급상승했는지 설명했다. 청문회에서 머스크가 제시한 수학적 계산에 따르면 ULA는 한 번 비행에 3억 8,000만 달러를 청구했지만 스페이스 엑스는 9,000만 달러를 청구할 것이다. (9,000만 달러는 스페이스 엑스가 일반적으로 청구하는 6,000만 달러보다 높다. 이는 정부가 특별히 발사에 신중을 기하기 위해 제작 조건을 덧붙였기 때문이다.) 정부가 스페이스 엑스를 수주 기업으로 선정하면 절약한 자금으로 로켓에 탑재할 위성도 장만할 수 있다고 머스크는 지적했다. 가스는 머스크의 주장에 제대로 대응하지 못했다. 머스크가 인용한 ULA의 발사 가격이 정확하지 않다고 주장하면서도 수치를 새로 제시하지 않았다. 게다가 청문회가 열렸을 시기에는 러시아가 우크라이나를 공격한 사건 때문에 미국과 러시아 사이에 긴장감이 돌았다. 머스크는 미국이 곧 러시아에 제재를 가할 수 있고, 그 제재는 항공 우주 장비로 옮겨갈 수 있다는 정당한 주장을 펼쳤다. 설상가상으로 ULA는 미군 장비를 탑재하고 발사하는 아틀라스 V 로켓에 러시아산 엔진을 사용하고 있었다. 머스크는 이 기회를 놓치지 않고 이렇게 주장했다. "스페이스 엑스의 팰컨 9호와 팰컨 헤비 발사체는 진정한 미국산입니다. 우리는 로켓을 캘리포니아 주와 텍사스 주에서 설계하고 제조합니다." 가스는 ULA가 이미 2년

분량의 러시아산 엔진을 확보했고, 기계의 설계 도면을 사들여 러시아어를 영어로 번역해놓았다고 정색하며 반격했다. (청문회가 끝나고 몇 달 후 ULA는 CEO 자리에 있던 가스를 경질하고 미국산 로켓을 개발하기 위해 블루 오리진과 계약을 맺었다.)

청문회에서 가장 실망스러운 순간이 찾아왔다. 리처드 셸비Richard Shelby 앨라배마 주 상원 의원이 질문을 하려고 마이크를 잡았다. ULA는 앨라배마 주에 제조 시설을 두고 셸비 상원 의원과 깊은 유대 관계를 맺고 있었다. 지역구를 지원해야 하는 막중한 책임을 느낀 셸비는 ULA가 발사를 68차례나 성공시켰다는 사실을 거듭 지적하면서 머스크에게 어떤 성과를 달성했는지 물었다. 항공 우주 산업에 가장 공을 들이는 셸비는 우주탐사에 대해 엄청나게 관료주의적 입장에 서서 경쟁에 반대했다. "경쟁을 벌이면 일반적으로 제품의 품질을 개선하고 가격을 낮출 수 있습니다. 하지만 발사 시장은 전혀 일반적이지 않습니다. 수요에 한계가 있고 정부와 산업 정책에 영향을 받기 때문입니다." 셸비가 이렇게 말했던 3월 청문회는 결국 사기극으로 밝혀졌다. 정부는 비밀 발사 계약 가운데 열네 건을 ULA에 곧장 발주하지 않고 입찰에 붙이겠다고 동의했었다. 그래서 머스크는 이 열네 건을 포함한 발사 계약에 스페이스 엑스가 유력한 후보인 까닭을 설명하기 위해 청문회에 참석했던 것이다. 청문회 다음 날 공군은 입찰에 붙였던 열네 건의 발사 계약을 1~7건으로 줄였다. 한 달 후 스페이스 엑스는 발사 계약을 수주할 기회를 달라며 공군을 상대로 소송을 청구하고 웹사이트 freedomtolaunch.com에서 이렇게 주장했다. "스페이스 엑스는 해당 발사 계약을 체결하게 해달라고 요구하는 것이 아닙니다. 다만 경쟁할 권리를 찾겠다는 것입니다."[35]

한편 미국에서 국제 우주정거장에 보급품을 수송하고 상업용 위성을 쏘아 올리는 사업 부문에서 스페이스 엑스에 맞서는 주요 경쟁사는 오비탈 사이언스이다. 1982년 버지니아에서 출발한 오비탈은 스페이스 엑스 같은 신생 기업으로, 외부에서 투자를 받아 저低지구궤도에 소형 위성을 쏘아 올리는 사업에 주력했다. 오비탈은 기계를 다루는 직원의 수가 적지만 스페이스 엑스보다 경험이 많다. 러시아 기업과 우크라이나 기업을 포함한 하청 업체에 엔진과 로켓 동체의 제작을 발주하는 등 스페이스 엑스와 달리 조립에 치중한다.

---

35 우주 사업에서 정치 공작은 매우 지저분하기도 하다. NASA의 전 차장인 로리 가버Lori Garver는 NASA 계약의 문호를 개방해 국제 우주정거장에 물품을 우송하는 등의 사업을 경매에 붙이게 하려고 몇 년 동안 투쟁했다. 가버는 NASA와 민간 부문의 관계를 강력하게 육성하자는 주장을 끝내 관철시켰지만 대가를 치러야 했다. "나는 살인 협박을 받았고 가짜 탄저균이 배달되어 왔어요." 또한 가버는 스페이스 엑스와 머스크에 대해 근거 없는 험담을 퍼뜨리는 경쟁사들을 찾아냈다. "그들은 머스크가 남아프리카공화국에서 세법을 어겼다거나 그곳에 숨겨놓은 가족이 있다고 주장했습니다. 나는 그것이 지어낸 이야기라며 따졌습니다. 우리는 일론, 제프 베조스, 로버트 비글로처럼 장기적 비전을 품은 사람들이 부자가 되어 얼마나 행운인지 모릅니다. 사람들이 일론을 비방하고 싶어 하는 것은 어리석습니다. 그가 사람의 심기를 거스르는 말을 할 수는 있지만 누구에게나 상냥하게 대하는 태도는 효과 빵점일 때가 있는 법입니다."

또한 오비탈이 발사한 캡슐은 국제 우주정거장에서 지구로 귀환하는 여행을 감당할 수 없으므로 실험 장비와 기타 화물을 가져올 수 없다. 2014년 10월 오비탈의 로켓 하나가 발사대에서 폭발했다. 오비탈은 사건을 조사하는 동안 발사를 보류시키는 동시에 스페이스 엑스에 원조를 요청하면서 일부 고객사의 요구를 들어줄 수 있는지 물었다. 아울러 앞으로 러시아산 엔진을 사용하지 않겠다는 뜻도 비쳤다.

우주 비행사를 국제 우주정거장에 보내는 사업을 놓고 NASA는 4년 동안 경쟁을 붙인 끝에 스페이스 엑스와 보잉의 손을 들어주었다. 2017년까지 캡슐을 개발하고 국제 우주정거장에 사람을 운송하는 조건으로 스페이스 엑스는 26억 달러, 보잉은 42억 달러를 받는다. 기본적으로 두 기업은 우주왕복선을 대체하고 미국의 유인 비행 능력을 회복할 것이다. 머스크는 이렇게 진술했다. "나는 실제로 보잉이 스페이스 엑스보다 열등한 기술력으로 NASA의 같은 요구 조건을 충족하면서 돈을 두 배로 받는다 하더라도 개의치 않습니다. 인간의 우주 비행 기술이 발전할 수 있다면 하나보다는 두 기업이 참여하는 편이 낫기 때문입니다."

한때 스페이스 엑스는 한 가지 장점만 지닌 기업으로 자리매김하는 것 같았다. 소형 로켓인 팰컨 1호를 주력 무기로 삼으려는 것이 원래 계획이었기 때문이다. 한 번 비행에 600~1,200만 달러를 쓰는 팰컨 1호는 지금까지 화물을 궤도에 진입시키는 수단으로는 가장 저렴했으므로 우주산업 종사자의 가슴을 설레게 만들었다. 2007년 구글이 '루너 엑스 상'을 제공하고 로봇을 달에 착륙시키는 사람에게 3,000만 달러를 주겠다고 발표하자 여러 신청자들은 발사체로 팰컨 1호를 선호한다고 밝혔다. 합리적 비용으로 로봇을 달에 착륙시킬 수 있는 유일한 발사체로 생각했기 때문이다. 전 세계 과학자들도 절감된 비용으로 실험 장비를 궤도에 진입시킬 수 있다며 흥분했다. 이렇듯 팰컨 1호에 열광적인 반응이 쏟아졌지만 주문은 들어오지 않았다. 숏웰은 이렇게 말했다. "팰컨 1호에 대한 수요가 크다는 점은 매우 분명해졌지만 정작 생산할 돈이 없었습니다. 시장을 형성하려면 일정량의 발사체를 꾸준히 생산할 수 있어야 합니다. 팰컨 1호를 1년에 고작 세 대 생산해서는 사업을 할 수 없죠." 팰컨 1호를 마지막으로 발사한 것은 2009년 7월 콰절린 섬이었고 말레이시아 정부의 주문을 받아 위성을 궤도에 쏘아 올렸다. "우리는 팰컨 1호를 멋지게 발사했습니다. 나는 크게 감격했지만 이내 실망하고 말았어요. 발사에 성공하면 주문이 쇄도하리라 예상했는데 8년이 지나도 주문이 들어오지 않았거든요."

그 후로 스페이스 엑스는 놀라운 속도로 발사 능력을 키우고 있으며 앞으로는 곧 한 번 비행에 1,200만 달러를 벌 수 있을 것이다. 2010년 6월 팰컨 9호가 첫선을 보이면서 지구궤도에 성공적으로 진입했다. 2010년 12월 스페이스 엑스는 팰컨 9호가 드래곤 캡슐을 우주로 운송할 수 있고, 임무를 마치고 바다에 착수한 캡슐을 안전하게 회수할 수 있다는 주장을 입증해 보였다.[36] 이는 영리기업이 최초로 이룩한 위업이었다. 2012년 5월 콰절린 섬에서 처음으로 발사에 성공한 이래로 회사 역사상 가장 중요한 순간이 찾아왔다.

5월 22일 새벽 3시 44분 팰컨 9호 로켓을 플로리다 주 케이프 커내버럴에 있는 케네디 우주 센터에서 발사했다. 로켓은 강력한 추진력으로 드래곤 캡슐을 우주로 밀어 올렸다. 태양 전지판이 펼쳐지고 캡슐은 18개의 드라코Draco 추력기나 작은 로켓엔진에 의존해 국제 우주정거장에 도달하는 길을 안내했다. 드래곤이 여행을 마치기까지 사흘이 걸렸으므로 그동안 엔지니어들은 교대로 일했고 일부는 공장에 놓인 간이침대에서 잠을 잤다. 엔지니어들은 드래곤의 비행을 관찰하고 센서가 국제 우주정거장의 위치를 포착하는지 점검하면서 시간을 보냈다. 계획대로라면 드래곤은 25일 새벽 4시경 국제 우주정거장에 도킹할 예정이었다. 하지만 캡슐이 우주정거장에 접근하자 예상하지 못한 빛이 들어와 레이저를 계속 방해했으므로 드래곤과 국제 우주정거장의 거리를 측정할 수 없었다. 숏웰은 "두 시간 30분 동안 씨름했던 기억이 납니다."라고 회상했다. 그물 모양의 스웨터를 입고 레깅스 차림에 어그부츠를 신은 숏웰의 복장은 밤

---

36 해당 비행에서 스페이스 엑스는 드래곤 캡슐 안에 바퀴처럼 둥근 모양의 치즈를 몰래 넣었다. 이것은 제프 스콜이 머스크에게 화성에 가면 쥐에게 먹이라며 주었던 바로 그 치즈였다.

이 다가오자 잠옷처럼 보이기 시작했고, 엔지니어들은 예상하지 못했던 문제를 해결하려고 애썼다. 임무 수행에 실패할까봐 두려웠던 엔지니어들은 드래곤에 새 소프트웨어를 업로드하여 센서가 사용하는 시각 틀의 크기를 줄이는 방법으로 햇빛이 기계에 미치는 영향을 없애기로 결정했다. 오전 7시 직전 드래곤이 국제 우주정거장에 근접하자 우주 비행사인 돈 페티트Don Pettit가 18미터 길이의 로봇 팔을 내밀어 보급품 캡슐을 잡고 이렇게 보고했다. "휴스턴 나와라. 여기는 우주정거장이다. 이제야 용 꼬리를 잡은 것 같다." [13]

숏웰은 이렇게 회상했다. "피가 타들어갔습니다. 하지만 아침 6시에는 샴페인을 마셨죠." 도킹에 성공할 당시 제어실에는 서른 명 가량이 있었다. 그 후 두어 시간 동안 직원들이 공장으로 밀려 들어와 기쁨을 함께 나누었다. 스페이스 엑스는 비상장 기업으로는 유일하게 국제 우주정거장에 도킹하는 쾌거를 이루어 다시 한 번 최초 기록을 세웠다. 두 달 후 스페이스 엑스는 우주인 운송용으로 드래곤을 계속 개발하는 조건으로 NASA에게서 4억 4,000만 달러를 지원받았다. NASA의 스토커는 이렇게 말했다. "일론은 항공 우주 산업의 사업 방식을 바꾸고 있습니다. 비용을 낮추면서도 안전율을 높였죠. 개방형 바닥에 사무실을 배치하고, 모든 직원에게 발언권을 주고, 인간적 상호작용을 권장하는 등 기술 산업의 장점을 도입했어요. 요구 사항 문서와 프로젝트 검토서를 작성하는 것이 관행인 대부분의 항공 우주 기업에서는 매우 색다른 방식이었습니다."

2014년 5월 머스크는 스페이스 엑스 본사에 취재진을 초청해 NASA 지원금 일부가 어떻게 쓰였는지 밝혔다. 드래곤 V2 우주선의 베일을 벗긴 것이다. 대부분의 중역은 자사 제품을 무역 전시회나 행사에서 과시하고 싶어 했지만 머스크는 진짜 할리우드식 경축 행사를 선호했다. 수백 명이 호손에 도착했고 저녁 7시 30분에 쇼가 펼쳐질 때까지 전채 요리를 먹었다. 자줏빛 벨벳 재킷 차림의 머스크가 주먹으로 캡슐의 문을 열며 등장했다. 그러면서 펼쳐지는 광경은 그야말로 장관이었다. 과거 캡슐의 비좁은 실내는 찾아볼 수 없었다. 얇고 견고하면서 인체의 선에 맞게 설계된 좌석이 컴퓨터 제어장치 근처에 네 개, 그 뒤로 세 개가 나란히 배열되어 있었다. 머스크는 캡슐 안을 걸으며 실내가 얼마나 넓은지 보여주고는 몸을 훌쩍 날려 한가운데 있는 기장 자리에 앉았다. 머스크가 손을 뻗어 패널 네 개짜리 평면 화면으로 구성된 제어장치를 작동시키자 첫 줄 좌석 바로 앞으로 미끄러져 내려왔다.[37] 컴퓨터 제어장치 중앙에는 우주선을 조종하는 조이스틱이 있고, 비상사태가 발생하거나 터치스크린이 제대로 작동하지 않을 때 눌러서 필요한 기능을 작동시키는 버튼이 있었다. 캡슐의 실내는 밝은 금속성 물질로 마무리해 과학자와 영

---

37 머스크는 자신만이 할 수 있는 방식으로 그 모양을 내게 설명했다. "나는 모델 S(모델 S와 같은 화면을 사용하면서 우주에서 작동시키기 위해 성능을 보완했다.)와 비슷한 스타일을 채택했지만 좀 더 이국적 분위기를 내려고 아이소그리드isogrid 가공 알루미늄 강판을 덮지 않고 그대로 드러냈습니다."

화 제작자가 꿈에 그릴 만한 우주선이 마침내 완성되었다.

외관이 멋있는 만큼 기능도 그랬다. 드래곤 2는 로봇 팔을 빌리지 않고도 국제 우주정거장과 기타 우주 거주지에 자동으로 도킹할 수 있다. 여기에는 최초로 3D 프린터를 사용해 만든 슈퍼드라코SuperDraco 엔진을 장착한다. 이는 기계가 컴퓨터의 명령을 받아 금속 한 조각, 즉 고강도 합금 인코넬 한 조각으로 엔진을 만든다는 뜻이다. 그러므로 엔진의 강도와 성능은 인간이 여러 부품을 용접해 만든 제품보다 우수하다. 무엇보다 놀라운 소식으로 머스크는 드래곤 2가 슈퍼드라코 엔진과 추력기를 사용해 스페이스 엑스가 원하는 어느 곳에도 부드럽게 착륙할 수 있다고 발표했다. 이는 우주선이 더 이상 바다에 가라앉을 일도, 한 번 쓰고 버려질 일도 없다는 뜻이었다. 머스크는 이렇게 주장했다. "그야말로 21세기 우주선이 착륙하는 방식이죠. 우리는 그 추진체를 다시 실어 발사하면 됩니다. 로켓과 우주선을 한 번 사용하고 버리는 한 우리 인류는 결코 우주에 제대로 도달할 수 없습니다."

드래곤 2는 스페이스 엑스가 계속 개발하고 있는 여러 기계 중 하나일 뿐이다. 다음 이정표로 스페이스 엑스는 세계에서 가장 강력한 로켓으로 설계한 팰컨 헤비의 첫 비행을 준비하고 있다.[38] 스페이스 엑스는 팰컨 9호 세 대를 한 발사체에 묶어 멀린 엔진 27개를 장착하고, 저궤도 적재량을 53톤 이상 실을 수 있는 방법을 찾았다. 머스크와 뮬러가 생각해낸 설계에는 천재성이 번뜩여서 스페이스 엑스는 팰컨 1호부터 팰컨 헤비에 이르기까지 비용과 시간을 절약하면서 같은 엔진을 다른 배열로 재사용할 수 있다. 뮬러는 이렇게 설명했다. "우리는 주요 연소실, 터보 펌프, 가스발생기, 인젝터, 주요 밸브 등을 만듭니다. 그뿐만 아니라 제조 과정을 완전히 제어하고 있어요. 대부분의 기업이 정부의 시험장을 사용하는 반면에 우리는 자체 시험장을 구비하고 있죠. 노동시간을 절반으로 줄이고 재료를 둘러싼 작업도 절반으로 줄였습니다. 4년 전에는 1년에 로켓 두 대를 만들 수 있었지만 지금은 1년에 스무 대를 만들 수 있습니다." 스페이스 엑스는 팰컨 헤비가 최대 경쟁 제품인 보잉과 ULA의 '델타 4 헤비'보다 비용은 3분의 1로 줄이고 탑재물은 두 배로 운송

---

38 정신 나간 행동처럼 보이지만 NASA는 스페이스 엑스가 같은 유형의 발사체인 팰컨 헤비를 만들고 있는데도, 언젠가 화성에 갈 수 있는 차세대 거대 우주선을 만들고 있다. 정부가 연구한 결과에 따르면 수치가 매우 보수적이지만 NASA의 프로그램에는 180억 달러의 예산이 책정되었다. 억만장자 투자가이자 한때 상업용 우주 기업가였던 앤드루 빌은 이렇게 강조했다. "그것은 NASA가 할 일이 아닙니다. 우주왕복선 시스템은 재앙 수준입니다. 도대체 답이 없어요. 정신이 똑바로 박힌 사람이라면 누가 거대한 고체 부스터를 사용하겠습니까? 특히 다이내믹 실dynamic seal이 필요한 세그먼트에서 만든 부스터를 말입니다. 그나마 지금까지 실패를 단 한 번 겪은 것이 행운이죠." 빌의 단호한 비판은 여러 해에 걸쳐 정부가 우주선과 발사체의 제조를 재정적으로 지원함으로써 민영 우주 기업과 경쟁을 벌이는 장면을 지켜보며 얻은 결론이다. 빌이 소유한 빌 에어로스페이스Beal Aerospace는 정부가 경쟁사의 로켓에 지속적으로 자금을 지원하기 때문에 사업을 접었다. "전 세계 정부는 일론이 하고 있는 일을 하느라 수십 억 달러를 소비하면서 실패까지 합니다. 물론 정부가 있어야 하지만 정부가 밖으로 나가 기업들과 경쟁한다는 생각은 정말 어처구니가 없습니다."

할 수 있다고 자랑한다. 또한 스페이스 엑스는 텍사스 주 브라운즈빌Brownsville에 우주 공항을 건설하고 있다. 목표는 이곳에서 로켓을 발사대에 세우고 연료를 주입하고 쏘아 올리는 과정을 자동화하여 로켓의 시간당 발사 횟수를 늘리는 것이다.

초창기에 그랬듯 스페이스 엑스는 실제로 발사하는 동안 다른 기업은 엄두도 내지 못하는 방식으로 새로운 발사체를 계속 실험한다. 앞으로도 새 엔진이나 착륙 다리를 시험한다고 자주 발표하고, 발사를 성사시키도록 마케팅 자료를 업그레이드하는 데 중점을 둘 것이다. 스페이스 엑스는 임무를 수행하는 동안에도 비밀리에 다른 목적 수십 가지를 시험할 때도 많다. 머스크는 실행할 수 없어 보이는 작업을 하라고 직원에게 요구한다. 과거 중역으로 일했던 사람은 스페이스 엑스의 작업 분위기가 불만족과 영원한 희망이 야릇하게 섞여 돌아가는 영구기관 같다고 묘사했다. "한 번 충전으로 로스앤젤레스에서 뉴욕까지 갈 수 있는 자동차를 전 직원이 매달려 제작하는 것이 그 예입니다. 그들은 1년 동안 자동차를 만들고 모든 부품을 시험합니다. 그리고 다음 해 로스앤젤레스에서 뉴욕을 향해 자동차를 출발시키면서 운이 따르면 라스베이거스 정도라도 가주리라고 마음속으로 생각합니다. 결국 자동차가 직원들의 비밀스러운 예상보다 두 배나 멀리 달려 뉴멕시코에 도착하더라도 일론은 여전히 화를 냅니다. 이렇듯 일론은 사람들의 능력을 다른 사람보다 두 배 이상 끌어냅니다."

어떤 일이든 머스크에게 충분한 수준이란 있을 수 없다. 좋은 예를 들어보자. 2010년 12월 드래곤 캡슐이 지구궤도에 진입했다가 지구로 무사히 귀환했다. 이는 스페이스 엑스가 이룩한 위대한 성취의 하나로 직원들은 이를 위해 몇 해는 아니더라도 몇 달 동안 물불을 가리지 않고 일해왔다. 12월 8일 발사를 무사히 마친 스페이스 엑스는 12월 16일 크리스마스 파티를 열었다. 파티를 시작하기 90분 전쯤 머스크는 고위 중역들을 상대로 회의를 소집했다. 뮬러를 포함한 여섯 명은 파티 복장을 입고 크리스마스와 스페이스 엑스의 역사적 성취를 축하할 준비를 갖추었다. 하지만 머스크는 앞으로 사용할 로켓의 트러스truss 구조의 제작이 예상보다 더디다는 까닭으로 한 시간가량 중역들을 몹시 나무랐다. 브로건은 당시를 "중역의 아내들은 머스크의 꾸짖음이 끝날 때까지 밖에서 기다려야 했습니다."라고 회상했다. 머스크는 가끔 이런 방식으로 행동해 사람들의 입방아에 오르내렸다. 예를 들어 언젠가 까다로운 NASA 프로젝트를 성공리에 완수한 팀원 서른 명에게 추가 스톡옵션 등을 보상으로 주었다. 즉시 손에 쥘 수 있는 보상을 원했던 여러 직원들이 현금을 요구했다. 엔지니어로 일했던 드루 엘딘은 이렇게 말했다. "일론은 주식을 소중하게 생각하지 않는다면서 우리를 나무랐어요. '나중에 가면 지금 받은 주식이 현금 1,000달러보다 훨씬 가치가 크다네.' 큰 소리를 내지 않았지만 우리에게 실망한 표정을 그대로 드러냈죠. 일론의 말을 그대로 듣고 있기가 힘들었습니다."

많은 스페이스 엑스 직원들은 자신이 하고 있는 일에 대해 언제 큰 보상을 받을 수 있을지 항상 궁금해한다. 그들이 급여를 많이 받는 것은 사실이지만 그렇다고 흡족할 정도로 많지 않다. 직원 중에는 스페이스 엑스가 최초로 주식을 상장할 때 돈을 벌 수 있으리라 기대하는 사람이 많다. 문제는 조만간 주식을 상장할 의사가 머스크에게 없다는 것이다. 다른 행성에 식민지를 건설하는 사업 모델조차 명확하게 서 있지 않은 상황에서 화성에 대한 전체 사업 계획을 투자가들에게 설명하기 힘들기 때문이다. 따라서 머스크가 주식 상장은 앞으로 몇 해 후의 일이고 화성 탐사가 더욱 안전하게 이루어져야 가능하다고 발표하자 직원들은 불평하기 시작했다. 이 이야기를 전해 들은 머스크는 전 직원에게 이메일을 보냈다. 다음에 인용한 이메일은 머스크의 생각을 들여다보고, 그 생각이 다른 CEO들과 얼마나 다른지 살펴볼 수 있는 훌륭한 창구이다. (이메일 전문은 부록 3을 참고.)

2013년 6월 7일

주식 상장에 대하여

최근에 언급한 대로 나는 화성 수송 체계가 자리 잡기 전에 스페이스 엑스가 주식을 상장하는 계획에 대해 우려하고 있습니다. 인류가 화성에서 생활하는 데 필요한 기술을 개발하는 것이 스페이스 엑스의 흔들리지 않는 근본 목적입니다. 주식 상장 때문에 목적을 달성할 가능성이 작아진다면 화성 탐사 계획이 궤도에 올라설 때까지 주식을 상장해서는 안 됩니다. 물론 다시 생각해볼 의사는 있지만 테슬라와 솔라시티에서 겪은 경험을 참고하고 특히 스페이스 엑스의 사명이 장기적 성격을 띤다는 점을 고려해 주식 상장을 더더욱 주저하고 있습니다.

상장 기업에서 일해본 적이 없는 직원은 주식 상장이 바람직한 절차라고 생각할지 모르겠습니다. 하지만 그렇지 않습니다. 기술이 급변하거나 내부 사정으로, 때로는 아무 원인 없이 순전히 경제 문제로 상장 기업의 주가는 극심하게 요동합니다. 그러면 직원들은 훌륭한 제품을 만드는 데 집중하지 못하고 주가 변동에 영향을 받기 마련입니다.

......

자신이 공개시장의 투자가보다 똑똑하다고 생각하고, 스페이스 엑스의 주식을 '적당한 시기'에 팔겠다고 생각하는 사람에게 이렇게 묻고 싶습니다. 여러분이 진정으로 대부분의 헤지 펀드 관리자보다 낫다면 자신이 보유한 스페이스 엑스의 주식 가치에 신경 쓸 필요가 없지 않습니까? 다른 상장 기업의 주식에 투자해 주식시장에서 수십 억 달러를 벌면 되지 않습니까?

......

일론 머스크

ELON

MUSK

제10장

테슬라의 역습

10여 대의 모델 S가 주인에게 인도되는 장면을 지켜보려고 참석자 수백 명이 무대 주위로 모여들었다. 모델 S 세단이 무대에 나란히 모습을 드러내자 일부 근로자가 환호했다. 모델 S가 천천히 행진할 때는 가장 냉소적으로 머스크를 비판했던 사람이라도 잠시 숙연해졌을 것이다. 전기 자동차를 만들겠다는 약속을 과대 선전하고 정부의 융자금을 받는 것을 둘러싸고 말도 많고 탈도 많았지만 테슬라는 거대하고 특별한 성과를 거두려고 노력하며 결과적으로 근로자 수천 명에게 일자리를 제공했다. 기계가 웅웅 돌아가는 소리를 배경으로 머스크가 짧게 연설하고 주인들에게 자동차 열쇠를 건네주었다.

머스크가 이룩한 성과 가운데 경쟁사가 놓쳤거나 도저히 따라잡을 수 없었던 성과는 테슬라를 일종의 라이프스타일로 바꾼 것이다. 테슬라는 고객에게 자동차를 파는 데 그치지 않고 이미지를 팔았고, 미래에 손을 뻗는 기분을 팔았고, 관계를 팔았다.

ELON
MUSK

자동차와 트럭을 선전하는 텔레비전 광고가 넘쳐나다보니 소비자는 어느 결에 면역이 되어 광고 내용을 무심히 흘려버리곤 한다. 그래도 괜찮다. 눈여겨봐야 할 내용이 그다지 많지 않기 때문이다. 자동차 제조사는 광고에 심혈을 기울여 실내 공간이 더욱 넓어졌다거나, 연비가 약간 좋아졌다거나, 조작하기가 쉬워졌다거나, 컵홀더를 더 만들었다는 등 수십 년 동안 비슷한 주장을 하며 자동차를 판매해왔다. 자사 자동차에 대해 내세울 만한 흥미로운 장점을 찾지 못한 기업은 자사 제품이 타사 제품보다 낫다고 소비자를 설득하기 위해서라면 옹색한 옷차림의 여자와 영국 억양을 구사하는 남자를 등장시키고, 생쥐에게 턱시도를 입혀 춤을 추게 만든다. 다음에 텔레비전에서 자동차 광고가 나오면 하던 일을 잠시 멈추고 내용에 귀를 기울여보자. 폭스바겐Volkswagen의 '계약서에 서명하는 즉시 몰고 가세요.'가 슬로건인 광고 이벤트를 보라. 그 이면에 '평소보다 덜 비참한 심정으로 자동차를 살 수 있습니다.'라는 뜻이 숨어 있다는 사실을 아는 순간, 자동차 산업이 얼마나 가라앉아 있는지 깨닫기 시작할 것이다.

2012년 중반 테슬라 모터스는 현실에 안주하는 자동차 산업을 뒤흔들었다. 모델 S 세단을 출시했던 것이다. 순수 전기 자동차인 이 고급 차는 한 번 충전으로 480킬로미터 이상 달리고, 4.2초 만에 시속 100킬로미터에 도달할 수 있었다. 아이용 사양으로 뒤 칸에 좌석 두 개를 선택하면 모두 일곱 명이 탈 수 있다. 트렁크도 두 개여서 일반적 형태의 뒤 트렁크가 있고, 가솔린 자동차에서는 부피가 큰 엔진이 들어 있는 공간에 테슬라가 '프렁크frunk'라고 부르는 앞 트렁크가 있다. 차 바닥에는 전기 배터리 팩을 장착하고 뒤 바퀴 사이에 워터멜론만 한 전기모터를 장착했다. 엔진이 없고 금속이 부딪치며 내는 소리가 없으므로 주행할 때 소음도 없다. 게다가 고유 속도, 단위 연료당 주행거리, 조작, 수납 면적 등에서 대부분의 고급 세단보다 뛰어나다.

눈에 띄는 점은 여기서 그치지 않는다. 운전자가 가까이 다가갈 때까지 차체에 숨어 있는 자동차 손잡이를 비롯한 깜찍한 장치도 있다. 밖에서 가볍게 건드리면 그제야 은색 손잡이가 부드럽게 튀어나온다. 운전자가 문을 열고 좌석에 앉으면 손잡이는 다시 차체로 숨는다. 이때 눈앞에 펼쳐지는 17인치짜리 터치스크린으로 운전자는 스테레오 음량을 높이거나[39] 손가락으로 슬쩍 밀어 선루프를 여는 등 대부분의 기능을 조절한다. 일반 자동차는 대시 보드를 설치해 다양한 성능을 표시하고, 버튼을 장착하고, 엔진의 소음을 차단하지만 모델 S는 이 넓은 공간을 탑승자에게 할애한다. 또한 인터넷을 항상 연결해 터치스크린으로 음악 스트리밍 서비스를 제공하고, 차량용 항법 장치로 구글 맵을 장착했다. 자동차에 시동을 걸 때도 열쇠를 돌리거나 버튼을 누를 필요가 없다. 좌석이 운전자의 체중을 감지하면 모델 S 모양의 소형 스마트키에 있는 센서가 작동해 차량에 전원이 들어온다. 모델 S는 차체를 경량 알루미늄으로 만들어 역사상 최고의 안전도를 달성했다. 게다가 미국 전역과 나중에는 전 세계 고속도로에 세워질 테슬라 충전소에서 무료로 충전할 수 있다.

모델 S는 엔지니어와 환경보호가 입장에서 최고로 효율적인 모

---

39 사운드 시스템의 음량은 보통 제품처럼 10단계까지가 아니라 11단계까지이다. 이는 스파이널 탭Spinal Tap, 영화에 등장하는 가상의 영국 헤비메탈 밴드을 기리는 동시에 머스크의 유머 감각을 나타낸다.

델을 제시했다. 전통적인 자동차와 하이브리드 자동차에는 움직이는 부품이 수백 수천 개에 이른다. 엔진은 피스톤을 사용해 변함없이 규칙적으로 폭발해야 하고, 그러려면 크랭크축·오일 필터·교류 발전기·팬·배전기·밸브·코일·실린더 등이 필요하다. 엔진이 생산하는 힘이 클러치와 기어를 통과해 구동축을 거쳐 바퀴를 돌리고 나면 연소된 가스를 배기 장치가 외부로 배출한다. 자동차는 휘발유를 투입해 추진력을 얻기까지 연료 효율이 약 10~20퍼센트에 불과하다. 약 70퍼센트에 해당하는 에너지는 대부분 엔진에서 열로 손실되고 나머지는 바람 저항과 브레이크, 기타 기계적 기능으로 사라진다. 이와 대조적으로 모델 S에는 움직이는 부품이 10여 개뿐이고 배터리 팩은 에너지를 수박만 한 모터로 즉시 보내 바퀴를 움직인다. 모델 S는 에너지 효율이 약 60퍼센트이고 나머지 에너지는 대개 열로 빼앗긴다. 게다가 이 세단은 리터당 약 42킬로미터를 주행한다.[40]

하지만 모델 S의 두드러진 특징에는 자동차를 구입하고 소유하는 경험도 들어 있다. 무엇보다 자동차를 살 때 대리점에 가서 지나치게 강매하려는 세일즈맨을 상대하지 않아도 된다. 테슬라가 모델 S를 자체 매장과 웹사이트를 통해 직접 판매하기 때문이다. 전형적

---

40 모델 S를 포함한 전기 자동차는 내연기관 자동차보다 에너지 효율이 3~4배 높다. 그 외에도 동력 장치와 태양 전지판을 활용해 집중적이고 효율적인 방식으로 생산한 에너지를 동력으로 이용할 수 있다.

으로 매장은 테슬라의 본보기인 애플 매장처럼 고급 쇼핑몰이나 부유한 교외 지역에 있다. 고객은 쇼핑하다가 매장에 걸어 들어와 모델 S 완제품을 구경하고, 매장 뒤쪽으로 돌아가 바닥이 훤히 드러난 견본 제품을 보면서 배터리 팩과 모터를 살펴본다. 또한 매장에 커다란 터치스크린이 비치되어 있어 고객이 현재 소유한 자동차에서 전기 자동차로 바꿀 경우 연료비를 얼마나 절약할 수 있을지 계산하고, 자신이 미래에 소유할 모델 S의 모습과 추가 사양을 설정할 수 있다. 환경 설정을 마치고 스크린을 밀면 매장 한가운데 있는 대형 스크린에 자신만의 모델 S가 드라마틱하게 나타난다. 전시 모델에 앉아보고 싶다고 말하면 세일즈맨이 운전석 쪽 문 근처에 있는 빨간 벨벳 줄을 잡아당겨 문을 열어준다. 세일즈맨은 수수료로 보수를 받지 않으므로 고객에게 추가 사양을 갖추라고 강요하지 않는다.

테슬라는 고객이 자동차를 매장에서 사든 온라인으로 사든 컨시어지 서비스concierge service, 고객의 요구에 맞추어 모든 과정을 일괄적으로 처리해주는 서비스 형식으로 배달하고, 자택이든 사무실이든 고객이 원하는 곳으로 찾아간다. 고객이 실리콘밸리에 있는 공장에서 직접 자동차를 찾아가는 방법도 마련했다. 이때는 고객과 함께 온 친구나 가족에게 회사 시설을 견학시키는 서비스를 제공한다. 모델 S는 제품을 받고 몇 달이 지나도 엔진오일을 교환하거나 튠업을 할 필요가 없다. 내연기관 자동차를 유지하는 데 필요한 기계적 작업이 사라지고 움직이는 부품도 소수에 불과하기 때문이다. 만에 하나 자동차에 문제가 생기더라도 테슬라가 차량을 회수해가고 수리를 마칠 때까지 고객에게 대체 차량을 빌려준다.

모델 S는 소비자들이 대량생산 자동차를 탈 때 경험해보지 못한 방식으로 문제를 해결한다. 일부 초기 고객은 자동차 문 손잡이가 제대로 돌출하지 않는다거나 앞창 유리 와이퍼가 고약한 속도로 움직이는 등의 사소한 고장에 대해 불평했다. 차량이 고가인 점을 고려한다면 변명할 여지가 없는 결함이지만 일반적으로 테슬라는 불평에 현명하고 효율적으로 대처했다. 고객이 잠자고 있는 사이에 엔지니어들이 인터넷으로 자동차 프로그램에 들어가 소프트웨어를 업데이트했다. 아침에 자동차를 몰고 나갔다가 문제가 고쳐졌다는 사실을 깨달은 고객은 마술 요정이 밤새 자동차를 고쳐놓은 듯한 기분을 느꼈다.

게다가 테슬라는 소프트웨어 기술을 적용해 오류를 바로잡는 데 그치지 않고 새 기능을 선보였다. 스마트폰 앱을 소개해 운전자들이 원격으로 에어컨이나 히터를 켜고, 자동차의 주차 지점을 지도로 파악할 수 있게 했다. 또한 모델 S에 소프트웨어 업데이트를 통해 새로운 사양을 탑재하기 시작했다. 예를 들어 하룻밤 사이에 경사로 및 고속도로 주행용 자동제어 장치를 탑재하거나, 재충전 시간을 단축하거나, 음성으로 조절할 수 있는 기능의 범위를 늘렸다. 자동차를 소비자가 구매하고 나서 사용할수록 애정이 생기는 제품으로 만들었다. 모델 S의 최초 소유자이면서 인간 DNA를 최초로 해독한 유명한 과학자 크레이그 벤터Craig Venter는 "모델 S는 교통수단에 대한 전부를 바꾸었습니다. 그야말로 바퀴 달린 컴퓨터입니다."라고 찬사를 보냈다.

테슬라가 이룩한 성과를 최초로 감지한 것은 실리콘밸리의 기술 찬양론자들이었다. 실리콘밸리에는 사소한 결점을 감수하더라도 최신 장치를 구매하는 조기 사용자early adopter, 얼리어댑터가 넘쳐난다. 이들이 주로 구매하는 제품은 가격대가 100~2,000달러인 컴퓨터 관련 장치이다. 당시 조기 사용자들은 작동하지 않을 수도 있는 제품에 10만 달러를 기꺼이 쓰는 동시에 신생 기업인 테슬라에 신뢰를 보냈다. 자사를 믿어주는 응원 부대가 필요했던 테슬라는 예측하지 못할 정도로 뜨거운 호응을 받았다. 출시되고 처음 두 달 동안 모델 S는 샌프란시스코와 주변 도시의 거리에서 하루 평균 1~2대씩 눈에 띄었다. 그 수는 하루 5~10대로 늘어났고 이내 실리콘밸리의 중심지인 팰로 앨토와 마운틴 뷰에서 가장 흔한 자동차처럼 느껴질 정도였다. 부유한 기술 찬양론자들이 새 기계를 손에 넣는 동시에 환경을 보호한다고 주장할 수도 있었으므로 모델 S는 궁극적 신분을 나타내는 상징으로 떠올랐다. 실리콘밸리에서 불기 시작한 모델 S의 바람은 로스앤젤레스 그리고 서해안을 따라 워싱턴 DC와 뉴욕(정도가 좀 더 약하기는 했지만)까지 번져갔다.

전통 자동차 제조사들은 처음에는 모델 S가 소비자의 눈을 현혹시키는 제품이어서 판매 상승세가 일시적 현상에 그치리라 예측했다. 하지만 이러한 생각은 공황 상태로 바뀌었다. 2012년 11월 출시한 지 불과 몇 달 지나지 않아 모델 S는 〈모터 트렌드Motor Trend〉가 조사를 실시한 이래 최초의 만장일치로 올해의 자동차에 선정되었다. 포르셰·BMW·렉서스·스바루Subaru 같은 기업의 자동차 11종을 누르면서 "미국인이 여전히 위대한 제품을 생산할 수 있다는 사실을 긍정적으로 보여주는 증거"라는 평을 들었다. 〈모터 트렌드〉는 모델 S가 비내연기관 엔진 자동차로는 처음으로 올해의 자동차로 선정되었다고 찬사를 보내면서 스포츠카처럼 달리고, 롤스로이스만큼 부드럽게 움직이고, 쉐보레 이퀴녹스Chevy Equinox만큼 적재량이 많으며, 도요타의 프리우스보다 에너지 효율이 높다고 썼다. 몇 달 후 〈컨슈머 리포트Consumer Reports〉는 모델 S에 사상 최고점인 100점 만점에 99점을 주면서 지금까지 생산된 자동차 중 최고라고 부추겼다. 이 무렵 모델 S의 판매량은 테슬라의 주가와 함께 치솟기 시작했다. 제너럴 모터스는 모델 S와 테슬라, 일론 머스크의 경영 방법을 연구하는 팀을 꾸렸다.

테슬라가 거둔 성과를 잠시 돌아보자. 머스크는 전기 자동차를 만들겠다고 결심한 후 무엇과도 타협하지 않고 일을 추진해 결국 제작에 성공했다. 그리고 기업가적 유도柔道 전략을 사용해 수십 년 동안 전기 자동차에 쏟아졌던 비난에 종지부를 찍었다. 모델 S는 그냥 최고의 전기 자동차가 아니라 소비자가 원했던 자동차였다. 미국에서는 1925년 크라이슬러 이후로 창업에 성공한 자동차 기업이 없었고 실리콘밸리는 자동차 산업에서 중요한 성과를 거두지 못했다. 머스크는 과거에 자동차 공장을 운영해본 경험이 없었으며 디트로이트에서는 거만한 아마추어로 취급받았다. 하지만 테슬라는 모델 S를 출시한 지 1년 만에 5억 6,200만 달러에 이르는 분기별 수입을 거두면서 판매 예상고를 높였고 기업 가치는 마즈다 모터Mazda Motor와 동등해졌다. 일론 머스크가 자동차 산업계에서 아이폰 같은 제품을 만들어낸 것이다. 미국·일본·독일의 전통 자동차 제조사의 중역들은 형편없는 광고에만 의존하다가 테슬라의 선전을 손 놓고 지켜볼 수밖에 없었다.

자동차 산업의 베테랑들이 허를 찔린 것도 무리는 아니다. 여러 해 동안 테슬라는 무엇 하나 제대로 생산해내지 못하는 구제 불능 기업으로 보였다. 그러다가 2009년 초 로드스터를 출시하면서 사업을 궤도에 올렸고 스포츠카에 내재한 생산 문제를 해결했다. 머스크는 로드스터 판매의 여세를 몰 작정으로 고객에게 이메일을 보내 가격을 인상하겠다고 선언했다. 9만 2,000달러에서 시작한 로드스터의 판매가를 10만 9,000달러로 올린다고 알리면서, 이미 자동차를 주문했으나 아직 인도받지 못한 고객 400명도 인상된 차액을 내야 한다고 덧붙였다. 그러면서 자동차 판매가를 인상할 수밖에 없는 이유를 설명하며 고객을 달랬다. 로드스터의 제조 비용이 테슬라의 첫 예측보다 훨씬 컸고, 2011년에 인도하겠다고 약속한 모델 S를 생산하는 데 필요한 대형 정부 융자를 반드시 받으려면 특정 수익을 유지해야 하기 때문이라고 설명했다. "이 계획이 초기 고객에게 공정한 동시에 테슬라의 생존을 확보하는 합리적 타협점이 되리라 생각할 뿐 아니라 모든 고객에게 최고의 이익을 안기리라 확신합니다. 대량 전기 자동차 시장을 형성하는 것이 테슬라를 시작했을 때부터 마음에 품어온 목표였습니다. 대다수 테슬라 고객은 그 목표가 위험에 빠지는 것을 원하지 않을 것입니다. 그렇게 생각하고 싶지 않습니다." 물론 불평하는 고객은 있었지만 머스크는 전반적인 고객층의 마음을 제대로 읽었다. 그들은 머스크가 제안하는 것이면 무엇이든 지지해줄 것이었다.

테슬라는 제품 가격을 인상하면서 안전상 리콜을 실시했다. 로드스터의 섀시를 만든 로터스 측이 조립 라인에서 볼트를 적절하게 조이지 못했기 때문이라고 했다. 긍정적으로 생각하면 고객에게 인도한 로드스터가 345대에 불과했으므로 리콜은 감당할 만했다. 하지만 부정적으로 생각하면 안전상 리콜은 비록 테슬라의 주장대로 적극적 조치였다 하더라도 신생 자동차 기업에서 발생해서는 안 되는 일이었다. 다음 해 테슬라는 자발적 리콜을 다시 실시했다. 전선이 탄소섬유 재질의 차체와 마찰해 합선을 일으켜 연기가 발생한다는 보고를 받았기 때문이다. 당시 리콜 대상 차량은 439대였고 테슬라는 문제가 악화되는 것을 미리 막으려고 현장을 직접 찾아가 로드스터를 수리하거나 차량을 공장으로 가져와 고치겠다고 발표했다. 그때 이후로 줄곧 머스크는 제품에 문제가 생길 때마다 고객을 만족시키려는 테슬라의 서비스와 헌신을 과시하는 기회로 삼았고 이러한 전략은 대개 적중했다.

테슬라는 로드스터가 가끔 말썽을 일으키는 외에도 대중의 인식 때문에 줄곧 골치를 앓았다. 2009년 6월 마틴 에버하드가 머스크를 상대로 소송을 걸면서 머스크가 자신을 몰아낸 사연을 자세하게 폭로했다. 에버하드는 머스크가 명예훼손과 계약 위반을 저질렀다고 주장하면서, 진심 어린 발명가인 사주를 회사에서 쫓아내는 등 돈에 눈이 먼 파렴치한이라고 비난했다. 또한 테슬라를 자신이 창업했다고 거짓말한다고도 덧붙였다. 머스크는 여기에 지지 않고 에버하드의 비난에 반박하는 글을 블로그에 올리면서 그의 결점을 상세히 기록하고 자신이 테슬라의 진정한 창업자가 아니라는 주장에 분노했다.

얼마 후 두 사람은 다툼을 정리하고 상호 비난을 중지하기로 합의했다. 에버하드는 당시 발표문에서 "공동 설립자로서 일론이 테슬라에 기여한 정도는 특별했습니다."라고 말했다. 이러한 내용을 글로 발표할 때 에버하드의 심정은 틀림없이 고통스러웠을 것이다. 하지만 해당 사건을 계기로 머스크가 강경한 협상가로서 구사하는 기술과 전술의 위력이 잘 드러났다. 두 사람은 사법적 결정을 준수해야 하는 까닭에 겉으로 드러낼 수는 없지만 오늘날에도 서로 증오한다. 하지만 에버하드는 테슬라에 더 이상 오랜 원한을 품지 않는다. 자기 소유의 테슬라 지분 가치가 매우 높아졌기 때문이다. 그는 여전히 로드스터를 몰며 그의 아내도 한때 모델 S를 소유했다.

테슬라는 창업 초기에 불미스러운 이유로 뉴스에 자주 등장했다. 언론과 자동차 산업의 일각에서는 이것이 소비자의 관심을 끌기 위한 테슬라의 술책이었다고 생각하기도 했다. 대중은 에버하드와 불만을 품은 과거 테슬라 직원들이 머스크와 벌이는 입씨름을 지켜보며 즐거워하는 것 같았다. 실리콘밸리의 일부 무리는 머스크를 성공한 기업가로 보지 않았고, 그들의 예상대로 테슬라가 무너졌을 때 응분의 대가를 치러야 하는 눈엣가시 같은 허풍쟁이로 여겼다. 그들은 로드스터가 전기 자동차의 무덤을 향해 가고 있다고 생각했고, 전반적으로 자동차 혁신 분야에서는 디트로이트가 실리콘밸리보다 앞선다는 사실을 입증해서 세상의 자연적 질서를 온전히 유지하리라 믿었다.

하지만 이해할 수 없는 현상이 벌어졌다. 테슬라가 너끈히 살아남은 것이다. 2008~2012년 로드스터의 판매량은 약 2,500대에 이르렀다.[41] 로드스터는 머스크가 사업을 시작할 당시 의도한 목표를 모두 달성했고, 전기 자동차가 운전하기 즐거울 뿐 아니라 욕망의 대상이 될 수 있다는 사실까지 입증했다. 테슬라는 로드스터를 생산

---

41 최초의 로드스터는 커다란 합판 상자에 싸여 도착했다. 테슬라의 엔지니어들이 미친 듯이 상자를 풀고 배터리 팩을 장착한 후에 머스크가 시범 주행을 했다. 20여 명의 테슬라 엔지니어들이 시제품 차량에 올라타 머스크 뒤를 호위하며 팰로 앨토와 스탠퍼드 주위를 돌았다.

하면서 대중에게 전기 자동차의 존재를 각인시켰고, 그것도 미국 자동차 산업과 국제 금융시장이 붕괴하는 등 불가능한 상황에서 쾌거를 이루었다. 머스크가 순수한 의미에서 테슬라의 설립자인지 여부를 가리는 것은 이제 중요하지 않다. 머스크의 돈, 마케팅 기술, 교묘한 전술, 공학 지식, 불굴의 정신이 없었다면 오늘날 테슬라도 없기 때문이다. 테슬라는 머스크 덕택에 존재할 수 있었고, 인텔·마이크로소프트·애플이 설립자의 개성을 반영하듯 머스크의 개성을 나타낸다. 테슬라의 공동 설립자인 마크 타페닝도 같은 취지의 말을 남긴 적이 있었다. "일론은 우리가 상상한 것보다 훨씬 멀리 테슬라를 끌고 나갔습니다."

로드스터를 탄생시키는 모험이 힘들었던 만큼이나 머스크는 자동차 산업의 판을 새로 짜서 업적을 이루겠다는 의욕에 불탔다. 테슬라는 코드명이 화이트스타인 다음 제품을 기획하면서 다른 기업 제품을 개조하지 않고 전기 자동차 관련 기술을 총동원해 밑바닥부터 자력으로 만들기로 했다. 예를 들어 로드스터를 제작할 때는 로터스 엘리스의 섀시를 사용하는 제약 때문에 배터리 팩을 자동차 뒤쪽에 장착했다. 이 방법이 괜찮기는 하지만 배터리 팩이 워낙 무거웠으므로 이상적이지 않았다. 후에 모델 S로 변신할 화이트스타를 제작하기로 계획을 세우면서 머스크와 테슬라 엔지니어들은 중량 590킬로그램짜리 배터리 팩을 자동차 바닥에 장착하기로 결정했다. 그러면 무게중심이 낮아져 운전 성능이 탁월해진다. 자동차의 방향 전환에 저항하는 극관성 모멘트도 낮아진다. 엔진처럼 중량이 무거운 부품은 자동차의 무게중심에 가능한 한 가까이 두는 것이 이상적이다. 경주용 자동차의 엔진이 차량 중앙 근처에 있는 까닭도 이 때문이다. 이러한 기준에서 볼 때 전통적인 자동차는 부품 배치가 엉망이다. 중량이 많이 나가고 부피가 큰 엔진을 앞에 장착하고, 좌석은 중앙에 앉히고, 휘발유 슬로싱은 뒤에 배치했다. 하지만 모델 S는 엄청난 무게의 부품이 무게중심에 매우 가깝게 있으므로 운전 성능과 기능, 안전에 긍정적 영향을 미친다.

하지만 자동차의 내부 구조는 모델 S를 빛나게 하는 특징의 일부일 뿐이었다. 머스크는 자동차 외관에도 매우 신경 썼다. 모델 S는 세단이지만 섹시한 자태를 자랑할 것이다. 또한 편안하고 화려한 동시에 로드스터를 제조할 때 받아들여야 했던 절충안을 모두 배제했다. 이렇게 아름답고 기능이 탁월한 자동차를 탄생시키기 위해 머스크는 에스톤 마틴에서 크게 활약했던 유명한 덴마크 자동차 디자이너 헨리크 피스커Henrik Fisker를 채용했다.

2007년 테슬라는 모델 S를 제작하겠다는 계획을 처음으로 피스커에게 알리면서 가격대가 5~7만 달러이고 매끈한 4도어 세단을 디자인해달라고 요청했다. 당시만 해도 테슬라는 로드스터를 가까스로 제작할 수 있을 뿐이었고 순수 전기동력계가 시간이 지나도 계속 작동할지 아무도 확신하지 못했다. 하지만 머스크는 시간을 두고 실효성을 판단하려 하지 않고 모델 S를 2009년 말~2010년 초에 출시하기를 원했으므로 피스커에게 신속하게 작업해달라고 요청했다. 피스커는 명성에 걸맞게 극적 효과를 창출하는 재능을 갖춘 인물로 에스톤 마틴뿐 아니라 BMW와 메르세데스 벤츠의 놀랄 만큼 아름다운 차량을 디자인했다.

머스크와 테슬라 중역들은 오렌지카운티에 있는 피스커의 작업장을 찾아가 모델 S의 디자인 작업이 진행되는 과정을 점검했다. 하지만 작업장을 방문할수록 디자인에서 받는 감동이 줄어들었고, 피스커가 내놓는 따분한 디자인에 당황했다. 테슬라에서 화이트스타 프로젝트를 주도했던 전 부사장 론 로이드Ron Lloyd는 "몇몇 초기 디자인은 거대한 달걀 같았어요. 디자인이 끔찍했습니다."라고 회상했다. 머스크가 자신의 디자인을 거절하자 피스커는 모델 S의 디자인을 지나치게 물리적으로 제한한다고 비난했다. 로이드가 전한 말에 따르면 피스커는 머스크가 자동차를 섹시하게 디자인하지 못하게 한다고 항의했다. 피스커는 서로 다른 방향에서 접근한 디자인들을 토대로 머스크와 엔지니어들이 검토할 수 있도록 몇 가지 발포고무 모델을 만들었지만 테슬라 팀은 모델이 마음에 들지 않았다.

나중에 밝혀진 사실이지만 피스커는 가장 좋은 디자인 몇 개를 감추고 내놓지 않다가 피스커 오토모티브Fisker Automotive를 창업하고 2008년 피스커 카르마Fisker Karma 하이브리드 자동차를 선보였다. 이 고급 세단은 배트맨이 일요일에 드라이브를 하기 위해 타고 나갈 것 같이 날렵하게 생겼다. 선이 가늘고 길며 모서리가 예리한 피스커 카르마는 눈부시게 아름답고 독창적이었다. 로이드는 "피스커가 우리와 경쟁하려 한다는 사실이 분명해졌습니다."라고 말했다. 머스크가 상황을 조사하여 알아보니 피스커는 자동차 제조사를 창업하려고 실리콘밸리에 있는 투자가들을 찾아다녔고 십중팔구는 테슬라에서 의뢰받은 디자인 작업을 고의로 지연시켰거나 방치하고 있었다. 실리콘밸리에서 유명한 벤처 투자사로 과거에 테슬라에 투자한 적이 있는 클라이너 퍼킨스 코필드 앤 바이어스Kleiner Perkins Caufield & Byers가 피스커에게 투자했다. 돌아가는 상황을 참을 수 없었던 머스크는 2008년 피스커를 상대로 소송을 제기하면서 그가 테슬라의 아이디어를 훔쳤을 뿐 아니라 테슬라가 디자인 작업 대금으로 지불한 87만 5,000달러를 자기 기업을 창업하는 데 유용했다고 고소했다. (결국 해당 소송에서는 피스커가 승소했다.)

테슬라의 원래 계획은 피스커처럼 하이브리드 자동차를 만드는 것이었다. 하이브리드 자동차는 처음 충전한 전기를 모두 사용하면 가스엔진이 작동하면서 자동차 배터리를 재충전한다. 이렇게 전기를 충전하고 나서 80~130킬로미터를 주행한 후 가까이에 있는 주유소에 들러 배터리를 보충할 수 있으므로 주행 거리 불안range anxiety, 전기 자동차를 운전하면서 배터리가 소진될까봐 걱정하느라 발생한 정신적 피로와 불안을 뜻하는 신조어에서 자유로울 수 있다. 그러나 테슬라 엔지니어들은 하이브리드 자동차 시제품을 만든 후 비용을 산출하고 성능을 시험한 끝에 하이브리드 자동차를 생산하면 지나치게 타협을 많이 해야 한다는 결론을 내렸다. J. B. 스트라우벨은 이렇게 설명했다. "제조 비용이 많이 들고 성능도 순수 전기 자동차만큼 좋지 않았습니다. 게다가 세계 모든 자동차 기업의 핵심 역량에 맞서는 팀을 꾸려야 했죠. 그러다보면 전력 전자와 배터리 개선 등 우리의 신념에 거스르는 정책을 펴야 할 겁니다. 우리는 나름대로 생각하는 최종 목표를 향하는 데 온 힘을 기울이고 결코 뒤를 돌아보지 않기로 결심했습니다." 이렇게 결론을 내리고 나서 스트라우벨을 포함한 테슬라 내부 인사들은 피스커를 향해 쏟았던 분노를 거두기 시작했다. 피스커가 마지막에는 문제투성이 자동차를 생산하고 곤란한 지경에 빠지리라고 판단했다.

자동차 대기업이 신제품 차량 한 종을 디자인하여 출시하려면 10억 달러를 써야 하고 수천 명의 인력을 동원해야 한다. 모델 S를 탄생시킬 당시 테슬라에는 자원이 턱없이 부족했다. 로이드에 따르면 테슬라는 애당초 모델 S 세단을 연간 약 1만 대 생산할 생각이었고 1억 3,000만 달러의 예산을 책정했다. 여기에는 자동차를 설계 제작하는 비용과 차체를 찍어내는 데 필요한 기계를 구비하는 비용이 포함되었다. 로이드는 "일론은 가능한 한 많은 부품을 자체 생산해야 한다고 우리를 강하게 밀어붙였습니다."라고 전했다. 연구 개발비가 부족했던 테슬라는 작업 기술과 생각이 탁월한 똑똑한 인재를 채용하는 방법으로 자금 부족 문제를 극복하기로 했다. 로이드는 "테슬라는 훌륭한 엔지니어 한 명이 평범한 엔지니어 세 명의 몫을 한다고 강조했습니다."라고 말했다.

　소수로 구성된 테슬라 엔지니어 팀은 모델 S의 기계적 내부 작용을 결정하는 과정을 밟기 시작했다. 첫 단계로 메르세데스 대리점에서 CLS 4도어 쿠페Coupe와 E 클래스 세단을 시범 주행했다. 엔지니어들이 같은 섀시를 사용한 두 자동차를 샅샅이 측정해 받아들일 점과 버릴 점을 연구했다. 최종적으로 엔지니어들은 디자인이 마음에 들었던 CLS를 모델 S의 기준으로 결정했다.

　우선 CLS 한 대를 구입해 낱낱이 해체했다. 한 팀은 로드스터의 직육면체 배터리 팩을 평평하게 새로 디자인했다. CLS의 바닥을 잘라 배터리 팩을 앉히고, 전체 시스템을 연결한 전자장치를 트렁크에 장착하고 나서 자동차 인테리어를 조화롭게 바꾸어 마무리했다. 3개월 동안 작업한 끝에 테슬라는 사실상 순수 전기 자동차 메르세데스 CLS를 만들어냈다. 테슬라는 해당 차량을 보여주며 투자가들과 다임러 같은 미래 협력사에 자금 지원을 요청했고, 나중에 다임러는 자사 차량에 테슬라의 전기동력계를 사용하기로 계약을 맺었다. 테슬라 팀은 이따금씩 자체 제작한 자동차를 몰고 공용 도로를 돌아다녔다. 해당 자동차는 중량이 로드스터보다 무겁지만 여전히 속도가 빨랐고 한 번 충전으로 약 193킬로미터를 주행할 수 있었다. 엔지니어들은 경쟁사가 눈치채지 못하게 시범 주행을 실시하려고 배기관의 끝 부분을 자동차에 용접해 붙여 여느 CLS처럼 보이게 만들었다.

이 무렵인 2008년 여름에 자동차 애호가인 프란츠 본 홀츠하우 젠이 테슬라에 들어오면서 앞서 피스커가 벌여놓은 난장판을 수습 하고 모델 S를 테슬라의 상징적 제품으로 만드는 임무를 맡았다.[42]

본 홀츠하우젠은 코네티컷 주의 작은 도시에서 성장했다. 소비 자 제품 디자인 및 마케팅 분야에서 일하는 아버지 밑에서 자란 본 홀츠하우젠은 지하실에 마커와 다양한 종류의 종이, 기타 재료를 쌓 아놓고 상상력을 키웠다. 어릴 때부터 자동차에 관심을 기울이기 시 작해 친구와 함께 모래언덕 주행용 자동차를 분해했다가 다시 조립 했고, 학교 노트의 여백과 침실 벽을 자동차 그림으로 도배했다. 대 학교에 지원할 때는 아버지의 길을 따르기로 결정하고 시러큐스 대 학교 산하 산업디자인 프로그램에 등록했다. 인턴으로 일하는 동안

---

42 2007년 후반~2008년 머스크는 아이팟과 아이폰을 세상에 내놓는 데 기여한 애플 중역 토니 파델을 영입하려고 했다. 머스크는 파델에게 최고 운영 책임자 정도의 자 리를 제의했다고 생각하는 반면에 파델은 테슬라의 CEO 자리를 제의받았다고 기억 했다. 파델은 이렇게 설명했다. "나는 테슬라의 CEO로 취임하는 문제를 놓고 일론 과 여러 차례 대화했습니다. 심지어 내가 테슬라 사무실을 방문할 때 일론이 깜짝 파 티까지 열어주었어요." 하지만 스티브 잡스가 낌새를 채고 파델을 놓치지 않으려고 애썼다. "잡스가 한동안 내게 잘해주었습니다." 2년 후 파델은 애플을 떠나 스마트홈 장치smart home device, 가전제품을 비롯한 집 안의 모든 장치를 연결해 제어하는 기술를 생산하 는 네스트Nest를 설립했다. 네스트는 2014년에 구글이 인수했다.

다른 디자이너와 교류하면서 로스앤젤레스에 있는 아트센터 디자인 대학에 대해 들었다. "그 디자이너가 자동차 디자인을 내게 가르쳐주면서 로스앤젤레스에 있는 학교에 대해 말해주었습니다. 정말 구미가 확 당겼어요. 그래서 시러큐스 대학교를 그만두고 캘리포니아 주에 있는 학교로 옮겼습니다."

이것이 자동차 산업에서 디자이너로 오랫동안 경력을 쌓아 유명해지는 출발점이었다. 본 홀츠하우젠은 미시건 주 포드 사와 유럽의 폭스바겐에서 인턴으로 일하면서 감성 디자인 개념을 습득하기 시작했다. 1992년 졸업하는 즉시 폭스바겐에 입사해 가장 흥미로운 프로젝트에 투입되어 극비에 붙여진 비틀Beetle의 새 모델을 디자인하는 작업에 들어갔다. "일하면서 정말 황홀했어요. 우리가 프로젝트를 진행한다는 사실을 아는 사람은 전 세계에서 50명뿐이었습니다." 본 홀츠하우젠은 대시 보드에 장착해 비틀을 상징하는 꽃병을 포함해 차량의 안팎을 디자인하는 기회를 잡았다. 드디어 폭스바겐은 1997년 '뉴 비틀New Beetle'을 출범했고 본 홀츠하우젠은 자동차 외관이 어떻게 대중의 눈길을 사로잡는지, 미국에서 판매 실적이 형편없었던 폭스바겐을 바라보는 소비자의 생각이 어떻게 바뀌는지 지켜보았다. "뉴 비틀로 폭스바겐 브랜드가 다시 태어났습니다. 그리고 자동차에 디자인을 도입하는 계기가 되었습니다."

본 홀츠하우젠은 폭스바겐의 디자인 팀에서 8년 동안 경력을 쌓다가 캘리포니아 남부의 자동차 문화에 흠뻑 빠져들었다. 기후가 화창한 로스앤젤레스는 컨버터블부터 서핑 보드를 운반하는 밴까지 온 갖 종류의 차량이 열렬한 환영을 받는 오랜 역사를 지닌 지역이었다. 당연히 주요 자동차 제조사 대부분이 로스앤젤레스에 디자인 연구소를 두었으므로 본 홀츠하우젠은 폭스바겐에서 제너럴 모터스로 다시 마쓰다로 직장을 옮겼고 마쓰다에서는 디자인 이사로 근무했다.

본 홀츠하우젠은 GM에 근무하면서 대형 자동차 제조사가 얼마나 진부해질 수 있는지 깨달았다. GM이 생산하는 자동차 중 단 하나에도 흥미가 생기지 않았으므로 GM의 자동차 문화에 커다란 영향을 끼치는 것이 불가능해 보였다. 그는 1,000명으로 구성된 디자인 팀의 일원으로 일했고 GM은 직원의 흥미나 자질을 전혀 고려하지 않고 되는 대로 팀에 배정했다. 본 홀츠하우젠은 "GM은 내 영혼을 모두 빼냈습니다. 정말 그곳에서 죽고 싶지 않았어요."라고 당시 심정을 털어놓았다.

GM과 달리 마쓰다는 그의 도움이 필요했고 그가 도와주기를 바랐다. 그래서 본 홀츠하우젠과 그의 로스앤젤레스 팀은 미국 북부에 판매하는 모든 차종에 대해 임프린트를 받았고, 콘셉트 카concept car, 자동차에 대한 소비자의 반응을 미리 내다보고 그에 맞게 제작한 자동차를 생산해 마쓰다의 디자인 방식을 재구성했다. 본 홀츠하우젠은 "우리는 줌줌zoom-zoom, 마쓰다의 자동차 광고에서 생긴 단어로 빠르고, 원기 왕성하고, 재미있고, 최신식이라는 뜻 스타일을 자동차의 외관과 분위기에 도입했습니다."라고 설명했다.

본 홀츠하우젠은 좌석을 만드는 재료와 차량에 주입하는 연료를 재평가해 더욱 환경친화적인 자동차를 생산하는 프로젝트를 출범했다. 2008년 초 테슬라가 수석 디자이너를 찾고 있다는 소식을 친구에게 전해 들었을 때 그는 실제로 에탄올을 연료로 사용하는 콘셉트 카의 제작을 막 마친 상태였다. 본 홀츠하우젠은 한 달 동안 메리 베스 브라운과 전화로 통화하면서 업무에 대해 물어보고 나서 머스크에게 연락해 스페이스 엑스 본부에서 면접을 보았다.

본 홀츠하우젠을 만난 머스크는 유행의 첨단을 걷는 헐렁헐렁한 복장과 느긋한 태도를 보는 즉시 자유로운 사고방식을 가진 창의적 인물이라 직감하고 그를 영입하려고 적극 노력했다. 두 사람은 호손 시에 있는 스페이스 엑스 공장과 실리콘밸리에 있는 테슬라 본사를 둘러보았다. 두 시설 모두 무질서했고 신생 기업 분위기가 그대로 드러났다. 머스크는 자동차의 미래를 직접 빚어나가고 일생일대의 기회를 거머쥐려면 대기업의 안정적이고 편안한 자리를 떠나는 것이 맞다는 논리를 미끼로 던지며 설득했다. 본 홀츠하우젠은 이렇게 회상했다. "나는 일론과 로드스터를 타고 달렸습니다. 지나는 사람마다 우리가 탄 자동차를 흘끗 쳐다보더군요. 마쓰다에서 10년을 근무할 수 있고 그곳 분위기에 적응해서 매우 편하게 일할 수도 있었습니다. 하지만 결단을 내렸어야 했어요. 테슬라에는 역사가 없으므로 시대에 뒤진 관례도 없었죠. 제품으로 세상을 바꾸겠다는 비전이 있을 뿐이었어요. 그 사실을 알면서 뛰어들고 싶지 않을 사람이 있겠습니까?"

본 홀츠하우젠은 신생 기업으로 자리를 옮길 때 감수해야 할 위험성은 잘 알고 있었지만 2008년 8월 근무를 시작할 당시 테슬라가 파산하기 일보 직전이었다는 사실은 몰랐다. 결과적으로 머스크는 안정적인 직업에 종사한 본 홀츠하우젠을 꼬드겨 죽음의 문턱으로 끌어들였던 것이다. 하지만 여러 면에서 생각할 때 본 홀츠하우젠은 테슬라를 스스로 선택했다. 테슬라를 단순한 자동차 제조사가 아닌 원대한 아이디어를 중심으로 인재들이 모여 꿈을 꾸는 곳으로 생각했기 때문이다. "테슬라에서 일하는 것이 흥미진진했습니다. 테슬라는 차고에서 자동차를 만들어내듯 실험을 거듭하며 자동차를 다시 멋지게 탄생시켰어요."

본 홀츠하우젠이 회사에 들어오면서 엔지니어들은 양복을 벗어던졌고, 자동차 산업계에서 오래 일하면서 둔감해졌던 자동차 베테랑의 손길도 능숙해지기 시작했다. 본 홀츠하우젠의 판단에 따르면 테슬라 엔지니어들은 자신들이 달성하고 싶은 일이 실현 불가능하다고 생각하지 않는, 열정으로 똘똘 뭉친 괴짜들이었다. 여기에 머스크의 존재가 활력을 불어넣었으며 테슬라에서 일하면 훨씬 규모가 큰 경쟁사들을 앞지를 수 있겠다는 믿음이 생겼다. "일론의 정신은 늘 현재보다 앞서 나갑니다. 다른 사람보다 항상 한 발자국이나 세 발자국 앞서 걸으면서 테슬라가 하는 일에 100퍼센트 헌신하죠."

본 홀츠하우젠은 피스커가 남긴 모델 S의 도면과 점토 모형을 검토했지만 별다른 감명을 받지 못했다. "그것은 실패작이었습니다. 어디를 봐도 초보 디자이너의 작품이었어요." 그와 생각이 같았던 머스크는 자신이 어떤 디자인을 원하는지 열심히 설명했다. 정확한 단어를 사용하지 않았지만 디자인을 향한 머스크의 비전과 신념을 본 홀츠하우젠은 충분히 느낄 수 있었다 "나는 함께 힘을 모아 다시 시작해서 이 멋진 제품을 만들어보자고 머스크에게 말했습니다."

돈을 절약하려고 스페이스 엑스 공장 안에 테슬라 디자인 센터를 출범했다. 본 홀츠하우젠 팀은 센터의 한쪽 구석을 차지하고 작업 내용을 비밀에 부치려고 텐트를 쳐서 공간을 분리했다. 머스크 기업의 전통대로 본 홀츠하우젠은 자신이 사용할 사무실을 직접 꾸미기로 하고 먼저 이케아에 가서 책상을 몇 개 사고 미술 도구 매장에 가서 종이와 펜을 샀다.

본 홀츠하우젠이 모델 S의 외관을 디자인하기 시작하자 테슬라 엔지니어들은 CLS 전기 자동차를 추가로 더 제작하기 시작했다. CLS의 차체 구조를 제거하고 부품을 속속들이 분해한 다음 모델 S의 초기 명세서에 따라 축간거리wheelbase, 자동차 앞바퀴와 뒷바퀴 사이의 거리를 10센티미터 늘렸다. 엔지니어 전원이 모델 S 프로젝트에 참여하면서 작업 속도가 빨라졌다. 본 홀츠하우젠은 약 3개월에 걸쳐 현재 모델 S의 95퍼센트를 디자인했고 엔지니어들은 골격 주위로 시제품 외장을 제작했다.

제작 과정 내내 본 홀츠하우젠과 머스크는 매일 대화했다. 두 사람은 책상을 가깝게 비치하고 자연스럽게 친밀한 관계를 형성했다. 머스크는 에스톤 마틴과 포르셰에서 빌려온 심미적 요소에 일부 구체적 기능을 덧붙이고 싶어 했다. 예를 들어 자동차가 7인승이어야 한다고 고집했다. 본 홀츠하우젠이 이렇게 말했다. "세단을 7인승으로 만들라니 한마디로 어이가 없었어요. 하지만 이내 그 뜻을 이해했죠. 자녀가 다섯인 일론은 모델 S에 가족용 차량이라는 인식도 심고 싶었던 겁니다. 다른 사람에게도 같은 욕구가 있으리라는 사실을 알았던 거죠."

머스크는 커다란 터치스크린에도 변화를 주고 싶었다. 이 터치스크린은 아이패드가 출시되기 몇 해 전에 만든 제품이었다. 그때까지 사람들이 이따금씩 공항이나 쇼핑몰에서 보는 터치스크린은 대부분 성능이 끔찍했다. 하지만 머스크는 아이폰과 그 터치 기능을 사용해보고 난 후, 이러한 유형의 기술이 곧 보편화되리라고 확신했다. 그래서 모델 S에는 커다란 아이폰을 설치해서 자동차 기능의 대부분을 조절하게 만들고 싶었다. 머스크와 본 홀츠하우젠은 이따금씩 텅 빈 차체 안에 앉아 서로 다른 크기의 노트북을 수평으로 눕혀보기도 하고 수직으로 세워보기도 하면서 최상의 자리를 찾아갔다. 결과적으로 두 사람은 17인치 스크린을 수직으로 장착하기로 결정했다. 모델 S의 운전자는 글러브 박스를 열거나 비상등을 켤 때처럼 물리적 버튼을 사용하도록 법으로 정한 기능을 빼고는 터치스크린을 이용한다.

차 바닥에 장착한 배터리 팩이 무거우므로 머스크와 디자이너, 엔지니어들은 다른 부분에서 모델 S의 중량을 줄이는 방법을 고민했다. 머스크는 모델 S의 차체에 강철 대신 가벼운 알루미늄을 사용해 중량 문제의 상당 부분을 해결하기로 했다. 머스크는 이렇게 말했다. "자동차에서 배터리 팩이 없는 부분은 비슷한 등급의 휘발유 자동차보다 가벼워야 하므로 모두 알루미늄으로 만드는 것이 누가 보기에도 확실한 선택이었습니다. 차체를 알루미늄으로 만들지 않으면 전기 자동차가 무용지물이 될 테니까요."

머스크는 여기서 '확실한 선택'이라는 단어를 사용하고 연이어 자기 생각을 장황하게 설명했다. 그렇다. 자동차는 가벼워야 하고 그럴 수 있으려면 알루미늄을 사용해야 했다. 하지만 당시 미국 북부의 자동차 제조사들은 알루미늄 보디 패널을 생산해본 경험이 전혀 없었다. 알루미늄은 커다란 프레스로 다루면 찢어지는 성질이 있다. 게다가 튼 살처럼 보이는 선이 생기고 페인트를 골고루 매끄럽게 입히기 어렵다. 머스크는 이렇게 덧붙였다. "유럽에서 재규어 일부 차종과 아우디 한 종을 알루미늄으로 제조하고 있지만 시장 점유율은 5퍼센트 미만에 불과합니다. 미국 북부에서는 단 한 종도 생산되지 않고요. 최근 들어 포드가 F-150을 대부분 알루미늄으로 제조하지만 그전에는 테슬라 제품뿐이었어요." 테슬라 내부에서도 알루미늄 차체를 포기하자며 머스크를 거듭 설득하는 움직임이 일었다. 하지만 머스크는 알루미늄이 유일하게 합리적인 대안이라고 판단한 뒤로는 꿈쩍도 하지 않았다. 이제 알루미늄으로 차체를 생산할 수 있는 방법을 찾는 것은 테슬라 팀의 몫으로 넘어갔다. 머스크는 당시에 대해 이렇게 말했다. "우리는 그 일이 가능하다는 것을 알고 있었습니다. 문제는 그 작업이 얼마나 힘들지, 해결하기까지 시간이 얼마나 걸릴지였죠."

모델 S의 디자인을 놓고 중요한 결정을 내릴 때도 비슷한 난관에 부딪쳤다. 머스크가 말했다. "터치스크린을 자동차에 장착하자고 의논하고 직원들이 제조 업체를 찾으러 다녔습니다. 회사로 돌아온 직원들은 자동차 부품 공급망에 터치스크린 제조사가 단 한 곳도 없다고 보고했어요. 나는 '알고 있네. 예전에 자동차에 장착해본 적이 없으니 당연한 것 아닌가?'라고 대꾸했죠." 머스크는 컴퓨터 제조 업체들이 17인치 컴퓨터 스크린을 수도 없이 만들어보았으므로 모델 S에 장착할 스크린을 상대적으로 쉽게 만들 수 있으리라 예상했다. "노트북은 상당히 튼튼합니다. 떨어뜨려도 괜찮고 햇빛 아래 놔두어도 괜찮죠. 그러한 조건에서도 사람들은 여전히 일을 해야 하니까요." 테슬라 엔지니어들은 노트북 공급 업체를 접촉하고 돌아와 컴퓨터용 온도 하중과 진동 하중이 자동차용으로는 맞지 않는 것 같다고 보고했다. 아시아의 하청 업체들도 컴퓨터 분야 말고 자동차 분야를 탐색해야 한다고 거듭 주장했다.

머스크는 상황을 좀 더 깊이 조사하고 나서 노트북 스크린이 심한 실온 변동을 비롯해 좀 더 험한 자동차 환경에서 시험을 거쳐본

적이 없을 뿐이라고 결론을 내렸다. 실제로 시험을 실시하자 전자장치가 정상적으로 작동했다. 그래서 테슬라는 아시아의 제조 업체와 긴밀하게 협력하면서 당시에는 불완전했던 정전식 터치스크린 기술(인체에서 발생하는 정전기를 감지해 구동하는 터치스크린 기술로, 내구성이 강하고 반응시간이 짧고, 투과성이 좋으며 멀티 터치가 가능한 방식을 완성하고 스크린 뒤에 배선을 감추는 방법을 찾아나갔다. 머스크는 이렇게 말했다. "나는 테슬라가 세계에서 유일하게 17인치 터치스크린을 만들 수 있으리라 확신했어요. 어떤 컴퓨터 제조사도, 애플도 그때까지는 만들 엄두를 내지 못했죠."

자동차 산업의 기준으로 급진적이었던 테슬라 엔지니어들조차도 머스크의 비전을 온전히 따르기는 무리였다. 머스크는 이렇게 말했다. "직원들은 불을 켤 수 있는 용도로 빌어먹을 스위치나 버튼을 장착하고 싶어 했어요. 왜 꼭 스위치를 달아야 하나요? 날이 어두워지면 저절로 불이 들어와야죠."

다음으로 엔지니어들은 자동차 문손잡이를 놓고 머스크의 의견에 반기를 들었다. 머스크와 본 홀츠하우젠은 예비 디자인을 연구하다가 손잡이가 차체로 들어가면 자동차 외관이 정말 말끔해 보이는 것에 큰 매력을 느꼈다. 두 사람은 승객이 자동차를 탈 때만 손잡이가 나와야 한다는 데 의견을 모았다. 하지만 엔지니어들은 기술적으로 크게 문제가 있으리라 판단하고 그 아이디어를 무시한 상태로 시제품을 만들어 머스크와 본 홀츠하우젠을 경악하게 만들었다. 본 홀츠하우젠은 이렇게 회상했다. "시제품에서는 손잡이를 회전해야 했어요. 정말 황당했죠. 일론은 '도대체 이 손잡이가 왜 다른 거지? 이것은 말도 안 되네.'라며 어이없어 했습니다."

모델 S의 디자인을 신속하게 완성하려고 엔지니어들은 낮 내내 또는 저녁 9시에 출근해 밤새 교대로 일했다. 그들은 스페이스 엑스 공장 안에 설치한 280제곱미터 면적의 텐트 안에서 바쁘게 움직였다. 일터는 마치 야외 결혼식의 피로연장 같았다. 전임 엔지니어인 알리 자비단Ali Javidan은 "스페이스 엑스 직원들은 기가 막히게 예의를 차렸고 다른 직원의 작업을 엿보거나 질문을 하지도 않았습니다."라고 당시 분위기를 기억했다. 본 홀츠하우젠이 디자인 명세서를 전달하자 엔지니어들은 자동차의 시제품 차체를 제작했다. 금요일 오후마다 엔지니어들은 시제품을 공장 뒤에 있는 뜰로 가져가 머스크의 피드백을 받았다. 또한 차체를 시험하려고 다섯 사람의 체중만큼 바닥짐을 싣고 자동차가 과열되거나 고장 날 때까지 공장 주위를 돌았다.

테슬라가 경제적으로 고전하고 있다는 사실을 알수록 본 홀츠하우젠은 모델 S를 빨리 대중에게 선보이고 싶었다. "상황이 매우 위태로웠습니다. 나는 자동차를 완성해서 세상에 내보일 수 있는 기회를 놓치고 싶지 않았어요." 마침내 그 순간이 찾아왔다. 본 홀츠하우젠을 영입한 지 불과 6개월 만인 2009년 3월, 테슬라는 스페이스 엑스에서 개최한 기자회견에서 모델 S의 베일을 벗겼다.

로켓엔진과 알루미늄 덩어리가 군데군데 놓인 한복판에서 테슬라는 회색 모델 S 세단을 선보였다. 멀리서 보기에도 전시 모델은 매혹적이고 세련되었다. 그날부터 언론은 모델 S가 에스톤 마틴과 마세라티Maserati의 사생아라고 보도했다. 실제로 모델 S 세단의 부품은 조화를 이루지 못했다. 언론은 전혀 눈치채지 못했지만 여전히 메르세데스 CLS의 기본 구조를 빌렸고 일부 보디 패널과 후드는 차체에 자석으로 부착했다. 행사에 초대받았던 테슬라 주주 브루스 리크는 이렇게 털어놓았다. "후드가 그대로 미끄러져 떨어질 수도 있었습니다. 제대로 부착되어 있지 않았거든요. 엔지니어들이 후드를 다시 붙여놓고 마무리를 제대로 한 것처럼 보이려고 애썼지만 누군가가 밀기라도 했다면 다시 떨어졌을 거예요. 한마디로 커튼 뒤에 숨은 '마법사 오즈' 같았어요." 행사를 앞두고 테슬라 엔지니어 두 명이 이틀 동안 시범 주행하면서 시제품이 과열하지 않고 얼마나 버틸 수 있을지 미리 파악해두었다. 전시는 완벽하지 않았지만 머스크가 원래 의도한 목표를 달성했다. 대중은 테슬라가 전기 자동차를 주류로 만들 수 있는 확실한 계획을 세웠고, 디자인과 성능 면에서 GM과 닛산Nissan 같은 거대 자동차 제조사가 구상하는 것보다 훨씬 야심찬 자동차를 만들 수 있으리라 생각하기에 이르렀다.

하지만 전시 뒤에 도사리고 있는 현실은 만만하지 않았다. 테슬라가 모델 S를 시제품에서 판매 가능한 자동차로 발전시킬 가능성이 극히 낮았기 때문이다. 테슬라는 판매 가능한 제품을 제조할 기술적 노하우를 보유했고 그렇게 할 의지도 있었다. 하지만 소비자 수천 명에게 자동차를 공급할 수 있는 공장이 없었고 자금도 부족했다. 자동차 한 대를 온전히 제조하려면 알루미늄 시트를 문짝·후드·보디 패널에 맞게 자를 수 있는 블랭킹blanking, 펀치와 다이를 사용해 여러 형태로 판금 가공하는 것 기계가 필요했다. 그다음에는 알루미늄을 정확한 모양으로 구부릴 때 사용하는 금속 다이와 유압 프레스가 있어야 했다. 여기에 덧붙여 자동차를 조립하는 과정에 투입되는 로봇 수십 대, 금속을 정확하게 다루기 위해 컴퓨터로 제어하는 절삭기계, 도색 도구, 기타 시험용 기계를 갖추어야 했다. 그러려면 수억 달러에 이르는 자금이 필요했고 아울러 직원 수천 명을 고용해야 했다.

머스크는 스페이스 엑스를 가동하면서 가능한 한 많은 부품을 자체 제작하려고 했지만 테슬라에서는 높은 비용이 걸림돌이 되었다. 테슬라의 사업 담당 부사장 디아뮈드 오코넬이 "테슬라에서 최종 조립을 하는 것이 원래 계획이었습니다."라고 말했다. 협력 업체가 차체 부품을 찍어내고 용접해서 도색한 후에 테슬라에 보내면 부품을 조립해 완제품을 만들려고 했다. 테슬라는 이러한 방식으로 작업을 진행하려고 처음에는 뉴멕시코 주의 앨버커키Albuquerque, 나중에는 캘리포니아 주의 산호세에 공장을 세우는 계획을 세웠다가 철회했다. 희망에 부풀었던 두 도시 관리들은 적잖이 실망했다. 테슬라가 공장 부지를 고르는 문제에 대해 솔직한 대답을 회피하고 얼버무리자 대중은 테슬라에게 과연 후속 자동차를 만들 능력이 있는지 의

심했다. 엎친 데 덮친 격으로 로드스터의 인도까지 연기되면서 부정적 내용의 보도가 줄을 이었다.

테슬라는 공장이 안고 있는 문제와 재정 문제를 해결하는 조치의 일환으로 2006년 오코넬을 영입했다. 보스턴 근방의 중산층 아일랜드계 가정에서 성장한 오코넬은 다트머스 대학교에서 학사 학위를 받았다. 그 후 버지니아 대학교에서 외교정책으로 석사 학위를 받고 노스웨스턴 대학교 켈로그 경영 대학원에서 MBA를 받았다. 오코넬은 스스로 소비에트연방의 외교정책과 경제정책을 연구하는 학자라고 자부하면서 버지니아 대학교에서 이 분야를 계속 연구했다. "하지만 1988~1989년 소비에트연방이 무너지기 시작하면서 내게 브랜드 문제가 생겼죠. 원래는 학문이나 정보 분야에서 경력을 추구하겠다고 생각했거든요." 하지만 진로를 우회해 비즈니스 세계에 발을 디뎠고 광고 대행사인 맥캔 에릭슨 월드와이드McCann Erickson Worldwide, 영 앤 루비컴Young and Rubicam, 코카콜라Coca-Cola와 AT&T 등에 자문을 제공하는 액센추어Accenture에서 경영 컨설턴트로 활동했다.

그러다가 2001년 대형 여객기 두 대가 뉴욕 소재 쌍둥이 건물에 충돌하는 사건이 일어나면서 그의 경력은 더욱 극적으로 바뀌었다. 테러리스트의 공격이 발생하고 나서 오코넬은 많은 사람이 그랬듯 자기 능력이 닿는 한 조국인 미국에 봉사하기로 결심했다. 30대 후반이어서 군인이 될 수 있는 길은 없었기에 국가 안보 관련 분야에 진출하려고 애썼다. 일자리를 찾아 워싱턴 DC에 있는 사무실을 전전했지만 도통 운이 따르지 않다가 국무부 산하 정치군사국 차관보인 링컨 블룸필드Lincoln Bloomfield의 귀에 그 소식이 들어갔다. 중동 지역에서 임무를 수행할 때 자신을 보좌해줄 인재를 찾고 있던 블룸필드는 경영 컨설턴트로 일했던 오코넬이 적임자라고 생각했다. 오코넬은 블룸필드의 비서실장으로 근무하면서 무역 협상부터 바그다드에 대사관을 세우는 업무까지 광범위한 임무를 수행했다. 비밀 정보를 접할 수 있도록 승인받고 난 후에는 이라크와 아프가니스탄에서 벌어지는 작전 현황에 대해 정보 요원과 군사 요원이 정보를 수집해서 작성한 보고서를 읽었다. "매일 아침 6시면 누가 무엇으로 죽었는지에 대한 정보를 담은 보고서가 제일 먼저 책상에 놓였습니다. '이것은 미친 짓이야. 우리가 이곳에 있는 이유가 대체 무엇일까?'라는 생각이 머릿속에서 떠나지 않았어요. 이라크만이 아니라 전체적인 그림이 문제였습니다. 미국이 그곳에 그토록 자원을 쏟아붓는 이유가 무엇이었을까요?" 오코넬이 당연히 추론해낸 이유는 바로 원유였다.

미국이 외국에서 생산하는 원유에 의존하고 있다는 사실을 파헤칠수록 오코넬은 좌절하고 낙담했다. "기본적으로 내 고객은 라틴 아메리카 및 중부 사령부를 책임지는 전투 지휘관들이었습니다. 그들과 대화하고 연구해보니 심지어 평화 시에도 원유를 둘러싼 경제적 이익을 뒷받침하느라 미국의 많은 자원을 쓰고 있다는 사실을 깨달았어요." 오코넬은 조국과 새로 태어난 아들을 위해 자신이 추구할 이성적 사명은 이러한 구도를 바꾸는 것이라고 결심했다. 그래서 풍력 발전 사업, 태양열 발전 사업, 전통적인 자동차 제조사 등을 기웃거렸지만 어느 분야도 현상에 급진적으로 영향을 미칠 수 있으리라는 확신이 서지 않았다. 그때 〈비즈니스위크Businessweek〉를 뒤적이다가 테슬라 모터스라는 신생 기업에 대한 기사를 읽고 해당 기업의 웹사이트에 들어가 '우리 회사는 말만 하는 곳이 아니라 실제로 행동하는 곳'이라고 소개한 문구를 읽었다. "그 길로 내가 국가 안보 분야에서 일했고 조국의 원유 의존도를 줄이는 데 큰 관심이 있다는 내용으로 이메일을 보냈습니다. 그리고 다음 날 답장을 받았어요."

머스크는 오코넬을 채용하고 즉시 워싱턴 DC로 파견해 테슬라가 전기 자동차 제조로 어떤 유형의 세금 공제와 리베이트를 받을 수 있는지 알아보게 했다. 동시에 오코넬은 에너지국이 실시하는 부양책의 혜택을 받기 위해 신청서를 작성했다.[43] 오코넬은 이렇게 말했다. "당시 내가 알고 있는 사실이라고는 테슬라를 살리려면 엄청나게 많은 돈이 필요하리라는 것이었어요. 그래서 무엇이든 찔러봐야 한다고 생각했어요." 당시 테슬라는 1~2억 달러의 자금이 필요하리라 생각했지만 이는 모델 S의 제조 비용을 완전히 과소평가한 수치였다. "우리는 순진했고 우여곡절을 겪으며 사업을 배워나갔습니다."

---

43 에너지국에 낸 신청서가 처리되어 정부에게 차관을 받을 가능성이 열리기까지 2007년부터 2009년까지, 대략 2년이 걸렸다.

2009년 1월 테슬라는 디트로이트 오토쇼에서 원래 포르셰가 들어섰던 자리를 싼 가격으로 차지했다. 행사에 불참한 자동차 기업이 워낙 많았기 때문이다. 피스커는 통로 건너편에 나무 바닥이 깔린 호화로운 부스를 설치하고 아름다운 금발 미녀를 모델로 세웠다. 반면에 테슬라는 로드스터와 동력계 그리고 반드시 필요한 부품만 전시했다.

테슬라의 엔지니어들이 전시한 기술은 거물이 군침을 흘리기에 충분히 훌륭했다. 오토쇼가 끝나고 얼마 지나지 않아 다임러는 메르세데스 A 클래스 전기 자동차가 어떤 모습에 어떤 느낌인지 알고 싶다며 관심을 보였다. 다임러 중역들은 이 제안을 자세하게 논의하기 위해 한 달 내로 테슬라를 방문하겠다는 뜻을 밝혔다. 테슬라의 엔지니어들은 그들이 방문하기에 앞서 시제품 두 대를 생산해 전세를 굳히기로 결심했다. 테슬라가 제작한 시제품을 살펴본 다임러 중역들은 독일에서 시험 주행할 차량에 장착할 용도로 테슬라의 배터리 팩 4,000개를 주문했다. 테슬라 팀은 도요타의 주문도 받았다.

2009년 5월이 되자 상황이 테슬라에게 유리하게 돌아가기 시작했다. 모델 S가 모습을 드러내자 다임러는 테슬라 지분 10퍼센트를 5,000만 달러에 인수했다. 또한 테슬라와 전략적 제휴 관계를 맺고 테슬라의 배터리 팩을 이용해 스마트카 1,000대를 제조하는 계획을 세웠다. 오코넬은 이렇게 말했다. "다임러의 투자금은 중요했고 효과가 오래갔습니다. 게다가 정당성까지 입증하는 계기가 되었어요. 내연기관을 발명한 회사가 테슬라에 투자했으니까요. 그것은 중대한 사건이었죠. 에너지국 관리들에게 테슬라가 물건이라는 느낌을 주었다고 확신합니다. 테슬라 제품이 훌륭하다고 말한 사람이 무려 메르세데스 벤츠였으니까요."

아니나 다를까, 2010년 1월 에너지국은 테슬라와 4억 6,500만 달러에 이르는 차관 협정을 맺었다.[44] 대출금 규모는 테슬라가 정부에서 받으리라고 예상한 금액보다 훨씬 컸다. 하지만 대부분의 자동차 제조사들이 차량을 새로 출시하는 데 10억 달러 이상을 쏟아붓는 현실을 생각하면 약과였다. 머스크와 오코넬은 정부 차관을 받아 뛸 듯이 기뻤지만 한편으로는 테슬라가 과연 협정 조건을 지킬 수 있을지 걱정했다. 자동차 공장을 보유하려면 한 번 더 횡재를 만나야 했다. 그리고 2010년 5월 테슬라에게 그 기회가 찾아왔다.

GM과 도요타는 1984년 합병을 발표하고 실리콘밸리의 외곽 도시 프리몬트에 있는 과거 GM의 조립 공장 부지에 '누미New United Motor Manufacturing Inc., NUMMI'를 설립했다. 두 기업은 합병을 통해 미국과 일본의 자동차 제조 기술의 장점을 결합하면 품질과 가격에서 경쟁력을 갖춘 자동차를 생산할 수 있으리라 기대했다. 해당 공장에서

---

44 협약에는 두 가지 조건이 붙었다. 첫째, 테슬라는 배터리 팩을 계속 만들고 관련 기술을 계속 발전시켜야 한다. 둘째, 자체 전기 자동차를 미국에 있는 제조 시설에서 생산해야 한다.

는 세비 노바Chevy Nova와 도요타 코롤라Corolla 같은 자동차 수백만 대를 생산했다. 그러다 경제 불황이 닥치면서 GM은 파산 위기에서 헤어나오기 위해 2009년 공장을 버리기로 결정했고, 곧이어 도요타도 공장을 폐쇄한다고 발표하면서 5,000명에 이르는 근로자가 줄지에 실직했다.

이렇게 해서 테슬라는 49만 제곱미터의 공장을 매입할 수 있는 기회를 손에 넣었다. 2010년 4월 마지막 도요타 코롤라가 제조 라인을 떠난 지 한 달 만에 테슬라와 도요타는 업무 제휴와 공장 이전을 발표했다. 테슬라는 공장의 일부를 인수하는 대가로 4,200만 달러 (한때 가치는 10억 달러에 이르렀다.)를 지불하기로 했다. 도요타는 5,000만 달러를 투자하고 테슬라 지분 2.5퍼센트를 확보했다. 실질적으로 테슬라는 대형 유압 프레스와 기타 도구를 포함해 공장을 공짜로 차지했다.[45]

테슬라가 운 좋게 기사회생하면서 머스크는 자신감이 넘쳤다.

---

45 머스크는 자동차 공장을 캘리포니아 주나 그 근처에 장만하려고 노력했으므로 사내에서 많은 반대에 부딪쳤다. 로이드는 이렇게 회상했다. "디트로이트에 있는 사람들은 노동자들이 경제적으로 생활할 수 있고 행복을 누릴 수 있는 곳에 공장이 들어서야 한다고 말했습니다. 조립라인에 숙련된 기술이 많이 필요하므로 근로자의 이직이 발생하면 공장이 버틸 수 없습니다." 머스크는 스페이스 엑스도 로스앤젤레스에서 로켓을 생산할 방법을 찾아냈으므로 테슬라도 캘리포니아 북부에서 자동차를 생산할 방법을 찾아낼 수 있다고 맞섰다. 결국 머스크의 고집이 테슬라에게 행운을 안겼다. "에너지국의 지원금을 받지 못하고 누미 공장을 확보하지 못했다면 테슬라가 그토록 크고 빠르게 성장하지는 못했을 것입니다."라고 로이드가 말했다.

2010년 여름에 공장 인수 계약을 마무리하고 이내 주식 상장 절차를 밟았다. 모델 S를 출시하고 다른 기술 프로젝트를 추진해야 했으므로 많은 자본이 필요했기 때문이다. 주식 상장을 통해 테슬라가 확보하려는 자금은 약 2억 달러였다.

머스크에게 주식 상장은 파우스트의 거래와 같았다. Zip2와 페이팔을 경영하던 시절부터 머스크는 권한을 총동원해 회사에 대한 절대적 주도권을 유지하려고 노력해왔다. 하지만 주식을 상장하고 나면 테슬라의 최대 주주로 남더라도 공개시장의 변덕스러운 성향에 종속될 수밖에 없었다. 장기적 관점에서 사고하고 사업을 추진하는 머스크는 단기 수익을 기대하는 투자가들의 지속적인 불신에 직면할 것이었다. 게다가 공개 조사 대상이 되어 회계장부를 공개해야 했다. 머스크가 비밀스럽게 기업을 운영하고 싶어 하는 데다가 테슬라의 재정 상황이 형편없어 보였으므로 머스크는 주식 상장이 별로 달갑지 않았다. 하지만 테슬라가 생산하는 제품은 로드스터뿐이고 거액의 제품 개발 비용이 필요한 데다가 몇 달 전에는 파산 직전까지 갔다.

자동차 블로그 잴로프니크Jalopnik는 테슬라의 주식 상장이 건전한 재정적 행보가 아니라 행운을 비는 일종의 기도祈禱라는 반응을 보였다. "테슬라는 밑 빠진 독이다. 이보다 적절한 표현을 찾기는 힘들다. 2003년 회사가 출범한 이래로 수입은 1억 4,760만 달러인 데 반해 손실은 2억 9,000만 달러가 넘었다." 테슬라가 모델 S를 대당

5만 8,000달러에 모두 2만 대를 판매하는 목표를 세웠다는 소식통의 발언을 듣고 잴로프니크는 코웃음을 쳤다. "환경 운동가들이 모델 S 같은 자동차를 얼마간 소비한다고 가정하더라도 2만 대를 목표 판매량으로 잡는 것은 틈새시장을 노린 고급 제품을 소프트 마켓soft market, 수요에 비해 공급이 초과되는 특성이 나타나는 시장에 출시하려는 소기업에게는 버겁다. 바깥에서 지켜보고 있는 사람들은 솔직히 회의적이다. 우리는 시장이 얼마나 잔인하고 가차 없는지 목격해왔다. 다른 자동차 제조사들이 그 정도 판매량을 테슬라에게 순순히 내줄 리만무하다." 다른 전문가들도 이러한 평가에 의견을 같이했다.

어쨌거나 테슬라는 2010년 6월 29일 주식 상장을 단행했고 그날 주가가 41퍼센트 치솟으면서 테슬라는 총 2억 2,600만 달러의 자금을 거둬들였다. 투자가들은 테슬라가 2009년 5,570만 달러의 적자를 기록했고 7년 동안 3억 달러 이상을 썼다는 사실에 눈감았다. 포드가 1956년 주식을 상장한 이래로 테슬라는 미국 자동차 제조사로는 처음으로 주식을 상장했다.

경쟁사들은 테슬라를 곤혹스러워했고 발목을 깨무는 닥스훈트처럼 취급했다. 닛산의 CEO인 카를로스 곤Carlos Ghosn은 테슬라의 주식 상장을 빌미로 사람들에게 테슬라는 별 볼일 없는 기업일 뿐이고 닛산은 2012년까지 전기 자동차 50만 대를 양산해낼 계획을 세웠다고 주장했다.

자금을 수혈받은 머스크는 엔지니어 팀을 일부 확충하고 모델

S의 개발 작업을 공식화하기 시작했다. 테슬라는 샌머테이오San Mateo 에 있는 주요 사무실을 팰로 앨토의 좀 더 큰 건물로 옮겼고, 본 홀츠 하우젠은 로스앤젤레스의 디자인 팀을 확충했다. 자비단은 여러 프 로젝트를 오가면서 메르세데스 벤츠의 전기 자동차, 도요타 라브RAV 4 전기 자동차, 모델 S 시제품에 적용할 기술을 개발하는 데 참여했 다. 테슬라 팀은 자그마한 실험실 안에서 약 45명이 라브 4 시험용 차량 35대를 주당 약 두 대씩 망가뜨리며 개발 작업에 매달렸다. 모 델 S 알파는 프리몬트 공장에서 새로 제작한 차체 부품, 개조한 배터 리 팩, 전력 전자장치를 장착하고 팰로 앨토 사무실 지하에서 탄생했 다. 자비단은 이렇게 회상했다. "첫 시제품은 새벽 2시경에 완성했어 요. 우리는 매우 흥분한 나머지 유리창도, 후드도 없는 시제품을 몰 고 거리로 나갔습니다."

1~2일 후 점검차 들른 머스크가 자동차에 올라타 지하 반대편 끝까지 자동차를 몰았다. 그곳에서 얼마 동안 꼼짝 않고 앉아 있다 가 자동차에서 내려 주위를 걷자 엔지니어들이 다가가 시제품에 대 해 어떻게 생각하는지 물었다. 이러한 과정은 그 후로 몇 달 동안 수 없이 반복되었다. 자비단은 당시를 이렇게 회상했다. "일론은 대체 로 긍정적이지만 건설적이기도 합니다. 그는 가능할 때마다 시범 주 행을 하면서 조향장치操向裝置를 좀 더 **빡빡하게** 조절하라는 등의 요 구를 하고 급히 다음 회의로 달려가곤 했습니다."

테슬라는 모델 S 알파를 10여 대 제작했다. 두 대는 브레이크 시스템을 작동해보려고 보슈Bosch 등의 하청 업체에 보냈고, 일부는 여러 시험을 거치고 디자인을 변형하는 데 사용했다. 테슬라 중역들은 추운 날씨에 대비해 시험하는 용도로 한 팀에 2주 동안 알파 자동차를 내주었다가 동력계 튜닝을 위해 즉시 다른 팀에게 넘기는 등 엄격한 일정에 따라 차량을 순환시켰다. 자비단은 이렇게 회상했다. "도요타와 다임러에서 온 사람들이 자동차를 정말 마음에 들어 했습니다. 알파 자동차 200대와 베타 자동차 몇 백 대 내지는 1,000대를 주문받을 길이 열린 셈이었죠. 우리 엔지니어들은 15대를 가지고 안전 검사부터 실내장식까지 검토했습니다. 외부 사람들은 바로 이러한 점을 놀라워하더군요."

테슬라 직원들은 머스크의 수준 높은 요구를 충족하기 위해 스페이스 엑스 직원이 습득한 것과 비슷한 요령을 개발했다. 노련한 엔지니어들은 대안을 준비하지 않은 상태로 회의에 참석해 머스크에게 좋지 않은 소식을 전달하는 일만큼은 피해야 한다는 사실을 잘 알고 있었다. 자비단은 이렇게 말했다. "2주가 추가로 필요하고 다른 형태의 모델 S를 만들어야 하므로 돈을 더 달라고 일론에게 말해야 할 때는 정말 회의에 참석하기가 겁이 났어요. 우선 예상 기간과 비용을 계산해 계획을 세웠죠. 일론이 자동차를 30일 안으로 만들라고 지시하면 새로 직원을 채용해야 한다고 대답하면서 곧장 이력서 뭉치를 내밀었습니다. 일론에게는 어떤 일을 할 수 없다고 말하면 안 됩니다. 그러면 당장 회의실에서 쫓겨나거든요. 모든 생각과 말에 체계가 있어야 해요. 일론에게 계획을 제시해서 '그래, 수고했네.'라는 대답을 들으면 그제야 '맙소사, 잘리지는 않았네.'라며 안도의 한숨을 쉬죠."

머스크가 무리한 요구를 해서 테슬라 엔지니어들이 심적으로 짓눌리기도 했다. 머스크는 모델 S 시제품을 주말 동안 집에 가져가서 시범 주행해보고는 월요일에 가져와서 80여 가지를 바꾸라고 지시했다. 머스크는 메모하는 법이 없고 모든 지시 사항을 머릿속에 저장했다가 엔지니어들이 무엇을 고쳤는지 매주 점검한다. 스페이스 엑스 직원도 입장은 마찬가지였다. 머스크의 지시 사항을 실행하든지, 실행할 수 없는 경우에는 그 이유를 설명하기 위해 재료의 물성을 깊이 연구해야 한다. 자비단은 "일론은 늘 물리학 원리를 생각해보라고 말하죠."라고 언급했다.

2012년 모델 S의 개발 작업이 완성 단계에 접어들면서 머스크는 직원에게 지시하고 정밀하게 분석하는 방식을 개선했다. 금요일마다 로스앤젤레스에 있는 테슬라 디자인 센터에 들러 모델 S에 대해 본 홀츠하우젠과 회의를 했다. 스페이스 엑스의 공장 구석에 있던 디자인 센터는 스페이스 엑스 단지 뒤편 근처에 있는 격납고 모양의 시설로 입주했다.⁴⁶ 해당 건물에는 사무실 몇 개가 들어서 있고 사방

---

46 보잉은 스페이스 엑스 건물에서 747기 동체를 만들었고 나중에 테슬라의 디자인 센터가 들어선 곳에서 도색을 했다.

이 트인 넓은 구역이 있어서 차량과 부품의 다양한 모형이 검사 순서를 기다렸다. 내가 2012년 방문했을 때에는 모델 S 완제품 한 대, 모델 X의 차체 한 대, 여러 타이어와 휠 캡이 벽을 등지고 놓여 있었다. 머스크는 모델 S의 운전석에 앉고 본 홀츠하우젠은 조수석에 앉았다. 머스크의 시선이 잠시 방황하더니 이내 선바이저에 꽂혔다. 베이지색이었고 가장자리에 봉합선이 그대로 보이는 데다가 천이 삐죽 튀어나와 있기까지 했다. 머스크는 "붕어 입술 같군요."라고 불쑥 말했다. 선바이저를 차체에 고정시킨 나사들도 그대로 밖으로 드러났다. 머스크는 이러한 결점이 눈에 띌 때마다 작은 비수가 눈을 찌르는 것 같다고 했다. 그만큼 그런 상황을 받아들이기 힘들어했다. 머스크는 "우리는 세상에서 가장 좋은 선바이저가 무엇인지 알아낼 뿐 아니라 그것을 더욱 개선해야 합니다."라고 강조했다. 자동차 밖에 서 있는 비서 두 명이 이 말을 받아 적었다.

이러한 과정은 모델 X를 만들 때도 재현되었다. 모델 X는 모델 S를 기본으로 SUV와 미니밴을 합쳐놓은 형태이다. 본 홀츠하우젠은 머스크가 하나씩 넣어보고 눈으로 확인할 수 있도록 센터 콘솔을 네 가지 형태로 만들었다. 두 사람은 좌석을 가운데 열에 배열하는 문제를 놓고 고민하느라 대부분의 시간을 보냈다. 각 좌석을 분리시켜 열전체를 움직이지 않고서도 자기 좌석을 조절할 수 있어야 했다. 머스크는 승객이 자기 좌석을 독립적으로 조절할 수 있게 하고 싶었지만 나머지 세 좌석의 위치가 조금씩 다른 것을 보고 고민이 커졌다. 머스크는 이렇게 말했다. "좌석이 일렬로 정렬되어 있지 않아 엉망으로 보일 수 있어요. 너무 무질서해 보이지 않도록 신경 써야 합니다."

머스크가 디자인 전문가라는 사실이 내게는 오랫동안 낯설었다. 그는 속속들이 물리학자이고 태도는 영락없는 엔지니어이기 때문이다. 실리콘밸리에서 활동하는 사람에게 상투적으로 나타나는 모습이 머스크에게도 있어서 그가 좋은 디자인의 여부를 교과서에서 배운 대로 판단하고 꾀죄죄하게 생긴 괴짜일 것이라고 생각하는 사람이 많다. 물론 그러한 모습이 있을 수 있지만 머스크는 그러한 모습조차 장점으로 바꾸어놓았다. 그는 시각적 자질이 매우 뛰어나 다른 사람이 지나치는 장면을 뇌에 저장해두었다가 언제라도 재생해낸다. 그 덕택에 자신의 감수성을 결합해 좋은 안목을 발달시키는 동시에 욕구를 말로 표현하는 능력을 갈고닦으면서, 결과적으로 소비자의 취향에 들어맞는 자신만만하고 확신에 찬 관점을 갖출 수 있었다. 스티브 잡스와 마찬가지로 자동차 문손잡이와 대형 터치스크린 등 소비자 자신이 원하는지조차 모르는 요소를 생각해냈고, 테슬라의 제품과 서비스 전체에 그 요소를 적용하겠다는 꿈을 꿀 수 있었다. 본 홀츠하우젠은 이렇게 말했다. "일론은 테슬라를 생산 기업으로 우뚝 세우고 있습니다. 그는 제품을 제대로 생산해야 한다는 열정을 품고 있죠. 그러므로 내게는 제품을 아름답고 매혹적으로 만들 책임이 있어요."

모델 X를 제작하면서 머스크는 아버지 입장에서 생각해낸 몇 가지 호화스러운 디자인 요소를 적용했다. 머스크와 본 홀츠하우젠은 로스앤젤레스에서 열린 오토쇼의 전시장을 함께 돌아다니다가 한 SUV에 올라타 가운데 열과 마지막 열에 탈 때 자세가 어정쩡해진다고 불평했다. 자동차에 아이를 태우거나 유아용 보조 의자를 차량에 넣을 때 등이 비틀리는 경험을 했던 부모라면 두 사람이 어떤 부분에 불평하는지 잘 알 것이다. 어느 정도 몸집이 있는 성인이 세 번째 열에 앉으려 할 때도 사정은 마찬가지이다. 본 홀츠하우젠은 이렇게 설명했다. "공간이 좀 더 넉넉한 미니밴이라도 빈 공간의 3분의 1은 슬라이딩 도어가 차지합니다. 독특하고 특별한 방식으로 자동차 문을 열 수 있다면 시장의 판도를 바꿀 수 있어요. 우리는 도어 문제를 해결하기 위해 디자인 개념 40~50가지를 검토하고 결국 가장 급진적 개념 하나를 선정했어요." 이러한 과정을 거쳐 결정한 모델 X의 문을 머스크는 '팰컨 윙 도어falcon-wing doors'라고 불렀다. 팰컨 윙 도어는 드로리언DeLorean 같은 고급 자동차에 장착된 사양으로 갈매기 날개 모양이다. 자동차 문이 위로 올라가며 갈매기 날개처럼 펼쳐지지만 움직이는 범위는 제한적이어서 근처에 주차되어 있는 자동차나 차고의 천장에 닿지 않는다. 그 덕택에 부모는 몸을 구부리거나 뒤틀지 않고서도 아이들을 두 번째 열에 앉힐 수 있다.

팰컨 윙 도어를 장착하자는 말을 듣고 테슬라 엔지니어들은 깜짝 놀랐다. 이번에도 머스크가 터무니없는 요구를 한다고 생각했다. 자비단은 이렇게 전했다. "너 나 할 것 없이 팰컨 윙 도어를 달 수 없는 까닭을 설명하려고 했습니다. 그러면 차고에 넣을 수 없어요, 스키 장비를 실을 때 적합하지 않아요 등등. 그러자 일론이 전시용 모델을 자기 집에 가져다가 차 문을 열어도 별 문제가 없음을 입증해 보였죠. 그러자 모두 '물론 1,500만 달러짜리 집이니까 당연히 문이 열리겠지.'라고 중얼거렸습니다." 모델 S에서는 자동차 문손잡이가 논란거리였듯 모델 X에서는 자동차 문이 가장 두드러졌고 소비자의 입에 가장 많이 오르내렸다. 자비단은 이렇게 설명했다. "나는 누구보다도 먼저 아이의 카시트로 시험을 해보았습니다. 집에 미니밴이 있는데 가운데 열에 카시트를 앉히려면 곡예사처럼 몸을 뒤틀어야 했거든요. 하지만 모델 X에서는 장착하기가 매우 수월했어요. 상술이라 하더라도 효과가 있는 상술이었죠."

내가 2012년 디자인 센터를 방문할 당시 테슬라의 주차장에는 경쟁사의 차량이 여러 대 세워져 있었다. 머스크는 그 자동차들이 모델 X에 비해 효율적으로 좌석을 배치하지 못했다는 사실을 입증해 보였다. 그는 아큐라Acura SUV의 세 번째 열에 앉으려고 그야말로 애를 썼다. 하지만 일곱 사람이 앉을 공간이 있다는 경쟁사의 주장에도 불구하고 머스크는 무릎을 뺨에 닿을 정도로 굽혀야 했고 좌석은 비좁았다. 머스크는 이렇게 말했다. "꼭 난쟁이 동굴 같네요. 자동차를 바깥에서 크게 보이게 만드는 것은 누구나 할 수 있어요. 진짜 재주는 내부를 넓게 만드는 겁니다." 머스크는 경쟁사의 자동차를 하나씩 훑어보면서 자신이 찾아낸 결점을 본 홀츠하우젠과 나에게 설명했다. "다른 기업이 만든 자동차들이 얼마나 형편없는지 알면 좋죠."

머스크의 입에서 나온 이 말을 듣고 순간적으로 충격을 받았다. 자기는 9년을 들여 자동차 3,000대를 만들면서 매년 자동차 수백만 대를 생산하는 다른 자동차 제조사들을 비웃다니. 이러한 맥락에서 생각하면 그의 비아냥거림은 불합리하게 들렸다.

하지만 머스크는 무슨 일이든 순수한 관점으로 생각하고 달려든다. 가능한 한 완벽에 가까운 자동차를 만든다는 목표를 향해 디자인과 기술을 집중한다. 경쟁사가 도달하지 않은 수준까지 미루어 판단한다. 이때 기준은 단 하나여서 타협하지 말고 훌륭한 제품을 제작하기 위해 노력해야 하고 그렇지 않으면 실패한 것이다. 이러한 철학은 외부인에게는 불합리하거나 어리석어 보일 수 있지만 머스크에게는 효과가 있을뿐더러 자신과 주위 사람을 한계까지 계속 밀어붙이는 역할을 한다.

2012년 6월 22일 테슬라는 전체 직원과 일부 엄선한 고객, 언론을 프리몬트 공장에 초청해 최초로 생산된 모델 S 세단을 고객에게 인도하는 장면을 지켜보게 했다. 처음에 고객이 선택한 인도 날짜를 기준으로 모델 S의 인도는 18개월~2년 이상 늦어졌다. 그 까닭은 머스크가 독특한 기술을 자동차에 적용하자고 요구했고 이를 구현하려면 발명 과정을 거쳐야 했기 때문이다. 게다가 테슬라는 아직 젊은 자동차 제조사였으므로 결점이 없는 고급 자동차를 생산한다는 목표를 세우고 시행착오를 겪어가며 좀 더 성숙하고 세련된 기업으로 변화하는 과정에 있었다.

외부인들은 테슬라 공장을 돌아보고 첫눈에 반했다. 머스크는 건물 한 면에 검정 페인트로 기업명 T-E-S-L-A를 크게 써넣어 고속도로를 달리는 사람이나 하늘을 나는 사람에게도 회사의 존재를 각인시켰다. 예전에 GM과 도요타 직원의 복장에서 배어 나오는 짙고 칙칙한 분위기였던 공장 내부는 이제 머스크의 심미적 분위기를 뿜어냈다. 흰색 바닥에는 광택 나는 에폭시를 입혔고 벽과 기둥도 하얗게 칠했으며 9미터 높이의 유압 프레스 기계도 하얀 반면에 다른 기계에는 로봇 군단처럼 붉은색을 칠해 공장이 마치 산업계의 산타클로스 작업장처럼 보였다. 스페이스 엑스에서 그랬듯 머스크는 엔지니어들의 책상을 공장 바닥에 배치하고 가장 기본 형태의 칸막이로 공간을 분리했다. 그리고 이 구역에도 자신이 일할 책상을 비치했다.[47]

모델 S의 출시 행사는 공장에서 제품을 마무리하는 구역에서 열

47 투자가이자 테슬라의 이사회 이사인 스티브 저벳슨은 이렇게 말했다. "일론은 일부러 가장 눈에 잘 띄는 장소를 고릅니다. 그는 토요일과 일요일마다 테슬라에 출근해서 직원들을 만나고 싶어 하고, 회사에 오면 자신을 만날 수 있다는 사실을 직원들에게 상기시키고 싶어 합니다. 게다가 주말에 하청 업체에 전화를 걸어 자신이 개인적으로 현장에서 일하고 있다는 사실을 알리고 하청 업체도 그렇게 해주기를 기대합니다."

렸다. 이곳에는 자동차가 지나갈 때 덜컥 소리가 나는지 기술자들이 점검할 수 있도록 여러 종류의 홈과 과속방지턱을 설치했다. 또한 높은 압력으로 물이 뿜어져 나오는 방이 있어서 자동차 내부에 물이 새는지 조사한다. 마지막으로 모델 S가 LED 전등이 환하게 빛을 내는 높은 대나무 플랫폼을 서서히 통과하면 색의 대비가 두드러져 차체의 홈을 찾기 쉽다. 모델 S가 출시되고 처음 몇 달 동안 머스크는 이 대나무 플랫폼에 와서 차량을 일일이 검사했다. 스티브 저벳슨은 "일론은 기는 자세로 몸을 잔뜩 구부려 바퀴 아래까지 살펴보았습니다."라고 전했다.

10여 대의 모델 S가 주인에게 인도되는 장면을 지켜보려고 참석자 수백 명이 무대 주위로 모여들었다. 이곳 공장 근로자들은 과거 자동차 제조 근로자 조합의 일원이었고, 누미 공장이 문을 닫았을 때 일자리를 잃었다가 다시 일터로 돌아와 미래의 자동차를 만들고 있었다. 그들은 빨간색, 하얀색, 파란색 바이저를 쓰고 미국 국기를 흔들었다. 모델 S 세단이 무대에 나란히 모습을 드러내자 일부 근로자가 환호했다. 모델 S가 천천히 행진할 때는 가장 냉소적으로 머스크를 비판했던 사람이라도 잠시 숙연해졌을 것이다. 전기 자동차를 만들겠다는 약속을 과대 선전하고 정부의 융자금을 받는 것을 둘러싸고 말도 많고 탈도 많았지만 테슬라는 거대하고 특별한 성과를 거두려고 노력하며 결과적으로 근로자 수천 명에게 일자리를 제공했다. 기계가 웅웅 돌아가는 소리를 배경으로 머스크가 짧게 연설하고 주인들에게 자동차 열쇠를 건네주었다. 주인들은 테슬라 직원들의 기립 박수를 받으며 자동차를 몰고 대나무 플랫폼을 유유히 통과해 공장 문으로 나갔다.

불과 4주 전에는 스페이스 엑스의 로켓이 화물을 국제 우주정거장에 전달하고 지구로 귀환함으로써 사기업으로는 모두 최초를 기록하는 쾌거를 이루었다. 모델 S의 출시와 더불어 이번 위업으로 실리콘밸리 바깥에서 머스크를 바라보는 인식이 급격하게 바뀌었다. 끊임없이 약속에 약속을 반복하다가 드디어 장대한 업적을 이루고 또 이루었던 것이다. 머스크는 모델 S를 출시한 후 인터뷰에서 내게 이렇게 말했다. "목표를 달성하는 알맞은 시기를 놓고는 내가 낙관적이었을 수 있어요. 하지만 결과를 놓고 과잉으로 약속한 적은 없습니다. 내가 하겠다고 말했던 것은 모두 실천했어요."

함께 축하하고 행운을 비는 자리에 라일리는 보이지 않았다. 두 사람은 이혼했고 머스크는 시간을 낼 수 있다면 다른 사람을 만나 데이트를 시작해야겠다고 말했다. 하지만 사생활에서 이혼이 몰고 오는 혼란을 겪는 와중에도 머스크는 여러 해 동안 겪어보지 못한 평정심을 느꼈다. "어깨에 지고 있는 짐이 조금 가벼워진 것 같아요." 머스크는 킴벌과 다른 친척을 만나려고 아들들을 데리고 마우이 섬을 찾았다. 여러 해 만에 처음 누리는 진정한 휴가였다.

휴가가 끝나자마자 머스크는 내게 처음으로 자기 삶을 들여다 볼 수 있는 기회를 주었다. 햇볕에 그을린 피부가 여전히 벗겨지고 있는 건강한 모습으로 나를 테슬라 본부와 스페이스 엑스 본부, 테슬라의 디자인 센터에서 만났고, 그가 후원하는 다큐멘터리를 촬영하는 장소에서도 만났다. '콜레라가 유행하던 시절의 야구Baseball in the Time of Cholera'는 아이티공화국에서 발생한 콜레라를 추적하는 영화로 내용은 좋았지만 섬뜩했다. 나중에 알려진 사실이지만 머스크는 지난 크리스마스 때 고아원에 기증할 장난감과 맥북 에어MacBook Air 노트북을 자가용 비행기에 가득 싣고 아이티공화국을 찾았다. 영화의 공동 감독인 브린 무서Bryn Mooser는 바비큐 파티가 열리는 동안 머스크가 아이들에게 모형 로켓을 발사하는 방법을 가르쳤고 나중에 통나무배를 타고 정글 깊숙이 자리한 마을을 찾아갔다고 내게 귀띔해주었다.

영화 촬영이 끝나고 머스크와 나는 군중들로부터 약간 떨어져 나왔다. 나는 모두가 머스크를 아이언맨의 주인공인 토니 스타크 같은 인물로 생각하고 싶어 하지만 머스크에게는 '아프가니스탄에서 군대의 호위를 받으며 스카치위스키를 들이켜는 플레이보이' 분위기는 없다고 말했다. 머스크는 아이티 사람의 통나무배를 가리키면서 이렇게 대꾸했다. "나도 그들이 좀비라고 부르는 술로 기분이 알딸딸했던 적이 있어요." 그러면서 미소를 씩 지으며 영화 촬영을 축하하는 뜻으로 한잔하자면서 나를 길 건너 미스터 차우Mr. Chow로 데려갔다. 모든 상황이 순조롭게 돌아가는 것 같았고 머스크도 그 순간을 즐겼다.

이렇듯 평화로운 시기는 그리 오래가지 않을 것이고 곧 생존하기 위한 테슬라의 투쟁은 다시 시작될 것이다. 사업 초기만 해도 테슬라는 세단을 주당 약 열 대만 생산할 수 있었고 제품을 제때 만들어내지 못해 이월된 주문만도 수천 건에 이르렀다. 테슬라는 기업의 주가가 떨어지리라 예상하고 한몫을 챙기려는 공매도 세력의 표적이 되었다. 테슬라에 반기를 드는 사람들은 모델 S에 많은 오류가 발견되어 결국 전기 자동차를 향한 열정에 찬물을 끼얹었을 것이고 소비자들이 대량으로 주문을 취소하는 사태가 이어지리라 추측했다. 또한 여전히 테슬라가 유의미한 방식으로 수익을 거두면서 생산량을 늘릴 수 있을지에 강력한 의심을 품고 있는 사람들이 있었다.

2012년 10월 유력한 대통령 후보였던 미트 롬니Mitt Romney는 버락 오바마와 토론을 벌이는 자리에서, 정부의 융자금을 받는 청정 기술 기업(태양 전지판 제조사인 솔린드라Solyndra와 피스커Fisker)을 비난하는 동시에 테슬라를 '실패 기업'이라고 불렀다.[14]

테슬라의 성공을 의심하는 무리들이 테슬라가 곧 무너지리라 장담하자 머스크는 특유의 허세 찬 태도로 맹렬하게 반격하기 시작했다. 우선 테슬라의 목표는 BMW의 수익을 상회하고 자동차 업계를 선도하면서 세계 최고 수익을 자랑하는 자동차 제조사가 되는 것이라고 주장했다. 그리고 2012년 9월에 들어서자 테슬라의 비판자와 지지자 모두가 깜짝 놀랄 소식을 공개했다. 테슬라가 충전소망의 첫 구간을 비밀리에 건설하고 있다는 소식이었다. 그러면서 캘리포니아 주, 네바다 주, 애리조나 주에 건설 중인 충전소 여섯 곳의 위치를 공개하면서 앞으로 수백 곳을 추가로 건설하겠다고 약속했다. 세계적으로 충전소 네트워크를 구축해 모델 S 운전자가 고속도로를 장시간 달리다가 무료로 충전할 수 있게 하겠다고 발표했다. 머스크는 실제로 테슬라 차량을 운전하는 사람은 조만간 연료비를 한 푼도 들이지 않고 미국 전역을 여행할 수 있다고 장담했다. 자동차에 장착한 컴퓨터가 가장 가까운 충전소까지 안내해줄 뿐 아니라 머스크와 본 홀츠하우젠이 디자인한 빨갛고 하얀 대형 조각상 덕택에 눈에 잘 띌 것이므로 충전소를 찾는 데도 전혀 문제가 없다고 덧붙였다.

테슬라의 슈퍼 충전소 개념은 가뜩이나 돈이 궁한 기업이 앞으로도 막대한 투자를 계속해야 한다는 뜻이었다. 모델 S와 테슬라가 재정적으로 위험한 시기에 슈퍼 충전소 같은 시설에 돈을 쓰는 것이 어리석거나 미친 짓이라는 반론이 설득력을 발휘할 만했다. 머스크는 포드와 엑슨모빌ExxonMobil이 한 해 사내 파티에 쓰는 비용 정도의 예산만으로 자동차 자체에 대한 계획을 수정하는 동시에 에너지 네트워크를 구축할 만큼 무모하지 않았다. 하지만 슈퍼 충전소 설치는 머스크가 애초부터 구상해온 계획이었다. 머스크와 스트라우벨을 비롯한 테슬라의 내부 인사들은 오래전부터 무상 충전을 계획하고 모델 S를 제작할 때도 슈퍼 충전소 계획을 염두에 두고 특정 사양을 장착했다.[48]

---

48 초창기에 테슬라는 노트북 컴퓨터 등의 가전제품에 들어가는 리튬 이온 배터리를 사용하기 시작했다. 로드스터를 제작하던 초기에 리튬 이온 배터리가 위험하기는 하지만 계산된 선택 사항이라는 점이 입증되었다. 테슬라는 아시아 굴지의 배터리 제조업체에 하청을 주어 시간을 두고 계속 질을 향상시키며 제조가가 낮은 제품을 확보하고 싶었다. 언론은 이러한 형태의 배터리를 사용하려는 테슬라를 물고 늘어졌다. 소비자는 자신들이 사용하는 가전제품에 들어 있는 것과 같은 에너지원을 사용해 자동차가 굴러갈 수 있다는 개념에 호기심을 품었다.

테슬라가 여전히 이러한 형태의 배터리를 사용한다는 잘못된 인식이 있다. 그렇다. 모델 S 안에 장착된 배터리는 노트북 컴퓨터에 들어 있는 배터리처럼 생겼다. 하지만 테슬라는 로드스터의 신형 모델부터 파나소닉Panasonic 같은 협력 제휴사와 손잡고 자체 배터리를 개발하기 시작했다. 테슬라는 가전제품 기업과 같은 제조 도구를 사용할 수 있지만 강력한 충전이 필요한 자동차의 특성에 맞추어 안전성과 품질이 우월한 배터리를 개발해 사용하고 있다. 배터리 셀을 제작하는 비법을 갖춘 테슬라는 배터리 셀을 함께 연결하고 냉각시키는 기술을 독자적으로 개발함으로써 배터리의 성능을 향상시키고 있다. 배터리 셀은 매우 독특한 방식으로 열을 방출하고 냉각재가 배터리 팩 전체를 흐르도록 설계되고, 테슬라 공장에서 방문객의 출입을 통제한 상태에서 조립된다.

화학작용, 배터리, 배터리 팩 설계는 테슬라가 무無에서 일구어낸 지속적 대형 시스템의 일부로, 기록적 속도로 자동차를 충전할 수 있게 한다. 충전하는 동안 발생하는 열을 제어할 목적으로 테슬라는 배터리와 충전기를 동시에 식히는 냉각장치를 라디에이터에 연결하는 시스템을 설계했다. 스트라우벨은 이렇게 설명했다. "모든 기재에 소프트웨어 운영 체계와 기타 조종 장치를 연결하는 거죠. 시스템 전체가 최대 속도로 돌아가고 있습니다." 모델 S는 테슬라 충전소에서 DC 전원 공급 장치를 배터리에 직접 연결해 20분 동안 충전하면 240킬로미터를 달릴 수 있다. 참고로 닛산의 전기 자동차인 리프Leaf는 8시간 동안 충전해서 최대 130킬로미터까지 달린다.

모델 S가 출시되고 충전 네트워크를 구축하고 있다고 발표하면서 테슬라는 언론의 집중 세례를 받았지만 언론의 호의적 태도와 우호적 분위기가 앞으로 지속될지는 분명하지 않았다. 테슬라가 모델 S를 출시하려고 서두르는 와중에도 심각한 결함은 여전히 내재해 있었다. 모델 S에는 소비자의 시선을 끌 만한 기발한 사양이 장착되었다. 하지만 테슬라 직원들은 고급 세단에 관한 한 모델 S의 사양이 BMW와 메르세데스 벤츠의 자동차에 크게 미치지 못한다는 사실을 잘 알고 있었다. 예를 들어 초기에 생산된 모델 S 몇 천 대는 다른 고급 자동차에 장착되어 있는 주차 센서도 없고, 레이더 보조 정속 주행 장치도 없는 상태로 고객에게 인도되었다. 자비단은 이렇게 말했다. "당장 50명을 채용해 팀을 꾸려 고급 사양의 하나라도 갖추든지 아니면 가능한 만큼 신속하게 최선을 다해 작업을 실행해야 했습니다."

모델 S의 보통 수준 이하인 적합성과 마무리도 해명하기 힘들었다. 조기 기술 사용자들은 앞 유리 와이퍼가 이틀 동안 미친 듯이 움직이는 것은 참을 수 있었지만 좌석과 바이저만이라도 10만 달러라는 자동차 가격에 걸맞기를 원했다. 테슬라는 최고 품질의 재료를 쓰려고 최선을 다했지만 하청 업체에 최선을 다하라고 설득하기 힘들 때가 있었다.[16] 본 홀츠하우젠은 이렇게 말했다. "소비자들은 테슬라가 모델 S 1,000대를 생산해낼 수 있을지 상당한 의구심을 품었습니다. 당연히 사기가 떨어졌죠. 회사 내부에서는 자동차를 완벽하게 만들기 위해 추진력을 발휘할 수 있었지만 외부에서도 똑같은 헌신을 이끌어낼 수는 없었어요. 바이저만 해도 우리는 삼류 하청 업체를 찾을 수밖에 없었고 이미 자동차를 인도하기 시작한 후에야 상황을 바로잡으러 뛰어다녔으니까요." 하지만 내부가 떠들썩하게 동요해서 회사가 다시 한 번 파산의 위기에 빠졌던 것에 비한다면 바이저처럼 자동차 외관 문제는 사소했다. 혼란스러웠던 내부 문제에 대해서는 이 책에서 처음으로 자세히 밝히는 것이다.

머스크는 예전에 애플의 중역이었던 조지 블랭큰십George Blankenship을 영입해 매장과 서비스 센터의 운영을 맡겼다. 그는 애플에서 애플 스토어Apple Store 전략의 상당 부분을 구축했다는 공을 인정받고 있었다. 블랭큰십이 테슬라에 들어가자 언론과 대중은 흥분을 감추지 못하면서 그가 앞으로 자동차 산업의 전통과 갈등을 빚으리라 예측하면서도 엄청난 성과를 거둘 수 있으리라 기대했다.

블랭큰십은 어느 정도 성과를 거두었다. 전 세계적으로 테슬라 매장의 수를 늘리고 여기에 애플 매장의 분위기를 불어넣었다. 테슬라 매장은 모델 S를 전시하는 동시에 후드티와 모자를 판매했고 뒤편에 크레용과 색칠용 그림책을 비치해 아이들이 놀 수 있게 했다. 블랭큰십은 산호세에 자리한 현란한 쇼핑센터인 산타나 로Santana Row의 테슬라 매장으로 나를 안내했다. 따뜻하고 할아버지처럼 자상해 보이는 블랭큰십은 머스크와 일하게 된 것이 세상을 변화시킬 수 있는 기회라고 생각했다. "전형적인 자동차 판매상은 재고를 정리하기 위해 즉석에서 소비자에게 자동차를 팔고 싶어 하죠. 하지만 테슬라 매장의 목적은 테슬라와 전기 자동차의 관계를 발달시키는 것입니다."

블랭큰십의 주장에 따르면 테슬라는 모델 S가 단순한 자동차가 아니라 이상적으로는 아이팟이나 아이폰처럼 욕망의 대상이 되기를 바랐다. 블랭큰십은 당시 모델 S를 예약한 고객은 1만 명으로, 그중 과반수는 시범 주행을 해보지 않고 예약했다고 알려주었다. 이렇듯 초기에 소비자들이 보인 뜨거운 관심은 머스크를 둘러싼 독특한 분위기에서 생겨났고, 머스크는 만사를 자기 뜻대로 하려는 사람이어서 스티브 잡스와 비슷하지만 느낌은 좀 더 부드럽다고 설명했다. 애플이 만든 신기한 제품의 본질이 하찮다며 공격하기도 했던 블랭큰십은 "이곳은 내가 일하면서 세상을 바꿀 최초의 장소입니다."라고 말했다.

초기에 머스크와 블랭큰십의 사이는 좋았지만 2012년 후반 들어 틀어졌다. 테슬라는 계약금 5,000달러에 예약 주문을 많이 받아놓았지만 이를 실제 판매로 전환하는 데 어려움을 겪었다. 이러한 문제가 발생한 원인은 불분명하다. 자동차 실내장식에 대한 불평이 불거졌고, 온라인 토론과 전자게시판에 비판의 글이 올라오면서 테슬라의 경영 문제를 우려하는 목소리가 생겨났다. 게다가 모델 S의 재판매 시장이 제대로 형성되지 않은 상태에서 10만 달러짜리 자동차를 살 때 고객이 입을 경제적 타격을 완화해줄 만한 구매 프로그램이 테슬라에는 없었다. 자칫 잘못했다가는 배터리 팩이 제 기능을 발휘하지 못하는 실패작을 10만 달러나 주고 샀다가 중고로 팔 수 있는 길조차 막힐 수 있었다. 당시에는 테슬라의 서비스 센터도 엉망이었다. 초창기에 출시된 자동차의 성능은 믿을 수 없었고 서비스 센터는 밀려드는 작업량을 소화할 준비를 갖추지 못했다. 상황을 지켜보는 테슬라의 잠재 소유주들은 회사가 확실히 건재할 수 있을지 지켜보면서 구매를 좀 더 미루고 싶어 했다. 머스크는 당시 상황을 한마디로 "우리 자동차에 대한 입소문이 꽝이었습니다."라고 정리했다.

2013년 중반에 들어서자 테슬라는 다시 위기에 빠졌다. 예약을 신속하게 구매로 전환하지 못하면 공장은 작업량이 줄고 회사는 엄청나게 큰 손해를 볼 것이었다. 게다가 공장의 생산 속도가 늦어지고 있다는 낌새를 외부에서 알아채기라도 하는 날에는 테슬라의 주가가 폭락하고, 잠재 소유주들은 훨씬 몸을 사려 구매를 미루고, 결국 공매도 세력이 승리할 가능성이 있었다. 문제의 심각성을 깨달은 머스크는 특유의 '모 아니면 도'라는 결단으로 움직였다. 우선 인사, 디자인 센터, 엔지니어링, 금융 등 여러 부서에서 직원을 뽑아 세일즈 팀을 구성하고 예약자에게 연락해 구매 계약을 맺으라고 지시했다. 머스크는 그 직원들에게 이렇게 말했다. "예약받은 자동차를 구매로 이끌어내지 못하면 우리는 끝장입니다. 그러니 여러분의 본래 업무가 무엇이든 상관없습니다. 지금부터는 자동차를 팔아야 합니다."

머스크는 다임러 중역이었던 제롬 길옌Jerome Guillen에게 서비스 개선 업무를 맡았다. 실적이 평균 이하라고 생각한 고위 중역을 해고하고 평균 이상으로 실적을 올린 직원을 대거 승진시켰다. 또한 모델 S의 재판매 가격을 개인적으로 보장하겠다고 발표했다. 머스크가 수십 억 달러를 걸고 약속했으므로 고객은 비슷한 고급 세단의 재판매 가격에 견주어 모델 S를 되팔 수 있었다. 그리고 머스크는 자신이 생각해낸 묘책이 통하지 않을 사태에 대비해 궁극적인 안전장치를 마련하려고 했다.

4월 첫째 주 머스크는 친구인 구글의 래리 페이지에게 손을 뻗었다. 두 사람이 주고받은 대화 내용을 알고 있는 사람에 따르면 머스크는 다음 몇 주를 테슬라가 무사히 넘길 수 있을지 걱정했다. 예약을 실제 주문으로 전환한 실적이 머스크가 희망한 수준에 미치지 못할 뿐 아니라 기존 고객조차도 앞으로 장착될 사양과 새로운 색상에 대한 정보를 듣고 나서 주문을 연기하기 시작했다. 상황이 너무 악화된 나머지 테슬라는 공장 시설을 점검하고 보수한다는 핑계를 대고 공장 문을 닫아야 했다. 실제로 주문받은 제품의 출고일이 임박했다면 어쩔 수 없이 작업을 강행했겠지만 엄밀하게 말해 시설을 손볼 필요는 있었다. 머스크는 모든 사정을 페이지에게 설명하고 테슬라를 구글에 매각하기로 구두 합의했다.

머스크는 마음이 내키지 않았지만 매각은 테슬라가 앞으로 생존할 수 있는 유일한 수순 같았다. 머스크는 기업을 매각하면 새 주인이 테슬라가 추구한 목표를 무시하고 결론을 내릴까봐 무엇보다 두려웠다. 테슬라가 궁극적으로 전기 자동차를 대량생산할 수 있도록 확실하게 조치를 취하고 싶었다. 따라서 매각 후 8년 동안 또는 전기 자동차의 대량 시장이 형성될 때까지 자신에게 경영권을 주고, 공장 시설을 확충하는 명목으로 50억 달러를 지원해달라는 조건을 내걸었다. 머스크의 이러한 요구에 구글 소속 변호사 몇 명이 반발했지만 머스크와 페이지는 협상의 끈을 놓지 않았다. 당시 테슬라의 가치를 고려할 때 인수 비용은 약 60억 달러에 이르렀다.

머스크, 페이지, 구글 소속 변호사들이 인수 조건을 논의하고 있는 동안 기적이 일어났다. 머스크가 자동차 판매원으로 전환한 500여 명의 직원이 상당수의 계약을 성사시켰던 것이다. 은행 계좌에 2주를 버틸 정도의 현금만 남아 있던 테슬라는 2주 동안 자동차 판매량을 최대로 늘려 일사분기를 무사히 넘겼다. 결과적으로 2013년 5월 8일 상장회사로 전환하고 처음으로 순수익 1,100만 달러(판매고 5억 6,200만 달러)를 기록했다고 발표해 월스트리트를 놀라게 했다. 그 기간 동안 모델 S 세단 4,900대를 고객에게 인도했다. 테슬라의 실적이 발표되자 주가가 주당 약 30달러에서 7월에 접어들며 130달러까지 치솟았다. 일사분기 실적을 발표하고 2주 만에 정부에서 받은 차관 4억 6,500만 달러를 이자까지 합해 조기 상환했다.

테슬라는 거액의 지급준비금을 순식간에 확보하면서 공매도 세력은 엄청난 손실을 봤다. 주가가 흔들리지 않고 상승세를 기록하자 소비자의 신뢰도가 증가하면서 선순환이 일어났다. 자동차 판매량이 늘어나고 기업 가치가 상승하자 테슬라는 구글과 더 이상 매각 협상을 진행할 필요가 없었다. 구글이 인수하기에는 테슬라의 덩치가 지나치게 커졌으므로 구글과 오갔던 거래는 무산되었다.[49]

머스크는 테슬라에 대한 보도 자료를 매주 공지하고 싶다는 뜻을 홍보 담당자에게 알리고 이를 준비하도록 지시했다. 회사가 아직 그 단계까지 발전하지 않았지만 어쨌거나 테슬라는 매주 보도 자료를 공지했다. 또한 머스크는 일련의 기자회견을 열어 모델 S를 생산하기 위한 자금 조달 방법, 충전소 건설과 매장 확충 계획을 설명했다. 테슬라의 충전소에서는 태양열로 발전한 전기를 자동차에 제공하고 시간에 쫓기는 운전자를 위해 배터리를 비치해놓는다. 머스크는 "좀비가 판을 치더라도 테슬라의 슈퍼 충전소를 이용하면 여전히 전국을 여행할 수 있으리라고 농담을 했습니다."라고 말함으로써 다른 자동차 제조사의 CEO가 도달하기 힘든 높은 기준을 제시했다.

로스앤젤레스에서 열렸던 최대 행사에서 테슬라는 모델 S에 장착한 비장의 무기를 하나 더 발표했다. 2013년 6월 테슬라는 화려한 야간 야외 행사에 자사 자동차 소유주와 기자들을 초청하여 로스

---

49 구글의 변호사들은 머스크에게 이사회에 매각 의사를 밝히라고 요청했다. 머스크는 이 요청을 수락하기 전에 조건을 내걸었다. 인수 협상을 진행하고 있다는 사실이 공개되고 나면 테슬라가 자금을 모을 수 있는 방법이 사라지므로 차후에 현금 흐름에 문제가 생길 경우에는 구글에 융자를 요청할 권리를 달라는 것이었다. 구글이 이 문제를 놓고 몇 주에 걸쳐 고민하는 사이에 테슬라는 위기에서 벗어났다.

앤젤레스 디자인 센터에서 가져온 자동차 시제품을 선보였다. 참석자 수 백 명이 고가의 모델 S 세단을 몰고 호손 시의 지저분한 거리를 지나 디자인 센터와 스페이스 엑스 공장 사이에 주차했다. 디자인 센터는 손님 접대용 휴게실로 바뀌었다. 조명은 희미했고 바닥은 인조 잔디가 깔리고 여러 층으로 나뉘어 있어 사람들이 군데군데 모여 있거나 소파에 앉아 있었다. 몸에 딱 붙는 검정 드레스를 입은 여성들이 군중 사이를 헤치고 다니며 음료를 제공했다. 스피커에서는 다프트 펑크Daft Punk의 '겟 러키Get Lucky'가 흘러나왔다. 그리고 군중에 섞여 있던 머스크가 앞에 설치된 무대 위로 올라갔다. 스티브 잡스가 애플에 충성하는 고객에게 그렇듯 머스크는 테슬라 자동차 운전자들에게는 확실히 인기인이었다. 사람들은 몰려들어 머스크를 둘러싸면서 사진을 함께 찍어달라고 했고 그동안 스트라우벨은 홀로 옆쪽에 비켜서 있었다.

참석자들에게 음료가 두 번 돌아가고 머스크가 군중을 헤치고 무대에 올랐을 때 그 위 화면에 에쏘Esso와 세브런Chevron 주유소에 들른 가족의 모습을 그린 옛날 텔레비전 광고가 투영되었다. 화면 속 아이들은 에쏘의 호랑이 마스코트를 보며 즐거워했다. 머스크가 "솔직히 휘발유는 좋아하기에는 으스스한 물건이죠."라고 말하자 이때 모델 S가 무대에 등장했다. 차 밑 건물 바닥에 구멍이 열렸다. 테슬라가 아직 외부에 전혀 말하지 않은 비밀이 드러나는 순간이었다. 머스크는 모델 S의 바닥에 장착한 배터리 팩을 순식간에 교체할 수 있다고 말했다. 테슬라는 충전 시간을 앞당기기 위해 충전소에서 배터리를 교체하는 방법을 추가했다. 운전자가 충전소에 도착하면 로봇이 자동차의 배터리 팩을 떼고 90초 안에 새 배터리 팩을 장착한다. 머스크는 이렇게 설명했다. "테슬라 충전소에 도착하면 두 가지 방법 중 하나를 선택하면 됩니다. 빨리 충전할 것인지, 무료로 충전할 것인지 말입니다."[50]

그 후 몇 달 동안 두 건의 사건으로 테슬라의 앞날에 검은 그림자가 드리웠다. 〈뉴욕 타임스〉는 테슬라의 자동차와 충전소에 대한 부정적 리뷰를 싣고 모델 S 세단 두 대가 충돌한 후 불길에 휩싸였다고 보도했다. 홍보 분야의 일반적 관례에 거슬러 행동해온 머스크는 이번에도 해당 기사를 보도한 기자의 주장을 조목조목 반격했다. 그는 킴벌과 친구, 테슬라 이사회 이사인 안토니오 그라시아스와 애스펀Aspen에서 휴가를 즐기는 틈틈이 거침없는 필치로 반박문을 직접 작성했다. 그라시아스는 이렇게 회상했다. "다른 기업에서는 일반적으로 홍보 팀이 머리를 맞대고 반박문을 준비하죠. 일론은 이 사

---

50 시범 설명 이후로 테슬라는 배터리 교체 기술을 보급하는 데 고충을 겪고 있다. 머스크는 2013년 말에 일부 충전소에 보급하기 시작할 것이라고 약속했다. 하지만 행사가 끝나고 1년이 지난 시점에서 충전소는 단 한 곳도 생기지 않았다. 머스크는 테슬라가 좀 더 긴급하게 처리해야 할 일이 있기 때문이라고 해명했다. "우리가 하겠다고 말했으므로 반드시 그렇게 할 것입니다. 우리가 원하는 일정대로 진행되지 않을 수는 있지만 결국에는 약속을 지켰습니다."

안이 당시 테슬라가 직면한 가장 중요한 문제라고 생각했어요. 그럴 때마다 자신이 직접 소매를 걷어붙이고 해결해왔죠. 부정적 여론이 형성되면 자동차에 치명타를 날릴 수 있고 사업의 생존을 위협할 수 있기 때문입니다. 머스크가 이러한 상황을 맞아 관례에 거슬러 돌출 행동을 하는 것을 보면서 등줄기가 오싹한 적이 있었냐고요? 물론이죠. 하지만 결국에는 머스크의 방법이 통하리라는 것을 믿습니다." 머스크는 화재 사건에도 비슷한 방법으로 대응했다. 언론 보도 자료를 발표하면서 모델 S가 미국에서 가장 안전한 자동차라고 주장했다. 그리고 앞으로 도로 바닥에 있는 금속 파편이 배터리 팩과 충돌해 화재가 일어나는 사고를 막기 위해 차량 하부를 티타늄 소재로 바꾸고 여기에 알루미늄 판을 보강하겠다고 발표했다.[16]

이따금씩 언론에 오르내리는 부정적 리뷰와 차량 화재도 테슬라의 판매나 주가에 전혀 영향을 미치지 않았다. 테슬라의 시가총액이 GM과 포드의 절반까지 늘어나면서 머스크의 존재는 더욱 빛을 발했다.

2014년 10월 테슬라가 다시 한 번 기자들을 초청해 행사를 연 것을 계기로 머스크는 자동차 산업의 떠오르는 거물로 굳게 자리매김할 수 있었다. 머스크는 모델 S에서 모터 두 개를 앞뒤에 하나씩 장착해 충전 기능을 보강한 자동차를 선보였다. 이 자동차는 3.2초 만에 시속 100킬로미터까지 가속할 수 있다. 테슬라가 세단을 슈퍼카로 변신시킨 것이다. 머스크는 "이 자동차를 운전하면 마치 활주로에서 이륙하는 것 같습니다. 바나나가 미끄러지듯 말이죠."라고 말했다. 또한 머스크는 자동조종 기능을 담당하는 소프트웨어도 선보였다. 자동차에 레이더를 장착해 물체를 감지하고 충돌 가능성을 운전자에게 경고하는 동시에 물체를 피하게 한다. 머스크는 이렇게 설명했다. "나중에는 운전자가 자동차를 부를 수도 있을 것입니다. 운전자가 있는 곳으로 자동차가 오는 것이죠. 내가 자동차에 구현하고 싶은 기술은 이뿐만이 아닙니다. 우선 마디마디 구부러지는 뱀처럼 생긴 충전용 플러그를 자동차에 직접 연결하고 싶습니다. 언젠가는 테슬라가 그렇게 할 수 있으리라 생각합니다."

머스크가 기술을 시연하는 장면을 보려고 수천 명이 몇 시간 동안 줄을 섰다. 머스크는 시연하는 동안 농담을 던지고 대중의 뜨거운 열기를 즐겼다. 페이팔 시절에 언론 앞에서 어색하게 행동했던 사람이 어느덧 무대에 서는 기술을 개발해 재치 있고 천연덕스러워졌다. 머스크가 무대에 첫발을 디디자 내 오른쪽에 서 있던 여성이 흥분한 나머지 다리에 힘이 풀려 휘청했다. 내 왼쪽에 서 있는 남성은 모델 X를 빨리 사고 싶은 나머지 친구에게 1만 5,000달러를 주고 예약 번호를 앞당겨 결국 모델 700호를 예약했다고 말했다. 소형 자동차 제조사와 특이한 CEO가 만나 그토록 대단한 성과를 거둘 수 있었던 것은 바로 대중의 관심을 휘어잡은 머스크의 능력과 대중의 열정이 결합한 결과였다. 경쟁사는 죽었다 깨어나도 대중에게 그토록 열렬한 관심을 끌 수 없을 것이고, 테슬라가 대중에게 은근히 다가가 상상하지 못한 성과를 이끌어내는 것을 보고 할 말을 잃었다.

　모델 S의 열기가 실리콘밸리를 휩쓸 당시 나는 팰로 앨토에 있는 포드 자동차 연구 개발실을 방문했다. 머리를 하나로 질끈 동여매고 샌들을 신은 채 나타난 실장 T. J. 줄리T. J. Giuli는 머스크를 무척 부러워했다. 포드 자동차는 서로 다른 기업에서 만든 컴퓨터 시스템을 사용하므로 원래는 제조사끼리 서로 대화하며 한 기업처럼 일해야 한다. 하지만 이것이 여의치 않아 시간이 흐를수록 시스템이 복잡해지고 서로 엉키는 바람에 결국 단순하게 만들기가 불가능하다. 특히 포드처럼 자동차를 매년 수십만 대씩 양산해야 하므로 컴퓨터를 멈추고 재부팅하기 힘든 기업에서는 더더욱 그렇다. 이와는 대조적으로 테슬라는 원점에서 시작했으므로 모델 S에 초점을 맞추어 소프트웨어를 독자적으로 개발해나갔다. 줄리도 그러한 환경에서 일하고 싶다고 했다. "소프트웨어는 여러 측면에서 새로운 자동차 경험의 핵심입니다. 자동차의 동력계부터 경고음까지 우리는 소프트웨어를 사용해 감정을 나타내고 즐거운 운전 환경을 조성하기 때문입니다. 테슬라가 소프트웨어로 모델 S의 기능을 통합하는 과정이 정말 감동적이에요. 테슬라는 우리가 이곳에서 하는 작업의 본보기가 되고 있습니다." 나와 이렇게 대화하고 나서 얼마 지나지 않아 줄리는 포드를 떠나 스텔스stealth, 항공기나 유도탄 등을 제작할 때 레이더가 탐지하기 어렵게 하는 기술 관련 신생 기업에 엔지니어로 들어갔다.

주류 자동차 산업은 테슬라의 엄청난 성장에 속수무책이면서도 틈만 나면 발목을 잡으려 안간힘을 쓴다. 예를 들어 테슬라는 장난기 있는 머스크의 익살에 장단을 맞춰 모델 S와 모델 X에 이은 3세대 자동차에 모델 E라는 이름을 붙이고 싶어 했다. 하지만 당시 포드의 CEO였던 앨런 멀럴리Alan Mulally가 '모델 E'라는 이름을 사용하면 소송도 불사하겠다며 반대했다. 머스크는 이렇게 말했다. "그래서 멀럴리에게 전화를 걸어 나를 골탕 먹이려는 속셈인지 아니면 모델 E라는 이름을 정말 쓸 생각인지 물었어요. 대체 둘 중에서 무엇이 더 어리석은 생각인지 모르겠더군요. 솔직히 테슬라를 골탕 먹이려는 의도라는 편이 이치에 맞겠더라고요. 테슬라에 모델 S와 모델 X가 있는데 지금 와서 포드가 모델 E를 생산하는 것은 우스꽝스럽지 않겠어요? 설사 포드가 100년 전에 모델 T를 생산했더라도 요즈음 '모델'이라는 명칭이 포드 것이라고 생각하는 사람은 하나도 없어요. 그래서 나는 오히려 포드가 이름을 훔쳤다고 생각하고 싶어요. 포드는 어째서 테슬라의 'E'를 훔쳤을까요? '세사미 스트리트Sesame Street'에 나타나 알파벳을 훔치는 강도나 알파벳 지역을 휩쓸고 행군하는 파시스트 군대처럼 말입니다. 포드는 '안 돼, 두말하면 잔소리지. 모델 E는 절대 못 써.'라고 말하겠죠. 하지만 나는 이렇게 대꾸할 겁니다. '그것은 좋은 생각이 아니네요. 이치에 맞지 않은 말을 하니 사람들이 헷갈릴걸요. 요즘 사람들은 포드 자동차에 모델이라는 이름을 붙이면 낯설어해요. 대개는 포드 퓨전Ford Fusion 같은 이름을 붙이잖아요.' 그래도 포드의 윗사람들은 E를 사용하고 싶어 하겠죠. 그들의 처지가 처절해요." 그 후 테슬라는 장난 삼아 모델 Y의 상표등록을 마쳤다. "그랬더니 포드 자동차 사람들이 우리에게 전화를 걸어서는 '모델 Y를 상표로 등록했더군요. 그것을 모델 X 대신에 쓰려는 건가요?'라고 진지하게 물었어요. 그래서 내가 이렇게 대답했죠. '아뇨, 장난친 겁니다. S-E-X-Y. 무슨 단어인지 알겠죠?' 하지만 상표법은 결국 인간미 없이 무미건조하더라고요."[51]

머스크가 이룩한 성과 가운데 경쟁사가 놓쳤거나 도저히 따라 잡을 수 없었던 성과는 테슬라를 일종의 라이프스타일로 바꾼 것이다. 테슬라는 고객에게 자동차를 파는 데 그치지 않고 이미지를 팔았고, 미래에 손을 뻗는 기분을 팔았고, 관계를 팔았다. 애플이 수십 년 전에 맥 컴퓨터를 팔고 다시 요즘 들어 아이팟과 아이폰을 팔며 그랬던 것처럼 말이다. 애플에 열광하지 않았던 사람이라도 하드웨어

---

51 모델 S라는 이름의 어원에 대해 머스크는 이렇게 말했다. "나는 사물의 성질에 맞게 이름을 붙이는 것을 좋아합니다. 테슬라가 로드스터를 생산했지만 세단으로는 좋은 이름이 아니었어요. 그렇다고 테슬라 세단이라고 부를 수는 없지 않습니까? 정말 지루한 이름이니까요. 영국에서는 세단 말고 '설룬saloon'이라고 부르더군요. 하지만 그렇게 부르면 '당신 대체 뭐 하는 사람이오? 카우보이요?'라고 물을 것 같다고요. 이름 여러 개를 검토했는데 모델 S의 발음이 가장 좋았습니다. 전기 자동차는 모델 T포드가 만든 세계 최초의 대량생산 자동차가 닦아놓은 길을 걸었으므로 모델 T를 만든 포드에게 모호하게 경의를 표하는 뜻도 있고요. 다시 원점으로 돌아와 모델 T의 길을 밟은 자동차가 21세기에 생산되고 있다는 의미도 살릴 겸 모델 S로 결정했습니다. 하지만 논리가 뒤바뀐 감이 없지 않습니다."

를 사고 아이튠즈 같은 소프트웨어를 다운로드받고 나면 애플의 세상에 빨려 들어갔다.

　이러한 성향의 관계는 생활 방식을 엄격하게 통제하지 않는다면 끊어내기가 힘들다. 소프트웨어를 마이크로소프트에 발주하고, 칩을 인텔에, 디자인을 아시아 기업에 발주하는 컴퓨터 제조사들은 결코 애플처럼 아름답고 완벽한 기계를 만들 수 없었다. 또한 애플이 자사의 전문 기술을 새로운 영역에 도입하고 사람들을 자극해 그 기술을 활용하게 만들었던 것처럼 적시에 반응할 수 없었다.

　테슬라가 모델 연도 개념을 버린 것도 자동차를 라이프스타일로 받아들인 결과이다. 테슬라는 자동차를 2014년형이나 2015년형으로 구분하지 않을뿐더러 '2014년형 차량의 재고를 팔아 치우고 새 자동차가 들어설 자리를 만들어야' 하는 식으로 판매하지 않는다. 당시 최고 기술로 만든 모델 S를 고객에게 판매한다. 이미 출시한 제품을 개발하지 않고 새로운 사양을 한꺼번에 새 모델에 장착해 다른 제품명으로 출시한다는 뜻이다. 생산 라인에 해마다 사양을 하나씩 덧붙여서 연도만 달리해 생산한다면 사양을 놓친 고객이 아쉬워할 수 있다. 하지만 테슬라는 소프트웨어 업데이트를 통해 대부분의 업그레이드를 제공함으로써 기존의 모델 S 운전자에게 뜻밖의 유쾌한 선물을 안긴다.

　모델 S의 운전자는 순수 전기 자동차를 몰며 귀찮은 일에서 많이 벗어날 수 있다. 주유소에 가지 않고 밤에 스마트폰을 충전하듯 자동차에 전기 플러그를 꽂는다. 운전자는 원할 때 당장 충전할 수도 있고, 모델 S의 소프트웨어에 접속해 전기료가 가장 저렴한 시간대를 선택해 밤늦게 충전을 시작하도록 예약할 수도 있다. 주유소에 갈 필요가 없을 뿐 아니라 자동차 정비소를 자주 드나들 이유도 없다. 휘발유 자동차는 움직이는 부품 수천 개에서 발생하는 마찰과 마모, 갈라짐 현상을 관리하기 위해 엔진오일과 트랜스미션 오일을 교환해주어야 한다. 하지만 순수 전기 자동차는 이러한 차량 유지 작업이 필요 없다. 로드스터와 모델 S도 브레이크 수명을 연장해주는 회생 제동 시스템을 사용한다. 자동차를 멈추었다 출발할 때 테슬라 자동차는 소프트웨어를 통해 모터를 역진시키는 동시에 브레이크 패드와 마찰력을 사용하지 않고 속도를 줄인다. 이때 모터가 전기를 생성해 다시 배터리로 보내기 때문에 전기 자동차는 오히려 도시교통 환경에서 연비가 좋아진다. 테슬라는 모델 S 운전자에게 1년에 한 번 점검을 받으라고 권장하지만 그 점검도 대개는 차량을 전반적으로 훑어보아 때 빨리 마모된 부품이 없는지 확인하는 정도에 그친다.

게다가 테슬라가 차량 유지에 접근하는 방식은 전통 자동차 산업과 근본적으로 다르다. 대부분의 자동차 대리점은 차량 유지 서비스로 수입의 대부분을 충당하기 때문에 고객이 여러 해에 걸쳐 서비스 센터를 1년에 여러 번 찾아오게 한다. 이러한 이유로 대리점은 자사 자동차를 소비자에게 직접 판매하는 테슬라의 정책에 강력하게 반대하는 것이다.[52] 자비단은 "테슬라가 추구하는 궁극적 목표는 일단 구매하면 자동차를 서비스 센터에 가져갈 필요가 없게 만드는 것입니다."라고 말했다. 대리점은 개별적인 자동차 수리점보다 수리비를 더 비싸게 청구하는 대가로, 특정 자동차 모델을 다루는 전문가가 자동차를 손봤다는 마음의 위안을 고객에게 제공한다. 테슬라는 자동차의 최초 판매로 창출할 수 있는 수입을 포기하고 일부 소프트웨어 서비스를 선택 사양으로 탑재해 수익을 창출한다. 실리콘밸리에서 활동하는 소프트웨어 대가이자 사업가인 콘스탄틴 오스머Konstantin Othmer[17]는 이렇게 말했다. "나는 열 번째 모델 S를 샀습니다. 정말 멋진 차예요. 하지만 온라인 토론방에서 거론되는 문제란 문제는 모두 일어났어요. 테슬라가 문제를 바로잡다가 한번은 주행거리가 늘어나지 않도록 자동차를 서비스 센터로 견인해 가겠다고 하더군요. 나는 1년 서비스를 신청했고 서비스 센터에서 새 사양을 탑재하고 나온 자동차는 처음 샀을 때보다 성능이 좋아졌습니다. 정말 훌륭했습니다."

---

52 일부 자동차 대리점들은 자동차 제조사가 자사 제품을 직접 판매할 수 없다고 주장하면서 테슬라를 상대로 소송을 제기했다. 하지만 테슬라 매장이 들어서지 못하도록 금지시킨 주에서도 잠재 고객은 대개 시험 주행을 신청할 수 있으며 이 경우 테슬라 직원이 자동차를 몰고 고객을 찾아간다. 머스크는 이렇게 말했다. "사람들이 공격할 수 있도록 가끔씩은 미끼를 던져야 합니다. 장기적으로는 매장이 그다지 중요하지 않을 겁니다. 판매를 성장시키는 것은 입소문입니다. 매장은 입소문을 조장하기 위한 바이럴 마케팅viral seed, 정보 수용자를 중심으로 메시지가 컴퓨터 바이러스처럼 퍼져나가게 하는 광고 방법의 일환이고요."

테슬라의 사업 모델은 전통적인 자동차 제조사와 대리점의 사업 방식을 모욕하는 것이 아니라 자동차에 대한 새로운 사고방식을 더욱 미묘하게 표현한다. 곧 모든 자동차 기업이 테슬라를 본보기로 자사 차량 운전자에게 온라인 업데이트 서비스를 제공할 것이다. 하지만 그들이 실시할 업데이트의 실용성과 범위는 제한적이다. 자비단은 이렇게 말했다. "스파크 플러그나 타이밍 벨트를 온라인으로 교환할 수는 없잖아요? 휘발유 자동차를 갖고 있으면 어쨌거나 후드 아래를 들여다봐야 하고 대리점에 갈 수밖에 없습니다. 메르세데스가 고객에게 자동차를 가져올 필요가 없다고 말해서 득이 될 것이 없죠. 사실이 아니니까요." 또한 차량 전체에 탑재한 소프트웨어를 포함해 주요 부품 다수를 자체 설계한 것도 테슬라가 지닌 장점이다. 자비단은 이렇게 설명했다. "다임러가 계기판 모양을 바꾸고 싶다면 지구 반 바퀴 떨어져 있는 공급 업체에 연락하고 여러 단계의 승인을 받아야 합니다. 계기판에 있는 'P'의 글자 모양만 바꾸려 해도 1년이 걸릴 거예요. 하지만 테슬라에서는 머스크가 부활절을 맞아 계기판에 토끼 사진을 올리고 싶다고 결정하면 단 두 시간이면 그렇게 할 수 있습니다."[53]

---

53 스트라우벨은 이렇게 표현했다. "모델 S가 전국을 누비는 광경을 지켜보면 감개무량합니다. 자동차 말고는 그렇게 할 수 있는 수단이 없어요. 사람의 이목을 끌기 위해 사막에 충전소를 설치했느냐 아니냐의 문제가 아닙니다. 이러한 현상이 어디까지 뻗어나갈 것이냐가 중요합니다. 테슬라는 3세대 자동차를 세계시장에 출시할 것이

테슬라가 현대 미국 산업의 별로 떠오르면서 가장 가까운 경쟁 사들은 대중의 기억에서 잊혔다. 피스커 오토모티브는 파산을 신청했고 2014년 중국 자동차 부품 기업에 매각되었다. 피스커의 주요 투자가 클라이너 퍼킨스 코필드 앤 바이어스에서 벤처 투자가로 활동하는 레이 래인Ray Lane은 테슬라에 투자할 기회를 잡지 않고 오히려 피스커에게 투자하는 불운한 행보를 보였다. 결국 그는 자사에 손해를 입히는 동시에 회사 브랜드와 자신의 명성을 퇴색시켰다. 베터 플레이스Better Place는 피스커와 테슬라를 합친 것보다 많은 홍보 활동을 펼치면서 전기 자동차와 배터리 교환소를 **18** 건설한다는 명목으로 10억 달러 가까운 자금을 모았지만 제품을 전혀 생산하지 못하고 2013년 파산을 선언했다.

창업 때부터 테슬라에 몸담았던 스트라우벨 같은 사람들은 멋진 전기 자동차를 만들 기회는 과거부터 현재까지 늘 존재했다는 사실을 상기시킨다. "전기 자동차를 만들려는 욕구는 갑자기 생겨나지 않았습니다. 하지만 사람들은 전기 자동차가 지구에서 가장 형편없는 사업거리라고 생각했다는 사실을 쉽게 잊어버리는 경향이 있습

고 운전자는 도처에 있는 충전소에서 무료로 충전할 수 있습니다. 사람들이 테슬라를 자동차 기업의 하나로 간주하는 소리를 들으면 마음이 편하지 않아요. 주로 자동차를 생산하지만 우리는 에너지 기업이기도 하고 기술 기업이기도 하니까요. 우리는 광산업 관련 기업을 찾아가 자동차 배터리에 들어가는 재료에 대해 의논하고, 전기 자동차에 들어가 멋진 제품으로 탄생시키는 모든 부품을 상품화할 것입니다."

니다. 벤처 투자가들은 모두 줄행랑을 쳤습니다."

테슬라가 경쟁사와 다른 점은 타협하지 않고 자사의 비전을 향해 기꺼이 돌진하고, 머스크가 제시하는 기준에 맞추어 온전히 목표에 몰입하는 것이다.

ELON—

MUSK

제11장

미래 산업의 아이콘

머스크 기업의 다음 10년은 정말 대단할 것이다. 머스크는 이미 역대 가장 위대한 사업가이자 혁신가의
한 사람으로 자리매김할 기회를 쥐었다. 2025년까지 테슬라는 자동차 5∼6종을 만들어내고 급속히 발전
하는 전기 자동차 시장에서 주도적 위치를 차지할 것이다.

스페이스 엑스는 매주 우주로 로켓을 발사해 사람과 화물을 운반하고 경쟁사 대부분을 파산시킨다. 스페
이스 엑스의 로켓은 달 주변에서 두어 번 멈추었다가 텍사스 주에 있는 우주 공항의 정확한 지점으로 착
륙한다. 그리고 처음으로 화성을 향해 수십 번 로켓을 발사할 준비를 진행한다.

상장회사 세 군데의 최대 주주인 머스크가 이룬 업적에 역사는 환하게 미소 짓는다. 다른 국가와 기업이
우유부단하고 무기력해서 갈팡질팡하는 사이에 머스크는 지구온난화에 대비해 가장 성공률이 높은 대책
을 마련하는 동시에 만약의 경우를 고려해 탈출 계획도 마련한다.

머스크는 대중에게 희망을 안기고, 기술이 인류에게 혜택을 베풀 수 있다는 믿음을 일깨워줄 것이다.

ELON
MUSK

과거에 라이브 형제는 기술을 파는 갱단 같았다. 그들은
1990년대 말 스케이트보드를 타고 산타 크루즈Santa Cruz 거리를 돌
아다니면서 사업체의 문을 두드리며 컴퓨터 시스템을 관리하는 서
비스가 필요한지 물었다. 사촌인 일론 머스크와 함께 남아프리카공
화국에서 성장한 세 젊은이는 이렇게 직접 고객을 찾아다니는 것보
다 수월하게 기술 서비스를 홍보할 방법을 찾기로 했다. 형제는 응용
프로그램을 업데이트하는 등 기업에 필요한 기본 업무의 상당 부분

을 자동화하고 고객의 컴퓨터 시스템을 원격으로 제어하는 소프트웨어를 만들었다. 그리고 해당 소프트웨어를 바탕으로 에버드림을 창업하고 매우 흥미로운 방식으로 서비스를 홍보했다. 수중하키 선수인[54] 린던 라이브가 컴퓨터로 주요 부위를 가린 채 바지를 발목까지 내리고 나체로 서 있는 사진을 대형 광고판에 실어 실리콘밸리 주변에 세웠던 것이다. 사진 위에 '컴퓨터에 발목 잡히지 마세요!'라는 광고 문구를 넣었다.

2004년에 들어서면서 린던과 피터, 러스 형제는 새로운 사업에 도전해보고 싶었다. 돈을 벌 수 있을 뿐 아니라 린던의 말대로 "매일 마음이 뿌듯해질 수 있는 일"이면 좋을 것 같았다. 그해 여름이 끝날 무렵 린던은 RV를 빌려 머스크와 '버닝맨' 페스티벌의 광기에 합류하려고 블랙 록Black Rock 사막으로 향했다. 두 사람은 어린 시절 자주 모험을 나섰고, 사업에 대한 생각을 정리하고 좋은 구상을 하는 방법으로 장시간 운전하는 여행을 즐겼다. 린던 형제가 무언가 커다란 사업을 벌여보고 싶어 한다는 사실을 눈치챈 머스크는 운전을 하면서 린던에게 태양에너지 시장을 조사해보면 어떻겠냐고 제안했다. 머스크는 사전에 약간 연구를 해보았고 다른 사람들이 놓치고 있는 좋

---

54 린던과 그의 아내는 수중하키 선수였고, 이 재주로 미국이 원하는 '우수한 재능'을 갖춘 인재라는 기준을 충족하여 영주권을 받았다. 두 사람은 미국 국가 대표 팀에서 활동했다.

은 사업거리가 있으리라고 판단했다. 린던은 "진입하기 좋은 시장이라고 일론이 말했습니다."라고 회상했다.

버닝맨 페스티벌에 정기적으로 참가했던 머스크는 행사장에 도착하자 가족과 함께 늘 해오던 대로 먼저 캠프를 세우고 행사 기간 동안 몰고 다닐 아트 카art car를 만들었다. 그해에는 소형차의 지붕을 뜯어내고 핸들을 오른쪽으로 옮겨 자동차 중앙에 설치하고 좌석을 소파로 바꾸었다. 머스크는 이렇게 파격적이고 멋있게 개조한[19] 자동차를 운전하면서 매우 즐거워했다. 그의 오랜 친구인 빌 리는 이렇게 말했다. "일론은 페스티벌에 참가하는 사람들의 순수한 모습을 좋아합니다. 바로 일론이 원하는 종류의 캠핑이죠. 캠프를 설치하고 아트 카를 몰아보고 설치물과 멋진 조명 쇼를 구경하고 싶어 합니다. 그곳에서 일론은 춤도 많이 춰요." 머스크는 행사장에서 힘과 패기를 과시하기도 했다. 행사장 꼭대기에 있는 무대에는 높이 9미터가량의 나무 봉이 꽂혀 있었다. 수십 명이 올라가려고 했지만 번번이 실패하자 머스크가 나섰다. 린던은 이렇게 회상했다. "일론이 올라가는 모습은 엉성하기 짝이 없었어요. 그렇게 올라가서는 성공할 수 없죠. 그런데 일론은 봉을 껴안고 조금씩 올라가더니 결국 꼭대기에 도달했습니다."

머스크와 라이브 형제는 벅찬 감동을 안고 버닝맨 행사장을 떠났다. 라이브 형제는 태양열 산업에서 사업거리를 발견하고 그 분야에서 전문가가 되기로 결심했다. 그들은 2년 동안 연구 보고서를 읽고, 사람들을 만나고, 회의에 참석하면서 태양열 기술과 해당 사업의 구조를 공부했다. 그러다가 태양에너지 박람회에 참석한 동안 사업 모델에 대한 아이디어가 떠올랐다. 행사 참가자가 2,000여 명[55]에 불과해 호텔 회의실 두 개면 발표와 토론회를 열기에 충분했다. 세계 최대 태양열 장비 업체 일부가 참석한 열린 토론 시간에 사회자는 소비자가 경제적으로 감당할 만한 가격으로 태양 전지판을 생산하기 위해 어떤 노력을 기울이고 있는지 물었다. 린던은 이렇게 회상했다. "업체의 대답은 한결같았어요. 자신들도 가격이 떨어지기를 기다리고 있다더군요. 문제에 대해 주인 의식을 느끼는 사람이 아무도 없었죠."

당시에는 소비자가 자택에 태양 전지판을 설치하기가 쉽지 않았다. 먼저 태양 전지판을 구입하고 설치할 사람을 따로 물색해야 하는 등 상당히 적극적으로 움직여야 가능했다. 대금을 미리 내야 했고, 온갖 수고를 무릅쓰고 설치할 만큼 태양광을 충분히 받을 수 있는지도 스스로 판단해야 했다. 게다가 다음 해에 출시되는 태양 전지판의 열 효율성이 더 좋아진다는 사실을 알고 있으므로 전지판 구매를 차일피일 미루는 경향이 있었다.

라이브 형제는 태양열 발전 시설을 구입하는 절차를 훨씬 간편하게 만든다는 목표를 세우고 2006년 솔라시티SolarCity를 설립했다.

---

55 2013년 참가자는 1만 3,000명이었다.

다른 기업과 달리 솔라시티는 태양 전지판을 자체 제작하지 않는다. 전지판을 외부 업체에서 구입하고 나머지 설치 작업을 담당한다. 솔라시티는 먼저 고객의 현재 에너지 청구서, 주택 위치, 주택이 일반적으로 받는 태양광의 양을 분석하는 소프트웨어를 구축해 태양열 발전 시설을 설치할 만한 경제성이 있는지 판단했다. 태양 전지판을 설치할 팀을 꾸리고, 고객이 대금을 미리 내지 않아도 되는 금융 시스템을 구축했다. 소비자는 월정액 요금을 지불하고 몇 해 동안 태양 전지판을 대여했다. 전기나 가스만을 에너지원으로 사용할 때보다 소비자가 내는 요금은 전반적으로 줄어들었고 일반 유틸리티 비용이 지속적으로 인상되어도 영향을 받지 않았다. 주택을 팔 때는 임대계약을 새 주인에게 그대로 인계할 수 있다. 그리고 임대가 끝나면 주인은 열효율이 더욱 높은 새 전지판으로 교환할 수 있다. 머스크는 사촌들이 이러한 사업 구조를 생각하도록 도와주었고 솔라시티 주식의 약 3분의 1을 소유하면서 회장이자 최대 주주가 되었다.

6년 후 솔라시티는 미국 최대 태양 전지판 설치 업체로 떠올랐고, 창업 초기에 세운 목표를 충실하게 실천하면서 전지판의 설치 작업을 개선해나갔다. 경쟁사들은 솔라시티의 사업 모델을 허겁지겁 모방하기 시작했다. 여기에 중국산 전지판 제조 업체가 시장에 물밀듯 진입하면서 태양 전지판 가격이 폭락하는 현상이 발생해 솔라시티에 행운을 안겼다. 솔라시티는 소비자를 주로 겨냥했던 사업 모델에서 벗어나 인텔, 월그린스Walgreens, 월마트Wal-Mart 등 사업체를 대상으로 사업을 확장했다. 2012년 주식을 상장하자 솔라시티의 주가는 그 후 몇 달 동안 치솟아 2014년에 접어들면서 기업 가치는 70억 달러에 육박했다.

솔라시티가 승승장구하며 성장하는 동안 실리콘밸리도 녹색 기술에 엄청난 거금을 투자했지만 결과는 대부분 참담했다. 보수주의자들은 자동차 산업에서 고배를 마신 피스커와 베터 플레이스, 태양 전지 제조사인 솔린드라를 즐겨 예로 들면서 정부의 과도한 지출과 미친 듯이 날뛰는 정실주의情實主義를 경고했다. 존 도어, 비노드 코슬라Vinod Khosla 등 역대 가장 유명한 벤처 투자가들도 녹색 기술에 투자했다가 실패하는 바람에 지역 언론과 전국 언론의 맹공격을 당했다. 그들의 사연은 언제나 같았다. 사람들은 사업의 타당성을 보기보다 옳은 일이라는 생각으로 녹색 기술에 돈을 쏟아부었다. 새로운 에너지 저장 시스템부터 전기 자동차와 태양 전지까지 녹색 기술을 개발하려면 고객에게 받는 돈만으로는 부족하기 때문에 정부 지원금에 지나치게 의존해야 했고, 지속 가능한 시장을 조성하려면 과하게 많은 육성책이 필요했다. 이러한 비판은 대부분 근거가 있었다. 당시 존재를 드러내기 시작한 일론 머스크는 녹색 산업에서 다른 사람들이 모두 놓치고 있는 사실을 파악해낸 것 같았다. 페이팔의 공동 설립자이자 파운더스 펀드의 벤처 투자가인 피터 티엘은 이렇게 말했다.

"벤처 투자가 사이에는 녹색 기술 기업에 투자하지 말라는 불문율이 10여 년간 존재했습니다. 전반적으로 녹색 산업의 상황이 아주

나빴으므로 불문율은 옳았습니다. 하지만 자세히 들여다보면 일론은 미국에서 가장 성공한 녹색 기술 기업 두 곳을 경영하고 있었죠. 투자가들은 일론의 성공이 요행이었다고 생각합니다. 영화 '아이언맨'이 상영되면서 일론을 만화 주인공 같은 사업가로 인식했어요. 하지만 이제는 일론의 성공이 이윤을 늘리는 데만 연연하는 사람에게 울리는 경종은 아닌지 물어봐야 합니다. 나는 세상이 일론에게 여전히 의심의 눈길을 보내는 것은 일론이 미쳤기 때문이 아니라 오히려 세상이 미쳤기 때문이라고 생각합니다."

머스크의 다른 모험이 그렇듯 솔라시티도 존재 의미만큼 사업성을 갖추지는 못했다. 머스크는 오래전에 상당히 합리적 사고를 거쳐 태양열 발전이 타당하다는 사실을 깨달았다. 약 한 시간 동안 지구 표면에 닿는 태양에너지의 양은 세계 에너지원을 총망라해서 인류가 1년 동안 소비하는 에너지 양과 비슷하다.[20] 또한 태양 전지판의 효율은 꾸준히 개선되고 있었다. 태양열이 인류가 선호하는 미래의 에너지원이라면 한시라도 빨리 도입해야 했다.

2014년을 시작으로 솔라시티는 야심을 더욱 분명하게 드러냈다. 첫째, 테슬라 모터스와 협력 관계를 맺고 에너지 저장 시스템을 구축해 판매하기 시작했다. 테슬라 공장에서 생산한 배터리 팩을 냉장고만 한 금속 상자에 넣었고, 사업체와 개인 소비자는 에너지 저장 시스템을 구매해 태양 전지판 배열을 늘릴 수 있었다. 기업 고객은 배터리 팩을 충전해두면 밤 시간이나 예상하지 못하게 정전이 발생했을 때 유용하게 사용할 수 있었다. 또한 유틸리티에 할증 요금이 붙는 피크 기간에는 배터리에 저장한 전기를 끌어 쓸 수 있었다. 솔라시티는 과하지 않은 실험적 방식으로 저장 시스템을 가동하면서, 대부분의 고객이 저장 시스템을 미리 구매해 태양열을 사용하는 경험을 하는 동시에 전기 사용 습관에서 벗어나기를 기대했다.

2014년 6월 솔라시티는 태양 전지 제조사인 실레보Silevo를 2억 달러에 인수하면서 사업 전략을 전폭적으로 바꿨다. 태양 전지판을 더 이상 외부에서 구입하지 않고 뉴욕 소재 공장에서 만들기로 한 것이다. 태양열을 에너지로 전환하는 경우, 대부분 전지의 열효율이 14.5퍼센트인 데 반해 실레보의 전지는 18.5퍼센트에 이르렀으므로 생산 기술만 제대로 갖추면 열효율을 24퍼센트까지 끌어올릴 수 있으리라 기대했다. 그동안 태양 전지판을 자체 생산하지 않고 구매하는 전략은 솔라시티에 상당히 유리하게 작용했다. 태양 전지 시장의 공급과잉 현상을 이롭게 활용하고, 공장을 건설하고 운영하는 데 따르는 거액의 자본 지출을 피할 수 있었기 때문이다. 하지만 보유 고객이 11만 명에 이르면서 태양 전지판의 수요량이 많아지자 공급과 가격을 안정시켜야 했다.

솔라시티의 공동 설립자이자 선임 기술 담당자인 피터 라이브는 이렇게 말했다. "우리 기업이 현재 설치하고 있는 태양 전지판의 수가 대부분의 기업이 생산하는 양을 넘어섰습니다. 자체적으로 전지판을 생산하고 다른 기술을 도입하면 비용이 지금보다 낮아질 겁니다. 이쪽 계통의 사업은 단가를 낮추는 것이 관건입니다."

가까이에서 관찰한 사람에 따르면 솔라시티는 최장기 임대, 에너지 저장 시스템, 태양 전지의 자체 생산이라는 전략을 함께 구사하면서 공익사업과 비슷한 방향으로 진화했다. 솔라시티는 소프트웨어로 통제하고 관리하는 태양열 시스템망을 구축했다. 2015년 말까지 태양 전지판 2기가와트를 설치해 연간 2.8테라와트시를 생산할 계획을 세웠다. 분기별 수익 보고서에서 이러한 수치를 발표하고 "이 수준을 유지하면 솔라시티는 미국 최대 전기 공급 업체로 발돋움한다는 목표에 한층 다가설 것이다."라고 결론을 내렸다. 사실 미국의 연간 에너지 소비량에서 솔라시티가 차지하는 비중이 매우 작을 뿐 아니라 주요 전기 공급 업체로 자리매김하려면 아직도 갈 길이 멀다. 하지만 머스크는 태양열 산업과 전반적인 에너지 산업에서 솔라시티를 주도적 세력으로 성장시키기 위해 노력하고 있다.

솔라시티는 머스크가 주장하는 통일장이론unified field theory의 주요 축이다. 머스크가 수행하는 각 사업은 장기적으로 그리고 단기적으로 서로 연결되어 있다. 테슬라가 배터리 팩을 만들면 솔라시티가 최종 고객에게 판매한다. 솔라시티는 자동차 충전소에 사용할 태양 전지판을 테슬라에 공급해 운전자가 무료로 충전할 수 있게 한다. 모델 S를 구입한 고객은 머스크의 라이프스타일을 선택하고 자택에 태양 전지판을 설치한다. 테슬라와 스페이스 엑스도 자료, 생산 기술, 공장 운영에 대한 지식을 교환하면서 서로 돕는다.

역사를 살펴보더라도 솔라시티·테슬라·스페이스 엑스는 오랫동안 각 시장에서 확실히 약자였고, 재력을 갖추고 튼튼하게 아성을 쌓은 경쟁사와 전쟁을 벌였다. 태양에너지 산업, 자동차 산업, 항공 우주 산업은 여전히 기존 기업을 보호하는 규제와 관료주의에 물들어 있었다. 이러한 산업에 종사하는 사람에게 머스크는 쉽게 쫓아내고 손가락질할 수 있는 순진한 기술 전문가였고, 경쟁자로서는 성가시거나 완전히 밥맛인 존재였다. 덕분에 기존 기업은 워싱턴에 있는 인맥을 동원해 머스크가 가지고 있는 세 회사를 최대한 괴롭혔고 그 솜씨 또한 대단했다.

2012년 머스크의 기업들은 대단히 위협적인 존재로 성장했다. 이제 솔라시티·테슬라·스페이스 엑스를 개별적으로 공격하기가 더욱 힘들어졌다. 머스크가 대중의 인기를 등에 업고 휘두르는 영향력이 세 기업을 동시에 휘감았기 때문이다. 테슬라의 주가가 뛰면 솔라시티의 주가도 덩달아 오르는 일이 자주 일어났다. 이러한 낙관적 분위기에 탄력을 받은 스페이스 엑스도 로켓 발사에 성공했다. 무엇보다 로켓 발사의 성공으로 머스크에게 어려운 업적을 이룩할 능력이 있다는 사실이 입증되면서 투자가들은 머스크가 벌이는 다른 사업에도 거액의 자금을 투자했다. 반면에 항공 우주 기업, 에너지 기업, 자동차 기업에서 활동하는 중역과 로비스트들은 한창 떠오르는 인기 스타 기업가에 분연히 맞서기 시작했다. 머스크의 적수 중에는 역사를 거스르는 쪽에 서거나 최소한 머스크의 광채에 상처를 입을까봐 겁을 내는 사람도 있었다. 또는 정말 지저분하게 공격하기 시작한 무리도 있었다.

머스크는 여러 해 동안 민주당의 비위를 맞춰왔다. 백악관을 몇 차례 방문했고 오바마 대통령에게 입김을 넣을 수 있었다. 하지만 현 체제를 맹목적으로 지지하지는 않았다. 무엇보다 자신의 기업을 지탱하는 신념을 지원하고 이러한 명분을 추구하기 위해서라면 실용적 수단을 총동원한다. 또한 대부분의 공화당원 못지않게 격렬한 자본주의자 성향을 보이면서 인정사정없는 기업가를 자처한다. 앨라배마 주 소속이면서 록히드에 공장 일자리를 창출하거나 뉴저지 주 소속이면서 자동차 대리점의 로비 활동을 지원하려는 정치인들은 이제 미국 전역에 고용을 창출하고 생산 제국을 건설한 인물에 맞서 싸워야 한다.

이 책을 쓰고 있는 시점에 스페이스 엑스는 로스앤젤레스에 공장을 두고, 텍사스 주 중부에 로켓 시험 시설을 갖추었으며, 텍사스 주 남부에 우주 공항을 건설하기 시작했다. (캘리포니아 주와 플로리다 주에 있는 기존 발사 지역에서도 많은 사업을 벌이고 있다.) 테슬라는 실리콘밸리에 자동차 공장을 두고, 로스앤젤레스에 디자인 센터를 갖추었으며, 네바다 주에 배터리 공장을 건설하기 시작했다. (네바다 주, 텍사스 주, 캘리포니아 주의 정치인들이 테슬라의 배터리 공장을 자기 주에 유치하려고 줄다리기를 했지만 결국 14억 달러 상당의 인센티브를 제공하기로 약속한 네바다 주가 경합에서 승리했다.) 솔라시티는 청정 기술 관련 일자리 수천 개를 만들었고, 앞으로 뉴욕 주에 건립할 태양 전지판 공장에 제조 관련 일자리를 마련할 것이다. 결과적으로 머스크 기업은 2014년 말 현재 약 1만 5,000명을 고용했으며, 여기서 그치지 않고 더욱 야심찬 제품을 계속 생산하며 수많은 일자리를 창출할 계획을 세웠다.

2015년 테슬라의 주요 목표는 SUV 모델 X를 출시하는 것이다. 테슬라는 SUV의 판매량이 모델 S를 따라잡으리라 기대하며 두 차량의 수요를 따라잡기 위해 2015년 말까지 연간 10만 대를 생산할 예정이다. SUV도 모델 S만큼 고가여서 잠재 고객 층은 한정되지만 모델 X를 가족용 고급 차량으로 전환하고 테슬라 브랜드를 여성 고객과 연결하는 마케팅에 주력할 것이다. 머스크는 2015년 새로 생산하는 자동차의 출시에 맞춰 슈퍼 충전소망, 서비스 센터, 배터리 교환소를 확대 건립하겠다고 약속했다. 또한 다음에 출시할 로드스터의 후속 제품을 제작하기 시작하고, 트럭에 대해 언급하고, 도로에서 물로 주행할 수 있는 일종의 잠수함 자동차도 구상하기 시작했다. 머스크는 '007 나를 사랑한 스파이The Spy Who Loved Me'에서 주인공 로저 무어Roger Moore가 수중에서 몰았던 로터스 에스프리Lotus Esprit를 100만 달러에 구입하고, 실제로 자동차에 잠수함 기능을 갖추어 보이겠다고 발표했다. 머스크는 〈인디펜던트Independent〉 신문에 "아마도 2~3대만 만들 겁니다. 잠수함 자동차 시장은 아주 좁으니까요."라고 말했다.

하지만 테슬라의 3세대 자동차인 모델 3은 시장이 넓으리라 전망한다. 2017년 출시할 예정인 4도어 모델 3의 예상 출고 가격은 약 3만 5,000달러로, 테슬라가 세상에 미치는 영향력을 가늠해보는 척도가 될 것이다. 테슬라는 모델 3의 예상 판매량을 수십만 대로 설정하고 출시를 계기로 전기 자동차를 진정한 주류로 만들려고 한다. BMW가 생산하는 연간 자동차 판매량을 추적해보면 미니가 약 30만 대, BMW 3 시리즈가 약 50만 대이다. 테슬라는 이 기록을 넘어서기를 기대한다. 머스크는 이렇게 말했다. "테슬라의 자동차 생산량이 많아지리라 생각해요. 현재 성장률을 계속 유지한다면 테슬라는 세계 최고 가치를 지닌 기업이 될 것입니다."

테슬라는 이미 세계 리튬 이온 배터리 수요의 상당량을 소비하고, 모델 3을 생산하려면 훨씬 많은 배터리가 필요하다. 따라서 2014년 머스크는 세계 최대 리튬 이온 배터리 생산 시설인 기가팩토리Gigafactory를 건설하겠다고 발표했다. 각 기가팩토리는 약 6,500개의 일자리를 창출하고 테슬라가 다양한 목표를 달성하는 데 유용한 역할을 담당한다. 무엇보다 테슬라 자동차에 장착할 배터리와 솔라시티가 판매하는 저장 시스템에 들어가는 배터리를 차질 없이 공급하는 것이 급선무이다. 또한 테슬라는 에너지 밀도를 향상시키는 동시에 생산 비용을 낮춘 배터리를 생산하고 싶어 한다. 오랫동안 협력 관계를 유지한 파나소닉과 힘을 모아 기가팩토리를 건설하되 공장을 운영하고 작업을 조율하는 책임은 테슬라가 맡는다. J.B. 스트라우벨에 따르면 기가팩토리가 생산하는 배터리 팩은 가격은 떨어지고 품질은 향상되어 테슬라가 모델 3의 목표 판매가로 책정한 3만 5,000달러를 달성하고, 전기 자동차가 한 번 충전으로 주행할 수 있는 거리를 800킬로미터 이상으로 확대하는 데 일조할 것이다.

테슬라가 1회 충전당 주행거리가 길고 합리적 가격의 자동차를 생산할 수 있다면 자동차 산업계가 여러 해 동안 불가능하다고 주장해온 업적을 달성하게 된다. 전 세계적으로 무료 충전소 망을 건설하고 자동차 판매 방식을 개선하는 동시에 자동차 제작 기술에 큰 변혁을 일으키면 자본주의 역사에 탁월한 승리로 기록될 것이다.

2014년 초 테슬라는 채권을 발행해 20억 달러를 조달했고 최근 들어서는 열성적 투자가들에게 투자를 받는 행운까지 누리고 있다. 지금까지 테슬라는 창업 이후 상당 기간 내내 파산 지경에 몰리기도 하고, 기술적으로 중대한 실수를 한 번만 저질러도 산업계에서 사라질 위험에 놓여 있었다. 하지만 지금은 주가가 꾸준히 상승하고 판매가 호조를 보이면서 제조 능력을 개선하는 동시에 많은 매장과 서비스 센터를 새로 열었다. 머스크는 이렇게 말했다. "기가팩토리를 건설할 자금이 지금 당장 필요하지 않습니다. 하지만 언제 심각한 문제가 생길지 알 수 없으므로 자금을 미리 마련하기로 결정했습니다. 외부적 요인이 생기거나 예상하지 못한 리콜이 발생해 갑자기 자금이 필요할 수도 있으니까요. 꼭 내가 할머니를 닮아가는 것 같네요. 할머니는 대공황과 경제적으로 버티기 힘든 시대를 사셨죠. 한 번 경험한 경제적 궁핍은 오랫동안 곁에 머물러 앞으로 어떻게 될지 확신할 수 없는 법입니다. 그래서 지금 느끼는 기쁨이 모두 사라질지 모른다는 불안을 떨칠 수가 없네요. 노년의 할머니는 앞으로 배를 곯을 일이 더 이상 없다는 사실을 알게 된 이후에도 음식이 떨어질까봐 노심초사했어요. 나도 테슬라에 혹시 끔찍한 사태가 발생할 것을 대비해 거액을 마련해놓기로 결정했습니다."

머스크는 테슬라의 미래를 낙관하면서 자신이 구상하고 있는 좀 더 기발한 계획 몇 가지를 귀띔해주었다. 우선 팰로 앨토에 있는 본사를 직원들이 기뻐할 수 있도록 다시 디자인하고 싶다고 말했다. 현재 건물의 로비는 작고 1980년대 분위기가 나는 데다가 주방은 몇 명만 들어가도 꽉 찰 만큼 좁아서 [21] 실리콘밸리 기업이 전형적으로 제공하는 특전을 직원들이 조금도 누리지 못하고 있다. 머스크는 이렇게 말했다. "테슬라 본사는 완전 꽝입니다. 그래서 말쑥하게 새로 단장하려고요. 물론 구글 정도로 단장할 수는 없죠. 그 정도로 돈을 쓰려면 돈을 뭉텅이로 벌어야 하니까요. 그래도 본사를 지금보다 훨씬 멋있게 꾸미고 음식점도 들일 생각입니다." 머스크는 당연히 새로운 시설을 설치할 구상도 하고 있다. "실리콘밸리 기업들은 너도나도 로비에 미끄럼틀을 설치했습니다. 나는 롤러코스터를 설치할까 궁리하고 있어요. 실용적 용도의 롤러코스터를 프리몬트 공장에 설치하는 거죠. 일단 타면 원하는 곳으로 가는 동시에 아래위로 오르내리며 스릴을 만끽하는 겁니다. 스페이스 엑스에도 설치할까 생각 중이에요. 건물 수만도 열 개이니까 그곳에 설치할 롤러코스터는 훨씬 커야겠죠. 아마도 설치 비용이 장난 아니겠지만 생각할수록 신납니다."

내가 머스크와 대화하며 놀랐던 점은 언제든 자신의 재산 전부를 기꺼이 잃을 각오로 도전하는 태도였다. 기가팩토리도 한 군데가 아니라 몇 군데에 짓고 싶어 한다. 배터리 공장을 신속하게 그것도 실수 없이 세워야 모델 3을 출시하는 데 필요한 엄청난 양의 배터리를 생산해낼 수 있기 때문이다. 필요하다면 머스크는 제2의 기가팩토리를 세워 네바다 주 소재의 공장과 경쟁을 붙이는 방법도 불사할 것이다. 머스크는 이렇게 설명했다. "다른 의도는 전혀 없습니다. 제때 제품을 생산해내는 것이 그만큼 중요하기 때문입니다. 땅을 고르고 기초를 쌓다가 그 땅이 옛날 인디언 매장지라는 사실을 아는 순간 망하는 겁니다. 그때 가서 '제기랄! 전에 생각해두었던 다른 곳에 가서 6개월 동안 다시 만들자'고 말할 수 없는 노릇이니까요. 기가팩토리를 6개월 만에 건설하는 것은 엄청나게 부하가 걸리는 일이에요. 간단하게 계산기만 두들겨보더라도 매달 소요되는 비용만도 10억 달러가 넘어요.[56] 관점을 바꿔 생각해볼까요? 연간 생산량을 15만 대에서 45~50만 대로 세 배 늘릴 수 있도록 프리몬트 공장을 정비하

---

56 평균 판매가가 4만 달러인 자동차를 연간 30만 대 판매하는 경우에 연간 매출은 120억 달러이고 월간 매출은 10억 달러이다.

고 직원을 채용해 교육시키느라 자금을 모두 소비하면서 손 놓고 앉아 공장이 정상적으로 가동하기를 기다리는 것은 내일을 기약하지 않고 돈을 낭비하는 구태의연한 태도입니다.”

“6개월은 마치 갈리폴리 전투Gallipoli, 제1차 세계대전 당시 연합군과 터키 군 수만 명의 목숨을 앗아간 악명 높은 전투 같을 겁니다. 포격을 가한 즉시 돌격해야 해요. 두 시간 동안 우물쭈물하다가는 터키 군이 다시 참호로 숨어버릴 수 있거든요. 그만큼 타이밍이 중요합니다. 무슨 수를 쓰더라도 타이밍을 놓치는 위험을 최대로 줄여야 합니다.”

머스크는 자금이 넉넉한 다른 자동차 제조사들이 테슬라와 비슷한 길을 걷지 않는 이유를 납득하지 못한다. 최소한 테슬라는 소비자와 자동차 산업을 뒤흔들어 앞으로 전기 자동차 수요가 급증하리라는 인식을 새겨 넣을 수 있었다. 머스크는 이렇게 주장했다. “나는 테슬라가 거의 모든 자동차 제조사를 위해 판을 짜놓았다고 생각합니다. 2013년에 고작 2만 2,000대를 판매하고도 지속 가능한 기술에 관심을 기울이도록 자동차 산업을 뒤흔들어놓았어요.”

리튬 이온 배터리의 공급량은 이미 한계에 다다랐고, 유의미한 방식으로 이 문제를 다룰 수 있는 기업은 테슬라가 유일해 보인다. “기가팩토리를 건설한다는 발표에 경쟁사들은 콧방귀를 뀌고 있습니다. 어리석은 생각일 뿐 아니라 배터리 공장은 배터리 공급 업체가 건설하는 것이 옳다고 주장합니다. 하지만 나는 공급 업체의 습성을 잘 알아요. 그들은 배터리 공장을 짓느라 수십 억 달러를 쏟아붓고 싶어 하지 않습니다. 자동차 제조사가 전기 자동차를 많이 판매할 수 있으리라 확신하지 못하고, 그래서 다량의 배터리를 소화하지 못할까봐 걱정하지요, 어찌 보면 닭이 먼저인지 달걀이 먼저인지 다투는 꼴입니다. 사정이 이렇다보니 테슬라가 돈 잡아먹는 이 빌어먹을 공장을 짓지 않으면 제품을 생산하기에 충분한 리튬 이온 배터리를 확보할 수 없어요. 아무도 배터리 공장을 지을 생각은 하지 않으니까요."

　테슬라는 애플이 처음 아이폰을 출시할 때와 비슷한 상황에 놓여 있고 이를 사업 기회로 삼으려는 것 같다. 애플의 경쟁사들은 아이폰이 출시된 첫해에는 제품을 무력화하려고 애썼지만, 일단 아이폰이 인기를 끌 것이 확실해지자 전략을 바꿔 아이폰을 따라잡아야 했다. 수중에 제품이 있는데도 HTC와 삼성 같은 기업이 아이폰에 필적할 만한 제품을 만들기까지 여러 해가 걸렸다. 노키아Nokia와 블랙베리BlackBerry처럼 과거 대기업은 아이폰으로 인한 충격에서 살아남지 못했다. 마찬가지로 테슬라의 모델 3이 엄청난 인기를 끌어 돈이 있는 사람들이 미래를 상징하는 제품인 모델 3을 사고 싶어 한다면 경쟁사들은 엄청난 곤경에 빠질 것이다. 전기 자동차를 만든다는 자동차 기업은 대부분 자체적으로 기술을 개발하지 않고 부피가 큰 기성 제품의 배터리를 사용한다. 모델 3에 대항할 만한 제품을 생산하고 싶은 마음이 간절하더라도 테슬라의 경쟁사들이 제대로 도전할 수 있으려면 앞으로 몇 해가 걸릴 수도 있고, 설사 그때가 되어도 자사 차량에 장착할 배터리를 확보하지 못할 가능성도 있다.

머스크는 이렇게 말했다. "다른 기업에서 기가팩토리 같은 배터리 공장을 언제나 짓기 시작할까요? 족히 6년은 지나야 할 겁니다. 거대 자동차 기업들은 지나치게 몸을 사리기 때문이죠. 기술 개발 프로젝트를 승인하고 추진하기 전에 다른 기업에서 성과를 거두었는지 알고 싶어 해요. 그러한 방식으로 일하는 기업은 기술에서 7년 정도 뒤처져 있다고 생각합니다. 나도 이런 내 생각이 틀렸기를 바랍니다."

머스크가 자동차, 태양 전지판, 배터리에 대해 열정을 담아 말하는 모습을 보고 있자면 이 세 가지가 부차적 프로젝트라는 사실을 잊기 쉽다. 덕택에 명성과 재산을 모았지만 머스크는 이 세 가지 기술이 인류의 행복에 필요하다고 믿는다. 하지만 그가 추구하는 궁극적 목표는 인류가 다른 행성에 거주할 수 있는 환경을 조성하는 것이다. 어리석다고 생각하는 사람도 있을지 모르나 이것이 머스크의 존재 이유인 것만은 틀림없다. 머스크는 인류의 생존이 다른 행성에 식민지를 개척할 수 있는지에 달려 있다고 굳게 믿으면서 이 목표를 실현하는 데 삶을 헌신하기로 결심했다.

머스크는 서류상으로 봐도 엄청난 부자이다. 하지만 10년 전에 스페이스 엑스를 창업할 당시만 해도 자산이 훨씬 적었다. 블루 오리진이라는 항공 우주 기업을 세우고 엄청난 현금 뭉치를 건네면서 자기 꿈을 이루어달라고 요청했던 제프 베조스만큼 돈이 많지도 않았다. 머스크가 화성에 가고 싶다면 스페이스 엑스로 제대로 사업을 벌여 돈을 벌어야 했다. 어쨌거나 나중에 벌어진 상황은 머스크에게 유리했다. 스페이스 엑스는 값싸고 성능이 좋은 로켓을 제작하는 방법을 터득하면서 항공 우주 기술의 한계를 확장했다.

가까운 시일 안에 스페이스 엑스는 사람을 우주에 보내는 능력을 시험하기 시작할 것이다. 스페이스 엑스는 2016년 유인 시험비행을 실시하고 2015년부터 NASA의 지원으로 우주 비행사를 국제 우주정거장에 보내려고 한다. 또한 위성을 제작하고 판매하는 사업을 크게 확장해 항공 우주 산업에서 가장 수익성 높은 사업으로 키우려 한다. 이러한 노력의 일환으로 팰컨 헤비의 성능을 시험 중이다. 팰컨 헤비는 재사용할 수 있고, 세계 최대 중량의 탑재물을 운송하는 거대한 로켓이다. 2015년 초 스페이스 엑스는 로켓의 1단 엔진을 바다에 있는 플랫폼에 연착륙시켜 회수하는 데 성공했고, 다음에는 땅에 착륙시키는 시험을 실시한다.

또한 2014년 들어 텍사스 주 남부에 자체적으로 현대식 로켓 발사 시설을 갖춘 우주 공항을 건설하기 시작했다. 머스크는 발사 과정의 상당 부분을 자동화하여 컴퓨터가 안전 수칙을 준수하면서 로켓에 연료를 채워 넣고 로켓을 세워 발사시키려고 한다. 스페이스 엑스는 사업 목적으로 매달 몇 차례씩 로켓을 발사할 계획을 세웠고, 우주공항을 건설해 이 계획을 신속하게 실행하기를 기대한다. 화성에 실제로 발을 디디려면 지금보다 훨씬 인상적인 기술과 솜씨가 필요하기 때문이다.

머스크는 이렇게 설명했다. "로켓을 하루에도 몇 번씩이고 발사할 수 있는 방법을 찾아내야 합니다. 결국 화성에 자급자족 기반을 마련하는 것이 중요하거든요. 그러한 도시를 건설하려면 도구와 사람이 수없이 필요하고요. 그렇다면 발사를 몇 회나 해야 할까요? 한 번에 100명을 화성으로 보낼 수 있다 쳐도 인구 100만 명을 보내려면 로켓을 1만 번 발사해야 합니다. 1만 번 발사하는 데 시간이 얼마나 걸릴까요? 2년마다 화성으로 출발할 수 있다는 점을 감안한다면 40~50년 정도가 걸리겠죠."

"화성으로 갈 때마다 우주선을 쏘아 대기궤도에 올려놓고, 탱크에 추진제를 주입합니다. 우주선이 궤도에 진입하느라 추진제를 많이 사용했을 테니 지구에서 연료 공급용 우주선을 쏘아 올려 추진제를 다시 공급해줍니다. 그러면 우주선은 커다란 탑재물을 싣고 6개월보다 빨라진 3개월 안에 화성에 도착할 수 있어요. 아직 화성 탐사에 대해 상세한 계획을 세우지 않았지만 최소한 커다란 추진 로켓, 우주선, 어쩌면 연료 공급용 우주선을 갖추고 순수 메탄 시스템을 활용하면 효과적일 것이라는 점은 파악했습니다. 나는 스페이스 엑스가 2025년까지 추진 로켓과 우주선을 개발해 많은 사람과 화물을 화성까지 운송할 수 있으리라고 생각합니다."

"1인당 화성 탑승료를 경제적 한계선까지 줄여야 합니다. 한 명이 화성에 가는 데 지불하는 비용이 10억 달러라면 화성 식민지를 구축할 수 없거든요. 1인당 50만이나 100만 달러라면 자립 식민지를 세울 수 있을 가능성이 크죠. 지구에 있는 재산을 정리하고 화성으로 이주하고 싶어 하는 사람은 충분히 많을 거예요. 이것은 관광사업이 아닙니다. 신세계를 개척하던 시기에 사람들이 미국으로 온 것과 같아요. 화성으로 이주해 직업을 갖고 세상을 돌아가게 만드는 겁니다. 운송 문제를 해결하면 사람들이 거주할 가압 투명 온실을 건설하는 작업은 그다지 힘들지 않아요. 하지만 화성에 갈 수 없다면 모두 허사죠."

"궁극적으로 지구 같은 조건을 갖춘 행성으로 만들려면 화성의 온도를 높여야 하는데 나는 아직 그에 대한 계획을 세우지 못했습니다. 아무리 환경이 좋더라도 시간이 오래 걸리겠죠. 글쎄요, 아마도 100~1,000년은 걸리지 않을까요? 내가 살아 있는 동안 화성의 환경이 지구처럼 바뀔 확률은 전혀 없습니다. 굳이 따지면 확률이 0.001퍼센트 정도나 될까요? 그러니 화성 탐사에 대해 철저하게 파악해야 합니다."[57]

---

57 머스크는 우주선의 물리학과 화학을 이렇게 설명했다. "화성 건축을 해결할 마지막 열쇠는 메탄 엔진입니다. 우리는 화성 표면에서 추진제를 생성할 수 있어야 해요. 오늘날 로켓에 사용하는 연료는 대부분 케로신 형태인데 제조 공정이 매우 복잡합니다. 케로신은 일련의 긴 고리 탄화수소로 메탄이나 수소를 만들어내기가 훨씬 쉬워요. 수소는 극저온 유체라는 점이 문제입니다. 온도가 절대영도까지 내려가야 액체로 존재하죠. 게다가 작은 분자라서 금속 매트릭스에 스며들어 금속을 부식시키거나 파괴합니다. 또한 다공성이라 이를 저장하려면 거대한 탱크가 필요해서 제조와 저장에 비용이 많이 듭니다. 따라서 연료로는 적합하지 않아요.
하지만 메탄은 다루기가 훨씬 쉽습니다. 액체산소와 같은 온도에서 액체 상태이므로

몇 달 동안 머스크는 화성 이주 계획과 2012년 말 재결합한[58] 라일리에 대한 생각으로 잠을 이루지 못하고 밤늦게까지 집 안을 서성였다. "이러한 종류의 문제를 터놓고 이야기할 사람이 주위에 많지 않아요." 여기에는 화성에 첫발을 디디는 사람이 되고 싶다는 자신의 몽상에 대한 대화도 포함된다. 라일리는 이렇게 귀띔했다. "일론이 화성에 첫발을 디디고 싶어 하는 것은 분명해요. 내가 그러지

공동 격막이 있는 상태로 로켓을 발사할 수 있고 얼거나 고체가 될까봐 걱정하지 않아도 됩니다. 또한 메탄은 지구에서 가장 값싼 화석연료라는 장점이 있어요. 화성에 가려면 정말 많은 에너지가 필요하거든요.

화성의 대기는 이산화탄소이고 토양에 물과 얼음이 많으므로 이산화탄소CO_2와 물H_2O를 결합하면 CH_4와 O_2를 만들어내서 연소가 가능해요.

이때 문제가 되는 핵심 질문은 화성 표면에 도착했다가 한 번에 지구로 귀환할 수 있느냐입니다. 귀환 탑재물을 출발 탑재물의 4분의 1 정도로 줄이면 가능해요. 지구에서 화성으로 운송하고 싶은 양이 그 반대 경우보다 많을 테니 충분히 가능하다고 생각합니다. 우주선에서는 단열 차폐물과 생명 유지 장치 등의 중량이 대단히 가벼워야 하죠."

58 머스크와 라일리가 이혼하고 지낸 기간은 1년 미만이었다. 라일리는 이렇게 말했다. "이혼이 확정될 때까지 일론과 대화하지 않겠다고 선언했어요. 그리고 이혼이 결정되자마자 다시 만났죠." 이혼 사유를 묻자 라일리는 이렇게 대답했다. "그냥 행복하지 않았어요. 과거에 결정을 잘못 내렸다는 생각이 들었죠." 머스크와 재결합하기로 마음먹은 이유를 묻는 질문에는 이렇게 대답했다. "첫째로는 실천할 수 있는 대안이 없었어요. 뒤돌아보니 함께 있기에 좋은 사람이 아무도 없더라고요. 둘째로 일론은 누구의 말도 듣지 않아요. 자신의 세계관에 맞지 않는 말에는 전혀 귀를 기울이지 않죠. 하지만 내 말은 듣겠다고 했어요. '라일리와 이야기해보고 이 상황을 다루었으면 좋겠어요.'라고 말했다니까요. 일론은 삶의 여러 문제에 대해 내 의견을 존중했고 기꺼이 경청했어요. 일론이 이렇게 노력하는 모습이 대단하다고 생각했습니다. 그리고 무엇보다 일론을 사랑해보고 싶었어요."

말라고 말리는 중이에요." 아마도 머스크가 재미로 아내를 놀리려 했거나 자기 속내를 감추는지는 몰라도 나와 대화할 때는 그러한 바람을 내비치지 않았다. "내가 죽더라도 스페이스 엑스가 원활하게 돌아가리라는 확신이 들 때라야 화성에 갈 겁니다. 화성에 가고 싶지만 꼭 가야 하는 것은 아니에요. 중요한 점은 내가 화성에 갈 수 있을지가 아니라 많은 사람이 화성에 갈 수 있을지입니다." 머스크는 화성은 고사하고 우주에도 가지 않을 가능성이 있다. 스페이스 엑스의 유인 시험비행에도 참가할 생각이 없다. "현명한 처신이 아니라고 생각해요. 보잉의 수장이 조종사가 되어 새 비행기를 시험하는 것과 같죠. 스페이스 엑스나 우주탐사의 미래를 위해 적절한 행동이 아닙니다. 3~4년이 지난 후 우주에 갈 수는 있겠지만 솔직히 내가 우주에 가지 않더라도 무방합니다. 무엇보다 인류의 수명을 최대로 늘리는 것이 중요하기 때문이죠."

이런 머스크의 말을 보통 사람이 얼마나 진지하게 받아들이는지 가늠하기는 어렵다. 몇 년 전 사람들은 머스크를 제트팩jet pack, 우주유영 등에 사용하는 개인용 분사 추진기과 로봇을 과대 선전하는 사람들과 같은 부류로 취급했다. 그런데 그 허풍쟁이 머스크가 실리콘 밸리에서 숭배받는 행동가로 변신하면서 차곡차곡 업적을 쌓아갔다. 티엘은 머스크가 추진력은 강하지만 미숙했던 페이팔의 CEO에서 수천 명을 호령하는 자신만만한 CEO로 성숙하는 과정을 옆에서 지켜보았다. 그는 "일론은 시간이 지나며 눈에 띄게 나아지고 있습니다."라고 말하면서, 머스크에게 가장 인상적인 점은 총명하고 야심만만한 인재를 발굴해 자기 회사로 끌어오는 능력이라고 밝혔다. "일론은 항공 우주 산업에서 가장 재능이 많은 인재를 보유하고 있습니다. 테슬라도 마찬가지여서 재능이 있고 자동차 만드는 것을 좋아하는 기계공학자라면 테슬라에서 일하고 싶어 합니다. 미국에서 새롭고 흥미진진한 제품을 만들 수 있는 유일한 기업이니까요. 두 기업은 재능 있는 사람들을 자극해 눈부신 업적을 달성하게 한다는 비전을 실천합니다." 티엘은 인간을 화성에 보내려는 머스크의 목표를 진지하게 생각해야 하고, 그 목표가 대중에게 희망을 준다고 믿는다.

모두가 머스크의 사명에 공감하지 않겠지만 누군가가 탐험을 추진하고 인류의 기술적 능력을 한계까지 밀어붙이는 것은 중요하다. 티엘은 이렇게 말했다. "인류를 화성에 보낸다는 목표는 다른 사람들이 우주에서 하려는 어떤 일보다 훨씬 감동적이에요. 미래를 지향하는 목표이자 우주 프로그램의 결정판이죠. 지금은 1970년대 초 사람들이 미래를 향해 품었던 긍정적 비전이 사라져버렸습니다. 스페이스 엑스는 그 미래를 다시 끌어올 방법을 제시하고 있어요. 일론이 하는 일에는 위대한 가치가 있습니다."

머스크는 2013년 8월 하이퍼루프Hyperloop라는 초고속 진공 열차를 구상했다. 이는 미래의 첨단 교통수단으로 사무실에서 메일을 보낼 때 사용하는 것과 같은 공기압 튜브이다. 머스크는 사람이 자동차를 캡슐에 싣고 튜브를 통해 로스앤젤레스와 샌프란시스코 등으로 이동하는 방법을 제안했다. 전에도 이와 비슷한 아이디어가 발표된 적이 있지만 머스크의 계획은 독특하다. 튜브 속을 저압으로 유지하고 앞에서 공기를 흡입해 내장 컴프레서로 압축한 다음에 캡슐 하부에서 분사하는 방식으로 캡슐을 공중 부상시킨다. 캡슐은 전자기 펄스에 의해 앞으로 나아가고 모터를 이용해 추진력을 추가한다. 이때 캡슐의 속도는 시속 1,290킬로미터로 로스앤젤레스에서 샌프란시스코까지 약 30분 걸린다. 물론 모든 기계는 태양에너지로 작동하고 사이 거리가 1,600킬로미터 미만인 도시를 하이퍼루프로 연결한다. 머스크는 당시 이렇게 말했다. "로스앤젤레스에서 샌프란시스코, 뉴욕에서 워싱턴 DC, 뉴욕에서 보스턴 등을 연결하는 방법이 타당합니다. 거리가 1,600킬로미터가 넘으면 튜브를 제작하는 비용이 엄청나게 커져 감히 엄두를 낼 수 없거든요. 게다가 튜브 나라에서는 살고 싶지 않을 테니까요."

머스크는 여러 달 동안 하이퍼루프를 구상하고 은밀하게 친구들에게 귀띔했다. 최측근을 제외하고는 나와 인터뷰하면서 처음으로 외부에 밝힌 것이었다. 캘리포니아 주에서 계획하고 있는 고속열차의 속도가 너무 늦어 하이퍼루프를 구상하기 시작했다고 했다. "캘리포니아 주에서 만들겠다는 600억 달러짜리 고속 열차는 단위 거리당 건설 비용은 최고액인데 속도는 세계 최저예요. 어떤 면에서든 좋지 않은 기록을 세우겠죠." 2029년 완공할 예정인 캘리포니아 주 고속 열차는 로스앤젤레스에서 샌프란시스코까지 두 시간 30분이 걸린다. 현재는 비행기로 한 시간, 자동차로 다섯 시간 걸리므로 고속철도가 생기더라도 평범한 수준의 교통수단이 하나 더 늘어날 뿐이다. 하이퍼루프는 건설 비용이 약 60~100억 달러 들고 비행기보다 속도가 빠를 뿐 아니라 자동차도 로켓으로 실어 나를 수 있다.

당시 머스크는 대중과 입법자들에게 고속 열차 도입을 재고하게 만들 의도로 하이퍼루프를 제안한 것 같았다. 실제로 하이퍼루프를 건설할 생각이 있다기보다는 좀 더 창의적으로 문제를 해결할 수 있다는 사실을 대중과 주 정부에 알리고 싶은 마음이 컸을 것이다. 운이 따르면 고속 열차 건설 계획이 취소되리라 생각했다. 머스크는 여러 차례 이메일을 주고받고 전화 통화를 하고 나서 내게 이렇게 말했다. "나중에 하이퍼루프 프로젝트에 자금을 대거나 자문을 제공할지는 모르지만 지금 당장은 스페이스 엑스나 테슬라에서 한시도 눈을 뗄 수가 없습니다."

하지만 하이퍼루프를 상세하게 설명하는 자료가 신문에 발표되자 머스크는 말을 바꾸기 시작했다. 〈블룸버그 비즈니스위크〉가 언론 최초로 하이퍼루프에 대한 기사를 싣고, 발명품에 대한 기사를 읽은 독자가 웹사이트로 몰려드는 통에 해당 잡지의 웹 서버가 다운될 정도로 하이퍼루프는 선풍적 관심을 끌었다. 열광하기는 트위터도 마찬가지였다. 정보를 공개한 지 한 시간쯤 지나 머스크는 전화 회의를 소집하고 기자들에게 최소한 해당 기술이 작동 가능하다는 것을 입증하기 위해 시제품이라도 만들까 생각 중이라고 말했다. 일부 사람들은 머스크의 아이디어를 비웃었고 밸리웨그는 이렇게 비꼬았다. "억만장자가 상상에서만 존재할 수 있는 우주 열차를 만들겠다고 발표했다. 우리는 일론 머스크의 미치광이 같은 결단력을 사랑한다. 전기 자동차와 민영 우주 비행이 어리석게 여겨지는 시기도 있었다. 하지만 엄청난 부호의 광분한 상상 이상으로 하이퍼루프를 생각하는 것은 더더욱 어리석다."

초기에 테슬라를 맹비난했을 때와 다르게 밸리웨그는 이제 소수의 목소리에 불과했다. 대중은 머스크가 하이퍼루프를 만들 수 있다고 믿는 것 같았다. 사람들이 자신을 그렇게까지 신뢰하는 데 놀란 머스크는 시제품을 제작해야겠다고 결심했다. 작품에 등장하는 인물을 모방하듯 머스크는 세상이 토니 스타크에게 바랐던 모습을 스스로 갖추어갔고 자신을 사랑하는 대중을 실망시킬 수 없었다.

머스크는 하이퍼루프 계획을 발표하고 뒤이어 투자가이자 친구인 셰빈 피셰바Shervin Pishevar와 함께 해당 기술의 상세한 설명서를 들고 백악관에서 오바마 대통령과 90분 동안 회의를 했다. 피셰바는 대통령이 머스크의 아이디어를 무척 좋아했다고 전했다. 대통령의 비서들이 서류를 검토하고 2014년 4월 머스크와 오바마의 단독 회의를 마련했다. 그 후 피셰바, 케빈 브로건 등은 가장 먼저 로스앤젤레스부터 라스베이거스까지 하이퍼루프를 건설하겠다는 구상을 하고 하이퍼루프 테크놀로지스Hyperloop Technologies Inc.를 세웠다. 하이퍼루프를 이용하면 이론적으로는 두 도시를 10분 정도면 갈 수 있다. 네바다 주 해리 리드Harry Reid 상원 의원은 하이퍼루프에 대해 설명을 듣고 15번 주간州間 고속도로 주변의 땅을 매입하는 일에 앞장서고 있다.

숏웰과 스트라우벨 같은 직원들은 머스크와 함께 일하면서 상대적으로 불투명한 환경에서 놀라운 기술을 개발하는 데 기여할 수 있었다. 그들은 영원히 머스크의 그림자로 머물면서 뒤에서 묵묵히 일하는 인재이다. 숏웰은 스페이스 엑스가 세워진 초창기부터 자사 사업을 추진하고 자신을 낮춰 대중의 관심이 머스크에게 쏠리게 했다. 사람을 화성에 보내는 명분이 정당하다고 진심으로 믿어서 자신의 욕구보다 기업의 사명을 우위에 두기 때문에 가능한 일이었다. 숏웰과 마찬가지로 스트라우벨도 테슬라에 근속하면서 다른 직원의 신뢰를 바탕으로 그들의 메시지를 머스크에게 전달하는 가교 역할을 했고 자동차에 관한 한 모르는 것이 없다. 테슬라에서 자신이 차지하는 위치가 견고한데도 스트라우벨은 나에게 한 말이 기록으로 남을까봐 신경이 쓰인다고 털어놓았다. 머스크는 무엇보다 자기 기업을 중심으로 말하고 싶어 하고, 아무리 충성스러운 중역이라도 자기 생각이나 바람과 다른 방향으로 의견을 타진하면 매정하게 대한다. 전기 자동차 제작에 헌신해온 스트라우벨은 자신이 평생 일구어온 성과를 어리석은 기자 때문에 망치고 싶어 하지 않았다. "나는 되도록 앞에 나서지 않고 자신을 낮추려고 무던히 애씁니다. 일론은 말도 안 될 정도로 일하기 힘든 상사이지만 대부분은 열정이 넘치기 때문이에요. 간혹 참지 못하고 초조해져서 험한 말을 뱉을 때도 있어서 곁에 있는 사람이 어쩔 줄 모르고 정신이 혼미해지기도 하죠. 사람들은 일론이 두려운 나머지 그 앞에 서면 몸도 생각도 굳어버리는 것 같습니다. 그래서 나는 일론의 목표와 비전을 사람들에게 납득시키려고 노력합니다. 내게도 나만의 목표가 있으므로 우리 둘은 공통점이 있고, 항상 초심을 기억하며 기업이 잘 돌아갈 수 있도록 애를 씁니다. 결국 일론은 내 상사예요. 그는 피와 땀과 눈물로 사업을 추진하고 있습니다. 다른 누구보다 많은 것을 사업에 걸고 있죠. 나는 일론이 지금껏 달성해온 업적을 존경합니다. 일론이 없었다면 결코 일어나지 않았을 거예요. 일론에게는 이 모든 일을 최전선에서 이끌 권리가 있습니다."

머스크에 대한 중역과 일반 직원들의 묘사는 각양각색이다. 그들은 머스크의 추진력을 숭배하고 그의 요구를 존중하지만, 머스크가 못됐다고 생각할 정도로 직원에게 냉정하고 변덕스러울 때가 있다고 생각한다. 머스크와 가까워지기를 원하면서도 그가 언제 마음을 획 바꾸어 자신을 해고시킬지 모른다며 두려워한다. 어떤 전 직원은 이렇게 실토했다. "내가 생각하기에 일론의 가장 큰 단점은 아랫사람을 향한 노력이나 인간적 유대감이 전혀 없는 것입니다. 여러 해 동안 한결같이 열심히 일한 많은 직원을 재고의 여지도 없이 쓰레기처럼 버렸습니다. 아마도 나머지 직원들에게 경종을 울려서 정신을 바짝 차리게 하려는 계산된 행동이었을 수도 있고, 무서울 정도로 인간적 유대감을 분리시키기 때문일 수도 있을 겁니다. 일론에게 직원은 일종의 탄알이에요. 특정 목표를 이루려고 기진맥진해질 때까지 써먹다가 가차 없이 버리는 거죠."

스페이스 엑스와 테슬라의 홍보 부서는 다른 부서보다 머스크의 이러한 행동을 자주 겪었다. 머스크는 홍보 직원을 어이없을 정도로 자주 갈아치운다. 홍보 활동을 직접 할 때가 많고, 자신이 나서는 것이 적절하다고 판단하면 홍보 부서를 제쳐놓고 언론을 직접 접촉해 뉴스를 발표한다. 심지어 머스크가 하이퍼루프의 구상을 발표하기 전에 홍보 부서 직원들은 기자회견 날짜와 시간을 몰라서 내게 이메일을 보내 물을 정도였다. 다른 예로 머스크는 시작하기 불과 몇 분 전에 전화 회의를 하자고 기자들에게 통보하기도 한다. 홍보 담당자가 행사에 대한 정보를 외부에 공개하지 못하는 것은 말이 안 되지만 머스크가 자기 계획을 불과 몇 분 전에 알려주기 때문에 홍보 담당자들은 그의 변덕을 따라잡으려고 정신없이 움직여야 했다. 머스크는 일을 벌여놓고 홍보 담당자들이 가차 없이 즉시 상황에 뛰어들어 최고 수준의 능력을 발휘하면서 일을 수습하기를 기대한다. 이렇게 이변과 정신적 압박감이 뒤섞인 상황을 겪고 나면 일부 직원은 몇 주나 몇 달 만에 회사를 그만둔다. 2년 정도 버틴다 하더라도 결국은 지칠 대로 지치거나 해고당하기도 한다.

겉보기에 냉혹한 머스크의 경영 스타일은 2014년 초 메리 베스 브라운을 해고할 때 여지없이 드러났다. 브라운은 흔히 볼 수 있는 충성스러운 비서실장 정도로 설명할 수 없는 존재였다. 자신도 그렇게 느꼈지만 실제로 머스크의 분신과 다름없었기 때문이다. 브라운은 10년 넘게 매주 로스앤젤레스와 실리콘밸리를 오가고, 평일에는 밤늦게까지 일하고 주말에도 일하면서 머스크를 보좌하느라 자기 생활을 희생했다. 그래서 자신이 두 회사에서 머스크의 일정을 조정하고, 대외 홍보 활동을 하고, 자주 사업 결정도 내리므로 스페이스엑스의 고위 중역과 동등한 대우를 해달라고 머스크에게 요청했다. 머스크는 브라운에게 2주일 동안 쉬라고 말하면서 자신이 대신 업무를 처리하고 그 일이 얼마나 힘든지 판단해보겠다고 덧붙였다. 휴가에서 돌아온 브라운에게 머스크는 더 이상 그녀가 필요하지 않다고 말하면서 회의 일정을 잡는 업무를 숏웰의 비서에게 맡겼다. 늘 충성스러웠던 브라운은 상처 받았고 이 문제에 대해 더 이상 나에게 말하고 싶어 하지 않았다. 머스크는 브라운이 지나치게 상사 입장에 서기 시작했고 솔직히 브라운에게도 사생활이 필요하다고 말했지만, 주위 사람들은 브라운이 라일리와 갈등을 빚었던 것이 해고를 당한 근본 원인이라고 수군댔다.[59]

사정이 어쨌든 벌어진 상황은 보기 흉했다. '아이언맨'에서 토니 스타크는 페퍼 포츠를 해고하지 않고 오히려 평생 그녀를 흠모하고 돌본다. 포츠는 스타크가 믿을 수 있는 유일한 사람으로 모든 역경을 함께 겪는다. 머스크가 망설이지 않고 무례한 태도로 브라운을 해고했다는 소식을 들은 스페이스 엑스와 테슬라 직원들은 그것이 머스크의 가증스럽고 잔인한 합리주의의 증거라고 생각했다. 브라운을 해고한 사건은 머스크가 공감을 기대할 수 없는 사람이라는 증거로 사람들 입에 오르내렸고, 머스크가 여태껏 휘둘러온 방식대로 직원을 잔인하고 신랄하게 책망하는 사례의 하나로 보태졌다. 머스크의 이러한 행동 유형을 그의 다른 변덕스러운 특징과 연결해 생각하는 사람들도 있었다. 머스크는 이메일에 있는 오타에 지나치게 신경쓰는 것으로도 유명해서 실제로 오타가 있으면 내용을 제대로 읽지 못한다. 사람들과 저녁 식사를 함께 하는 자리에서도 바보 같은 소리나 잡담이 듣기 싫다는 이유만으로 한마디 설명도 하지 않고 자리에서 벌떡 일어나 밖에 나가 별을 쳐다보고 있을 때도 있다. 내가 대화

---

59 머스크는 자신이 다음과 같이 말했다고 기억했다. "나는 메리에게 이렇게 말했어요. '자네가 회사에서 매우 귀중한 존재라고 생각하네. 아마도 그 정도 대우를 해주는 것이 옳겠지. 우선 2주 동안 휴가를 다녀오게. 그러면 그동안 나는 그것이 사실인지 아닌지 평가해보겠네.' 이러한 사태가 벌어지기 전에도 메리에게 경비를 모두 지불해줄 테니 휴가를 다녀오라고 제안했죠. 그때도 메리가 휴가를 다녀오기를 정말 바랐습니다. 메리가 돌아왔을 때 나는 우리 둘의 관계를 더 이상 끌고 나갈 수 없다는 결론을 내렸어요. 어떤 직업이든 12년이면 충분히 긴 기간이죠. 메리는 누구 밑에서든 정말 훌륭하게 업무를 처리해낼 겁니다." 머스크는 브라운에게 회사의 다른 보직으로 옮기라고 제안했지만 브라운은 회사에 출근하지 않는 것으로 그 제안을 거절했다. 머스크는 12개월 후 해고 통지서를 보냈고 그 후로는 브라운과 대화하지 않았다.

한 사람들 중 수십 명은 머스크가 보이는 이러한 행동을 예로 들면 서 머스크에게는 자폐증 증세가 있고 다른 사람의 감정을 배려하거 나 염려해주는 능력이 없다고 말했다.

실리콘밸리에서는 약간 다르거나 괴팍한 사람에게 자폐증이나 아스퍼거 장애가 있다는 꼬리표를 붙이는 경향이 있다. 이 두 용어는 진단을 내리거나 단정하기가 본질적으로 애매한 심리 상태를 대충 일컫는 표현이다. 하지만 이러한 꼬리표를 붙이는 것은 머스크를 제 대로 알지 못하는 동시에 지나치게 경솔한 처사이다.

머스크가 절친한 친구와 가족을 대하는 태도는 직원들 심지어 오랫동안 자기 곁에서 일해온 직원들을 대하는 태도와는 사뭇 다르 다. 최측근에게 머스크는 따뜻하고 재미있고 감정을 풍부하게 내보 인다.[60] 머스크는 친구들에게 자녀의 안부를 묻는 등 다른 사람처럼

---

60 라일리는 이렇게 말했다. "일론은 까불고 재미있어요. 매우 사랑스러운 사람이죠. 그 리고 아이들에게 헌신적이에요. 그는 정말 너무 재미있어요. 진짜 활달하고 내가 여 태껏 만나본 사람 중에 가장 묘한 사람이죠. 자신을 의식하고 명석함을 발휘하기도 하고, 활달하게 재미있는 말을 하면서 활짝 웃어요. 게다가 모든 영역에 대한 지식 을 갖추고 있습니다. 독서를 통한 정보 흡수율이 뛰어나고 놀랄 정도로 기지가 있어 요. 일론이 영화를 좋아해서 우리는 새로 개봉한 '레고 무비Lego Movie'를 보러 갔는데 영화를 보고 나서는 자신을 악당 우두머리인 '로드 비즈니스Lord Business'로 부르라고 우겼어요. 일론은 나와 아이들과 저녁 식사를 함께 하고 아이들과 컴퓨터 게임도 하 려고 가능하면 일찍 귀가하려 애를 씁니다. 우리는 아이들이 하루 동안 지낸 이야기 를 듣고 아이들을 재우죠. 그러고 나서 이런저런 이야기를 나누고 노트북으로 '콜버 트 리포트The Colbert Report, 코미디 정치 풍자 토크쇼' 같은 프로그램을 시청해요. 주말에 는 여행을 하고요. 아이들이 여행을 무척 좋아해요. 옛날에는 유모들이 정말 많았어

대화하지는 않지만 친구의 자녀가 아프거나 곤란에 빠지면 최선을 다해 도와주려고 한다. 어떤 희생을 치르더라도 자신에게 가까운 사람을 보호하고, 자신과 친구에게 해를 끼친 사람은 어떻게든 응징할 방법을 찾는다.

머스크의 행동은 신경 심리학자들이 영재로 구분하는 사람들의 행동에 가깝다. 이들은 어린 시절 탁월하게 깊은 지성을 나타내고 최고의 지능지수를 보인다. 흔히 세상을 들여다보고 결함, 즉 사회 시스템에 내재한 문제를 찾아내고 마음속으로 이를 바로잡을 수 있는

요. 심지어 유모를 관리하는 매니저까지 두었죠. 지금은 환경이 정상에 가까워졌어요. 우리는 일주일에 나흘 동안 아이들을 데리고 있으면서, 가능하다면 최대한 보통의 가족이 하는 일을 하려고 합니다. 나는 스스로 엄격한 사람이라고 말하고 싶네요. 어떤 것이 평범한 삶인지 아이들에게 알려주고 싶은데 내 바람과 달리 아이들은 매우 특이한 삶을 살고 있죠. 저스틴 비버Justin Bieber, 미국의 슈퍼 아이돌 가수와 여행을 가는 정도니까 말 다했죠. 로켓 공장에 가면서 '또 거기 가요?'라고 말합니다. 아빠가 하는 일이니 아이들에게는 멋진 일이 아니라 그냥 일상이에요."

"사람들은 일론이 믿기지 않을 정도로 순진하고 단순하다는 사실을 몰라요. 기쁠 때는 정말 순수하게 기뻐하고 어떨 때는 버럭 화를 냅니다. 그렇게 순수한 감정을 가지고 있어요. 그 사이에는 어떤 감정도 끼어들 틈이 없어요. 그럴 수 있는 사람은 정말 소수예요. 재미있는 장면을 보면 큰 소리로 호탕하게 웃어요. 사람이 많은 극장이든 주위에 다른 사람이 있든 전혀 의식하지 않습니다. 일론은 정말 아이 같아요. 달콤하고 놀라운 사람이죠. 이러한 자기 성격을 놓고 일론은 '나는 매우 단순하지만 구체적인 욕구를 지닌 복잡한 사람이야.', '섬이 섬인 것은 크고 둥둥 떠 있기 때문이지.'라고 말해요. 일론과 나는 하고 싶은 일의 목록을 만들어요. 최근 목록에 올린 것은 석양이 질 때 해변을 거닐며 서로 달콤한 귓속말을 속삭이고 말을 타는 거예요. 일론은 독서를 좋아하고 비디오게임을 하고 친구들과 어울리는 것을 좋아합니다."

논리를 구축한다. 머스크가 여러 행성에 인류의 식민지를 건설하겠다고 마음먹을 수 있었던 것은 공상 과학 소설과 기술에 풍부하게 영향을 받으며 살아온 덕분이기도 하다. 또한 어린 시절까지 뿌리를 거슬러 올라가는 머스크의 도덕적 의무인 동시에 그에게 주어진 영원한 권한이다.

머스크에게 삶은 온갖 정신을 갉아먹는 듯한 일종의 실존적 우울을 누그러뜨리기 위한 도전일 수도 있다. 그는 인간이 스스로의 능력을 제한하는 위험한 존재라 생각하고 이를 바로잡고 싶어 하므로, 회의 시간에 좋지 않은 아이디어를 내거나 업무 중에 실수를 저지르는 사람은 머스크의 이러한 노력을 방해하는 셈이다. 그렇다고 그러한 사람들을 싫어하는 것은 아니다. 다만 그들이 저지르는 실수 때문에 인류가 그토록 오랫동안 위험에 빠져 있어야 한다는 사실에 괴로워한다는 편이 더 적절한 표현이다. 감정을 느끼지 못한다는 말을 듣는 것은 머스크가 자기 사명의 시급성을 진정으로 이해하는 사람이 자기뿐이라고 느끼는 데서 나타나는 현상이다. 자기 사명이 워낙 중요하다고 생각하기 때문에 남의 기분을 헤아리는 데 무디고 참을성도 없다. 그래서 직원들은 능력을 최대로 발휘해 문제를 해결하는 데 도움을 주든지 그렇지 않으면 물러나야 한다고 생각한다.

머스크는 자신의 이러한 성향을 미리 솔직하게 털어놓고, 자신이 비즈니스 세계에서 순간적 기회를 좇지 않는다는 사실을 이해해 달라고 호소한다. 그는 수십 년 동안 자신의 정신을 사로잡아온 문제들을 해결하기 위해 노력하고 있다. 우리가 대화하는 동안에도 이 점을 몇 번이고 반복하면서 자신이 전기 자동차와 우주탐사에 대해 얼마나 오랫동안 생각해왔는지 누누이 강조했다. 과거 그의 행동을 살펴보면 같은 유형이 눈에 띈다. 2014년 머스크가 테슬라의 특허를 전면 공개하겠다고 발표했을 때 분석가들은 언론의 주목을 받기 위한 시도인지, 이면에 동기나 함정이 숨어 있는지 알아내려고 했다. 하지만 머스크의 의도는 간단했다. 많은 사람들이 전기 자동차를 만들고 사기를 바라기 때문이다. 머스크는 인류의 미래가 여기에 달려 있다고 생각한다. 테슬라의 특허를 개방해 다른 기업이 더욱 손쉽게 전기 자동차를 제작할 수 있다면 인류에게 좋고 그러려면 전기 자동차 제작 관련 아이디어는 무료여야 한다. 냉소주의자들은 머스크의 이런 생각을 비웃을 테고 그것도 이해가 된다. 하지만 머스크는 이렇게 행동하도록 프로그래밍되어 있고 자기 생각을 설명할 때는 지나칠 정도로 진지하다.

머스크의 이러한 사고방식을 이해하는 사람만이 그에게 가까이 다가갈 수 있었다.[22] 그들은 머스크의 비전을 이해하면서도 그에게 지적으로 도전해 비전을 완성하는 데 기여할 수 있다. 한번은 저녁 식사를 함께 하는 자리에서 머스크는 내게 자신을 미쳤다고 생각하는지 물었다. 이것은 일종의 시험이었다. 우리가 그동안 대화를 많이 했으므로 그가 하는 일에 내가 관심이 많다는 사실을 이미 알고 있을 터였다. 머스크는 나를 신뢰하고 마음을 열어놓기 시작했지만 자신의 꿈이 얼마나 중요한지를 내가 진정으로 이해하고 있는지 마지막으로 확실하게 다지고 싶었던 것이다. 머스크와 절친한 많은 친구들은 나보다 훨씬 어렵고 엄청난 시험을 통과했다. 머스크의 회사에 투자했고, 비판하는 사람들에 맞서 싸우면서 머스크를 방어했다. 2008년 머스크가 경제적으로 난관에 부딪쳤을 때 입에 풀칠을 할 수 있게 도와주었고, 성실한 우정을 보여주며 머스크가 추구하는 명분에 헌신한다.

기술 산업 종사자들은 머스크의 추진력과 원대한 야망을 빌 게이츠와 스티브 잡스에 비유했다. 잡스와 게이츠 밑에서 일했던 신동으로 마이크로소프트의 선임 소프트웨어 설계사로 근무하는 에드워드 정 Edward Jung은 이렇게 말했다. "두 사람과 마찬가지로 일론은 기술을 깊이 이해하고 비전을 달성하려고 치열하게 노력하며 장기 목표를 향해 단호하게 나아가죠. 일론은 스티브 잡스처럼 소비자 감성을 지녔고, 빌 게이츠처럼 자기 전문 영역 밖에서 훌륭한 인재를 발굴하는 능력을 지녔어요. 사람들은 빌 게이츠와 스티브 잡스가 유전자공학을 이용해 사생아라도 만들어내기를 바랍니다. 정말 그런 현상이 일어난 것인지 알아보기 위해 일론의 유전자형을 조사해보아야 할 겁니다."

벤처 투자가로 스페이스 엑스와 테슬라, 솔라시티에 투자했고 스티브 잡스 밑에서 일한 적이 있으며 빌 게이츠를 잘 알고 있는 스티브 저벳슨은 머스크가 두 사람을 합쳐 개량한 형태의 인물이라고 묘사했다. "일론은 스티브 잡스와 마찬가지로 C급과 D급 직원을 용납하지 않아요. 하지만 잡스보다 상냥하고 빌 게이츠보다 약간 더 세련됐죠."[61]

하지만 머스크를 많이 알수록 세 사람을 동급으로 묶기는 더욱 힘들다. 스티브 잡스는 대기업 두 곳, 즉 애플과 픽사를 경영하며 업계의 판도를 바꾸었다. 하지만 두 사람의 실질적 유사점은 여기까지이다. 잡스는 픽사보다 애플에 에너지를 훨씬 많이 쏟았지만 머스크는 테슬라와 스페이스 엑스에 똑같이 에너지를 쏟았고 나머지를 솔라시티에 투자했다. 잡스도 상세한 부분까지 신경 쓰는 것으로 유명했지만 머스크만큼 기업의 일거수일투족을 매일 감독하지 못했다. 머스크의 경영 방법에는 한계가 있어서 마케팅과 언론 전략을 구사할 때는 세련미가 떨어진다. 발표문을 미리 연습하지도, 연설문을 다듬지도 않고 대부분 테슬라와 스페이스 엑스에서 발표한다. 하필 기자들이 주말에 집에 가느라 흘려 넘기기 쉬운 금요일 오후에 중요한 뉴스를 발표하기도 한다. 이유는 간단하다. 그때 마침 언론 보도 자료를 완성했거나 그만 마무리하고 다른 업무로 넘어가고 싶기 때문

---

61 저벳슨은 다음과 같이 부연 설명했다. "일론은 빌 게이츠처럼 엔지니어의 기량을 지니고 있지만 사람들과 좀 더 잘 섞입니다. 빌 게이츠를 사귀려면 일정 사교 범위 안에 있어야 해요. 일론에게는 함께 있을 때 느낄 수 있는 매력이 있어요. 바보 같은 사람을 견디지 못하는 점은 스티브 잡스와 같아요. 하지만 직원을 좋아했다가 싫어하는 기복이 잡스보다는 심하지 않죠. 또한 나는 일론이 거둔 성과가 더 많다고 생각합니다."

이다. 이와는 대조적으로 잡스는 모든 발표와 언론을 상대하는 순간을 소중하게 다루었다. 하지만 머스크에게는 그렇게 일할 만한 여력이 없다. 그는 이렇게 말했다. "내게는 연습할 시간이 없어요. 즉석에서 연설을 해야 합니다. 그러니 결과는 당연히 다양하겠죠."

머스크가 게이츠와 잡스처럼 새로운 단계로까지 기술 산업을 끌어가고 있는지에 대해서는 전문가들의 의견이 분분하다. 솔라시티와 테슬라, 스페이스 엑스가 해당 산업계에 진정한 혁신을 이룰 수 있다는 희망을 주지 못한다고 주장하는 사람들도 있다. 반면에 머스크가 진정한 물건이라 미래의 기술 혁명을 이끌 가장 빛나는 별이라고 생각하는 부류도 있다.

기술 산업의 현주소와 앞으로 나아갈 길에 대해 통찰력 있는 글을 써서 최근 명성을 구축한 경제학자 타일러 코웬Tyler Cowen은 첫째 무리에 속한다. 《거대한 침체The Great Stagnation》에서 코웬은 커다란 기술적 진보의 부재 현상을 한탄하면서 미국 경제가 둔화했고 결과적으로 임금이 하락했다고 주장했다. "비유적으로 말해 최소한 17세기 이후로 미국 경제는 땅을 공짜로 얻은 덕택이든 많은 이민 노동자가 값싼 노동력을 제공한 덕택이든 강력한 새 기술이 등장한 덕택이든, 손 닿는 곳에 주렁주렁 달려 있던 열매를 많이 땄다. 그러나 지난 40년 동안 낮게 열린 열매들이 사라지고 있는데도 우리는 여전히 열매가 있다고 착각하고 있다. 미국이 기술적 정체기에 다다랐다는 사실을 인지하지 못했고, 나무는 우리가 생각하고 싶은 정도보다 훨씬 앙상하다. 이것이 바로 미국 경제의 문제이다."

다음에 출간한 《중산층은 끝났다Average Is Over》에서 코웬은 있는
자와 없는 자가 엄밀하게 나뉘는 불쾌한 미래가 도래하리라고 예측
했다. 코웬이 바라보는 미래에는 인공지능이 대세를 이루며 많은 일
자리가 사라진다. 그래서 매우 똑똑하고 기계를 보완할 수 있어서 팀
을 효과적으로 이끌 수 있는 인물만 승승장구한다. 그렇다면 실직한
대중은 어떻게 될까? 결국 많은 사람이 부자 밑에서 유모나 가정부,
정원사로 일하게 된다. 코웬은 머스크가 지금 추진하는 일이 인류
를 더욱 희망찬 미래로 이끌 수 있으리라고 생각하지 않는다. 과거보
다 위기를 돌파하는 비약적 아이디어를 떠올리기가 훨씬 힘들어졌
다고도 주장한다. 이미 위대한 아이디어를 대부분 발굴해냈기 때문
이다. 코웬은 버지니아 주에서 나와 함께 점심 식사를 하면서 머스크
를 천재 발명가가 아니라 대중과 언론의 관심을 끌지만 매우 능숙하
게 끌지는 못하는 인물로 묘사했다. "나는 화성에 가려는 사람이 많
으리라고 생각하지 않습니다. 게다가 일론이 앞으로 어떤 비약적 발
전을 이루려는지 모르겠지만 그러기에는 비용이 너무 많이 들지 않
나요? 하이퍼루프에 대해 들었다고 했죠? 나는 일론이 그 계획을 실
행할 의사가 있다고는 생각하지 않습니다. 테슬라는 성과를 거둘 수
도 있겠죠. 하지만 하이퍼루프를 건설하려면 어쨌거나 동력을 만들
어내야 하는데, 나는 일론이 긁어 부스럼을 만들고 있다고 생각해요.
일론은 밖에서 생각하는 만큼 인습에 도전하는 사람이 아닐 수도 있

어요."

매니토바 대학교의 명예교수 바클레이 스밀Vaclav Smil의 생각도 크게 다르지 않다. 빌 게이츠는 스밀을 에너지와 환경, 제조업에 대한 책을 쓴 중요한 저자라고 묘사했다. 스밀은 최근 책인《메이드인 아메리카Made in the USA》에서 과거 미국 제조 산업의 영광과 뒤이은 암울한 산업 실종을 탐구했다. 미국이 현명하게도 제조업에서 자연스럽게 발을 빼고 고임금 정보산업에서 일자리를 창출한다고 생각하는 사람이라면 누구라도 이 책을 읽어보고 해당 변화의 장기적 결과를 검토해볼 만하다. 스밀은 제조 산업이 주요한 혁신을 이끌어내는 동시에 일자리와 기술 전문가를 양산하는 방식을 사례로 제시했다. "예를 들어 30여 년 전 모든 소비자용 전자 제품과 디스플레이의 생산을 사실상 중단하면서 미국은 첨단 평면 화면과 배터리를 개발하고 대량생산하는 능력을 잃었다. 평면 화면과 배터리는 휴대용 컴퓨터와 휴대전화에 반드시 들어가는 제품으로 이를 대량 수입하기 시작하면서 미국의 무역 적자는 계속 누적되었다." 이 책 후반부에서 스밀은 특히 항공 우주 산업이 주요 수출산업으로 등장하면서 미국 경제에 큰 이익을 안기고 있다고 주장했다. "미국의 수출을 증진하려면 항공 우주 부문에서 경쟁력을 유지하는 동시에 매출에서 수출이 차지하는 비중이 커져야 한다. 앞으로 20년 동안 세계 최대 항공 우주 시장은 특히 중국과 인도를 포함한 아시아이므로 미국 항공기 제조사와 항공원동기 제조사는 요즘의 시장 팽창을 적극 활용해 이익을 챙겨야 한다."

스밀은 중국에 대항하는 미국의 경쟁력이 약해져가는 현상을 보면 초조하지만 머스크 기업이 쇠퇴를 역류할 수 있는 힘이라고는 생각하지 않는다. 스밀은 내게 보낸 이메일에서 이렇게 말했다. "무엇보다 기술 진보를 연구하는 역사학자로서 나는 테슬라가 과시하기를 좋아하는 사람들이 가지고 노는 완전히 과대 포장한 장난감이라고 생각해요. 5,000만 명이 푸드 스탬프에 의존해 생계를 유지하고 매달 850억 달러가 빚으로 늘어나는 국가는 우주 관련 사업에 절대 눈을 돌려서는 안 됩니다. 엄청난 부호들이나 즐길 수 있는 우주여행은 특히 그렇죠. 하이퍼루프 계획만 해도 그래요. 아주 간단한 물리 원칙도 모르는 대중에게 오래된 운동 역학의 사고실험Gedankenexperiment, 현재까지 알려진 물리법칙에 부합하도록 전개하는 가상 시나리오 개념을 집어넣어 정신을 혼미하게 만들고 있습니다. ······ 미국에는 창의성 있는 인물이 많고 개중에서 머스크의 자리는 한참 뒤입니다."

스밀은 퉁명스럽게 자기 의견을 밝혔지만 최근 들어 책에 자동차 산업과 항공 우주 산업을 칭찬하는 의외의 행보를 보였다. 그는 상당한 분량을 할애해 헨리 포드의 수직적 통합vertical integration, 관련 산업 안에서 생산단계가 서로 다른 기업 간의 결합이 자동차 산업과 미국 경제를 진보시키는 데 긍정적 영향을 미쳤다고 쓰고, 많은 전자 기기와 소프트웨어를 통합하는 '기계 전자 공학'의 부상을 상세하게 다루었다. "2010년까지 일반 세단을 전자 기기로 제어하는 데 필요한 소프트웨어 코드의 줄 수는 보잉의 최신 제트여객기보다 많다. 미국 제조업은 자동차를 놀라운 전자 기계로 둔갑시켰다. 또한 21세기 들어 처음 10년 동안 항공 산업은 탄소 복합 소재와 나노 구조 등 새로운 재료를 개발하고 무선 전자장치를 발전시키는 혁신을 이룩했다."

비평가들 사이에는 머스크를 실제로 진행하는 사업을 제대로 이해하지 못하는 경솔한 몽상가 정도로 치부하는 경향이 있다. 스밀은 화성에 가겠다는 머스크의 비전을 맹렬히 공격하는 기사나 텔레비전 프로그램을 보기가 무섭게 머스크를 우주 관광 무리와 한통속으로 묶어버린 것 같다. 하지만 머스크는 우주 관광에 대해서는 거의 말하지 않았고 처음부터 우주산업 분야에서 경쟁하기 위해 스페이스 엑스를 세웠다. 보잉이 비행기를 판매하는 것이 미국 경제에 중요하다고 생각한다면 스페이스 엑스가 상업 발사 시장에서 달성한 성과에 손뼉을 쳐주어야 마땅하다. 스페이스 엑스는 미국에서 제품을 만들 뿐 아니라 항공 우주 기술은 물론 재료와 제조 기술도 극적으로 발전시키고 있기 때문이다.

다음 20년 동안 미국이 중국과 경쟁을 벌일 수 있는 유일한 희망이 스페이스 엑스라는 점에는 별반 이견이 없다. 스페이스 엑스와 테슬라는 기계 전자 공학 분야에서 전자공학·소프트웨어·금속을 융합하는 본보기를 보였고 현재 경쟁사들은 두 기업을 따라잡으려고 허덕이고 있다. 솔라시티를 포함한 머스크 기업은 수직적 통합을 극적으로 활용해 구성 요소의 자사 지배 체제를 진정한 장점으로 승화시켰다.

　머스크가 미국 경제에 얼마나 막강한 영향력을 미치는지 이해하려면 지난 몇 년 동안 시장을 장악했던 기계 전자 제품인 스마트폰을 생각해보면 쉽다. 아이폰이 출시되기 전까지 미국은 정보 통신 산업에서 거북이걸음을 했다. 구매력을 갖춘 휴대전화와 모바일 서비스는 모두 유럽과 아시아가 장악하고 미국 소비자들은 구식 장비를 손에 쥐고 갈팡질팡했다.

　하지만 2007년 아이폰이 출시되면서 상황은 반전되었다. 애플은 컴퓨터 기능을 따라 아이폰을 만들고 앱·센서·위치 인식 등 새로운 기능을 추가했으며, 구글은 안드로이드 소프트웨어와 관련 전자 기기로 시장을 공격했다. 이로써 미국은 순식간에 모바일 산업을 주도하는 세력으로 떠올랐다. 스마트폰은 하드웨어·소프트웨어·서비스를 통합하여 작동하므로 가히 혁신적이었다. 한마디로 실리콘밸리 기술의 특징인 융합의 대표 사례였다. 스마트폰의 부상에 힘입어 엄청난 산업 호경기를 맞으면서 애플은 미국에서 최대 가치를 자랑하는 기업이 되었고 애플이 생산하는 똑똑한 장치는 전 세계로 퍼져나갔다.

　과거에 애플에 근무하면서 아이팟과 아이폰을 출시하는 데 공을 세운 토니 파델은 하드웨어와 소프트웨어가 성숙의 임계점에 도달한 대표 사례가 스마트폰이라고 설명했다. 그만큼 전자장치는 질이 좋고 값이 싸진 동시에 소프트웨어는 더욱 믿을 만하고 세련되었다. 공상 과학 소설에나 등장할 듯한 아이디어가 하드웨어와 소프트웨어의 상호작용으로 실현되었다. 구글은 무인 자동차를 개발하고, 로봇공학 기업 수십 군데를 인수하면서 코드와 기계를 융합하는 행보를 보인다. 파델이 창업한 네스트는 지능형 온도조절기와 연기 탐지기를 생산한다. 제너럴 일렉트릭이 생산하는 제트엔진에는 센서가 많이 장착되어 있어 변수가 발생하면 기계 담당자에게 즉각 알린다. 또한 신생 기업들이 의료 장치에 강력한 소프트웨어를 탑재하기 시작하면서 대중은 자기 신체를 모니터하고 분석하고 상태를 진단할 수 있었다. 지구 정지궤도에 진입시킨 작은 위성들은 과거 위성이 그랬듯 수명이 다할 때까지 한 가지 고정 임무만 수행하지 않고 비행 중에 다시 프로그래밍되어 비즈니스나 과학과 관계있는 다양한 임무를 수행한다. 캘리포니아 주 마운틴 뷰에 있는 신생 기업 지 에어로Zee Aero는 스페이스 엑스에 근무했던 전문가 두 사람을 영입하고 비밀리에 새로운 교통수단을 개발하고 있다. 혹시 하늘을 나는 자동차는 아닐까?

파델은 머스크가 추진하는 사업이 융합 측면에서는 역대 최고 수준이라고 생각한다. "일론은 순수하게 전기 자동차만 만들 수도 있었어요. 하지만 모터를 사용해 차 문손잡이를 작동시키려 시도했죠. 결국 일론은 소비자 등급의 전자장치와 소프트웨어를 융합했고 다른 자동차 제조사들은 이를 따라잡으려고 애쓰고 있죠. 테슬라와 스페이스 엑스가 이더넷 케이블을 탑재해 기계를 작동하는 방식은 바로 옛날 제조 과학의 세계와 소비자 등급의 저비용 기술을 접목시키는 쾌거입니다. 그렇게 되면 대량의 변화가 순식간에 발생할 수 있습니다. 기술 수준 한 단계를 훌쩍 뛰어오르는 것입니다."

실리콘밸리가 스티브 잡스의 뒤를 이어 기술 산업을 주도하는 강력한 리더를 찾고 있는 와중에 머스크는 가장 가능성 높은 후계자로 부상했다. 머스크는 확실히 시대를 상징하는 인물이다. 신생 기업의 창업자들과 평판 있는 중역들도 머스크를 매우 존경하는 인물로 꼽기도 한다. 기존 산업에서 테슬라가 주류 기업으로 위치를 굳힐수록 머스크의 명성은 커지기 마련이다. 모델 3의 판매 열기가 뜨거워지면 머스크는 산업을 재조명하고 소비자의 마음을 읽고 행동할 수 있는 아주 뛰어난 인물로 탄탄하게 자리매김할 것이다. 그때가 되면 머스크가 품고 있는 상상력 풍부한 아이디어들은 훨씬 실현 가능해 보일 것이다. 인간 유전체를 해독하고 인공 생명체를 만든 크레이그 벤터는 "내가 생각하기에 일론은 나보다 뛰어난 소수에 속합니다."라고 말했다. 언젠가 머스크와 협력해서 화성에 보낼 수 있는 DNA 프린터를 제작해보고 싶다고도 덧붙였다. DNA 프린터를 제작할 수 있다면 화성의 초기 정착민에게 제공할 의약품, 식량, 유익한 미생물을 생산할 수 있다. "생물학적 순간 이동이 가능하다면 인간은 우주에 정착할 수 있습니다. 일론과 나는 이 아이디어를 실현할 방법에 대해 의논하고 있습니다."

머스크의 열렬한 팬이자 절친한 친구로 구글의 설립자이자 CEO인 래리 페이지가 있다. 그는 머스크가 집을 전전하며 묵는 지인의 명단에도 들어 있다. 그는 이렇게 말했다. "일론은 일종의 노숙자입니다. 제가 생각하기에는 신기하고 재미있는 습관이죠. 가끔 나한테 이메일을 보내 '오늘 밤 어디에 묵어야 할지 모르겠네. 자네 집에 가도 될까?'라고 물어옵니다. 아직은 일론에게 집 열쇠를 주지 않았어요."

구글은 문샷moon-shot 프로젝트를 가동해 무인 자동차와 로봇을 개발하고, 값싼 비용으로 달에 기계를 착륙시키는 사람에게 상금까지 거는 등 여느 기술 기업보다 미래 혁신 산업에 투자를 많이 한다. 하지만 구글은 직원만도 수만 명에 이르고 투자가들이 지속적으로 주시하므로 일련의 제약과 기대에 맞추어 움직여야 한다. 머스크가 급진적 아이디어를 기업에 적용할 수 있는 것을 페이지가 얼마간 부러워하는 것도 무리는 아니다. 페이지는 이렇게 설명했다. "전반적으로 실리콘밸리나 기업 리더는 대개 돈이 부족하지 않아요. 따지고 보면 기부를 할 수도 있고, 쓰고 싶은 대로 쓰고도 남을 만큼 돈이 있는데 별로 이익이 남지 않는 기업에 굳이 시간과 에너지를 투자할 이유가 있을까요? 일론이 내게 좋은 본보기인 것은 바로 이 때문입니다. 일론은 '세상을 위해 내가 무엇을 해야 하지? 그런 의미에서 자동차 문제와 지구온난화 문제를 해결하고 우주 식민지를 개척해야겠네.'라고 말합니다. 나는 그것이 매우 흥미로울 뿐 아니라 설득력 있는 목표라고 생각합니다. 일론은 지금 그 목표를 이루려고 사업을 벌이는 거죠. 이 점이 일론에게는 경쟁 우위이기도 합니다. 화성에 가고 싶어 하고 그 소망을 이루려고 백방으로 노력하는 사람 밑에서 일할 수 있는데 어느 누가 군수 하청 업체에 들어가고 싶어 하겠어요? 이렇게 우리는 사업에 이로운 방식으로 문제를 풀어나갈 수 있습니다."

과거에 페이지가 자기의 모든 재산을 머스크에게 남기고 싶다고 말했다는 소문이 돌았다. 페이지는 잘못 전해진 말이라고 전제하면서도 심정만은 그렇다고 말했다. "지금 당장 일론에게 내 돈 전부를 주지는 않겠죠. 하지만 여러 행성에 인류의 식민지를 건설한다는 일론의 생각에는 상당히 구미가 당깁니다. 그렇지 않으면 인류가 멸망할지 모르니까요. 나는 일론이 추진하는 계획이 실현될 수 있고, 화성에 인간의 영구 거주지를 건립하는 데 필요한 자원은 상대적으로 대단하지 않다고 생각합니다. 요지는 일론이 추진하는 아이디어가 그만큼 설득력이 있다는 거죠."

페이지는 이렇게 주장했다. "훌륭한 아이디어는 더 이상 훌륭하지 않을 때까지 언제나 미친 아이디어다." 이는 페이지가 구글에 적용하려고 애쓰는 원칙이기도 하다. 페이지와 세르게이 브린이 책에서 특정 내용을 찾는 방법을 개발하고 싶어서 자문을 구하자 전문가들은 하나같이 모든 책을 디지털화하는 것은 불가능하다고 말했다. 구글의 두 설립자는 제한된 수량의 책을 프로그램에 돌려보고 합당한 시간 안에 책을 스캔하는 작업이 물리적으로 가능한지 알아보기로 했다. 두 사람이 여기서 긍정적 결론을 얻은 후로 구글은 책 수백만 권을 스캔하고 있다. 페이지는 이렇게 말했다. "내 경험으로 판단할 때 자신이 그다지 잘 알지 못하는 상황을 맞았을 때 머릿속에 떠오르는 직관은 썩 좋지 않아요. 그래서 일론은 문제를 해결하려면 예외 없이 제1원칙부터 지켜야 한다고 강조합니다. 이 문제에 담긴 물리적 원리는 무엇일까? 해결하는 데 시간은 얼마나 걸릴까? 비용은 얼마나 들까? 비용을 얼마나 절감할 수 있을까? 어떤 아이디어가 실현 가능하고 흥미진진한지 평가할 때는 일정 수준의 공학과 물리학 개념이 필요하죠. 일론은 이 방면에서의 지식이 비범할 뿐 아니라 비즈니스·조직·리더십·정부와 관련된 쟁점도 잘 파악하고 있습니다."

머스크와 페이지는 대화할 때 팰로 앨토 도심지에 구글이 소유한 비밀 아파트를 이용한다. 해당 아파트는 인근 지역에 높이 솟은 고층 건물 중 하나로, 창밖으로는 산에 둘러싸인 스탠퍼드 대학교 캠퍼스가 펼쳐진다. 페이지와 브린은 이 아파트에서 사적인 모임을 열고 전담 요리사를 불러 손님에게 음식을 대접한다. 머스크가 끼면 대화는 이치에 맞지 않고 공상적인 방향으로 흘러간다. 벤처 투자가이자 머스크의 친구인 재커리는 이렇게 회상했다. "나도 그곳에 간 적이 있어요. 일론이 수직으로 이착륙하는 전기 제트기를 만들고 싶다고 말을 꺼내더군요. 비행기가 스키 슬로프에도 착륙할 수 있어야 한다고 래리가 말하자 세르게이는 맨해튼의 항구에도 정박시킬 수 있어야 한다고 덧붙였어요. 그러더니 세 사람은 지구를 계속 순환하는 통근 비행기를 만드는 것에 대해 이야기하기 시작하더군요. 원할 때 올라타면 놀랄 만큼 빨리 목적지에 도달한다는 개념이었죠. 나는 다들 농담을 하고 있다고 생각했어요. 하지만 끝에 가서 내가 일론에게 정말 통근 비행기를 만들 생각이냐고 물었더니 그렇다는 겁니다."

이에 대해 페이지는 이렇게 말했다. "우리는 그런 식으로 기분 전환을 해요.[23] 셋이 모여 미친 계획에 대해 이야기하면 재미있죠. 나중에 그 계획이 실현되기도 합니다. 가장 장래성 있는 계획을 선택할 때까지 수많은 아이디어를 내고 이야기를 나누는 거죠."

가끔 페이지는 머스크가 다른 사람은 시도조차 하지 않는 일들을 비즈니스 세계에서 성취할 수 있는 독특한 사람이라고 말했다. "우리는 스페이스 엑스와 테슬라가 벌이는 사업이 엄청나게 위험천만하다고 생각합니다. 하지만 나는 일론이 무슨 일이 있어도 목표를 달성하리라 생각해요. 일론이 개인적으로 대가를 기꺼이 치를 각오를 하고 있으므로 그만큼 성공 가능성이 높다고 봅니다. 일론을 개인적으로 아는 사람이라면 그가 처음 기업을 창업하면서 성공 가능성이 90퍼센트 이상이라고 장담했던 것을 기억할 거예요. 다른 사람이 아무리 미친 짓이라 생각하더라도 일론 스스로 열정을 품고 달려든다면 결국 성공할 수 있다는 증거가 아니겠어요? 그러면서 이렇게들 생각하겠죠. '이것은 아마도 운이 아닐 거야. 일론은 두 번이나 해냈잖아? 전적으로 운 때문일 리가 없어.' 같은 현상이 다시 나타나지 말라는 법은 없습니다. 최소한 일론이 추진하는 사업은 그럴 거예요. 아마도 우리는 일론에게 더 많은 일을 벌이라고 부추겨야 할 것 같아요."

페이지는 사업가와 정치인이 별로 중요하지 않은 단기 목표에만 시선을 집중하는 시기에 본받아야 할 인물로 머스크를 꼽았다. "무엇이 정말 중요한 일인지 묻는 질문에 사회가 좋은 답을 제시하지 못하고 있습니다. 그러한 방향으로 사람들을 교육시키지 않는 것은 물론이고요. 인류에게 무엇이 정말 중요한지 판단하려면 매우 폭넓은 공학 지식과 과학 지식을 갖추어야 해요. 리더십 훈련을 받아야 하고, 약간의 MBA 과정을 밟을 필요가 있고, 상황을 다루고 조직하고 자금을 모으는 방법을 익혀야 합니다. 나는 사람들이 그렇게 하고 있다고 생각하지 않습니다. 정말 큰 문제예요. 엔지니어들은 주로 매우 한정된 영역에 대해 교육을 받습니다. 하지만 여러 분야를 통합할 수 있어야 남과 달리 생각할 수 있고 훨씬 미친 계획을 꿈꿀 수 있고, 그래야 혁신적 방법을 떠올릴 수 있어요. 나는 이것이 세상을 위해 정말 중요하다고 생각해요. 그렇게 해야 진보를 이룩할 수 있지요."

세상을 바로잡아야 한다는 압박감 때문에 머스크의 몸에는 좋지 않은 징후가 나타나기도 한다. 이따금씩 그는 완전히 탈진한 사람처럼 보인다. 눈이 깊이 패어 어두운 그림자가 드리워 있다. 기업 사정이 최악으로 치달을 때는 몇 주 동안 잠을 자지 못해 두 눈이 움푹 패는 바람에 해골이 그대로 드러났다. 스트레스 때문에 체중은 오르락내리락 변동이 심하고 과로하면 대부분 체중이 불어난다. 머스크는 인간의 생존에 대해서는 많은 시간을 공들여 생각하고 이야기하면서도 정작 자신의 생활 방식이 건강에 미치는 영향은 해결하려 하지 않는다. 스트라우벨은 이렇게 말했다. "일론은 인생이 짧다는 결론을 일찍이 내렸어요. 그 사실을 진심으로 수용하고 나면 스스로 최선을 다해 열심히 일해야 한다는 결론에 도달할 수밖에 없죠."

머스크는 늘 고통을 달고 살았다. 학교 다닐 때는 또래에게 괴롭힘을 당했고, 가정에서는 아버지에게 정신적으로 괴롭힘을 당했다. 그리고 비인간적일 만큼 오랫동안 일하고 계속해서 사업을 벼랑 끝까지 몰고 가며 자신을 학대했다. 전후 사정을 고려하면 머스크에게는 일과 사생활의 균형을 맞추어야 한다는 개념 자체가 무의미한 것 같다. 그에게는 일이 삶 자체이므로 자연히 아내와 아이들은 그 틀에 맞추려고 한다. 머스크는 이렇게 말했다. "나는 꽤 좋은 아빠예요. 일주일의 절반 넘게 아이들을 데리고 있으면서 함께 보낼 시간을 어떻게든 조금이라도 마련합니다. 출장을 갈 때는 늘 데리고 가고요. 최근에는 모나코 그랑프리Monaco Grand Prix, 모나코의 몬테카를로 시가지 도로를 폐쇄하고 열리는 자동차경주 대회에 가서 모나코 국왕 부부와 함께 지냈어요. 아이들은 그러한 행사를 아주 시시하게 생각해서 싫증을 내더군요. 아이들이 극도로 특별한 경험을 하며 성장하고 있지만 나이가 훨씬 많아지기 전까지는 그렇게 특별하다는 사실을 인식하지 못할 테죠. 그래도 식사할 때 태도는 좋아요."

하지만 머스크는 아이들이 성장하면서 자신처럼 어려움을 겪지는 않을 거라는 사실에 걱정하기도 한다. 자신이 지금의 모습을 갖추고 강인한 힘과 의지를 발휘할 수 있는 것은 어렸을 때 고통을 감내한 덕분이라고 생각하기 때문이다. "아이들이 학교에서 약간 어려움을 겪을 수는 있겠지만 요즘 학교들은 아이들을 지나치게 보호해요. 남에게 욕을 하면 집으로 보내버리죠. 내가 학교에 다닐 때는 다른 아이에게 맞더라도 피가 나지 않으면 아무렇지 않게 툴툴 털어버렸어요. 피가 조금 나더라도 괜찮았죠. 지금 내가 아이들을 어떻게 키우느냐고요? 일부러 적을 만들어주느냐고요? 그렇게 할 수 있어요? 지금 가장 큰 고민은 아이들이 비디오게임하는 시간을 제한하는 겁니다. 그렇지 않으면 하루 종일 게임만 하고 싶어 하거든요. 그래서 규칙을 만들었죠. '비디오게임하는 시간보다 독서 시간이 길어야 한다. 정말 우스꽝스러운 비디오게임은 하지 마라.' 아이들이 얼마 전에 '쿠키들Cookies'인가 뭔가 하는 게임을 다운받았는데 망할 놈의 쿠키를 톡톡 치기만 하면 되더군요. 심리학 기초 시간에 심리 실험 받는 것 같았어요. 그래서 쿠키 게임을 삭제하고 '플래피 골프Flappy Golf'를 하라고 했어요. '플래피 버드Flappy Bird'와 비슷한 게임인데 최소한 약간의 물리 원리가 들어 있거든요."

머스크는 자녀를 더 낳을 생각이 있다고 말하면서 영화 '비비스와 버트헤드Beavis and Butt-head'를 감독한 마이크 저지Mike Judge의 생각과 관련해 논란의 여지가 있는 말을 꺼냈다. "마이크 저지 감독은 영화 '바보들이 다스리는 세상Idiocracy'에서 똑똑한 사람은 최소한 자신들의 수만큼 자녀를 낳아야 한다고 주장했어요. 이것이 진화론의 부정적 측면이라면 분명히 좋지 않은 의견이겠죠. 적어도 중립적이기는 해야 하니까요. 하지만 똑똑한 사람들의 출산율이 점점 줄어드는 것도 좋지 않아요. 유럽·일본·러시아·중국 모두 인구 폭발을 향해 치닫고 있습니다. 그런데 기본적으로 재산이 많고 교육 수준이 높은 사람들의 출산율은 낮아요. 그만큼 재산과 교육이 출산율과 관계가 있어요. 그렇다고 똑똑한 사람만 자녀를 낳아야 한다는 뜻이 아니라 똑똑한 사람도 자녀를 낳아야 한다는 말입니다. 적어도 그들의 출산율이 도태율에는 도달해야 한다는 거죠. 현실을 들여다보면 정말 똑똑한 여성이 자녀를 낳지 않거나 하나만 낳는 경우가 많아요. 정말 좋지 않은 현상입니다."

머스크 기업의 향후 10년은 정말 대단할 것이다. 머스크는 이미 역대 가장 위대한 사업가이자 혁신가의 한 사람으로 자리매김할 기회를 쥐었다. 2025년까지 테슬라는 자동차 5~6종을 만들어내고 급속히 발전하는 전기 자동차 시장에서 주도적 위치를 차지할 것이다.

현재 성장률로 미루어 짐작하건대 솔라시티는 거대 유틸리티 기업인 동시에 전망한 대로 태양열 시장을 선도하는 기업으로 부상할 것이다. 스페이스 엑스는 어떻게 될까? 아마도 가장 흥미로운 질문일 것이다. 머스크가 계산한 대로라면 스페이스 엑스는 매주 우주로 로켓을 발사해 사람과 화물을 운반하고 경쟁사 대부분을 파산시킨다. 스페이스 엑스의 로켓은 달 주변에서 두어 번 멈추었다가 텍사스 주에 있는 우주 공항의 정확한 지점으로 착륙한다. 그리고 처음으로 화성을 향해 수십 번 로켓을 발사할 준비를 진행한다.

이 모든 성과가 가시화될 때 머스크는 50대 중반으로 세계 최대 부자이고 가장 막강한 힘을 소유한다. 상장회사 세 군데의 최대 주주인 머스크가 이룬 업적에 역사는 환하게 미소 짓는다. 다른 국가와 기업이 우유부단하고 무기력해서 갈팡질팡하는 사이에 머스크는 지구온난화에 대비해 가장 성공률이 높은 대책을 마련하는 동시에 만약의 경우를 고려해 탈출 계획도 마련한다. 멋진 기계가 등장하는 새로운 시대에 보조를 맞추고 싶어 하는 사업가들에게 본보기가 되는 동시에 중요한 제조업의 상당량을 미국으로 다시 끌어온다. 티엘이 말했듯 머스크는 대중에게 희망을 안기고, 기술이 인류에게 혜택을 베풀 수 있다는 믿음을 일깨워줄 것이다.

물론 이러한 미래는 불안정하고 반드시 찾아오리라는 보장도 없다. 게다가 머스크가 경영하는 세 기업은 엄청난 기술적 문제에 직면해 있다. 머스크는 예상 가격과 성능 곡선을 따르는 태양열 기술,

배터리 기술, 항공 우주 기술의 영향력과 인간의 창의성에 기업의 사활을 걸었다. 모험이 머스크가 희망한 대로 순탄하게 진행된다 하더라도 테슬라에서는 예상하지 못했던 리콜 사태를 맞을 수 있고, 스페이스 엑스에서는 사람을 운송하는 로켓이 폭발할 수 있어서 사건 하나만 터져도 기업이 당장 문을 닫을 수도 있다. 이렇듯 머스크가 벌이는 사업에는 모두 극적인 위험이 따른다. 그러나 머스크는 대부분의 사람이 소중하게 생각하는 생활을 모두 희생하고라도 끝까지 이러한 위험을 감수하며 자기 방식대로 사업을 수행하며 살 것이다. 그는 이렇게 끝을 맺었다.

"나는 화성에서 죽고 싶어요. 충돌해서가 아니라 이상적으로는 화성을 방문했다가 잠시 지구로 돌아오고 다시 화성에 갔을 때 나이가 일흔 정도 되었다면 그냥 그곳에 머물고 싶습니다. 물론 사업이 모두 순조롭게 진행되었을 때 가능한 이야기죠. 라일리와 나 사이에 아이들이 태어난다면 라일리는 지구에서 아이들과 머무르겠죠."

E L O N   M U S K

에 필 로 그

2014년 일론 머스크와 저녁식사를 하기로 약속한 날이었다. 그는 평소보다 약간 더 들떠 보였다. 구글에서 일하는 몇몇 친구와 막 회의를 마쳤다고 했다. 스릴이 넘치는 광경을 보았거나 최소한 구미가 당기는 소식을 들었을 것이다. 회의에서 오고간 자세한 내용은 비밀에 부쳐야 하지만 힌트는 주겠다고 말했다. 구글이 우주 위성 프로그램을 가동할 대담한 계획을 수립했다는 것이다. 계획의 규모와 사명을 들으면 누구나 깜짝 놀랄 것이라고 덧붙였다. 그러더니 입을 다물고 술을 주문했다. 정말 감질났다.

당시에 나는 무슨 영문인지 몰랐고 퍼즐 조각들을 맞출 때까지 여러 달이 걸렸지만 그 순간은 머스크가 쓰는 다른 드라마의 시작이었다. 머스크가 추진하는 많은 일이 그렇듯 이 드라마도 야망과 위험천만한 행보, 인정사정없는 정치, 장엄한 결말이 넘쳐나 결국 머스크를 현세대 들어 가장 괴팍하고 모험정신이 강한 사업가로 세계 정상에 우뚝 세울 것이다.

이 장엄한 드라마는 2013년 이상주의자이자 유창한 언변의 소유자인 그레그 와일러Greg Wyler가 구글에 합류하면서 시작한다.

와일러는 개인용 컴퓨터에 장착하는 특별한 냉각장치를 설계하고 제조사를 수백만 달러에 매각해서 벌어들인 돈을 1990년대 중후반 인터넷 붐이 불었을 때 부동산과 닷컴 주식에 투자해 20대에 많은 돈을 벌었다. 하지만 2002년 와일러의 삶은 극적인 반전을 맞았다. 매사추세츠 주 윈체스터에 있는 어머니의 집을 찾았다가 어머니가 살해당했다는 끔찍한 소식을 들었던 것이다. 누군가 어머니의 머리를 둔기로 내리치고 피범벅이 된 시체를 차고에 방치했다. 평소에 아버지와 자주 다퉜던 와일러는 아버지를 범인으로 지목하면서 당시 잡지기자에게 이렇게 진술했다. "누군가 어머니의 집에 들어가 어머니를 때려 살해하고 물건은 전혀 건드리지 않고 현장을 떠났습니다. 모든 정황이 가리키는 범인은 오직 한 사람입니다."•

어머니가 살해당한 사건으로 엄청난 충격을 받은 와일러는 앞으로 더욱 "크고" 중요한 활동을 하겠다고 결심했다. 다른 사람들을 돕기로 한 것이다.

와일러는 지역적·경제적 제약 때문에 인터넷을 사용할 수 없는 사람들에게 인터넷을 보급하는 사업을 중점적으로 추진했다. 그는 "국민이 인터넷에 쉽게 접근할 수 있으면 경제가 성장한다"고 입

• 여러 해에 걸쳐 수사를 진행했지만 지역 경찰은 누구에게도 죄를 묻지 않았고, 남편을 범인으로 기소하지도 않았다. 오늘날 와일러는 이 사건에 대해 함구하고 있다.

버릇처럼 강조하면서, 앞으로 10년 동안 인터넷에서 소외된 사람들을 현대로 이끌어 삶을 향상시키겠다는 목표를 세웠다.

우선 르완다로 가서 이동통신 회사를 세우고 전역에 광섬유 케이블을 설치하기 시작했으며, 아프리카 최초로 3G 셀룰러 네트워크를 구축했다. 2007년에는 위성 벤처기업 O3b 네트워크스O3b Networks를 설립했다. O3b는 현대 인터넷 서비스의 혜택을 받지 못하는 "나머지 30억 인구"를 뜻한다. O3b 네트워크는 지구 주위의 상대적으로 낮은 궤도에 위성을 쏘아 올리는 영리한 방식을 고안해 전형적인 위성보다 훨씬 속도가 빠른 인터넷 서비스를 제공할 수 있었다.

해당 시스템은 구축하는 데 여러 해가 걸렸지만 광섬유 케이블이 없어서 빠른 인터넷 서비스를 받을 수 없었던 나라에 엄청난 혜택을 안겼다. 대부분 가장 크게 혜택을 받은 지역은 파푸아뉴기니와 아메리칸사모아처럼 광대한 대륙에서 바다를 가로질러 해안까지 광섬유 케이블을 설치할 만한 경제력이 없는 섬이었다. 차드Chad와 콩고공화국 같은 오지도 혜택을 받았다. 인터넷 서비스는 우주에 띄운 위성을 통해 가능하고, 속도도 현대 소프트웨어를 의도대로 작동시킬 수 있을 만큼 빠르다. 앞서 말한 지역들은 더 이상 세계에서 고립되지 않고 시민들은 교육, 직업, 정보에서 더욱 나은 기회를 잡았다.

O3b에 대해 깊이 생각할수록 와일러의 꿈은 커졌다. O3b 서비스는 소수의 위성만으로 운영되어 국가가 위성 신호를 받으려면 크고 값비싼 안테나를 구입해야 하고 네트워크를 분배하기 위해 인프

라 장비를 늘려야 한다. 그래서 와일러는 O3b에서 벗어나 새롭고 좀 더 혁신적인 서비스를 설계하기 시작했다. 우선 소형 위성 수백 개나 수천 개로 지구 주위를 둘러싸고, 작고 저렴하면서 태양열로 움직이는 안테나를 매개로 인터넷 서비스를 보급하는 계획을 세웠다. 안테나만 사서 지붕에 설치하면 누구라도 속도가 빠른 인터넷에 접속할 수 있다는 뜻이다. 와일러는 이러한 서비스를 사용하면 오지나 낙후된 지역에 있는 마을, 학교, 병원, 정부 등에 인터넷을 보급할 수 있다고 생각하고, 그러면 많은 나라의 경제를 현대화할 수 있으리라 판단했다.

한동안은 와일러가 구글과 손을 잡고 해당 서비스를 구축할 것 같았다. 인터넷 검색과 광고 서비스를 제공하는 기업인 구글은 소형 영상탐사위성을 제작해 해당 분야의 전문기업으로 자리를 잡은 스타트업 스카이박스SkyBox를 이미 인수했다. 여기에 그치지 않고 구글 연구소는 인터넷을 "나머지 30억 인구"에 보급하는 다양한 방법을 연구하는 중이었다. 와일러는 우주에서 지구로 인터넷을 쏘아 보낼 때 일제히 작동할 수 있는 위성의 수를 계산하고, 해당 지역을 통제하는 국제조직에게 스펙트럼을 확보하는 등 시간과 노력이 많이 드는 작업을 이미 실행했다. 하지만 우주 인터넷 서비스 시스템을 구축하려면 수십 억 달러의 자금이 필요했다. 때마침 구글이 돈도 있을 뿐 아니라 자신의 꿈을 실현하려는 의지도 보였으므로 와일러는 구글에 합류해 프로젝트를 진두지휘했다.

위성 수백 개 또는 수천 개를 우주에 띄우려면 로켓이 많이 필요하므로 와일러는 그 일을 맡을 수 있는 옛 친구에게 연락했다. 과거에 일론 머스크는 실리콘밸리에서도 갑부들이 거주하는 애서턴 Atherton 시에 있는 와일러의 집에 가끔 머물렀었는데, 2014년 구글에서 추진하는 우주 인터넷 계획을 의논하기 위해 다시 그곳을 찾았다. 와일러는 게스트하우스에서 머스크와 몇 시간 동안 앉아 우주 인터넷 서비스의 작용방식과 필요기술을 자세히 설명했다. 머스크가 단순히 스페이스 엑스의 사업에 필요해서가 아니라 우주 인터넷 서비스 자체에 점차 관심을 보이기 시작하면서, 두 사람은 그 후 몇 주 동안 몇 차례에 걸쳐 회의했다.

그 후 벌어진 사태에 대한 이야기는 말하는 사람에 따라 다르다. 와일러의 측근들은 머스크가 구글을 떠나 독립회사를 세우라고 와일러를 설득했다고 말했다. 머스크는 우주 인터넷 사업이 구글의 관료주의 체제 안에서는 시들해지리라 주장했다. 따라서 외부 자금을 유치해 신속하게 스타트업을 만드는 편이 낫다고 했다. 와일러 측에서는 머스크가 새 벤처 사업에 투자하겠다고 서명까지 했다고 주장했다. 결국 2014년 9월 와일러는 독립회사를 출범시키고 구글의 주요 직원 몇 명을 영입했다.

하지만 당시 와일러가 미처 몰랐던 사실이 있었다. 머스크는 와일러의 접근방법은 물론 와일러라는 사람 자체를 불쾌해하기 시작했다. 와일러가 위성 시스템의 작동방식에 대한 주장을 계속 바꿀 뿐 아니라 주요 기술적인 문제에 대해 적합한 해법을 제시하지 못한다고 생각했다. 스페이스 엑스의 일부 이사진을 포함한 머스크 측근들은 와일러의 성격을 못마땅해했다. 당시 동석했던 사람들의 진술을 들어보면 언젠가 게스트하우스에서 만나 회의할 때 와일러의 아내가 저녁식사로 스튜 요리를 내왔는데 와일러가 아는 체하지도 않았다고 했다. 팀 머스크는 와일러가 아내를 하녀 대하듯 행동했다고 느꼈다. 이 회동이 있고 얼마 후 머스크는 단독으로 위성 인터넷 사업을 추진하기로 결심했다.

머스크는 와일러에게 알리지 않고 그가 추진하는 서비스를 따라잡을 수 있는 스펙트럼을 확보하려고 알아보기 시작했다. 또 소형 위성을 생산하기 위해 시애틀에 스페이스 엑스 사무실을 여는 계획을 가동했다. 그리고 스페이스 엑스에서 새 우주 인터넷 프로그램을 추진하기 위해 그것도 구글과 피델리티Fidelity에서 자본 10억 달러를 유치했다.

머스크는 2015년 1월 평소처럼 거창한 용어를 구사하며 목표를 설명하고 진행상황을 전격 공개했다. 위성으로 지구를 둘러싸서 고속으로 인터넷을 전송하는 계획을 설명했다. 이러한 우주 인터넷 서비스는 나머지 30억 인구에게 현대 인터넷 기술을 제공하고, 현대 사회가 의존하는 광섬유 케이블 기반 인터넷을 보완하리라고 덧붙였다.

게다가 머스크는 우주 인터넷 서비스가 궁극적으로 화성 식민지에 인터넷을 보급하는 첫 단계라고 선전했다. 그러면서 이렇게 말했다. "화성에도 글로벌 통신 네트워크를 갖추는 것이 중요합니다. 이 계획은 실행해야 하고, 나 외에는 그 일을 할 사람이 없습니다." (만약 당신이 2047년 화성에서 이 글을 읽는다면 대 사건의 발단으로 작용한 스튜 요리를 기억하기 바란다.)

머스크의 이러한 행보에 충격을 받은 와일러는 적개심을 품고 서둘러 사업을 추진했다. 이제 홀로 생존해야 하는 와일러는 현재 원웹OneWeb으로 불리는 벤처기업을 순조롭게 출범시키기 위해 수십억 달러의 자본을 유치해야 했다. 사석에서 와일러는 머스크가 자신을 망망대해에 내던졌다고 불평하면서 머스크는 우주 인터넷의 구축 방법을 결코 이해하지 못했다고 주장했다. 두 달 만에 와일러는 리처드 브랜슨Richard Branson이 이끄는 버진 그룹Virgin Group, 스마트폰칩 제조사인 퀄컴Qualcomm, 스페이스 엑스의 경쟁사인 '에어버스 디펜스 앤 스페이스Airbus Defence and Space'에서 자본을 유치하는 데 성공했다. 당시 브랜슨은 내게 이렇게 말했다. "머스크에게 경쟁할 자격이 있다고 생각하지 않습니다. 와일러에게 권리가 있고, 우주에는 다른 네트워크를 구축할 만한 공간이 없습니다. 물리적으로 공간 자체가 충분하지 않아요. 만약 머스크가 이 분야에 뛰어들고 싶다면 우리와 손을 잡는 것이 합리적이겠죠."

요즈음 전개되는 상황을 보면 머스크의 성격이 변했거나 최소한 진화하고 있다. 내가 2012년 연구를 시작했을 때 머스크에게는 물론 거대한 야망이 있었지만 건전한 정도의 자기의심도 있었다. 하지만 스페이스 엑스가 항공우주산업을 뒤흔들고, 모델 S가 자동차 세계에서 가장 빛나는 별로 부상하는 광경을 지켜본 머스크는 예전보다 지나칠 정도로 자신만만해졌다. 이제 자기 한계를 뛰어넘는 것에 거의 중독된 것 같다. 그러니 우주 인터넷 분야에서 다른 사람과 동업하는 것은 성에 차지 않을 것이다. 자신이 우주 인터넷을 소유해야 하고, 자신만의 독창적인 용어로 우주 인터넷 관련 아이디어를 제시해야 했다. 그는 이렇게 발표했다. "우리는 현재까지 거론된 어떤 시스템보다 규모가 큰 글로벌 통신 시스템을 구축하는 데 초점을 맞추고 있습니다. 우리는 와일러가 원하는 것보다 훨씬 정교하고 커다란 규모로 위성을 쏘아 올릴 것입니다."

이 모든 이야기에는 놀라운 코미디가 내포해 있다. 대체 누가 우주 인터넷을 구축하는 권모술수 가득한 투쟁에 가담할 기회를 잡을 것인가? 하늘에 맹세코 머스크가 우주 인터넷 계획을 성사시킨다면, 지구 인구 전체에 인터넷을 보급하는 동시에 현대 문명의 보완 시스템을 만들어내면서 인류 최초로 행성 간 인터넷의 거물이 될 것이다. 잠시 멈춰 서서 이 상황을 머릿속에 그려보자. 누구라도 이러한 아이디어에 도취하지 않기는 힘들다. 이제 당신에게 위성들을 만들어 쏘아 올릴 수 있는 회사가 있고, 수십 억 달러가 있다고 상상해보자. 당신이 어떤 아이디어를 제시하더라도 엄청나게 많은 사람이 진지하게 받아들일 뿐 아니라 스스로 정말 그 일을 할 수 있다고 상상해보

자. 그렇다면 아이디어가 도취하게 만드는 것이 아니다. 나흘 동안 계속 술 파티가 벌어지는 동안, 아니면 머스크가 말하는 화요일에, 올림푸스 산에 있는 것은 무엇이든 사랑하는 것은 바로 액체 코카인 주사를 꽂고 있는 당신이다.

당신이 이 글을 읽을 무렵 머스크가 또 어떤 비밀을 밝힐지 전혀 알 수 없다. 거의 매주 뉴스를 터뜨리는 사람을 글로는 따라잡을 수 없다. 그 증거로서 이 책이 2015년 5월 세상에 첫 선을 보이고 나서 머스크가 벌여온 일을 간단히 정리해보자.

우선 현재 머스크는 우주 인터넷 사업을 추진하고 있다. 소형 위성을 제작해 쏘아 올리는 사업 분야에서는 어떤 기준으로 보더라도 와일러가 이끄는 원웹이 스페이스 엑스보다 앞선 것 같다. 삼성도 우주 인터넷 구축 사업에 뛰어들기로 결정했다. 스페이스 엑스에서는 탁월한 로켓 엔진 디자이너인 톰 밀러Tom Mueller가 위성 사업에 개입하기 시작했다. 복잡한 물건을 제작하는 분야에서 밀러가 거둔 성과는 세계 최고 엔지니어라 불릴 만하다.

초고속 진공 열차인 하이퍼루프Hyperloop의 개발 진행 상황은 어떨까? 스페이스 엑스는 2015년 평판이 좋은 한 디자인 대회를 후원했다. 그 해에는 MIT 학생들이 우승했고, 많은 대학교 팀들이 스페이스 엑스가 건설한 테스트 트랙에서 자신들의 캡슐 디자인을 시험할 것이다. 더욱 흥미진진한 사실이 있다. 캘리포니아 주 소재 스타트업 두 곳이 자체적으로 하이퍼루프 시제품을 제작하면서 의미 있는 작업을 선보였다는 것이다. 2020년까지 하이퍼루프를 제작해 완벽하게 작동시키겠다는 보고가 있고, 하이퍼루프 기술을 도시에서 도시로 승객을 운송하는 것에 그치지 않고 바다를 가로질러 화물을 운송하는 데도 사용하자는 논의가 있었다. 하이퍼루프를 제작하자는 아이디어가 실현될 수 있을지, 비용 효율은 높을지는 아직 알 수 없지만 곧 밝혀질 가능성이 있다. 머스크가 맨 처음 하이퍼루프를 건설하는 아이디어를 발표했을 때만 해도 가능하리라 믿는 사람은 거의 없었다.

2015년 6월에는 스페이스 엑스에 대참사가 발생했다. NASA에서 수주를 받아 보급품을 전달하는 임무를 수행하는 초기 단계에서 로켓이 폭발한 것이다. 스페이스 엑스는 꾸준히 발사에 성공해왔는데, 로켓 폭발 사건은 회사를 향한 비판이 옳다는 증거로 거론될 위험이 있었다. 스페이스 엑스를 두고 사업을 지나치게 서둘러 진행시킨다거나, 너무 많은 위험을 무릅쓴다거나, 통제 절차가 불안정하다는 비판이 따랐다. 하지만 스페이스 엑스는 몇 개월 동안 사고 원인을 분석한 후에 다시 요란하게 움직이기 시작했다. 2016년 거의 매달 때로 3주 정도의 간격만 두고 로켓을 발사시켜 머스크의 기대에 부응하기 시작했다. 게다가 놀랍게도 로켓 본체를 지구에 규칙적으로 귀환시켜 항공우주산업의 경제학을 바꿀 재사용 로켓의 미래를 열었다.

스페이스 엑스가 원활하게 돌아가자 머스크는 화성 식민지를 건설하는 희망을 더욱 공공연하게 내세우기 시작했다. 2025년 붉은 행성에 유인 탐사를 실시하겠다는 계획이 여전히 유효한 상태로 2018년까지 무인 탐사를 시작하겠다고 선언했다. 비행을 일회성에 그치지 않고 2년마다 실시할 것이라고도 말했다. "본질적으로는 화성으로 가는 화물 수송로를 만드는 것입니다." 머스크는 〈워싱턴포스트〉에 이렇게 말했다. "게다가 정기적인 화물 수송로입니다. 믿으셔도 됩니다. 기차역에서 기차가 출발하듯 26개월마다 로켓을 발사할 것입니다. 전 세계 과학자들이 이 계획의 실현 가능성을 인식하고 기존의 어떤 수단과 비교하더라도 비용이 상대적으로 저렴하다는 사실을 깨닫고 나면 위대한 실험을 많이 실시할 것입니다."

하지만 머스크가 자신과 회사를 한계까지 밀어붙인 것은 테슬라Tesla였다. 2015년 말 테슬라는 대표 상징인 팔콘 윙 도어falcon wing door(매의 날개 형태로 하늘을 향해 열리는 차량 문 _옮긴이)를 장착하고 전기만으로 움직이는 SUV인 모델 X를 선적하기 시작했다. 모델 X는 원래 계획보다 몇 년 늦게 많은 오류를 거쳐 출시됐다. 하지만 2016년까지 테슬라의 충성스러운 고객들은 자동차가 제작되는 즉시 덤벼들어 구입했으므로 전에 모델 S가 그랬듯 모델 X도 실리콘밸리의 도로에서 흔히 볼 수 있었다. 2016년 3월 모델 X가 출시되고 불과 몇 개월 만에 테슬라는 가격이 3만 5,000달러인 세단 모델 3의 베일을 벗겼다.

모델 3의 출시 발표는 수십 년 동안 자동차 업계에서 목격한 가장 흥미진진한 사건이었다. 머스크가 2017년에 출시할 계획이라고 발표했는데도 40만 명 가까운 사람들이 사전 주문을 하려고 몰려들었기 때문이다. 모델 3은 테슬라를 자동차 업계에서 위대하고 시대를 초월한 전설적 회사로 부상시키든지, 아니면 파산시킴으로써 실패한 자동차 스타트업이라는 오명을 씌울 것이다.

모델 3을 둘러싸고 사람들이 우려하는 데는 중요한 이유들이 있다. 3만 5,000달러라는 가격을 맞추려면 테슬라가 네바다 주에 건설하고 있는 거대한 배터리 생산시설인 기가팩토리Gigafactory를 서둘러 완공해야 한다. 기가팩토리는 공장 자체만으로도 세계 최대 규모를 자랑하는 생산시설이므로 엔지니어링 분야에서도 대단한 실험인 동시에, 생산라인의 효율성과 자동화 수준에 대변혁을 일으키려는 머스크의 의도를 담고 있다. 하지만 기가팩토리는 이미 테슬라 재정에 막대한 부담으로 작용해서 앞으로 더욱 많은 자금을 조달해야 하는 실정이다.

스페이스 엑스의 공장이 인상적인 실적을 거두고 있는 반면에 테슬라는 실적을 내기 위해 분투하고 있다. 테슬라는 생산라인에 과부화가 걸려 분기별 생산 목표를 달성하지 못하는 경우가 흔하다. 이러한 경향이 수년 동안 지속해왔고, 연간 자동차 출고량을 6만 대에서 수십 만대로 늘려야 하면서 회사가 받는 압박이 늘어나리라는 사실을 고려한다면 문제가 심각하다. 테슬라가 모델 3의 생산으로 수익을 내지 못하면 독립 기업으로 존립하지 못할 가능성이 크다. 머스크는 스페이스 엑스에서 그윈 숏웰Gwynne Shotwell이 그렇듯 테슬라의 일상 업무를 보좌해줄 CEO나 COO를 영입할 수 있다는 말을 진지하지 않게 툭툭 흘리고 있다. 애플 아이팟의 아버지 토니 파델Tony Fadell은 실제로 그 직책을 거의 수락할 뻔했다. 스카이프Skype의 토니 베이츠Tony Bates, 페이스북의 셰릴 샌드버그Sheryl Sandberg, 구글의 수잔 보이치키Susan Wojcicki도 영입 후보라는 소문이 실리콘밸리 지역에 떠돌았었다. 머스크는 테슬라를 이끌어 이 어려운 시기를 돌파할 수 있는 인물은 자신뿐이라고 생각하면서, 어떤 후보에게도 테슬라에 대한 통제권을 넘겨주고 싶어 하지 않는 것 같다. 테슬라의 내부자 가운데는 머스크의 이러한 태도에 대해 불평하는 사람이 많다. 머스크가 정신 못 차릴 정도로 바쁜데다가 지나치게 많은 예스맨에게 둘러싸여 상황을 명쾌하게 파악할 수 없다는 것이다.

하지만 머스크는 조금도 위축되지 않고 사업을 더욱 강력하게 밀어붙이고 있다. 2016년 중반에는 테슬라의 생산라인을 대규모로 확충하는 계획을 발표했다. 모델 3을 기반으로 하는 크로스오버 제품, 픽업트럭, 화물수송용 세미트럭, 스포츠카, 도심형 자율주행 버스를 제작하겠다는 것이다.

2016년 테슬라도 자율주행 기술을 가장 공격적으로 구현하기 시작했다. 수천 명 인구가 모델 S와 모델 X에 장착된 자율주행 모드를 사용해 고속도로에서 자동차를 작동시켰다. 머스크는 자동주행 기술을 이용해 현재 우버Uber가 지배하고 있는 '서비스로서의 자동차car-as-a-service'시장에 진출하려는 계획을 세웠다. 머스크는 테슬라 웹 사이트에 "진정한 자율주행이 규제당국의 허가를 받으면 어디서든 테슬라 자동차를 호출할 수 있다"라고 썼다. 그러면서 테슬라의 마스터플랜인 '파트 듀스Part Deux'에 포함되어 있는 내용을 테슬라 웹 사이트에 공개했다. "테슬라 자동차가 당신을 픽업하면 목적지에 도달할 때까지 자동차 안에서 잠을 자거나 책을 읽거나 무엇이든 할 수 있다. 테슬라 자동차 소유주는 스마트폰 앱에서 간단하게 버튼을 눌러 테슬라 공유 자동차 목록에 자신의 자동차를 추가할 수 있다. 그러면 근무 중이거나 휴가 중일 때 자동차를 공유해서 수입을 창출할 수 있고, 이때 거두는 수입은 매달 지불하는 할부금이나 리스 비용을 상당히 상쇄하거나 때로 잠재적으로 초과할 수 있다."

이 마스터플랜에 테슬라가 2016년 6월 처음 제안해서 결국 솔라시티SolarCity를 인수한 이유를 설명했다. 테슬라는 하루 동안 생성된 초과 전기를 수용하는 배터리 저장 시스템과 태양 전지판을 판매하는 에너지 기업이자 자동차 제조사로 성장할 것이다. "테슬라와 솔라시티가 다른 기업이면 우리가 세운 목표를 제대로 달성할 수 없다. 그래서 두 기업을 합병해서, 분리된 기업일 때 내재한 장애를 무너뜨려야 하는 것이다." 머스크는 계속 썼다. "두 기업이 뿌리가 비슷하고 지속가능한 에너지의 생성이라는 동일한 포괄적 목표를 추구하면서도 서로 분리되어 있는 것은 대부분 역사의 우발적 사건이다."

이처럼 머스크가 2년 동안 펼쳤던 기상천외하고 장황한 주장은 머스크 혹평가들을 후끈 달아오르게 하는 한편, 진정한 머스크 신봉자들의 숭배를 어느 때보다 뜨겁게 부채질했다.

많은 테슬라 옹호자들은(과거에 테슬라의 미래를 맹목적으로 낙관했던 사람들조차) 머스크가 자만심에 빠진 것 같다고 느꼈다. 테슬라는 BMW와 아우디Audi 부류의 자동차 제조사와 같은 수준으로 자동차를 제조해 수익을 거둘 수 있는 역량을 거의 보여주지 못했다. 그런데도 머스크는 모델 3의 생산을 가속화하려 하고, 테슬라가 급속도로 자본을 잠식하리라는 비판에도 전혀 주춤하지 않았다. 2008년 때와 마찬가지로 사람들은 테슬라의 파산을 예측하기 시작했다. 다만 이번에는 머스크의 자기도취와 야망이 자초한 비극이 될 가능성이 클 것이다.

자율주행 기술은 사회에 불안과 악감정을 몰고 왔다. 테슬라의 열렬한 팬이었던 조슈아 브라운Joshua Brown이 2016년 6월 자율주행 모드를 사용해 운전하다가 충돌 사고로 사망했다. 출처가 테슬라이든 구글이든 앞으로 출현할 자동차 제조사이든 자율주행 기술을 사용하는 동안 운전자가 사망하는 사고는 피할 수 없었다. 하지만 머스크는 가슴에서 우러나 애도를 표현하는 데 힘쓰지 않고 통계자료를 쏟아내며 상황에 냉담하게 대처했다. "최근 미국 도로교통안전국이 발표한 2015년 보고서에 따르면, 교통사고 사망자가 전년보다 8% 증가해 8,900만 마일당 1명이 사망했다." 머스크는 이렇게 썼다. "하지만 자율주행 모드에서 무사고 거리는 곧 8,900마일의 두 배를 넘어설 것이고, 기술은 매일 개선되고 있다. …… 제대로 사용하기만 하면 사람이 직접 운전하는 것보다 자율주행 모드가 훨씬 안전하다. 따라서 악의적인 언론이나 법적 책임에 따른 상업주의적 계산이 두려워 기술 개발을 늦추는 것은 윤리적으로 비난받아 마땅하다."

미묘한 의미 차이를 무시한 실리콘밸리식 알고리즘 중심 세계관을 듣는 데 익숙하지 않은 대중에게는 설득력이 없었지만 어쨌거나 그것이 머스크의 논리였고 심지어 옳을 것이다.

또 과거에 했던 행동의 여파가 부메랑처럼 돌아오며 머스크에게 스트레스를 안기는 것 같다. 머스크는 리카르도 레예스Ricard Reyes 같은 직원들을 가차 없이 버렸다. 테슬라의 대변인이었던 레예스는 내부에서 자진해 비판의 목소리를 내고 머스크의 경영방식에 의문을 제기했던 몇 안 되는 직원이었다. 머스크는 나를 포함해 기자들도 여느 때보다 훨씬 자주 맹렬히 비난했다. 내가 샌프란시스코에 있는 자택 차고에서 두 달 만에 자율주행차를 개발한 25세 해커 조지 하츠George Hotz에 대해 글을 쓴 적이 있다. 머스크는 한때 하츠를 영입하려 했지만 계약 조건을 계속 바꿨고 결국 협상은 결렬되었다.

하츠의 업적을 상세하게 기술한 내 기사를 보고 머스크는 "정정기사"를 발표하고 나를 비난했다. 게다가 하츠를 깎아내리는 불쾌한 행보를 보였다. 머스크는 이렇게 썼다. "한 개인이나 심지어 광범위한 기술 검증 능력이 없는 작은 회사가, 시판용 차량에 장착할 자율주행 시스템을 개발할 수 있다고는 결코 생각하지 않는다." 벤처 투자가 마크 안드레센Marc Andreessen은 트윗으로 "일론은 아마도 차세대 일론이 될 사람을 견제하고 있다"라고 꼬집었다. 나는 그 말이 옳다고 생각한다. 25세 머스크는 45세 머스크의 행동을 비웃었을 것이다.

이 무렵 머스크의 사생활도 진통을 겪었다. 2015년 초반 머스크와 탈룰라 라일리Talulah Riley는 두 번째로 이혼했다. 두 사람은 재결합했다가 한참 만에 다시 결별했다. 머스크는 라일리가 영국에서 좀 더 소박한 삶을 살고 싶어 하고, 로스앤젤레스를 별로 좋아하지 않았다고 내게 말했다. 머스크는 라일리와 관계가 순조로울 때 더욱 행복해보였으므로 라일리가 떠나고 나서 틀림없이 정신적으로 괴로웠을 것이다.

머스크가 건설해온 세계는 매우 거대해서 대부분 사람들의 생각을 뒤흔들 것이다. 내가 희망했듯 머스크는 실리콘밸리와 세계를 향해 더욱 크게 생각하고 더욱 크게 꿈을 꾸라고 영감을 불어넣는다. 머스크는 개인이 로켓 제조 기업을 창업해 일부 초강대국에 도전할 뿐 아니라 따돌리는 엄청난 성과를 거둘 수 있다고 최초로 입증해보였다. 그는 전기 자동차와 멋진 자동차 소프트웨어에 생명력을 불어넣어 모든 주요 자동차 제조사들이 경쟁하거나 누르고 싶어 할 수준까지 테슬라를 키웠다. 우주항공산업, 자동차 산업, 에너지 산업에 넘쳐나는 스타트업들은 제2의 스페이스 엑스나 테슬라가 될 수 있다는 희망으로 고무되어 있다.

지금까지 머스크는 대학을 갓 졸업한 최고의 탁월한 엔지니어들을 골라 채용할 수 있었다. 하지만 이제는 애플이 자동차 기술 개발에 뛰어들 준비를 갖추고, 구글의 래리 페이지Larry Page가 하늘을 나는 자동차 프로젝트에 자금을 제공하고, 아마존의 제프 베조스Jeff Bezos가 로켓을 우주로 쏘아 올리는 경쟁에 합류하고 있는 현실을 직시해야 한다. 머스크가 유일한 희망이었으므로 그의 요구를 참고 들어줬던 사람들에게 이제는 어디에서 일하고 싶은지, 많은 환상적인 프로젝트 중에서 무엇을 고를지 선택할 수 있는 여건이 조성되었다.

월스트리트와 다른 사람들이 이러한 정보를 흡수하고, 결국 머스크가 온갖 장애를 극복하고 최종적으로 승리할 수 있을지 여부에 내기를 거는 광경이 흥미롭다. 많은 투자자들은 전형적인 사업가가 운영하는 정상적인 기업인 것처럼 테슬라를 생각하고 싶어 한다. 테슬라와 솔라시티가 투자자의 현금 더미를 불사르고 있는 데도 머스크는 어떻게 솔라시티를 인수해 테슬라 아래 두겠다고 제안할 수 있었을까? 테슬라가 자동차를 만들어내는 족족 적자를 내고 있는 데도 어떻게 앞으로 자동차 수십 만대를 만들어내겠다고 큰소리칠 수 있을까? 로켓 수십 대를 화성에 보내는 사업의 성격은 대체 무엇일까?

이러한 질문이 등장할 때마다 나는 몇 년 전 머스크가 친구에게 보낸 이메일의 내용을 상기한다. 일부 내용을 옮기면 이렇다. "나는 천성이 강박적이야. 비열한 작자가 되거나 일을 망치는 것에 관해서 개인적으로는 어느 누구 못지않게 죄책감을 느끼지. 하지만 흉터조직이 워낙 많아 낯이 두꺼운 편이야. 내게 중요한 것은 승리하는 것이고 그것도 쩨쩨한 방식으로 승리하면 안 돼. 그 이유를 누가 알겠어. …… 아마도 매우 혼란스러운 정신분석적 블랙홀이나 신경 계통의 합선 때문에 생겨났는지도 모르지."

이 짧은 글에는 자신을 꿰뚫어보는 심오한 진실이 들어 있다. 머스크에게 승리는 테슬라를 키워 꾸준히 실적을 내며 뮤추얼펀드 매니저들에게 기쁨을 안기는 기업으로 만드는 것이 아니다. 스페이스엑스를 키워 우주에 통신위성을 발사하는 서비스를 제공하는 실용적인 기업으로 만드는 것도 물론 아니다. 이메일로 알 수 있듯 머스크가 기업을 운영하는 방식은 전형적인 CEO와 다르다. 머스크는 자신의 영혼과 얽혀 있고 정신에 깊이 주입된 개인적인 소명을 추구한다. 머스크와 시간을 함께 보내고, 몇 년 동안 머스크를 연구해보니, 솔직히 그가 추구하는 동기의 깊이와 그가 품은 의지의 힘을 파악할수 있는 사람은 거의 없다고 확신한다. 나는 다른 사람과 마찬가지로 머스크의 사업적 결함과 개인적 약점을 알고 있지만, 머스크가 결국 성공하리라고 어느 때보다 확신한다. 실패라는 단어는 그의 사전에 애당초 없기 때문이다.

애슐리 반스
2017년 1월

기술 산업에서는 창업을 둘러싸고 수군거리는 뒷이야기가 많다. 뒤통수를 때렸을까? 속임수를 썼을까? 하지만 언론은 머스크가 Zip2를 설립한지를 놓고 떠도는 음모설은 물론 머스크의 학력이 알려진 것과 다르다는 몇몇 진지한 주장조차 깊이 조사하지 않고 있다.

2007년 4월 물리학자 존 오라일리John O'Reilly는 머스크가 자신의 아이디어를 훔쳐 Zip2를 창업했다면서 소송을 제기했다. 산타클라라 소재 고등법원에 제출된 소장에 따르면 오라일리는 1995년 10월 머스크를 처음 만났다. 당시 오라일리는 원시적 단계의 온라인 광고를 싣는 인터넷 머천트 채널Internet Merchant Channel, IMC을 설립했다. 음식점이 메뉴를 보여주고 심지어 약도를 상세하게 알려주는 광고를 실을 수 있는 서비스였다. 오라일리가 생각한 아이디어는 대개 이론에 그쳤지만 Zip2는 매우 비슷한 내용의 서비스를 제공하는 데 성공했다. 오라일리는 머스크가 IMC에서 세일즈맨 자리를 구하려다가 이런 형태의 기술에 대해 처음 들었다고 주장했다. 소장에 따르면 오라일리와 머스크는 일자리에 대해 이야기하려고 세 차례 이상 만났다. 오라일리는 해외 출장에서 돌아와 머스크를 만나려 시도했지만 허사였다.

오라일리는 머스크와 얽힌 일에 대해 나와 이야기하고 싶지 않다고 거절했다. 소송에서 그는 머스크를 만난 지 몇 해가 지나 우연히 Zip2에 대해 알게 되었다고 설명했다. 2005년 인터넷 경제를 다룬 책을 읽다가 머스크가 Zip2를 설립하고 1999년 현금 3억 700만 달러에 컴팩 컴퓨터에 매각했다는 구절을 읽은 것이다. 오라일리는 Zip2의 사업 개념이 IMC와 매우 비슷하다는 사실을 알고 몹시 화가 났다. 그러면서 세월을 거슬러 머스크과 만났을 때를 떠올리며 머스크가 자신을 고의로 피했고 IMC의 세일즈맨으로 일하는 대신 아이디어를 훔쳐 사업을 시작했다고 의심했다.

사업 아이디어를 처음 생각해낸 것에 따른 보상을 받고 싶었던 오라일리는 머스크를 상대로 2년 동안 소송을 벌였다. 법원에 제출한 서류만도 수백 페이지에 달했다. 오라일리는 자기주장의 일부를 증언해줄 사람들에게 받은 진술서도 제출했다. 하지만 판사는 머스크를 상대로 제기한 소송에서 법적 근거가 부족하다며 오라일리에게 패소 판결을 내리고 2010년 소송비용 12만 5,000달러를 머스크에게 지불하라고 명령했다. 하지만 머스크는 아직까지 오라일리에게 배상을 받지 못했다.

그 후 오라일리는 사설탐정처럼 머스크의 과거를 파고들어 소송에서 오간 공방보다 대중이 훨씬 흥미진진해할 사실을 폭로했다.

오라일리가 찾아낸 기록에 따르면 머스크가 펜실베이니아 대학교에서 학위를 받은 시기는 1997년으로 그가 평소에 말하는 것보다 2년 늦다. 나는 펜실베이니아 대학교 교무처에 전화를 걸어 이 사실을 확인했다. 기록상으로 머스크는 경제학과 물리학을 복수 전공하고 1997년 5월 졸업했다. 오라일리는 머스크가 1995년 물리학 박사과정에 입학했다는 사실을 확인해달라고 스탠퍼드 대학교 교무처에 요청했다. 대학원 입학 담당자는 "귀하가 제공한 정보로는 본교에서 일론 머스크의 기록을 찾을 수 없습니다."라는 답변을 보내왔다. 머스크가 스탠퍼드 대학교에 입학했었다는 사실을 입증하는 서류를 제출하라고 요구하자 머스크의 변호사는 "부당하게 귀찮은 일"이라며 거절했다. 나는 1995년에 교단에 섰던 스탠퍼드 대학교 물리학과 교수 여럿에게 연락을 취했지만 일부는 답변하지 않았고 일부는 머스크를 기억하지 못했다. 노벨상 수상자이자 당시 학과장이었던 더그 오셔로프Doug Osheroff는 "나는 일론을 모르고 그가 물리학과에 다니지 않았다고 확신합니다."라고 증언했다.

그 후 머스크의 적들은 스탠퍼드 대학교 박사과정 입학을 둘러싼 학력 문제를 재빨리 거론하기 시작했다. 마틴 에버하드가 머스크를 상대로 소송을 제기했을 때 담당 변호사는 오라일리가 조사한 내용을 소개했다. Zip2, 페이팔, 테슬라 등에 근무했고 머스크에 반감을 품고 있는 많은 사람은 머스크가 신출내기 사업가였던 자신의 기반을 공고히 다지려고 스탠퍼드 대학교 대학원에 입학했었다고 거짓말했다가 Zip2가 성공하고 나서는 거짓말을 거둬들이지 못했으리라 생각한다고 똑 부러지게 말했다. 나는 책을 쓰고 있는 동안 오라일리가 주장하는 연도와 맞지 않는 증거를 발견했다. 예를 들어 캐나다에서 머스크의 상사였던 은행가 피터 니콜슨은 머스크가 스탠퍼드 대학교로 떠나기 전에 토론토의 거리를 함께 걸으며 Zip2의 창업 아이디어와 비슷한 개념에 대해 이야기를 나누었다. 머스크는 이미 킴벌에게 아이디어를 설명했으며 초기 소프트웨어의 일부를 작성하기 시작한 후였다. 니콜슨은 이렇게 말했다. "일론은 스탠퍼드 대학교 박사과정에 진학할지, 시간 날 때마다 작성한 소프트웨어를 계속 개발해 창업할지를 놓고 고민했습니다. 사업 아이디어를 '가상 도시 내비게이터'라고 불렀어요. 나는 인터넷 열기가 워낙 뜨거우니 그런 아이디어라면 거액을 받을 수 있을 것이라고 말해주었습니다. 그 소프트웨어는 황금 같은 사업 기회라는 생각이 들었거든요. 박사과정이야 마음만 먹으면 언제라도 시작할 수 있으니까요." 킴벌과 다른 가족이 기억하는 내용도 이와 비슷했다.

머스크는 자신의 학력에 대해 처음으로 자세히 설명하면서 오라일리의 주장을 거부하고 그런 사람을 만난 기억조차 없다고 강조했다. "그는 완전히 쓰레기 같은 인간이에요. 내게 소송을 걸어온 일곱 번째 사람일걸요. 앞서 여섯 건의 소송은 모두 해결됐어요. 처음 소송을 제기할 당시 오라일리의 주장은 제기랄! 완전히 거짓이었어요. 실제와 아무 관련도 없었다니까요. 그런데 조금씩 정보를 수집

해가며 자기주장을 손질하더니 나중에는 완전히 터무니없는 소리는 하지 않더군요. 어쨌거나 내가 취직하려고 그에게 면접을 본 적은 전혀 없어요."

"오라일리는 잡다한 소송에 매달리는 실패한 물리학자입니다. 나는 다른 사람과 벌어졌던 소송은 모두 합의했어요. 부당한 소송에는 결단코 합의할 의향이 없습니다. 그래서 합의할 시도조차 하지 않는 거예요. 하지만 오라일리가 결코 포기하지 않고 나를 계속 괴롭히네요. 그가 제기한 소송은 이의 제기로 두 번이나 기각되었어요. 설사 오라일리가 소장에 기록한 주장이 모두 사실이라 하더라도 결국 패소한다는 뜻이죠. 그 멍청이 같은 인사가 뻔뻔스럽게도 망할 놈의 거짓말을 해대고 있는 겁니다. 그가 제기한 소송 자체가 완전히 쓰레기 같은 거짓말투성이에요."

"그 작자는 내 친구들을 들쑤시고 개인 생활을 파헤쳐서 나를 괴롭히려고 작정했어요. 사실 심리에는 나타나지도 않더군요. 그러고는 항소하더니 몇 달 있다가 패소 판결을 받았어요. 나는 승소한 김에 소송비용을 청구하기로 마음먹었죠. 그래서 그 작자가 항소한 날부터 발생한 소송비용을 돌려받도록 판결받아 집행관을 보냈더니 그는 돈이 한 푼도 없다고 오리발을 내밀었습니다. 나는 그에게 돈이 있는지 없는지는 몰라요. 돈이 전혀 없다고 핏대를 올리며 주장하지만요. 그래서 다시 그 작자가 소유한 자동차를 끌고 오든지 아내의 수입을 차압하려고 했지만 그리 좋은 방법은 아니라는 생각이 들었어요. 그래서 시시한 이유로 다른 사람들에게 소송을 걸지 않는다고 약속하면 배상금을 받지 않겠다고 했습니다. 실제로 2013년 말이나 2014년 초에 그 작자가 다른 사람에게 소송을 걸려고 했어요. 그런데 그 작자의 소송 상대가 내가 받은 판결 내용을 알아보고 내 변호사에게 연락을 해왔어요. 그래서 내 변호사가 오라일리에게 이렇게 말했습니다. '이봐요. 이 사람들을 상대로 제기한 소송을 취하하지 않으면 모두가 단체로 당신에게 배상을 청구할 거요. 그렇게 사소한 근거로 사람들에게 소송을 제기하는 것은 어리석은 짓이에요. 아니면 일론에게 배상을 해야 할 테니 말입니다.' 그것은 허튼짓 그만두고 제발 생산적인 일을 하며 살라는 투의 충고였습니다."

머스크는 자신의 학력에 대해 2009년 6월 22일 날짜로 당시 교무처의 대학원 입학 담당자였던 주디스 해코우Judith Haccou가 보낸 서류를 내게 보여주었다. 서류의 내용은 이랬다. "공과대학교에 있는 동료의 특별한 요청을 받고 나는 스탠퍼드 대학교의 입학 데이터베이스를 검색했습니다. 그 결과 귀하가 1995년 재료과학 공학과 대학원 과정에 지원해 입학 허가를 받았다는 사실을 확인했습니다. 하지만 귀하가 등록하지 않았으므로 스탠퍼드 대학교가 공식적인 증명 서류를 발행할 수는 없습니다."

머스크는 펜실베이니아 대학교에서 학위를 받은 시기에 대해서도 설명했다. "펜실베이니아 대학교를 졸업하려면 역사와 영어 과목에서 학점을 따야 했는데 학교 측은 스탠퍼드 대학교에 진학해서 받으면 학점으로 인정해주겠다고 약속했습니다. 그런데 내가 스탠퍼드 대학교 대학원 입학을 연기했거든요. 나중에 펜실베이니아 대학교의 필수 학점 제도가 바뀌면서 역사와 영어 과목에서 학점을 따지 않아도 졸업할 수 있었죠. 그래서 내가 대학원에 진학하지 않는다는 사실이 분명해진 1997년에 학사 학위를 받았습니다."

"나는 1994년 와튼 스쿨에서 모든 학사 과정을 마쳤고 학위증도 우편으로 받았습니다. 1년 동안 학교를 더 다니면서 물리학 학위를 따기로 결정했는데 역사와 영어에서 학점을 따야 한다는 말이 불거져 나왔어요. H-1B 비자를 신청하려고 졸업 증명서를 발부받기 위해 학교에 전화했더니 내가 아직 졸업을 하지 못했다는 겁니다. 그러더니 사정을 알아본 학교 담당자가 학교 정책이 바뀌어 졸업을 인정받을 수 있겠다고 말을 뒤집었어요."

머스크는 나와 평소보다 오래 인터뷰를 하면서 페이팔에서 일어난 쿠데타에 얽힌 사연을 전에 없이 자세히 들려주었다. 페이팔에서 쫓겨났던 사건으로 언론이 한창 시끄러웠던 이후로 여러 해가 흘렀기 때문인지 머스크는 당시 상황에 대해 좀 더 깊이 생각할 수 있었다. 그는 당시 해외로 나가기로 결정했던 배경부터 설명하기 시작했다. 사업차 출장을 가는 길에 그동안 바빠서 생략했던 신혼여행을 겸하기로 계획했다는 말로 시작했다가 결국 이야기는 엑스닷컴이 해결하고 싶었던 문제를 금융 산업이 여전히 풀지 못하고 있다는 데까지 흘러갔다.

"내가 해외로 나가면서 국내에 없었기 때문에 몇 가지 문제에 대해 이사회를 설득할 수 없었어요. 예를 들어 브랜드를 바꾸는 문제가 있었죠. 당연히 바꿔야 했지만 그때 당장 결정할 필요는 없는 사안이었습니다. 당시에는 엑스닷컴과 페이팔이 공존하는 바람에 브랜드 이미지가 뒤섞여 있었어요. 나는 모든 거래가 발생하는 중심부를 브랜드 이미지로 나타내고 싶었기 때문에 장기 브랜드로는 엑스닷컴이 적절하다고 생각했어요. 엑스 자체가 트랜스액션을 가리켜 거래를 뜻하니까요. 개인적인 지불 시스템 이상을 일컫는 명칭이어야 하는데 페이팔에는 그런 뜻이 없기도 했고요. 따라서 나는 엑스가 좀 더 합리적 선택이라고 생각했지만 그렇다고 당장 시급하게 결정할 필요는 없었습니다. 좀 더 시간을 두고 생각해도 괜찮은 문제였거든요."

"기술을 바꾸는 문제에서도 이사회를 이해시키지 못한 측면이 있었어요. 겉보기에는 리눅스를 쓰지 않고 마이크로소프트 C++로 전후 코드를 작성하는 것이 부적절해 보였습니다. 하지만 마이크로소프트와 PC의 프로그래밍 도구는 게임 산업에 맞게 개발되었으므로 성능이 엄청나게 강력했죠. 실리콘밸리의 사고방식으로는 이단처럼 들리겠지만 PC C++를 사용하면 훨씬 빨리 프로그래밍하고 신속하게 기능성을 확보할 수 있었습니다. 예를 들어 엑스박스Xbox용 게임은 모두 마이크로소프트 C++로 작성되거든요. PC에 탑재되는 게임도 마찬가지고요. 엄청나게 복잡한 게임을 다루는 게임 산업 덕택에 이 멋진 도구들이 개발되고 있었어요. 게임 산업에는 다른 분야보다 똑똑한 프로그래머들이 많아요. 이렇게 설명하면 일반 대중이 이해할지 잘 모르겠습니다. 당시가 2000년이었습니다. 요즘과 달리 리눅스의 소프트웨어 라이브러리는 크지 않았지만 마이크로소프트의 지원 라이브러리는 엄청나게 컸어요. 그래서 리눅스 라이브러리로는 한계가 있었지만 DLLdynamic linking library 파일로는 무엇이든 가능했습니다."

"직원 두 명이 페이팔을 그만두고 블리자드Blizzard로 이직해서 '월드 오브 워크래프트World of Warcraft'를 만드는 데 기여했습니다. PC와 마이크로소프트 C++에서 기능하는 복잡한 게임을 보면 매우 놀랍습니다. 어떤 웹사이트도 장악해버려요."

"뒤돌아보면 브랜드 전환 작업을 늦추고 맥스Max가 기술을 편안하게 구사할 수 있도록 내가 그와 함께 일하는 시간을 늘려야 했어요. 물론 그러기가 쉽지는 않았겠죠. 맥스가 만든 리눅스 시스템이 맥스 코드로 불렸을 정도니까요. 맥스 코드는 맥스와 그의 친구들이 만들어놓은 라이브러리 묶음이었습니다. 그러니 맥스에게는 맥스 코드가 상당히 잘 맞을 수밖에요. 하지만 새로운 사양을 개발하기가 매우 힘들었죠. 오늘날 페이팔이 새로운 사양을 개발하지 못하고 있는 부분적 이유는 그렇게 하면 옛날 시스템을 유지하기 매우 어렵기 때문입니다."

"하지만 나는 페이팔 이사회의 결정에 이의를 제기하지 않았습니다. 이사회가 보유한 정보로는 나 역시 같은 결정을 내렸으리라고 판단했기 때문이죠. Zip2에서는 그러지 않았겠지만 페이팔에서는 그렇게 결정했을 겁니다. 자신들이 보유한 정보로 Zip2는 끔찍한 결정을 내렸지만 엑스닷컴은 그러지 않았다고 생각합니다. 하지만 앞으로 내 기업에 투자하는 사람에 대해 주의해야겠다고 깨달았어요."

"페이팔을 돌려받으려고 힘을 써볼까도 생각했지만 해야 할 일이 너무 많았습니다. 페이팔이 실제로 어떻게 기능하는지, 다른 지불 시스템이 전에도 후에도 해내지 못했는데 어째서 페이팔이 도약할 수 있었는지를 이해하는 사람이 거의 없었습니다. 페이팔에 몸담고 있는 사람들도 대부분 이 점을 파악하지 못했어요. 페이팔이 성공할 수 있었던 까닭은 거래 비용이 다른 시스템보다 낮았기 때문이죠. 그리고 거래 비용이 좀 더 낮은 것은 페이팔이 거래의 자동 결제automated clearing house, ACH, 전자거래, 무엇보다 중요하게는 내부 거래의 비율을 높일 수 있었기 때문입니다. 내부 거래는 본질적으로 사기당할 염려가 없고 비용이 전혀 들지 않았어요. 자동 결제 비용은 확실하지는 않지만 20센트 정도였죠. 하지만 이 방법은 속도가 늦었고 그나마 은행의 일괄처리 시간에 따라 달라졌으므로 바람직하지 않았습니다. 신용카드 거래는 속도가 빠른 대신에 처리 비용이 비쌌고 사기에 매우 취약했어요. 지금 스퀘어가 겪고 있는 것과 같은 문제죠."

"현재 스퀘어는 페이팔의 잘못된 행보를 따르고 있습니다. 내부 거래를 완성하는 것이 중요해요. 즉각적이고 사기당할 염려가 없고 수수료가 없기 때문이죠. 다양한 옵션이 있는 판매자라면 수수료가 최저이고 안전성이 뛰어난 페이팔이 사용하기 좋습니다."

"특정 사업의 수익률을 10퍼센트로 가정해봅시다. 총수입에서 연간 비용을 제외하고 계산했을 때 10퍼센트라는 뜻이죠. 다른 지불 시스템을 이용하면 거래할 때 4퍼센트를 지불하는 반면에 페이팔을 이용하면 2퍼센트를 지불하므로 수익률이 20퍼센트 증가하는 효과가 있습니다. 그러니 페이팔을 사용하지 않는 것은 머리가 나빠도 한참 나쁜 거죠. 그렇지 않습니까?"

"그래서 2001년 여름 페이팔 거래의 절반가량이 내부 거래이거나 자동 결제였고 나머지는 신용카드 거래였으므로 근본적 거래 비용은 절반이었어요. 당시에는 돈을 시스템 안에 머물게 할 근거를 마련하는 것이 급선무였습니다."

"그래서 페이팔 직불 카드를 만들었어요. 직관에 약간 어긋나는 방법이었지만 사람들이 페이팔에서 돈을 빼기 쉽게 만들수록 빼고 싶은 마음이 적어질 테니까요. 돈을 쓰거나 어떤 방식으로든 돈에 접근하는 유일한 방법이 돈을 전통적 은행으로 옮기는 것이라면 사람들은 당장 그렇게 할 겁니다. 페이팔 머니마켓펀드money market fund도 만들었어요. 사람들이 돈을 빼내가는 것은 물리적 세계에서 거래하거나 더 높은 이율을 적용받을 수 있기 때문입니다. 그래서 미국에서 최고의 수익을 올릴 수 있는 머니마켓펀드를 만들었죠. 기본적으로 해당 펀드는 실제 경비만 받고 운용했습니다. 돈을 시스템 안에 유지하도록 사람들을 유도하기 위한 것일 뿐 돈을 벌려는 의도는 아니었거든요. 또한 페이팔에는 전기 요금 청구서처럼 규칙적으로 받는 청구서를 처리할 능력이 있었어요."

"수표 문제도 해결해야 했습니다. 대부분 수표를 쓰지 않지만 여전히 사용하는 사람이 있거든요. 그렇다고 사람들에게 수표를 사용하지 말라고 하면 은행 구좌를 열어야겠다고 생각하겠죠. 그러니 그냥 수표 몇 장 쥐여주는 편이 나아요."

"오늘날 페이팔의 서비스 질이 2001년 말보다 좋지 않은 것은 정말 어처구니가 없어요. 말이 되지 않습니다. 오늘날 출현하는 신생 기업들은 자사의 목적을 이해하지 못합니다. 기업은 근본적 가치를 전달하는 데 목표를 두어야 합니다. 실제로 경제에 최선이 무엇인지 생각하면서 상황을 살피는 태도가 중요합니다. 여기에 사람들이 빠르고 안전하게 거래할 수 있다면 더 바람직하겠죠. 게다가 금융 생활을 더욱 단순하게 영위할 수 있다면 더욱 좋을 테고요. 모든 금융 절차를 한 군데로 통합한다면 거래하기가 매우 쉬워지고 거래와 관련한 수수료는 낮아집니다. 이 모두 좋은 현상이에요. 그러니 이용하지 않을 이유가 없죠. 안 하면 미친 거죠."

발신 : 일론 머스크

날짜 : 2013년 6월 7일 12：43：06 AM PDT

수신 : 스페이스 엑스 전 직원〈All@spacex.com〉

주제 : 주식 상장

최근에 언급한 대로 나는 화성 수송 체계가 자리 잡기 전에 스페이
스 엑스가 주식을 상장하는 계획에 대해 우려하고 있습니다. 인류가
화성에서 생활하는 데 필요한 기술을 개발하는 것이 스페이스 엑스
의 흔들리지 않는 근본 목적입니다. 주식 상장 때문에 목적을 달성할
가능성이 작아진다면 화성 탐사 계획이 궤도에 올라설 때까지 주식
을 상장해서는 안 됩니다. 물론 다시 생각해볼 의사는 있지만 테슬라
와 솔라시티에서 겪은 경험을 참고하고 특히 스페이스 엑스의 사명
이 장기적 성격을 띤다는 점을 고려해 주식 상장을 더더욱 주저하고
있습니다.

　상장 기업에서 일해본 적이 없는 직원은 주식 상장이 바람직한

절차라고 생각할지 모르겠습니다. 하지만 그렇지 않습니다. 기술이 급변하거나 내부 사정으로, 때로는 아무 원인 없이 순전히 경제 문제로 상장 기업의 주가는 극심하게 요동합니다. 그러면 직원들은 훌륭한 제품을 만드는 데 집중하지 못하고 주가 변동에 영향을 받기 마련입니다.

테슬라와 솔라시티는 달리 선택할 방법이 없어서 주식을 상장했다는 사실을 강조해야겠습니다. 두 기업의 개인 자본 구조를 통제하기 힘들었고 자본금을 많이 늘려야 했습니다. 솔라시티는 태양 전지판 대여에 자금을 제공할 목적으로 최대한 낮은 이율로 막대한 금액의 부채를 끌어들여야 했습니다. 융자를 제공하는 은행들이 솔라시티에 주식을 상장하고 이에 수반되는 고통스러운 정밀 조사를 받으라고 요청했습니다. 사베인스-옥슬리 법Sarbanes-Oxley, 미국의 기업 회계 개혁 및 투자 보호법이 시행되면서 출장 가서 지출하는 식비까지 자세히 보고하고 기업 성과를 근거로 세금을 내야 하며, 자그마한 실수를 저질러도 처벌을 받을 수 있습니다.

그렇지만 상장 기업이 되면 돈을 더 벌 수 있지 않나요?

자신이 공개시장의 투자가보다 똑똑하다고 생각하고, 스페이스 엑스의 주식을 적당한 시기에 팔겠다고 생각하는 사람에게 이렇게 묻고 싶습니다. 여러분이 진정으로 대부분의 헤지 펀드 관리자보다 낫다면 자신이 보유한 스페이스 엑스의 주식 가치에 신경 쓸 필요가 없지 않습니까? 다른 상장 기업의 주식에 투자해 주식시장에서 수십 억 달러를 벌면 되지 않습니까?

이렇게 생각하는 사람도 있을 겁니다. '스페이스 엑스의 사정을 잘 알고 있으니까 주식을 보유하고 있으면 유리할 거야.' 이것도 틀린 생각입니다. 내부자 거래로 상장 기업의 주식을 파는 것은 불법이기 때문입니다. 결과적으로 1년 가운데 상장 주식을 팔 수 있는 시기는 몇 차례에 불과하고, 그때조차도 내부자 거래로 기소당할 수 있습니다. 테슬라에서 직원 한 사람과 투자가 한 사람이 법 조항을 지켰는데도 주식을 판매했다는 이유만으로 기소배심에 회부된 적이 있습니다. 결코 유쾌하지 못한 일입니다.

상장 기업은 집단소송을 일삼는 법정 변호사의 표적이 될 수 있습니다. 법정 변호사들은 다른 사람에게 몇 백 주를 사게 하고 주가가 떨어지면 모든 투자가들을 위하는 척하며 회사에 소송을 제기합니다. 테슬라는 작년에 발생한 의문의 주가 하락 때문에 상대적으로 주가가 높은데도 집단소송을 당했습니다.

지금 현재 테슬라와 솔라시티의 주가가 높으므로 스페이스 엑스도 그러리라 생각하는 것은 옳지 않습니다. 상장 기업은 분기별 성과를 토대로 평가를 받습니다. 일부 기업의 실적이 좋다고 하여 모든 기업에까지 적용되는 것은 아닙니다. 두 기업 특히 테슬라는 1분기 결과가 좋았지만 스페이스 엑스는 그렇지 않았습니다. 실제로 경제적 측면에서 스페이스 엑스의 1분기 결과는 형편없었습니다. 스페이스 엑스가 상장 기업이었다면 공매도 세력에게 호되게 당했을 것입니다. 게다가 4차 발사에서 엔진이 고장나거나 5차 발사에서 드래곤의 밸브에 문제가 생겼을 때처럼 로켓이나 우주선에 문제가 터질 때마다 비난이 쏟아질 것입니다. 예정보다 1년 이상 발사가 지연되는 V1.1의 발사가 자꾸 늦어지면 특히 심한 비난이 따를 것입니다. 발사를 몇 주 뒤로 미루는 사소한 결정을 내려도 뭇매를 맞기 마련입니다. 작년에 테슬라 차량의 출시가 예정보다 3주 늦어졌을 때 시장의 반응은 혹독했습니다.

두 세계의 장점

스페이스 엑스에서 내가 추구하는 목표는 상장 기업이자 민영 기업의 장점을 갖추는 것입니다. 경제가 변칙적으로 활황이거나 불황일 때를 제외하고, 투자를 유치하면 주가가 주식을 상장했다고 가정할 때 기록할 주가에 근접하는 데다가 대중의 뜨거운 주목을 받느라 느끼는 압력과 혼란에 시달리지 않아도 됩니다. 스페이스 엑스가 세운 목표는 주가가 자금 유동성에 따라 오르내리지 않고 꾸준하게 올라가도록 만들고, 가장 최근에 투자를 유치했을 때보다 떨어뜨리지 않는 것입니다. 따라서 여러분이나 투자가에게 돌아올 결과는 스페이스 엑스가 주식을 상장했을 때와 같습니다.

특정 수치를 알고 싶어 하는 사람을 위해 설명하자면 스페이스 엑스가 팰컨 9와 드래곤을 제대로 쏘아 올릴 경우에 장기적 주가는

100달러를 넘어서리라 확신합니다. 그러려면 스페이스 엑스가 과거에 달성했던 것보다 훨씬 뛰어난 솜씨로 꾸준하고 신속하게 발사를 추진해야 합니다. 우리가 해야 할 일은 여러분이 인식하고 있는 수준보다 훨씬 높습니다. 스페이스 엑스가 놓인 경제적 상황을 설명해보겠습니다. 올해 스페이스 엑스가 소요할 비용은 대략 8~9억 달러입니다(나는 그 이상이라고 생각합니다.). F9를 발사할 때마다 들어올 수입은 6,000만 달러이고 FH나 F-9 드래곤을 날리면 그 두 배이므로 10퍼센트의 수익을 달성하려면 연간 발사 횟수가 12회는 되어야 하고 그중 4회는 드래곤이나 헤비를 발사할 수 있어야 합니다.

앞으로 몇 년 동안은 NASA의 '상업용 승무원 기금'을 지원받을 수 있지만 그다음부터는 자립해야 합니다. F9, FH, 드래곤 V2의 생산을 마치고 평균 매달 1회 이상 발사하려면 시간이 넉넉하지 않습니다. 게다가 그것이 평균치라는 사실을 명심해야 합니다. 어떤 이유에서든 로켓을 발사하는 데 3주가 더 걸렸다면 다음번 발사 준비는 일주일 안에 마쳐야 합니다.

나의 권고

스페이스 엑스의 주식이나 옵션에 대해 여러분에게 할 수 있는 권고 사항을 적어보았습니다. 복잡하게 분석하지 않아도 경험으로 미루어 간단하게 이해할 수 있을 것입니다.

스페이스 엑스가 보통 상장회사보다 실적이 좋아서 주가가 주식시장에서 평가하는 것보다 계속 높으리라고 믿는다면 장기적으로 돈을 투자해 고수익을 올릴 수 있을 것입니다. 따라서 단기와 중기로 본인의 생활수준을 향상시키는 데 필요한 양만 주식을 파십시오. 스페이스 엑스의 주가가 계속 오르리라 확신하더라도 일정량의 주식을 팔라고 권고하고 싶습니다. 인생은 짧은 데다가 현금을 손에 쥐면 사는 재미도 늘어나고 가정에서 받는 스트레스도 줄어들기 때문입니다(개인 소비를 특정 방향으로 불균형하게 늘리지 않는다면 말입니다.).

여러분의 세금 환급액을 최대로 늘리려면 옵션을 주식으로 전환하고 1년 동안 보유하다가 자사에서 연 2회 정도 투자를 유치할 때 팔면 됩니다. 그 경우에는 소득세율이 아니라 자본이득세율에 따라 세금을 납부할 수 있습니다. 끝으로 스페이스 엑스는 1~2개월 안에 팰컨 9가 조건을 갖추는 대로 투자를 유치할 계획을 세우고 있습니다. 그때 주가가 얼마일지 아직 정확하게 파악할 수 없지만 투자가들과 대략 논의해본 결과 주당 30~35달러가 되리라 추정하고 있습니다. 그렇게 되면 스페이스 엑스의 기업 가치는 40~50억 달러에 도달해서 당장 주식을 상장했을 때의 금액과 엇비슷해집니다. 솔직히 말해 새 F9, FH, 드래곤 V2가 아직 발사하지 않았다는 점을 고려하면 탁월한 성적입니다.

일론 머스크

다음은 머스크가 블로그에 쓴 글이다.

2009년 6월 22일

일론 머스크

최근에 마틴 에버하드가 소송을 제기하면서 테슬라의 연혁이 진실과 다른 방향으로 고착되려는 조짐이 보이므로 진실을 제대로 밝혀야겠다고 생각했다. 이 글에서는 소송에서 제기하는 혐의에 완전하게 대응하지 않겠지만 에버하드가 진실이라고 퍼뜨리는 오해 몇 가지를 바로잡으려 한다. 문서를 보면 명확히 알 수 있지만 과거의 진실은 에버하드가 소송에서 제기한 주장과 확연히 다르다.

내가 에버하드에 맞서서 주관적으로 주장하는 것이 아니라는 증거로 여기에 이메일 몇 통을 근거 문서로 첨부한다. 증거를 살펴보면 에버하드의 주장은 결코 진실이 아니다.

이번 소송에서 에버하드는 돈 많고 영향력이 막강한 사업가에게 발명을 빼앗긴 고상한 투자가로 자신을 부각시키고 있다. 에버하드는 대중의 감정에 호소하면서 그러한 인상을 조성하려고 무던히 노력해왔지만 완전히 잘못된 행동이다.

내가 AC 프로펄전의 주선으로 에버하드를 처음 만났을 때 그에게는 자신만의 기술이 없었고 시제품 자동차도 없었을 뿐 아니라 전기 자동차에 대한 지적 소유권도 없었다. 고작해야 AC 프로펄전이 만든 티제로 전기 스포츠카 개념을 상용화하겠다는 사업 계획만 달랑 세워놓고 있었다. 3년이 흐르고 에버하드가 떠나고 난 후 테슬라는 그때까지 그가 돈을 받고 했던 모든 작업을 원상 복귀해야 했다.

개인적 배경

내가 전기 자동차에 관심을 갖게 된 것은 펜실베이니아 대학교와 동 대학 와튼 스쿨에서 물리학과 경제학을 공부할 때였다. 내가 최근에 테슬라와 스페이스 엑스에 대해 강연했던 웹 쇼를 찾아보면 내가 학위를 받았다는 사실을 대학교 측이 기록한 포스터를 엄연히 볼 수 있는데도 에버하드는 내 대학교 학력이 가짜라고 주장한다.

지금도 그렇지만 당시 나는 전기 자동차가 지속 가능한 교통수단을 탄생시킬 해결책이라고 생각했다. 학창 시절에 나는 현재 〈사이언티픽 아메리칸Scientific American〉의 작가로 활동하는 크리스티 니콜슨Christie Nicholson 같은 사람을 포함해 주위 사람에게 전기 자동차에 대해 말했고 니콜슨은 17년 전 나와 했던 대화를 여전히 기억하고 있다. 실리콘밸리에 있는 피너클 연구소에서 슈퍼 축전지를 잠시 만들어보고 나서 전기 자동차에 장착하는 에너지 저장 체계로 사용할 수 있다는 것을 깨달았다. 그래서 스탠퍼드 대학교 대학원에 진학해 재료과학과 응용물리학을 공부하기로 결정했다. 그곳에서 연구하려던 논문 주제는 첨단 칩을 사용해 전기 자동차에 사용할 수 있을 정도의 에너지 밀도가 있는 고체 상태 축전기를 만드는 것이었다.

나는 결국 학업을 중단하고 인터넷 기업 두 군데를 창업했고 여기서 자본을 벌어 내가 정말 중요하다고 늘 생각해왔던 두 영역에서 사업을 추진할 수 있었다. 하나는 우주 기술이었고 나머지 하나는 순수 전기 자동차를 만드는 것을 포함해 지속 가능한 에너지 경제로 패러다임을 전환하는 것이었다.

나는 테슬라의 경영에 직접 관여하는 동시에 스페이스 엑스에서도 CEO이자 CTO로 활동하면서 지난 7년 동안 로켓의 설계 작업을 이끌고 있다. 작년에 스페이스 엑스는 궤도 진입에 성공하면서 NASA와 계약을 체결하고 2010년 말 은퇴하는 우주왕복선을 대신해 화물 수송을 담당하고 있다.

첫 학기를 시작한 지 이틀 만에 대학원 과정을 중단했지만 내가 스탠퍼드와 맺은 인연은 매우 끈질겨서 지금도 스탠퍼드 대학교 공학 자문 위원회를 돕고 있다. 에버하드는 소송을 걸면서 내가 스탠퍼드와 관계가 없다고 주장하지만 그것이 사실이라면 내가 그곳 공학 자문 위원회에서 활동하고 있지 않을 것이다.

전기 자동차와의 인연

2003년 10월 벤 로젠Ben Rosen(내 첫 회사를 인수한 컴팩의 CEO)의 형인 해럴드 로젠이 나를 점심 식사에 초대하고 스트라우벨을 데리고 나타났다. 두 사람은 AC 프로펄전이라는 회사를 언급하면서 여기서 티제로라는 순수 전기 스포츠카를 생산한다고 말했다. 티제로는 1회 충전으로 480킬로미터를 주행하고 4초 안에 시속 100킬로미터까지 가속할 수 있으며 7,000개의 셀로 구성된 리튬 이온 배터리 팩을 장착했다고 설명했다.

몇 달 후 AC 프로펄전의 사장 톰 게이지를 만났다. 게이지는 내게 티제로를 시범 주행하게 하고 자신들의 주장을 확인시켰다. 나는 티제로를 상용화하자고 몇 개월 동안 거듭 설득했지만 AC 프로펄전은 관심을 보이지 않았다. 내가 전기 자동차 제조사를 창업하겠다고 말하자 톰 게이지는 티제로 개념을 상용화하고 싶어 하는 집단을 소개했고, 그때 내가 소개받은 사람이 바로 마틴 에버하드와 이안 라이트였다. 마크 타페닝은 첫 회의에 참석하지 않았다. 당시 '테슬라 모터스'는 에버하드와 타페닝, 라이트가 모여 창업했고 사업 계획서만 작성했을 뿐 자금이 없었으므로 초기에 투자를 유치해 AC 프로펄전보다 발달한 형태의 시제품을 만드는 방법을 모색하고 있었다. 기업을 만들기는 했지만 테슬라는 상표를 등록하지 않았고 사무실도, 자산도 없었다.

우리는 법률 비용을 절약하기 위해 스페이스 엑스의 정관과 내

규를 복사해 테슬라 것을 만들었고, 나는 첫 투자 목표액인 650만 달러 가운데 98퍼센트인 635만 달러를 투자했다. 에버하드는 약 1퍼센트인 7,5000달러를 투자했다. 스페이스 엑스의 로고를 만든 사람들에게 의뢰해서 테슬라의 로고도 만들었다. 나는 회장에 취임해 기술과 제품 디자인을 최고 수준으로 이끌었지만 일상적인 경영 업무는 에버하드에게 위임했다. 그가 티제로를 상용화하는 임무를 수행하리라 믿었기 때문이다.

자금을 유치하고 난 직후 회사에 대해 문의해온 스트라우벨을 설득해 테슬라에 영입했다. 스트라우벨이 개발한 동력계는 우리가 맨 처음 AC 프로펄전에서 사용 허가를 받은 제품보다 성능이 훨씬 월등해서 다음부터는 그들의 지적재산권을 더 이상 빌릴 필요가 없었다. 스트라우벨은 로드스터를 개발한 공으로 MIT가 2008년 선정한 올해의 혁신가 상을 받았고, 진정한 의미에서 에버하드, 타페팅, 라이트, 나와 함께 테슬라의 진정한 설립자로 간주되어야 한다.

AC 프로펄전 동력계의 상업화와 섀시 개발

테슬라를 설립하고 처음 몇 년 동안 티제로의 개념을 활용해 상업용 전기 스포츠카를 만드는 경영 임무를 에버하드에게 맡겼고 나는 주로 차체 디자인, 세부적 기술 사항, 테슬라 브랜드의 구축 등에 전력을 기울였다.

에버하드는 은연중에 내가 로드스터를 탄생시키는 데 전혀 기여하지 않았을 뿐 아니라 디자인 작업에 지나치게 세밀하게 간섭해 제작 비용을 늘렸다는 뜻을 전달했다. 이러한 주장은 서로 모순이다. 나는 제품의 상세한 부분과 특히 차체 스타일을 설계하느라 상당한 시간을 보내면서 일상의 경영은 대부분 에버하드에게 맡겼기 때문이다. 내가 자동차 설계에 어느 정도 개입했는지는 내가 좋아하는 차인 포르셰와 맥라렌 F1의 요소가 오늘날 로드스터에 반영되어 있는 것으로도 파악할 수 있다.

제품의 세부 사항과 차체 스타일링에 대해 에버하드와 의견 대립이 가장 심했던 부분은 차 문턱이었다. 나는 문턱을 5센티미터 더 낮게 만들고 좁혀서 타고 내리기가 더 쉬워야 한다고 주장했다. 어쨌거나 결국 우리는 섀시를 다시 디자인해야 했지만 추가 비용을 들이지 않고 출시 일정에 맞추어 제작할 수 있었다.

에버하드는 내가 제안한 차 문 손잡이를 포함해 자그마한 항목 몇 가지 때문에 로드스터의 생산비가 초과되었다고 트집을 잡았다. 원래 2004년 사업 계획서를 작성할 때는 생산비를 2,500만 달러로 책정했지만 나 때문에 생산비가 1억 4,000만 달러로 불어났다고 주장했다. 차 문 손잡이 비용이 그렇게 크다는 게 말이 되는가! 1억 4,000만 달러에는 모델 S와 관련된 비용은 전혀 포함되어 있지 않다. 로드스터의 개발비가 전형적인 사업 틀에서 책정한 것보다 훨씬 많은 까닭은 개발비를 두 배로 지출해야 했기 때문이다. 2년 전 에버하드가 CEO에서 물러나고 나서 차체, HVAC 모터, 전력 전자 장치, 트랜스미션, 배터리 팩 등 자동차의 주요 시스템을 거의 모두 다시 설계하거나 교체하거나 공급 업체를 바꾸어야 했다. 이번 달에 로드스터 2가 출시되면서 테슬라는 마침내 수익을 안겨줄 수 있는 탄탄한 공급망을 확보하고 단위 원가를 낮출 수 있었다.

문제점 파악

우리는 2007년 5월 투자 설명회를 열었고 로드스터가 생산되고 수익을 거두기 시작하기 전에 실시하는 마지막 투자 설명회로 생각했다. 당시 사업 계획서에서 에버하드는 로드스터 가격이 맨 처음 생산하는 25대 이후에는 6만 5,000달러가 되리라고 말했다. 내가 회사에 있는 여러 사람에게 들은 정보를 종합해 그 숫자에 의문을 제기하자 에버하드는 초기 가격은 더 높을 수 있지만 처음 100대를 생산하고 나면 6만 5,000달러나 그 이하로도 낮출 수 있다고 확신했다.

또한 에버하드는 테슬라가 2007년이면 자동차를 생산해낼 수 있다고 이사회에 말했다. 이때 단위 비용과 생산 시간에는 에버하드가 내 탓으로 돌리고 있는 추가 사양과 시간 지연이 포함되어 있다는 점을 밝혀야겠다. 에버하드는 소송에서 내가 CFO를 채용하는 데 반기를 들었다고 주장했지만 이 또한 진실과 거리가 멀다. 에버하드의 주장과 반대로 나는 회계 담당 부사장이나 CFO를 영입하는 것을 가장 우선순위에 두었다.

2007년 7월 테슬라의 새 투자처 한 곳에서 공급망 문제를 해결하는 데 도움을 주겠다며 전문가를 파견했다. 그 전문가는 테슬라가 지출하는 원가에 대해 감사를 실시하고, 처음 100대를 생산한 후 제작 비용이 애당초 에버하드가 주장한 금액의 두 배에 해당하는 약 12만 달러라는 결론을 내렸다. 몇 달이 지나자 해당 전문가의 추정도 저평가로 드러났고 재료 비용만도 14만 달러에 이르렀다. 테슬라는 자동차 가격으로 9만 2,000달러를 매기고 수백 대를 미리 주문받아놓았으므로 생존을 위협받았다.

원가 감사를 통해 밝혀진 사실에 따르면 테슬라가 2007년 9월까지 제품을 생산하고 규제 조건을 통과할 길이 없었다. 나중에 밝혀졌듯 어떤 주요 자동차 제조사도 그 정도 시간 안에 제품을 출시할 수는 없었다. 이사회와 나는 처음에 테슬라가 안고 있는 문제가 얼마나 심각한지 알지 못하고 단지 의사 전달 방식을 바로잡으면 된다고 생각했다. 그것이 결국 출시 일정의 발목을 잡는 주요 원인이었지만 그 뒤에 다른 문제도 많았다.

감 사 의 글

집필 과정을 돌아보면 내 마음에 이 책은 언제나 한 권이 아닌 두 권이었다. 일론이 집필을 도와주기 시작한 것이 그만큼 큰 전환점이었다.

책을 쓰는 첫 18개월 동안 나는 긴장과 슬픔과 기쁨으로 뒤범벅되었다. 본문에서 언급했듯 초반에 머스크는 집필을 도와줄 수 없다고 못 박았다. 나는 인터뷰할 사람을 직접 섭외하기 위해 과거 테슬라 직원이나 옛날 학교 동기생들을 일일이 찾아다니며 인터뷰에 응해달라고 설득했다. 사람들이 인터뷰를 하겠다고 수락하면 뛸 듯이 기뻤다. 하지만 주요 인물들이 거절하면서 다시는 연락하지 말라고 말할 때는 기운이 빠졌다. 네댓 사람에게 연이어 퇴짜를 맞다보면 머스크에 대해 제대로 기록한 책을 쓰는 작업 자체가 불가능 해보였다.

그래도 포기하지 않고 끈질기게 책을 쓸 수 있었던 것은 몇몇 사람이 인터뷰에 응해주었고 머스크에 대한 이야기를 들려주는 사람이 조금씩 늘어나면서 그가 살아온 과거라는 퍼즐이 하나씩 맞춰졌기 때문이다. 내게 기꺼이 시간을 내주었던 수 백 명에게 늘 감사하고, 특히 내가 질문을 들고 다시 연락했을 때도 매번 시간을 할애해준 사람들에게 항상 감사할 것이다. 고마운 사람이 워낙 많아 여기에 모두 언급할 수는 없지만 귀중한 통찰과 풍부한 기술적 조언을 제공해준 너그러운 영혼의 소유자들인 제러미 홀먼, 케빈 브로건, 데이비드 라이언스, 알리 자비단, 마이클 콜로노, 돌리 싱에게 감사한다. 아울러 마틴 에버하드와 마크 타페닝에게 진심으로 감사한다. 두 사람은 테슬라 이야기에 결정적으로 중요하고 풍부한 내용을 덧붙여주었다.

집필에 도움을 주기 전에도 머스크는 자신의 절친한 친구들과 대화할 수 있게 허락해주었고, 친구들은 내게 시간과 지식을 아낌없이 베풀어주었다. 조지 재커리와 셰빈 피셰바에게 감사하고, 특히 빌리와 안토니오 그라시아스, 스티브 저벳슨에게 감사한다. 그들은 머스크와 나를 위해 진심으로 노고를 아끼지 않았다. 그리고 저스틴 머스크, 메이 머스크, 킴벌 머스크, 피터 라이브, 린던 라이브, 러스 라이브, 스콧 할데만에게 엄청난 감사의 빚을 졌다. 그들은 내게 시간을 내주고 가족의 이야기를 들려주었다. 탈룰라 라일리는 친절하게 인터뷰에 응하면서 남편의 생활에 얽힌 이야기를 들려주었다. 그녀를 인터뷰하면서 다른 어느 곳에서도 들을 수 없는 머스크의 성격을 파악할 수 있었으므로 그를 훨씬 깊이 이해할 수 있었다. 내게는 매우 의미 있는 인터뷰였고 독자에게도 그러하리라 생각한다.

머스크가 집필을 도와주겠다고 동의하면서 그동안 느꼈던 긴장이 줄어들고 작업이 흥미진진해졌다. J. B. 스트라우벨, 프란츠 본 홀츠하우젠, 디아뮈드 오코넬, 톰 뮬러, 그윈 숏웰 등을 만날 수 있었고 그들은 내가 책을 집필하는 동안 만났던 사람들 가운데 단연 지적이고 매력적이었다. 회사의 역사와 기본적인 기술을 끈기 있게 설명해주고 자기 의견을 솔직하게 들려주어 무한히 감사한다. 지속적이고 성가신 내 부탁을 들어주고, 머스크의 기업에서 실시한 많은 인터뷰를 준비해준 에밀리 생클린Emily Shanklin, 해나 포스트Hannah Post, 알렉시스 조지슨Alexis Georgeson, 리즈 자비스-신Liz Jarvis-Shean, 존 테일러John Taylor에 감사한다. 메리 베스 브라운, 크리스티나 라Christina Ra, 섀나 헨드릭스Shanna Hendriks는 내가 집필을 끝냈을 무렵 이미 머스크 랜드를 떠났지만 머스크와 테슬라와 스페이스 엑스에 대해 파악할 수 있도록 도와주었다.

물론 가장 우렁찬 감사의 박수를 머스크에게 보낸다. 처음 인터뷰에서 몇 시간 대화하는 내내 신경이 곤두섰던 기억이 난다. 앞으로 머스크가 지속적으로 시간을 어느 정도나 내줄지 가늠할 수 없었기 때문이다. 인터뷰가 한 번에 그칠 수도, 열 번 만에 그칠 수도 있었다. 그러다보니 내가 가장 중요하다고 생각하는 질문들에 대한 대답을 우선적으로 들어야 하고, 간단명료하게 인터뷰를 진행해야 한다는 부담감이 마음을 짓눌렀다. 하지만 머스크가 계속 인터뷰에 응해주면서 우리 둘의 대화는 더욱 원활해지고 나는 많은 것을 배웠다. 머스크가 인류 역사를 거창하게 바꿀지는 아직 알 수 없지만 그토록 높은 수준의 사고에 도달한 사람의 머릿속에 들어가보는 것은 확실히 짜릿한 특권이었다. 머스크는 처음에는 말을 아꼈지만 일단 저술을 돕겠다고 결정하자 적극적으로 나섰다. 머스크의 그러한 태도에 감사하고 경의를 표현하고 싶다.

아울러 차이나 마튼스China Martens, 제임스 니콜라이James Niccolai, 존 레티스John Lettice, 빈두 고엘Vindu Goel, 수잔 스펙터Suzanne Spector 등 여러 해 동안 나와 함께 일한 편집자와 동료에게 감사한다. 그들은 저술의 기술에 대해 각기 다른 가르침을 주었다. 저술에 대한 생각에 가장 큰 영향을 주고 모두가 곁에 두고 싶어 할 가장 훌륭한 멘토들인 앤드루 올로브스키Andrew Orlowski, 팀 오브라이언Tim O'Brien, 다몬 달린Damon Darlin, 짐 에일리Jim Aley, 드루 컬린Drew Cullen에게 특별히 감사한다. 또한 이 책을 쓸 수 있도록 시간을 마련해준 〈블룸버그 비즈니스위크〉의 상사 브래드 위너스Brad Wieners와 조시 타이란기엘Josh Tyrangiel에게 무한히 감사한다. 그들은 저널리즘의 질적 발전을 이루기 위해 더할 나위 없이 노력하고 있다. 한때 〈비즈니스위크〉에서 일했고 현재 〈뉴욕 타임스〉에 근무하는 동료 브래드 스톤Brad Stone에게 특히 감사한다. 브래드는 내가 이 책을 쓸 아이디어를 구상하도록 도와주었고, 힘든 시기를 헤쳐나가도록 이끌어주었으며, 내 아이디어에 대한 반응을 시험하기에 더할 나위 없는 적임자였다. 끊임없이 물어보고 의구심을 표현해 성가시게 할 때마다 브래드에게 미안했다. 브래드는 주위 사람에게 조언을 아끼지 않거나 직접 소매를 걷어붙이고 앞장서서 도움을 주는 모범적인 동료이자 훌륭한 작가이고 멋진 친구이다.

키스 리Keith Lee와 실라 애비칸다니 샌드포트Sheila Abichandani Sandfort에게도 감사한다. 그들은 매우 총명하고 친절하고 진정성 있으며, 초기 원고에 귀중한 피드백을 제공해주었다. 에이전트인 데이비드 패터슨David Patterson과 편집자인 힐러리 레드몬Hilary Redmon이 책을 출간하는 데 크게 기여했다. 데이비드는 내가 의기소침할 때마다 적절한 말로 기운을 북돋아주었다. 이 책의 앞부분을 쓸 때 그가 격려해주고 용기를 북돋아주지 않았다면 책을 끝까지 쓸 수 없었을지도 모른다. 내가 본격적으로 책을 쓰는 동안 힐러리는 복잡한 상황을 헤쳐나가도록 꾸준히 도와주었고, 기대하지 못했던 정도까지 책의 수준을 끌어올렸다. 힐러리는 내 발끈한 심술을 받아주었고 원고의 질을 놀랍도록 향상시켰다. 이토록 좋은 작품을 탄생시키고 멋진 친구까지 얻었으니 감사할 따름이다. 이 두 가지 일로 힐러리에게 감사한다.

끝으로 가족에게 감사한다. 이 책은 살아 숨 쉬는 생명체와 같아서 내가 책에 매달렸던 2년 넘는 세월 동안 가족들은 저마다 희생을 감수했다. 마음만큼 많이 돌봐주지 못했는데도 어린 아들들은 내내 미소와 포옹으로 내게 힘을 주었다. 내가 이 글을 쓰는 것을 계기로 아들들이 로켓과 자동차에 관심을 갖기 시작한 것 같아 감사하다. 성인군자인 아내 멀린다Melinda에게 감사한다. 실제로 아내가 도와주지 않았다면 이 책을 쓸 수 없었다. 내게 최고의 독자이자 더할 나위 없이 가까운 친구인 아내는 내 기운을 언제 북돋아줄지, 언제 마음을 비워야 할지 정확하게 알았다. 이 책을 쓰느라 한동안 방해를 받았더라도 우리 둘 사이는 더욱 단단해졌다. 나는 이토록 훌륭한 동반자가 있어 기쁘고 아내가 우리 가족을 위해 한 일들을 언제나 기억할 것이다.

참 고

1 Journal of the Canadian Chiropractic Association - 1995

2 http://queensu.ca/news/alumnireview/rocket-man

3 http://www.marieclaire.com/sex-love/relationship-issues/millionaire-starter-wife

4 원래는 머스크의 절친한 친구이자 발명가인 빌 리가 한 말이다.

5 http://archive.wired.com/science/space/magazine/15-06/ff_space_musk?currentPage=all

6 http://news.cnet.com/Electric-sports-car-packs-a-punch%2C-but-will-it-sell/2100-11389_3-6096377.html

7 http://www.nytimes.com/2006/07/19/business/19electric.html

8 남부 신사인 커리는 머스크가 뱉는 욕설에 익숙해질 수 없었다. "일론은 뱃사람처럼 욕을 하고, 남녀가 섞여 있을 때도 거침없이 욕을 하는 바람에 그의 소중한 재주가 빛을 잃어요. 일론은 특정 전문 기술과 지식을 가진 사람을 찾아 숲을 헤치고, 돌덩어리마다 뒤집어보고, 나무마다 파는 노력을 기울이죠. 그런데 그렇게 애써 발굴한 인물이라도 일론과 잘 맞지 않아 석 달이나 1년 만에 떠나버리기도 해요." 그래도 커리는 머스크가 주위에 영감을 제공하는 사람이라고 기억했다. 테슬라의 자금이 줄어들 때도 머스크는 직원들에게 맡은 임무를 제대로 수행하라고 촉구했고, 임무를 성공적으로 완수하기 위해 필요하다면 무엇이든 제공하겠다고 약속했다. 많은 사람이 그랬듯 커리도 머스크의 노동관에 아연실색했다. "내가 유럽이나 중국으로 출장 가서 일론이 있는 곳의 시각으로 새벽 2시 30분에 이메일을 보내면 5분 후에 답장이 왔어요. 그 정도까지 즉각적으로 지원을 받다니 정말

믿을 수가 없었죠."

9 http://www.mercurynews.com/greenenergy/ci_7641424

10 http://www.telegraph.co.uk/culture/3666994/One-more-giant-leap.html

11 http://www.sia.org/wp-content/uploads/2013/06/2013_SSIR_Final.pdf

12 2010년 말 플로리다 주에서 발사를 시도할 때도 비슷한 사건이 발생했다. 스페이스 엑스의 기술자 하나가 발사대에 있는 우주선의 해치를 열어놓는 바람에 밤새 빗물이 들어가 아래층 컴퓨터실이 범람했다. 물 때문에 스페이스 엑스의 컴퓨터 장비에 심각한 문제가 생겼으므로 캘리포니아에 있는 기술자가 수리하기 위해 머스크에게 아메리칸 익스프레스 카드를 받아 들고 긴급하게 날아갔다.

스페이스 엑스 엔지니어들은 새 컴퓨터 장비를 즉시 구입해서 설치했다. 장비가 일정 전압을 유지할 수 있는지 확인하려면 표준 시험을 실시해야 했는데, 때가 일요일 밤이었고 미리 통보할 수 있는 시간이 촉박했으므로 대형 전기부하를 모의 실험할 장비를 사용할 길이 막막했다. 엔지니어 한 명이 즉흥적으로 아이디어를 떠올리고는 하드웨어 매장에 가서 골프 카트에 사용하는 헤드램프 25개를 사왔다. 스페이스 엑스 팀은 헤드램프를 발사대에 줄로 묶어 벽에 걸었다. 그리고 안경을 쓴 후 헤드램프의 불을 모두 밝히고 컴퓨터 장비에 들어가는 전원 공급 장치가 시험을 통과할 수 있는지 조사했다. 팀은 저녁 9시부터 다음 날 아침 7시까지 실험을 반복하고 가까스로 제 시간에 끝내 예정대로 발사를 진행할 수 있었다.

13 http://www.space.com/15874-private-dragon-capsule-space-station-arrival.html

14 토론의 결말을 놓고 머스크와 나는 두 차례 이메일을 주고받았다. 머스크는 이렇게 썼다. "롬니 진영에서는 단연코 원유와 가스의 사용을 지지하는 입장에 서 있고 이 점을 선거공약에서도 강조합니다. 그들은 테슬라의 사업이 실패하리라 생각했으므로 최근까지도 테슬라가 무엇을 하든 신경 쓰지 않았어요."

"얄궂게도 이제 와서 새삼스럽게 공격하는 것은 테슬라가 망하지 않을지도 모른다고 생각하기 때문이에요. 그들은 어차피 사회는 돌아가야 하는데 탄화수소를 태우는 방법을 대체할 실행 가능한 방법이 적으므로 탄소 배출을 억제하라는 압력을 줄여야 한다고 주장하죠. 만약 전기 자동차가 성공하면 그러한 주장은 무력해집니다."

"하지만 어쨌거나 롬니가 테슬라를 언급한 것은 정말 잘됐다고 생각해요. 구글의 인기 검색어 순위에 '롬니 테슬라'가 상위를 차지했거든요!"

몇 달 후 테슬라의 판매 기록이 치솟자 나는 롬니 선거 진영에 연락해 입장을 바꿀 생각이 있는지 물었지만 거절당했다.

15 테슬라는 규모가 커지면서 하청 업체에 영향력을 좀 더 크게 행사할 수 있으므로 품질이 더 좋은 부품을 인수받고 더 유리한 조건으로 거래할 수 있다. 하지만 머스크는 외부 업체의 부품을 사용하는 방식을 그럴 만한 까닭으로 여전히 꺼린다. 2013년 자동차 생산량을 늘리려 했던 테슬라는 하청 업체 때문에 주기적으로 문제를 겪어야 했다. 테슬라는 자동차에서 몇 가지 보조 기능을 담당하는 12볼트짜리 납축전지의 제작을 한 하청 업체에 발주했다. 해당 부품을 수주한 미국 기업은 중국 기업에 외주를 주었고, 중국 기업은 다시 베트남 기업에 외주를 주었다. 결국 테슬라 공장에 도착한 배터리가 작동하지 않으면서 모델 S의 생산 과정에서 그것도 가장 중요한 시기에 생산 시간이 지연되고 비용이 추가되었다. 이러한 상황을 맞을 때 테슬라는 하청 업체와 함께 다른 자동차 제조사보다 훨씬 능동적으로 대처한다. 예를 들어 ABS 제동 제어기 같은 부품은 하청 업체 보슈와 협력해 모델 S의 특징에 맞추도록 하드웨어와 소프트웨어를 조절한다. 알리 자비단은 이렇게 말했다. "대부분의 기업은 자동차를 보슈에 건네주고 말지만 테슬라는 소프트웨어 엔지니어를 딸려 보냅니다. 우리는 보슈 측의 사고방식을 바꿔야 했고 우리가 생산과정에 매우 깊이 관여해 일하고 싶어 한다는 사실을 알렸어요."

16 테슬라는 자동차 산업에 속한 다른 기업이 도저히 따라올 수 없는 안전기준을 달성하려는 욕구에 집착한다. 스트라우벨은 테슬라의 원칙을 이렇게 설명했다. "자동차 기업들은 규제나 표준화로 정한 안전 수준에 도달하는 것을 설계 목표로 삼습니다. 규칙을 보더라도 '이것은 하고 더 이상은 하지 마라.'는 식이죠. 하지만 이는 공학적으로 엄청나게 진부한 방식이에요. 자동차의 모양이나 만지작거리든지 자동차를 약간 더 빠르게 만드는 데 머물라는 거겠죠. 하지만 테슬라는 충격 흡수 부분을 늘리고, 감속 기능을 보완하고, 무게중심을 낮춥니다. 그러면서 계속 의문을 제기하죠. '이 자동차를 거리를 돌아다니는 차 중에서 가장 빠르게 만들 수 있을까?'"

17 오스머는 처음 생산된 로드스터 II를 사려고 예약자 명단에 이름을 올렸다. 머스크는 특이한 방법으로 자동차 판매 순서를 결정했다. 새 자동차를 출시하기로

발표하고 가격이 결정되면 머스크에게 수표를 건네는 순서대로 새 자동차를 살 수 있게 만든 것이다. 모델 S를 판매할 때 테슬라의 이사회 이사인 스티브 저벳슨은 지갑에 수표를 미리 준비해두었다가 이사회 회의록 뭉치에서 모델 S에 대한 자료를 엿보고 나서 머스크에게 수표를 찔러주었다. 오스머는 로드스터의 후속 제품이 생산된다는 소식을 듣고 머스크에게 당장 이메일을 보냈다. "일론은 내게 '알겠습니다. 제품을 당신에게 팔겠습니다. 다만 20만 달러를 일시불로 지불해야 합니다.'라고 답장을 보냈어요." 오스머는 조건을 수락하고 테슬라의 지시에 따라 서류에 서명하려 테슬라 본사에 갔다가 자동차의 원래 가격을 알았다. 게다가 제품이 언제 출시될지, 구체적 사양이 무엇인지를 테슬라 측도 제대로 모른다는 사실을 발견했다. 이에 대해 오스머는 이렇게 말했다. "도로에 돌아다니는 자동차 중에서 가장 빠르고 사륜구동일 것이라 추측했죠. 지금 생각하면 한마디로 미친 짓이었어요. 20만 달러가 진짜 가격이라고도 생각하지 않았어요. 게다가 당시 일론이 내게 자동차를 팔고 싶었다는 생각도 들지 않아요."

18 머스크는 베터 플레이스의 CEO인 샤이 아가시Shai Agassi가 테슬라 공장을 견학하면서 해당 기술에 대해 듣고 배터리 교환 계획을 들고 나왔다고 의심했다.

19 머스크는 여러 해에 걸쳐 버닝맨 페스티벌에 참가해 로켓처럼 생긴 전기 자동차를 포함해 아트 카를 많이 만들었다. 2011년에는 〈월스트리트 저널〉이 고급 캠핑 생활을 소개하면서 머스크가 난처한 입장에 빠졌다. "전기 자동차 제조사인 테슬라 모터스의 CEO이자 페이팔의 공동 설립자인 일론 머스크는 원래 텐트 생활을 피하는 부류의 사람이다. 페스티벌이 승인한 몇 안 되는 물품 공급 업체의 하나인 '클래식 어드벤처 RV' 직원들이 전한 말에 따르면 머스크는 야외 레저용 차량과 트레일러를 합해 모두 여덟 대가 들어선 단지를 빌렸고 트레일러에는 자신과 가족, 친구들에게 필요한 음식, 취침 도구, 식료품, 기타 필수품을 잔뜩 채웠다. …… 클래식 어드벤처는 머스크처럼 '캠프 클래식 컨시어지' 패키지를 구매한 사람에게는 RV 한 대당 5,500~1만 달러를 청구한다. 머스크가 머무르는 캠핑 지역에서는 클래식 어드벤처 직원들이 정화조를 비우고, 물을 공급하고, 차량에 전기·냉장고·에어컨·텔레비전·DVD 플레이어 등이 제대로 작동하는지 관리한다. 또한 다이어트 코크, 게토레이, 크루잔 럼주가 떨어지지 않도록 신경 쓴다." 이러한 내용의 기사가 실리자 머스크 일행은 클래식 어드벤처가 손님을 더 끌기 위해 정보를 유출했다고 의심해 자리를 옮기려고 했다.

20 http://www.sandia.gov/~jytsao/Solar%20FAQs.pdf

21 테슬라 직원들은 몰래 거리를 횡단해 소프트웨어 제조사인 SAP의 건물로 가서 그곳의 호화로운 무료 카페를 이용하는 것으로 알려져 있다.

22 숏웰은 머스크만큼이나 화성 탐사에 대해 자주 말하고 우주탐사에 삶을 헌신한다. 스트라우벨은 같은 정도로 전기 자동차에 헌신하면서 때로 말투도 머스크와 비슷하다. "우리는 전기 자동차 시장을 독점하려 하지 않습니다. 연간 생산되는 자동차가 1억 대에 이르고 이미 20억 대의 자동차가 거리를 돌아다니고 있어요. 테슬라가 시장의 5~10퍼센트를 차지한다 하더라도 세계가 안고 있는 문제를 해결할 수 없습니다. 나는 테슬라가 전기 자동차 수요를 계속 따라잡아 전기 자동차 산업을 이끌 수 있으리라 낙관합니다. 일론도 이 목표를 달성하기 위해 헌신하고 있고요."

23 페이지는 틀에 박히지 않은 아이디어를 내게 말해주었다. "자체 복제가 가능한 경량 기계를 달에 보내는 프로젝트에 상금 형식으로 연구 자금을 대면 정말 멋지겠다고 생각해요. 나는 NASA가 임무의 일환으로 달의 남극을 향해 위성을 날릴 때 마운틴 뷰에 있는 NASA AMES 연구 센터에 갔어요. NASA가 고속으로 쏘아 올린 위성이 폭발하면서 분출물을 우주로 보냈어요. 그러자 과학자들이 망원경으로 들여다보며 달의 남극에 물이 있다는 사실을 발견했죠. 정말 흥미진진했어요. 그래서 생각하기 시작했죠. 달의 남극에 물이 많다면 산소와 수소를 이용해 로켓연료를 만들 수 있겠다고 말이죠. 게다가 언제나 태양광을 받을 수 있는 것도 달 남극의 장점이에요. 지형이 높은 곳은 태양광을 받고, 일종의 분화구 안은 온도가 매우 낮아요. 달에서 많은 에너지를 끌어서 태양전지를 가동할 수 있죠. 게다가 증기터빈도 돌릴 수 있답니다. 로켓연료를 만들 수 있는 재료가 있고, 태양광으로 동력을 받는 태양전지도 만들 수 있고, 증기터빈도 가동할 수 있겠죠. 증기터빈은 그다지 무겁지 않아 지구에서 달로 보낼 수 있어요. 그러면 달에 1기가와트의 전력이 생겨서 로켓연료를 많이 만들 수 있습니다. 정말 훌륭한 프로젝트가 될 거예요. 2.3킬로그램짜리 기계를 달에 보내 로켓연료를 만든 다음 달에서 로켓을 발사하거나 자체 복제하면 더 많이 제작할 수 있습니다."